高等职业教育汽车类专业活页式新形态创新教材

汽车发动机故障诊断与排除

董光　编著

机 械 工 业 出 版 社

本书以国家职业教育改革为契机，以课程改革为突破口，紧密结合当前行业的发展以及职业岗位群、企业需求的变化，学习任务来源于企业真实的岗位和真实的工作任务，融合“有效教学”理念，内容包括发动机基础知识、曲柄连杆机构、配气机构、冷却系统、润滑系统、燃油供给与喷射系统及点火系统、发动机的排放控制。每个项目下分为理论活动和实训活动，实现了教学内容的理实一体化。

本书可用作职业院校汽车检测与维修技术、汽车技术服务与营销专业教材，也可用于汽车维修企业员工技能提升培训。

图书在版编目（CIP）数据

汽车发动机故障诊断与排除/董光编著．—北京：机械工业出版社，2023.3（2024.9重印）

高等职业教育汽车类专业活页式新形态创新教材

ISBN 978-7-111-72541-1

Ⅰ.①汽…　Ⅱ.①董…　Ⅲ.①汽车－发动机－故障诊断－高等职业教育－教材②汽车－发动机－故障修复－高等职业教育－教材　Ⅳ.①U472.43

中国国家版本馆CIP数据核字（2023）第010564号

机械工业出版社（北京市百万庄大街22号　邮政编码100037）

策划编辑：谢　元　　责任编辑：谢　元

责任校对：贾海霞　张　薇　　封面设计：张　静

责任印制：单爱军

北京虎彩文化传播有限公司印刷

2024年9月第1版第2次印刷

184mm×260mm·19.75印张·488千字

标准书号：ISBN 978-7-111-72541-1

定价：59.90元

电话服务　　网络服务

客服电话：010-88361066　　机　工　官　网：www.cmpbook.com

010-88379833　　机　工　官　博：weibo.com/cmp1952

010-68326294　　金　书　网：www.golden-book.com

机工教育服务网：www.cmpedu.com

前言

本书适应现代职业教育发展、满足教育教学改革要求，与职业道德、行为规范、安全教育等相融合，与职业素质、企业文化等内容相衔接，与人才培养模式契合配套，与行业、企业及职业岗位相结合。

本书编写符合生产实际，反映行业发展新趋势和实际岗位新技术、新工艺、新流程、新规范，满足工学结合、项目教学的改革要求，是“教学训做评”培训培养一体化的活页式、工作手册式新型教材。

本书将汽车发动机故障诊断与排除的理论内容与实训内容融为一体，结合“有效教学”理念及来源于企业真实岗位、真实工作的学习任务，既能让学生真正掌握发动机故障诊断方法，又能按照科学的步骤排除发动机故障，还能用于汽车维修企业员工维修技能提升培训。

本书具备以下5个特点：

(1) 既是工作手册，又是活页式教材，是一种以“做中学、学中做”为特征的职业院校教材与企业培训用书。本书内容满足学生在工作现场学习的需要，提供简明易懂的“应知”“应会”等现场指导信息，同时按照技术技能人才的成长特点和教学规律，对学习任务进行有序排列。活页式、工作手册式教材丰富了工作过程中需要的指导信息，剔除了过时的知识，拉近了产教之间的距离，方便教师随着工作过程的变化及时调整教材内容。

(2) 采用以“教中学、学中练”为基础的“理实一体”的教学模式，打破了理论教学与实践教学的界限，使两者融为一体，推动了教、学、练的统一，实现了学生的全面发展。

(3) 采取项目式教学法，每个项目下设多个任务，每个任务都由具体的步骤完成，适合学生学习，能较好地满足职业院校项目式教学的要求。

(4) 引入“有效教学”理念，在项目首页设计有项目引导，包含整个项目主要内容的知识引导和主要零部件的图片，通过生动直观的案例使学生真正了解学习目的。

(5) 配有完整的课程数字资源，包括与教材内容相对应的课件、动画、视频，并实现了课程资源多种介质的立体化融合。

本书由河南机电职业学院董光编著，在编写过程中得到吉林交通职业技术学院、中鑫之宝汽车服务有限公司、河北益飞特化工科技有限公司等单位的大力支持，本书倾注了众多职业教育专家、一线教师的心血和汗水，在此深表感谢！

由于编者水平有限，书中难免存在不妥之处，敬请读者不吝指正。

编　者

活页式教材使用注意事项

根据需要，从教材中选择需要夹入活页夹的页面。

小心地沿页面根部的虚线将页面撕下。为了保证沿虚线撕开，可以先沿虚线折叠一下。注意：一次不要同时撕太多页。

选购孔距为80mm的双孔活页文件夹，文件夹要求选择竖版，不小于B5幅面即可。将撕下的活页式教材装订到活页夹中。

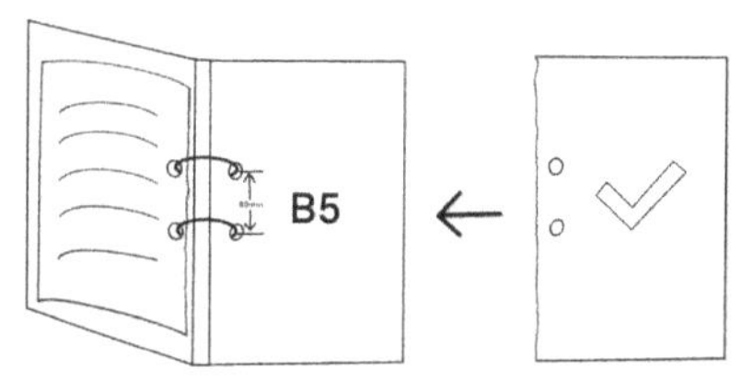

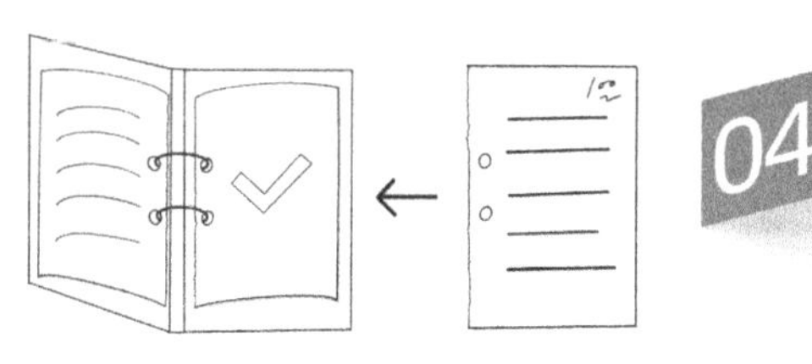

04

也可将课堂笔记和随堂测验等学习资料，经过标准的孔距为80mm的双孔打孔器打孔后，和教材装订在同一个文件夹中，以方便学习。

温馨提示：在第一次取出教材正文页面之前，可以先尝试撕下本页，作为练习

资源说明页

本书附赠全套《汽车发动机故障诊断与排除》讲解视频，内含 5 个微课视频，总时长 70 分钟。

获取方式：

1. 微信扫码（封底“刮刮卡”处），关注“天工讲堂”公众号。

2. 选择“我的”—“使用”，跳出“兑换码”输入页面。

3. 刮开封底处的“刮刮卡”，获得“兑换码”。

4. 输入“兑换码”和“验证码”，点击“使用”。

通过以上步骤，您的微信账号即可免费观看全套课程！

首次兑换后，用微信扫描下方的“课程空间码”即可直接跳转到课程空间。

《汽车发动机故障诊断与排除》
课程空间码

目　录

项目一

发动机基础知识

一、场景描述

小蔡是某职业学院汽车专业的学生，即将到汽车 4S 店实习。五一假期就快到了，根据以往的经验，这几天来展厅看车的顾客会明显增多，为了确保每一位顾客都能得到最优质的接待服务，作为一名服务顾问，应该如何接待顾客？如何把握顾客需求心理，并依据需求心理的变化跟进服务进而主动超前提供恰当的服务，使顾客产生惊喜的消费体验，从而留下良好的印象？

二、场景分析

从顾客踏入展厅开始，汽车销售人员就要认真地观察和分析对方的一举一动、一言一行，熟练而自信地向顾客讲解汽车的各项性能指标，并准确地说出汽车专业术语。汽车销售人员要洞悉顾客心理，必须练就“火眼金睛”，从顾客的言行举止中发现有用的信息。

根据对该项目的场景描述进行分析，按照实际项目的要求，结合职业院校学生实际的学习特点，要想完成任务就必须学习好专业基础知识。专业基础知识的学习必须遵循由简单到复杂的知识结构、层层递进的知识走向，最终将该项目划分成以下两个任务，每个任务的具体需求如下：

任务一　发动机的分类

任务二　发动机的基本术语和工作原理

三、学习目标

知识目标

1. 掌握发动机的基本术语。
2. 掌握发动机的工作原理。
3. 理解发动机的主要性能指标。

技能目标

1. 能指认发动机各部件。
2. 能分析发动机各部件的工作过程。

素养目标

1. 养成主动思考、自主学习的习惯。
2. 在工作中及时发现问题、分析问题、解决问题。
3. 培养总结知识、综合运用的习惯和良好的语言表达能力。

发动机是汽车的动力源，那么它是如何工作的呢？汽油机和柴油机的工作过程有什么差异？我们如何通过发动机参数来认识发动机的基本特征？

本项目将学习四冲程发动机的工作原理和发动机的基本术语。通过学习，大家会知道发动机是如何通过消耗燃料以产生动力来驱动汽车行驶的。

四、知识引导

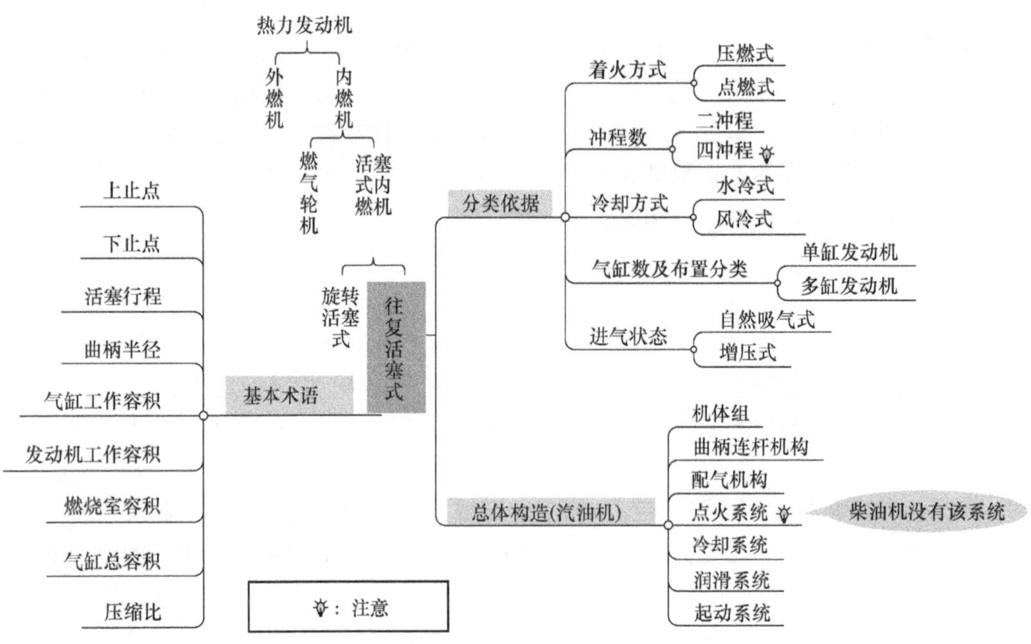

五、相关知识

任务一　发动机的分类

发动机是将某一种形式的能量转化为机械能的机器。现代汽车所应用的发动机多数为内燃机，但无论是以汽油机为代表的点燃式内燃机，还是以柴油机为代表的压燃式内燃机，都是将燃料燃烧释放出的热能转化为机械能，并且通过传动系统进行有效输出的机器。因此，能量利用与动力输出成为发动机的基本原理，也就是发动机的动力性和经济性问题。随着科学技术的发展，人们在获取所需动力的同时，不断采用先进的控制技术，以减少发动机的燃料消耗及对环境的影响。发动机的结构如图 1-1 所示。

发动机的发展过程是以蒸汽机时代为代表，到现在追求的节能、环保、动力为核心

图 1-1　发动机的结构

的发动机的过程。汽车发动机按照所用燃料的不同，一般可分为汽油发动机、柴油发动机和燃气发动机。本书重点介绍前两种发动机。发动机的分类如图 1-2 所示。

图 1-2　发动机的分类

（一）根据使用燃料的不同进行分类

1. 汽油发动机

汽油发动机转速高、质量小、噪声小、起动方便、制造成本低。汽油发动机示例如图 1-3 所示。

汽油发动机所使用的燃料为汽油，每个工作循环都经历进气、压缩、做功、排气四个行程。燃油喷射系统在进气行程中将汽油喷入气缸，使汽油与进入气缸的空气混合成可燃混合气。可燃混合气在压缩行程中被压缩，达到一定温度和压力时用火花塞点燃，使可燃混合气燃烧膨胀做功，将汽油的化学能转化成热能再转化为机械能，并通过传动系统驱动车辆行驶。

2. 柴油发动机

柴油发动机压缩比大、热效率高，经济性能和排放性能都比汽油发动机好。柴油发动机示例如图 1-4 所示。

图 1-3 汽油发动机示例

图 1-4 柴油发动机示例

柴油发动机所使用的燃料为柴油，每个工作循环同样经历进气、压缩、做功、排气四个行程。与汽油发动机不同的是，柴油发动机在进气行程只吸入空气，在压缩行程中先加压空气，当空气被压缩达到一定的温度、压力时，将柴油喷入气缸。压缩空气的温度足以点燃柴油，因此，柴油发动机无需火花塞。

（二）根据气缸数及布置的不同进行分类

只有一个气缸的发动机称为单缸发动机；有两个及以上气缸的发动机称为多缸发动机，根据气缸间的排列方式不同可分为直列式发动机、水平对置式发动机和 V 型发动机等。

1. 按气缸数目分类

单缸发动机和多缸发动机如图 1-5 所示。

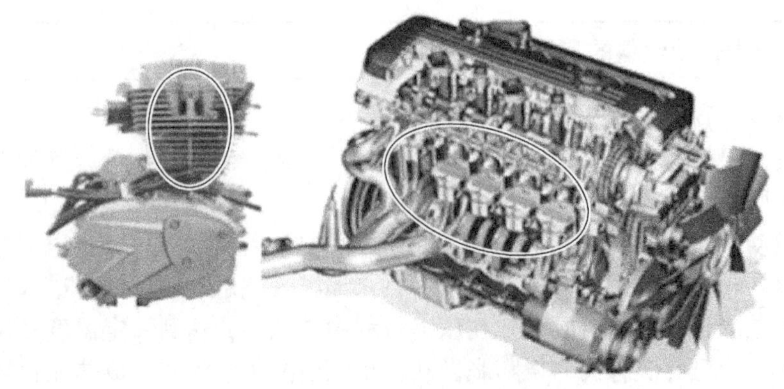

图 1-5 单缸发动机和多缸发动机

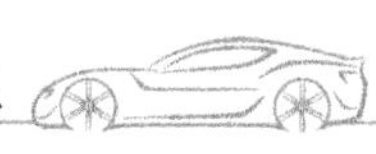

2. 按气缸排列分类

直列式发动机见图 1-6，V 型发动机见图 1-7，VR 型发动机见图 1-8，水平对置式发动机见图 1-9，W 型发动机见图 1-10。

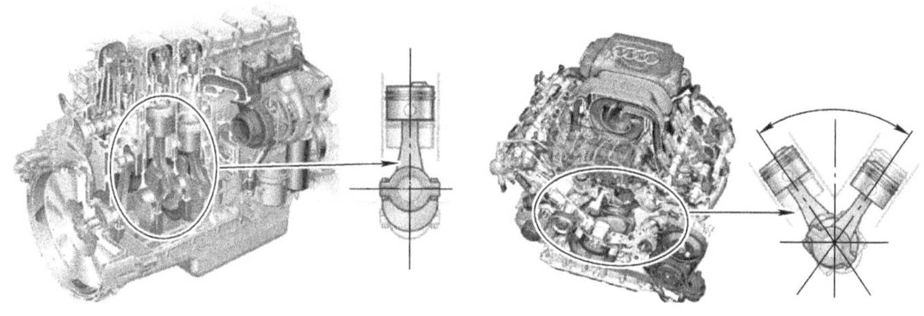

图 1-6　直列式发动机　　图 1-7　V 型发动机

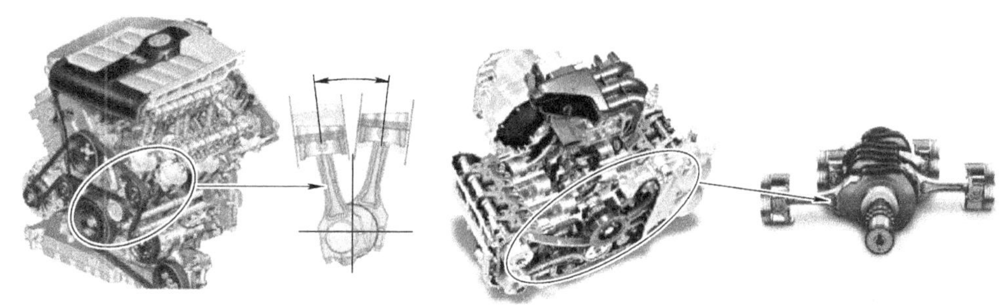

图 1-8　VR 型发动机　　图 1-9　水平对置式发动机

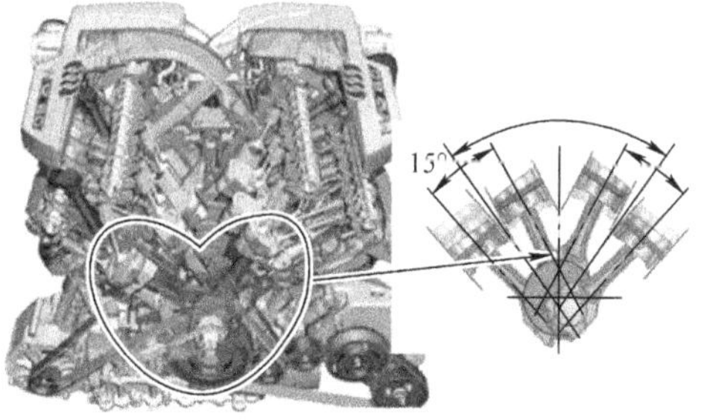

图 1-10　W 型发动机

3. 按进气状态分类

发动机可分为自然吸气式和增压式。自然吸气式发动机是指进入气缸前的空气或可燃混合气未经压气机压缩的发动机，如图 1-11 所示；增压式发动机是指进入气缸前的空气或可燃混合气已经在压气机内压缩以增大进气密度，提高发动机功率，如图 1-12 所示。

图 1-11　自然吸气式发动机示例　　图 1-12　增压式发动机示例

过去汽车以四冲程、多缸、水冷、自然吸气式发动机为主，但现在汽车使用增压式发动机日趋增多。

任务二　发动机的基本术语和工作原理

一台 V 型 6 缸汽油发动机的构造如图 1-13 所示。发动机气缸内装有活塞，活塞通过活塞销连接连杆，而连杆与曲轴相连。发动机工作时，活塞在气缸内作往复运动，然后通过连杆推动曲轴转动。

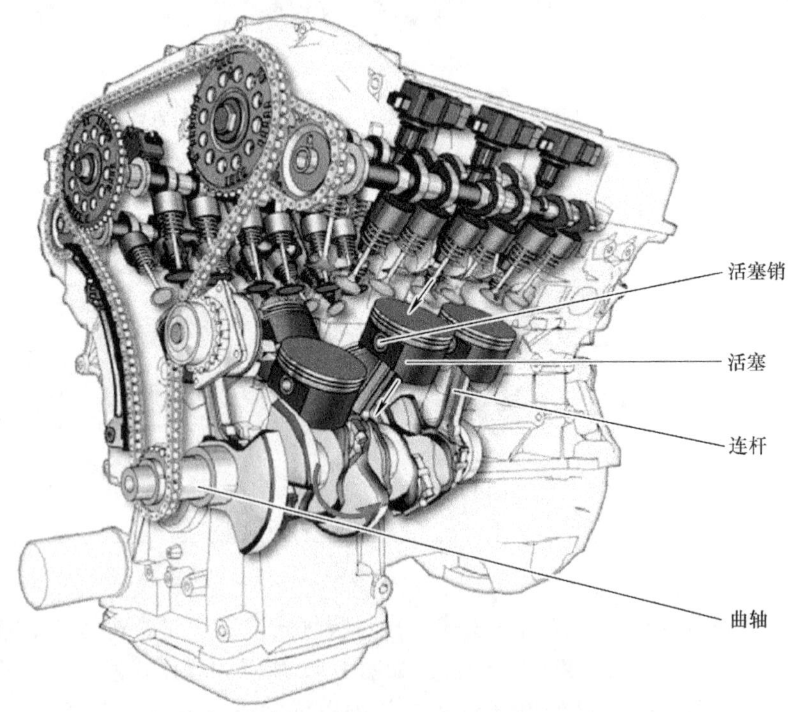

图 1-13　V 型 6 缸汽油发动机的构造

发动机是汽车的动力源，它将热能转变为机械能。发动机是如何将热能转变为机

械能的呢？我们先来学习一下发动机的基本术语。

（一）发动机的基本术语

发动机的基本术语包括：上止点、下止点、气缸工作容积、发动机排量、燃烧室容积、气缸总容积、压缩比等。

1. 上止点

上止点即活塞在气缸内做直线往复运动时，向上运动到的最高位置，如图 1-14 所示。

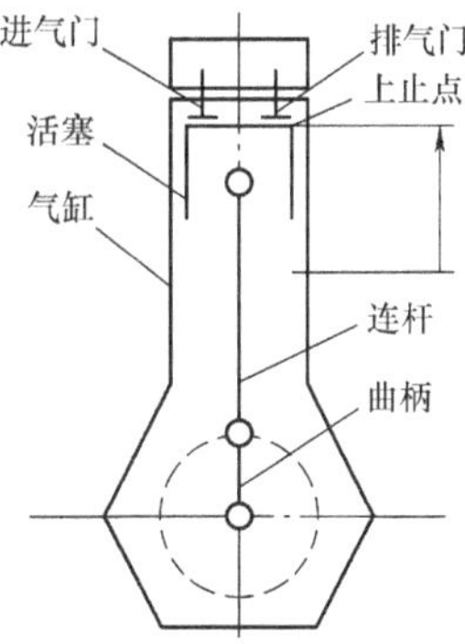

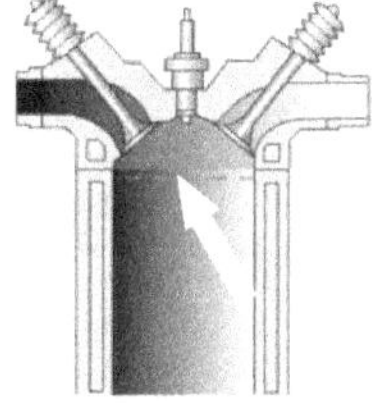

图 1-14　上止点

2. 下止点

下止点即活塞在气缸内做直线往复运动时，向下运动到的最低位置，如图 1-15 所示。

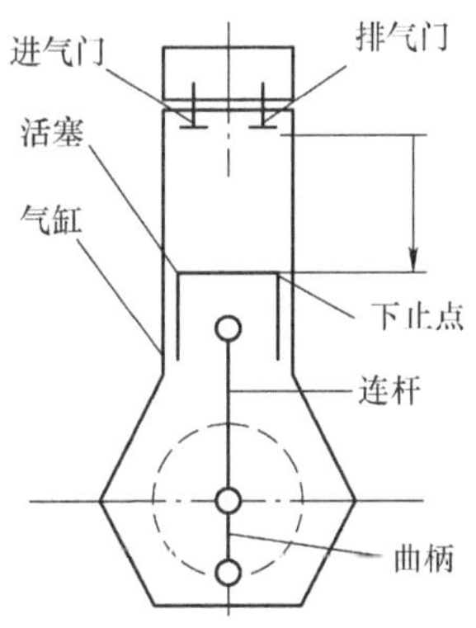

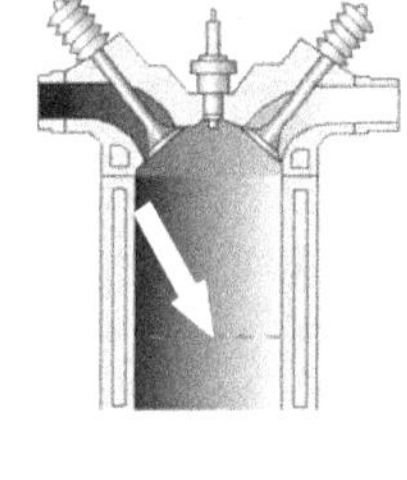

图 1-15　下止点

3. 活塞行程

活塞行程即活塞在两个止点间运动产生的最大距离，即上止点和下止点之间的距离，如图 1-16 所示。

4. 燃烧室容积

燃烧室容积即活塞处于上止点时，其顶部与气缸盖之间的容积，如图 1-17 所示。

5. 气缸总容积

气缸总容积即活塞处于下止点时，其顶部与气缸盖之间的容积，如图 1-18 所示。

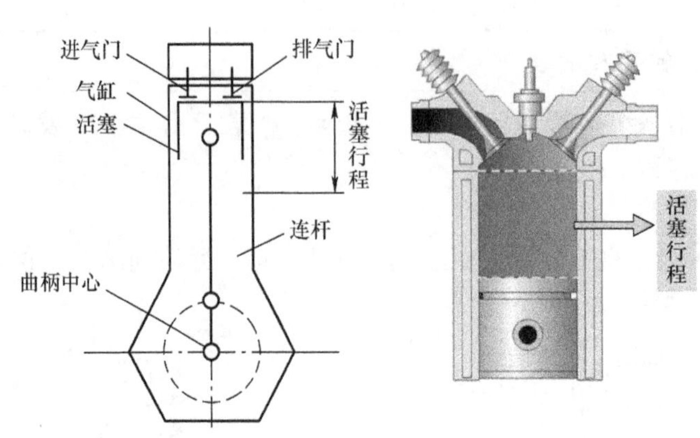

图 1-16　活塞行程

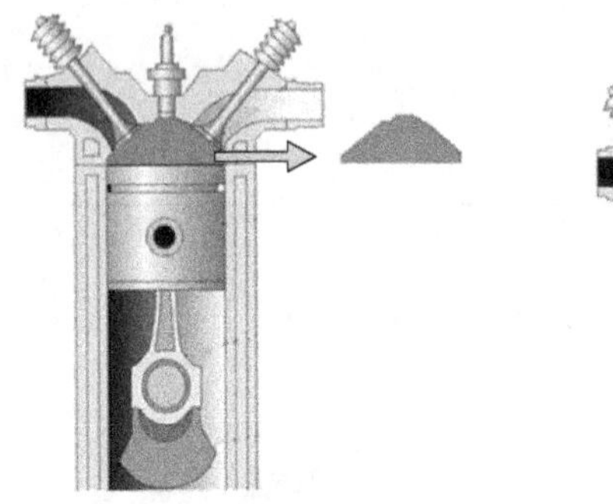

图 1-17　燃烧室容积

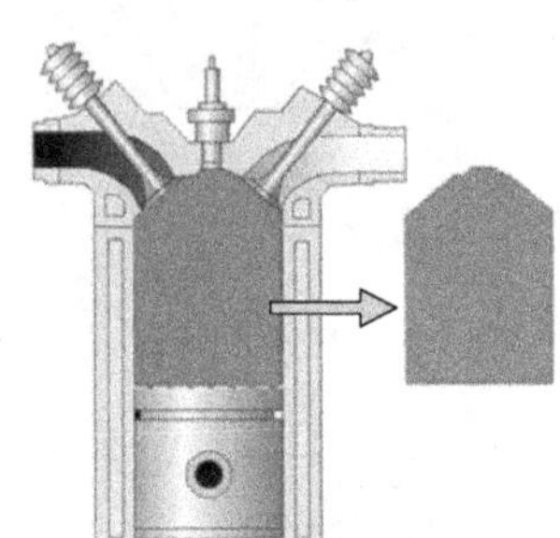

图 1-18　气缸总容积

6. 气缸工作容积

气缸工作容积即气缸总容积与燃烧室容积之差，即活塞在上止点和下止点之间运动时所扫过的容积，如图 1-19 所示。

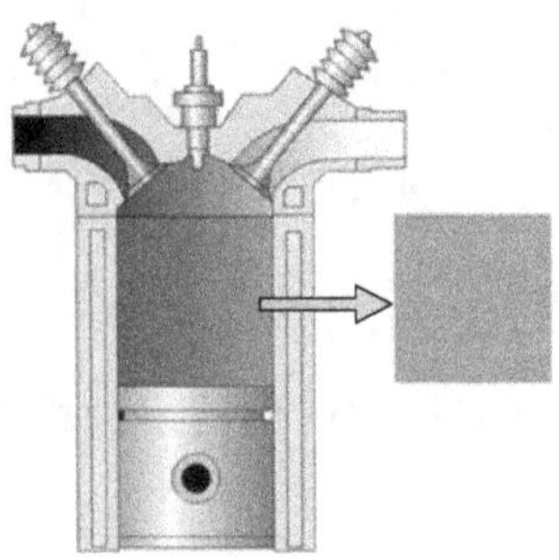

图 1-19　气缸工作容积

7. 发动机排量

发动机排量即各缸工作容积的总和，四缸发动机排量计算示意如图 1-20 所示。

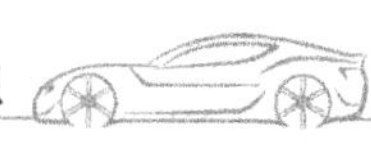

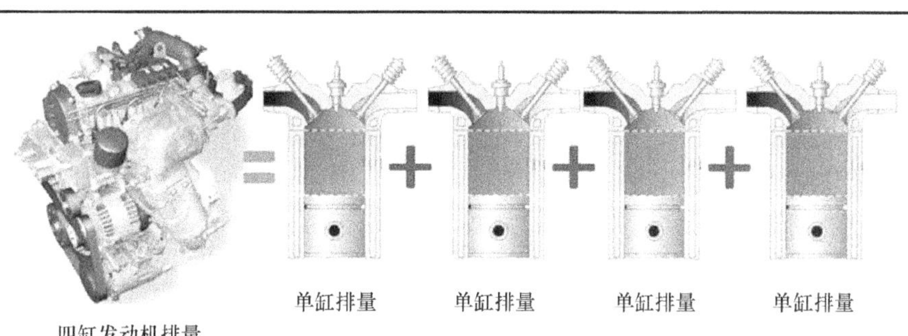

图 1-20　四缸发动机排量计算示意

8. 压缩室

压缩室是指活塞到达上止点位置时活塞以上的空间，如图 1-21 所示，此时，燃烧室的容积最小。

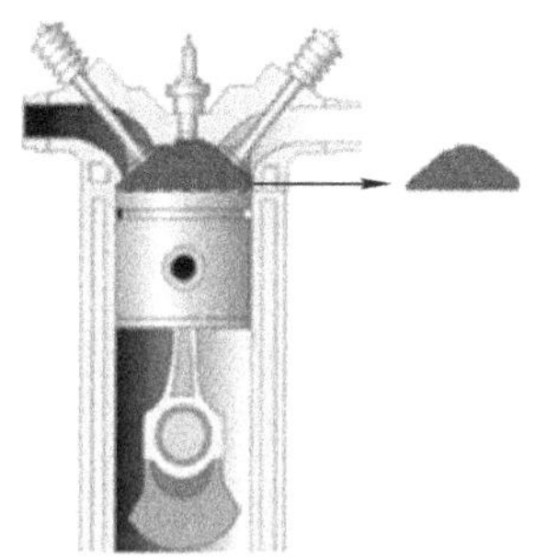

图 1-21　压缩室

9. 压缩比

压缩比即气体压缩前容积与压缩后容积的比值，即气缸总容积与燃烧室容积之比，表示气体的压缩程度，如图 1-22 所示。

压缩比越大，压缩终了时气缸内的气体压力越大、温度越高。

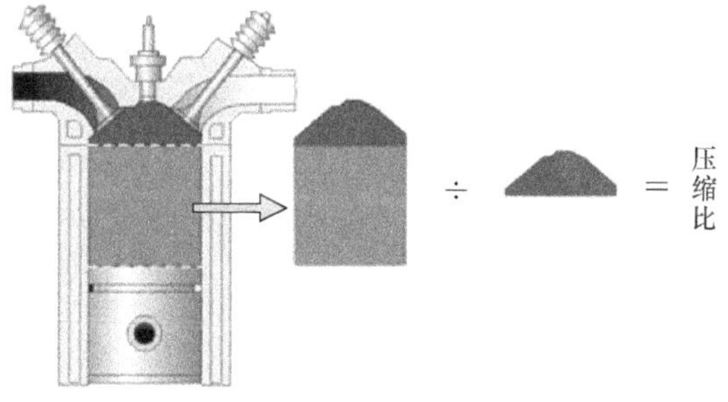

图 1-22　压缩比

（二）发动机的工作原理

1. 四冲程汽油发动机

汽油机是将汽油和空气混合后的可燃混合气吸入发动机气缸内（直喷汽油机吸入的是空气），用电火花强制点燃进而膨胀做功。

先将可燃混合气（或空气）吸入气缸内，然后压缩并点燃，后在气缸内产生的高温、高压的气体推动活塞经连杆使曲轴旋转而做功，同时将燃烧后的废气排出气缸。完成一次进气、压缩、做功、排气的过程，称为一个工作循环。每完成一个工作循环，曲轴转两圈（720°），活塞上下运动四次，称为四冲程汽油发动机，如图 1-23所示。

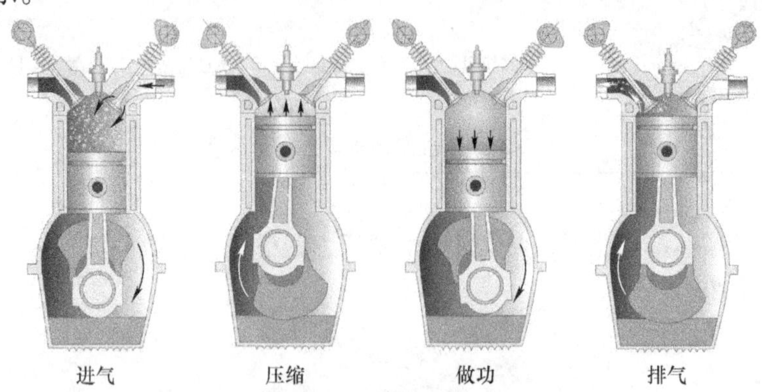

图 1-23　四冲程汽油发动机的工作原理示意图

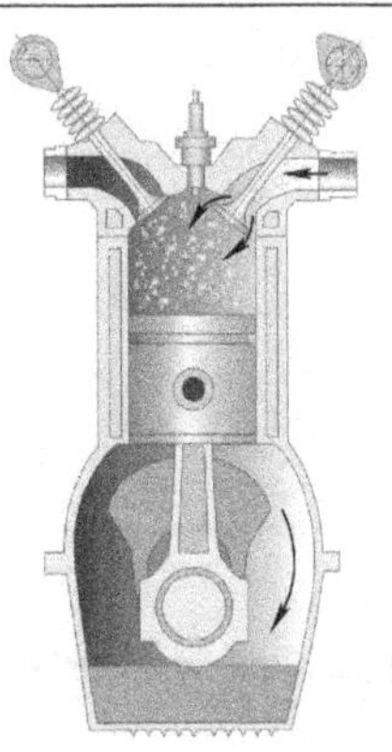
图 1-24　进气行程

（1）进气行程

曲轴带动活塞从上止点向下止点运动，进气门开启，排气门关闭。活塞顶部空间增大，气缸内压力降低到小于外界大气压，产生真空吸力。空气和汽油混合后形成的可燃混合气通过进气管道、进气门被吸入气缸。由于进气系统有阻力，进气行程结束时气缸内的气体压力为 0.07～0.09MPa，仍低于 1个标准大气压。气体在高温机件和残余气体的加热下，温度上升到 80～130℃，如图 1-24 所示。

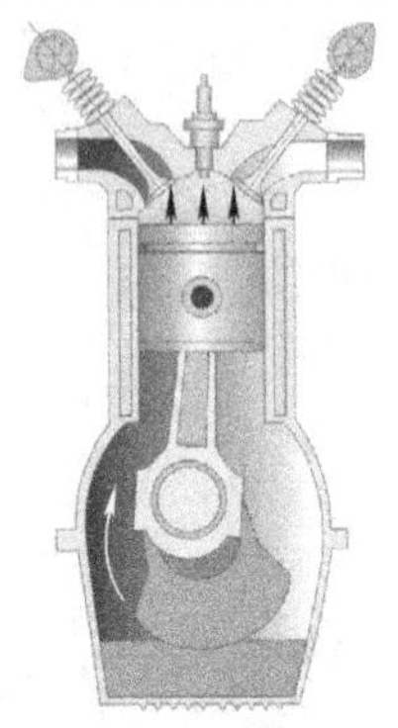
图 1-25　压缩行程

（2）压缩行程

进气结束，进、排气门都关闭。曲轴带动活塞由下止点向上止点运动，活塞顶部的可燃混合气被压缩。压缩行程结束时，混合气压力最大可达1.47MPa，温度最高可达 500℃，如图 1-25 所示。

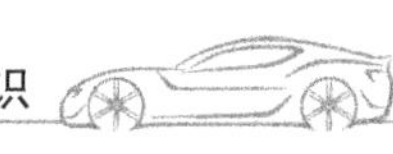

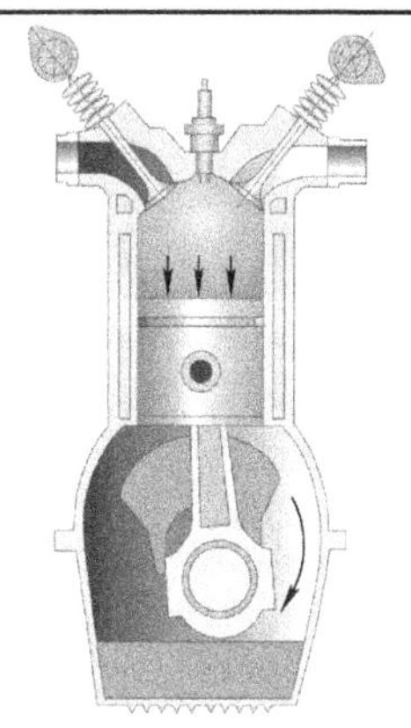

图 1-26　做功行程

（3）做功行程

当压缩行程活塞接近上止点，此时进排气门都处于关闭状态，火花塞产生电火花点燃可燃混合气，混合气迅速燃烧使气体温度和压力急剧升高，推动活塞向下止点运动，同时带动连杆运动，并使曲轴旋转做功，对外输出功率，如图 1-26 所示。

做功行程中，瞬间最大压力可达 6MPa，温度最高可达 3000℃。

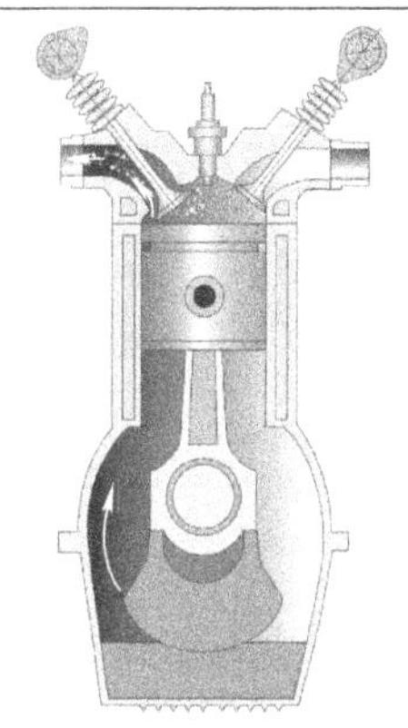

图 1-27　排气行程

（4）排气行程

曲轴带动活塞从下止点向上止点运动，排气门打开，进气门关闭。在活塞和废气自身的压力作用下，废气经排气门排出气缸。活塞到达上止点后排气结束。由于排气系统存在一定阻力，而且燃烧室占有一定空间，因此在燃烧室中会残留少量废气，如图 1-27 所示。排气行程结束时，气缸内气体压力为 0.1～0.12MPa，温度为 500～800℃。

2. 四冲程柴油发动机

四冲程柴油发动机的工作循环同样包括进气、压缩、做功和排气四个行程。在各个行程中，进、排气门的开闭和曲柄连杆机构的运动与汽油机完全相同。只是由于柴油和汽油的使用性能不同，使得柴油机和汽油机在混合气形成方法及点火方式上有着根本性的差别。四冲程柴油发动机的工作原理如图 1-28 所示。

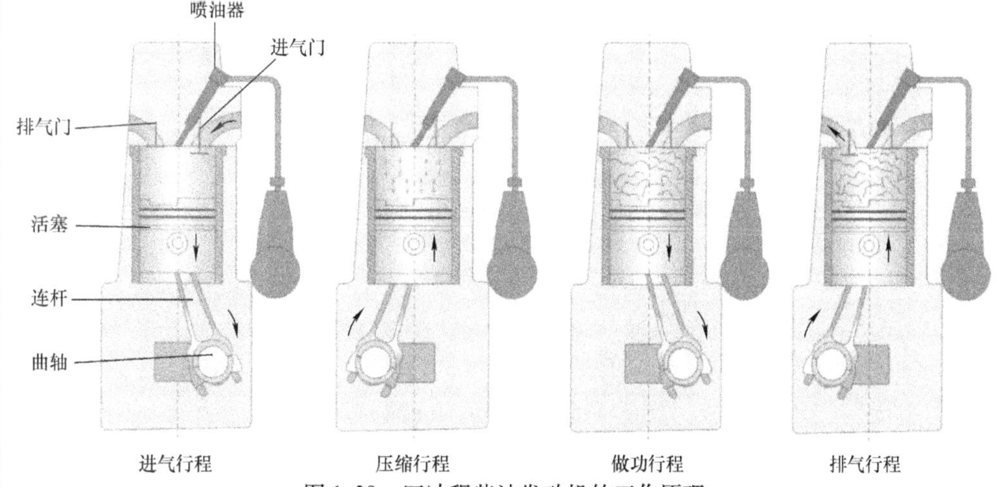

图 1-28　四冲程柴油发动机的工作原理

(1) 进气行程

在柴油机进气行程中，被吸入气缸的是空气。由于柴油机进气系统阻力较小，残余废气的温度较低，因此进气行程结束时气缸内气体的压力较大（0.085～0.095MPa），温度较低（310～340℃）。

(2) 压缩行程

因为柴油机的压缩比大，所以压缩行程终了时的气体压力最大可达5MPa，温度最高可达1000℃。

(3) 做功行程

当压缩行程结束时，喷油泵将柴油泵入喷油器，并通过喷油器喷入燃烧室。因为喷油压力很高，喷油孔直径很小，所以喷出的柴油呈细雾状。细微的油滴在炽热的空气中迅速蒸发，并借助于空气的运动，迅速与空气混合形成可燃混合气。由于气缸内的温度远高于柴油的自燃点，因此柴油随即自燃。燃烧气体的压力、温度迅速升高，体积急剧膨胀。在气体压力的作用下，活塞推动连杆，连杆推动曲轴旋转做功。在做功行程中，燃烧气体的最大压力可达9MPa，最高温度可达2200℃。做功行程结束时，压力为0.2～0.5MPa，温度为1000～1200℃。

(4) 排气行程

排气行程结束时，气缸内残余废气的压力为0.105～0.120MPa，温度为700～900℃。

3. 二冲程汽油发动机

二冲程发动机的工作循环是在两个活塞行程，即曲轴旋转一周的时间内完成的。在四冲程发动机中，常把排气过程和进气过程合称为换气过程。在二冲程发动机中，换气过程是指废气从气缸内被新气扫除并取代的过程。这两种发动机工作循环的不同之处主要在于换气过程不同，如图1-29所示。

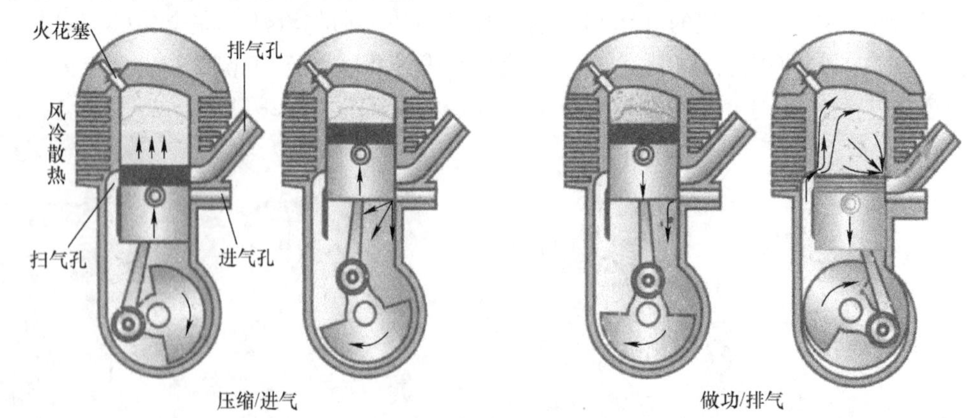

图1-29 二冲程汽油发动机工作循环

第一行程（压缩/进气）：活塞向上运动，将三排孔（进气孔、排气孔、扫气孔）都关闭，活塞上部开始压缩。当活塞继续向上运动时，活塞下方打开了进气孔，可燃混合气进入曲轴箱内。

第二行程（做功/排气）：当活塞接近上止点时，火花塞产生火花点燃可燃混合气，混合气燃烧膨胀产生巨大的热能推动活塞向下运动。活塞继续向下运动，进气孔关闭，曲轴箱内的可燃混合气受到压缩，当活塞接近下止点时，排气孔打开，气体排出。

小解释

汽油：为透明液体，主要成分为 $C_5 \sim C_{12}$脂肪烃和环烃类，并含有少量的芳香烃和硫化物。辛烷值分为 92 号、95 号、98 号三个牌号。汽油具有良好的蒸发性和燃烧性，能保证发动机运转平稳、燃烧完全。

柴油：是石油提炼后的一种油质产物。它由不同的碳氢化合物混合组成。柴油按凝点分级，轻柴油有 5、0、－10、－20、－35、－50 六个牌号，重柴油有 10、20、30 三个牌号。

大气压：大气压强简称大气压。大气压随高度变化，通常把 101kPa 的大气压叫作标准大气压，它大约相当于 760mmHg 所产生的压强。

（三）发动机的主要性能指标

发动机是汽车最重要的部分，被称为汽车的“心脏”。发动机的类型很多，结构和工作原理也有较大的差异，而发动机性能的好坏直接影响整车的性能。

发动机的主要性能指标用来评价发动机性能优劣和维修时质量的好坏。汽车发动机有效性能指标主要有动力性能指标、经济性能指标和运转性能指标。

1. 动力性能指标

（1）有效转矩

发动机通过飞轮对外输出的平均转矩称为有效转矩。有效转矩与外界加于曲轴上的阻力矩相平衡。

（2）有效功率

发动机通过飞轮对外输出的功率称为有效功率。发动机的有效功率可用台架试验方法测定，也可用测功器测定。

在发动机铭牌上规定的功率及其相应的转速分别称作标定功率和标定转速。标定功率是发动机所能发出的最大功率。按照汽车发动机可靠性试验方法的规定，汽车发动机应能在标定工况下连续运行 300 ~ 1000h。

2. 经济性能指标

经济性能指标主要用发动机燃油消耗率，燃油消耗率指发动机每发出 1kW 有效功率在 1h 内所消耗的燃油量。燃油消耗率越低，发动机经济性越好。

3. 运转性能指标

发动机运转性能指标主要是指排气品质、噪声、起动性能。

（1）排气品质

发动机排气含有对人体有害的物质，主要有害排放物是 NO_x（氮氧化物）、HC（碳氢化合物）、CO（一氧化碳）及颗粒物。

(2) 噪声

噪声会刺激人的神经，造成失眠、记忆力衰退，甚至导致神经衰弱。因此必须用法规形式对其进行限制。汽车噪声是城市噪声的主要来源，发动机噪声又是汽车的主要噪声源。

(3) 起动性能

起动性能好的发动机在一定温度下能可靠而迅速地起动，起动时磨损越小，消耗功率越少。不采用特殊低温起动措施，汽油机在－10℃、柴油机在－5℃以下的气温条件下起动发动机，15s以内发动机应能自行运转。

(四) 汽油机的三要素

1. 很好的空气—燃油混合气

1) 汽油被气化、蒸发并与空气充足地混合，以便汽油完全燃烧。

2) 汽车在各种工况下使用时，发动机运转工况随之改变，也要求空气—燃油混合气随之变化。

- 当空气温度由高变低时。
- 从平坦的路面变为陡峭的坡路，发动机重负荷运转时。
- 发动机在车辆加速时从怠速到高速的转速变化。

① 空燃比：

空燃比是空气与燃油的质量比。

空气总量太多或太少时，汽油都无法充分燃烧，形成不完全燃烧。理论空燃比是14.7。

对于具体的汽油发动机来说，虽然汽油喷射能满足其理论空燃比，但并不是全部汽油都能蒸发并与空气混合。因此，在某些工况下，需要更浓的可燃混合气，如图1-30所示。

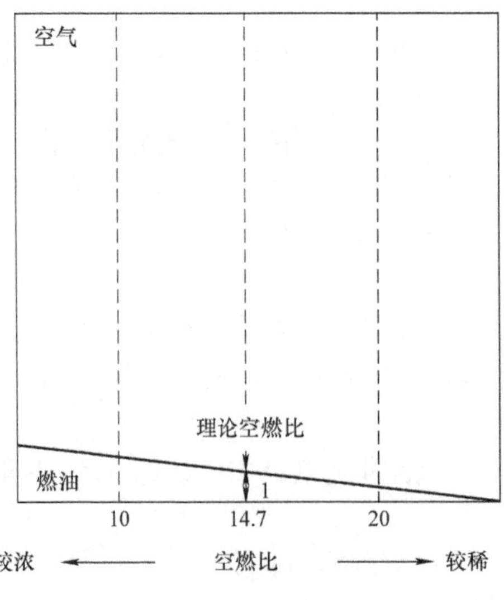

图1-30 理论空燃比

② 空燃比和运行工况：

a）起动。

起动时，进气歧管壁、气缸和气缸盖是冷态的，使喷油器喷射的燃油附着其上。此时，燃烧室内的可燃混合气变稀。因此，需要浓混合气。

b）暖机。

冷却液温度低，汽油的蒸发条件变差，导致发动机点火不良。因此，需要浓混合气。

c）加速。

当踏下加速踏板时，由于负荷变化出现供油迟滞后，形成较稀混合气。因此，应向混合气中喷射额外的燃油。

d）巡航（定速）。

发动机温度正常后，供给发动机的混合气非常接近理论空燃比。

e）重负荷。

需要较大的功率输出时，稍浓的可燃混合气供给发动机，以降低燃烧温度、保证吸入的全部空气参加燃烧。

f）减速。

由于此工况下不需要发动机输出功率，切断部分燃油供给，以清洁排气。

2. 可燃混合气被压缩

当未压缩的可燃混合气被点燃时，由于密度小，燃烧速度慢。而压缩的可燃混合气被点燃时，高密度会引起混合气突然燃烧。所以，即使是同样的可燃混合气，压缩的混合气点燃后会比没压缩的混合气输出更大的功率。

此外，压缩的可燃混合气会使空气与燃油的混合更为彻底，点火时汽油产生更高的气化率和更高的温度。压缩的可燃混合气比不压缩的更易燃烧。

可燃混合气压缩的程度用压缩比表示。通常，压缩压力越大，爆发压力越大。不过，如果压缩压力太大，会产生爆燃。因此，汽油发动机的压缩比通常设计在9～14，如图1-31所示。

$$\text{压缩比}=\frac{\text{燃烧室容积}+\text{气缸排量}}{\text{燃烧室容积}}$$

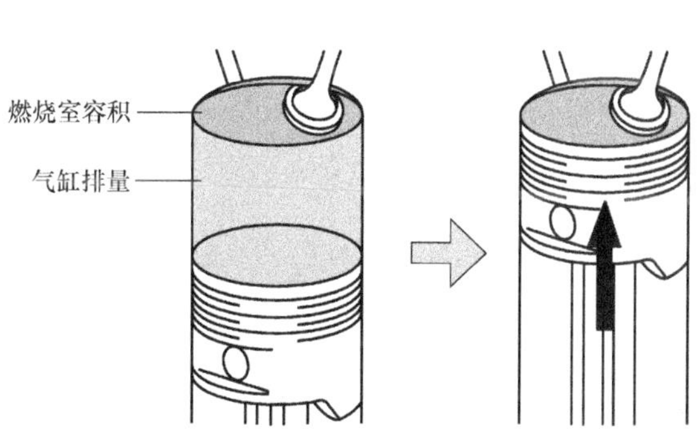

图1-31　压缩比

3. 正确的点火正时及强烈的电火花

为了使可燃混合气充分地燃烧，正确的点火正时和产生足够强的电点火非常重要。

正确的点火正时及产生强烈的电火花的条件：

1）能产生强烈的电火花，足以使可燃混合气燃烧，如图 1-32 所示。

汽油机的火花塞产生电火花点燃可燃混合气。如果电火花弱，就没有足够的能量点燃可燃混合气，所以强火花很重要。

2）对于每种发动机工况，必须保证最佳的点火正时，如图 1-33 所示。

点火正时会根据发动机转速或负荷情况的变化而变化，以保证最佳的点火正时。

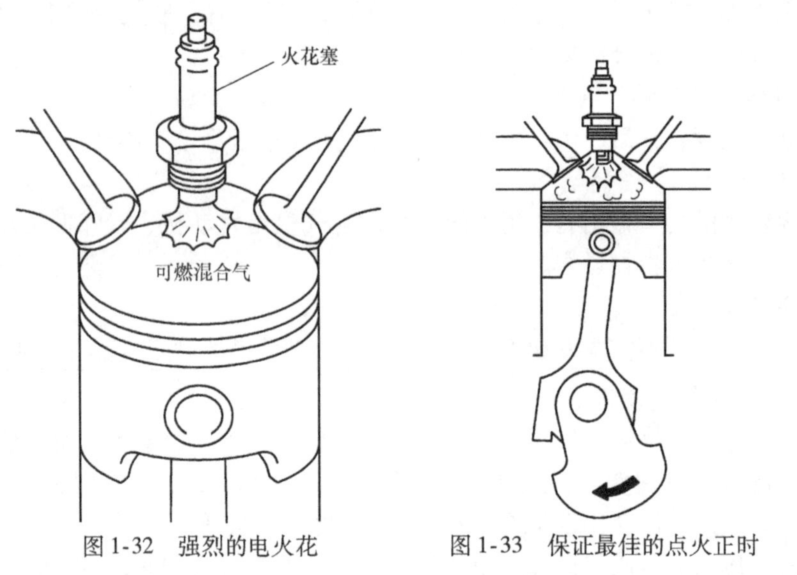

图 1-32　强烈的电火花　　图 1-33　保证最佳的点火正时

六、拓展阅读

（一）在工作流程中的责任

机电维修工负责整个维修工作流程中的部分流程。其中包括对执行维修委托的计划、物料获取、全面执行保养工作、检查工作质量、按规定将废物料和旧件回收到指定的容器中、防止发生工伤事故和记录工作流程中的重要信息。机电维修工在检查表或保养计划上签字证明其工作的完成。通过签字表示他对其完成的工作质量负责。企业可以以此为法律证据对其进行警告，必要时作出降低薪酬的处罚。

原则上机电维修工必须明确，只有客户百分之百对其工作质量满意，才能赢得客户对汽车销售服务中心的信赖。

客户对于服务水准的印象决定了客户对汽车销售服务中心的整体印象。而服务印象也是由企业不同部门的工作成绩共同构建的，其中包括维修质量、客户处理、价格策略、守时情况和服务项目等。

好的服务印象是企业所有员工通过其高水平的工作和对客户的友善程度共同努力实现的。只有全面满意的客户将来才会再次来这个企业对其车辆进行维修，进而为其做宣传甚至在这里购买新车。

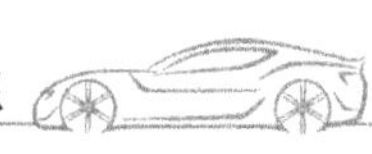

与客户的直接接触是汽车销售服务中心最为敏感的环节，在这个环节里所犯的错误会很快且持续性地造成影响。如下图所示，显示了上述影响，同时也显示出每一名员工不断努力为企业成功作出的贡献，并以此保障了其在企业中的工作岗位。

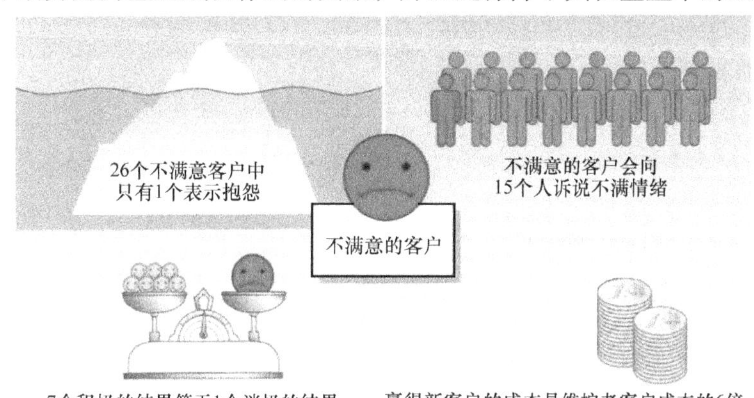

（二）态度和行为

客户可以自由选择到哪家汽车销售服务企业，所以企业的成功越来越取决于客户的满意程度。一个不友好的服务顾问、一个愁眉苦脸的备件销售员、机电维修工把手上的油污留在了转向盘或其他地方，这些都会对建立长期客户关系起到消极的作用。

成功的合作和沟通，首先要有积极的个人态度。问题经常不是出在沟通能力的欠缺而导致与他人交往的困难，而是消极的态度、期望和表现造成了交流以及整体工作的失败。

积极的思想使人具有积极的态度，积极的态度适用于任何地方。如果工作开始前态度已经不端正了，那么肯定会导致工作的失败。根据以下四种人们关于自己和他人的态度，可以判断工作的成功与否。

我行——你也行 • 这类人属于思想及决定都很现实的人。他知道他想要什么，乐于担负责任并为达到目标而全心投入。 • 具有这种态度的人对别人很信任，但也局限于别人不会滥用他的这种信任。 • 这种态度也表示这种信任应建立在相互的基础上。	我行——你不行 • 这之后隐藏着自我满足、骄傲自大和自以为是的想法。 • 任何事情失败了，总是其他人的责任。 • 期待他人的表扬和赞美。
我不行——你行 • 这类人总觉得自己比别人落后并有忧虑感。 • 对自己没有足够的自信以及缺乏对自我价值的承认。 • 不能够进行和谐的交流及合作。	我不行——你也不行 • 这种态度预示了不成功。 • 这类人总是抱有消极的态度并影响到整个工作表现。 • 肯定无法达成和谐的沟通及合作。

<table>
<tr><td colspan="2">积极的想法和相应的态度会激发以客户为本的行为方式以及提高工作乐趣。这里包括：</td></tr>
<tr><td>• 友好亲切地对待客户和同事。
• 正确、独立、负责且按时完成工作。
• 勇于接受新任务，不断提高自我。</td><td>• 融洽地加入企业组织，充满责任心并率直地与同事合作。
• 贡献自己的想法并以此完善工作流程。
• 注重整洁和准时。</td></tr>
</table>

七、任务评价

试着完成下面的练习题，然后将自己的答案与课本对照，将错误答案订正过来并仔细复习相关内容，直到能够正确完成所有练习为止。

一、填空题

1. 冷却系统由____________、散热器、____________和节温器等组成。

2. 四冲程发动机活塞往复________个单程（或曲轴旋转 2 周）完成一个________。

3. 四冲程发动机工作过程经历进气、________、________、________四个行程。

4. 发动机工作容积是指所有________的总和。

5. 压缩比是气缸总容积与________的比值。

6. 发动机的主要性能指标有动力性能指标、________和________。

7. 发动机运转性能指标包含________、________和起动性能。

二、判断题

1. 目前汽车采用四冲程、多缸、水冷、增压式发动机为主。 (　　)
2. 柴油发动机由两大机构、四大系统组成。 (　　)
3. 水冷式发动机的冷却效果好于风冷式发动机。 (　　)
4. 气缸数目六缸及以上的发动机布置采用 V 型布置。 (　　)
5. 柴油机在进气行程时，进入气缸的是空气。 (　　)
6. 发动机排量是指所有气缸工作容积的总和。 (　　)
7. 活塞行程是指上、下两止点间的距离。 (　　)
8. 发动机在进气行程时，气缸内压力小于大气压。 (　　)
9. 四冲程柴油机在进气行程时，进入气缸的是混合气。 (　　)
10. 四冲程发动机完成一个工作循环，曲轴转过一圈。 (　　)

三、选择题

1. 下止点是指活塞离曲轴回转中心（　　）处。

A. 最远　　B. 最近　　C. 最高　　D. 最低

2. 下列哪种发动机不是火花塞点火式发动机？(　　)

A. 柴油发动机　　B. 汽油发动机　　C. 液化石油气发动机　　D. 双燃料发动机

3. 压缩比是指气缸（　　）容积与（　　）容积的比值。

A. 工作……燃烧室　　B. 总……工作

C. 总……燃烧室　　D. 燃烧室……工作

4. 气缸压力小于大气压的行程是（　　）。

A. 压缩行程　　B. 做功行程　　C. 进气行程　　D. 排气行程

5. 气缸上止点与下止点间的距离，称为（　　）。

A. 排气量　　B. 行程　　C. 燃烧室容积　　D. 气缸容积

6. 四冲程发动机在做功和压缩行程时，进气门（　　），排气门（　　）。

A. 开……开　　B. 开……关　　C. 关……开　　D. 关……关

7. 四冲程发动机一个工作循环，曲轴共旋转（　　）。

A. 4 周　　B. 3 周　　C. 2 周　　D. 1 周

8. 四冲程发动机一个工作循环，活塞在上、下止点间往复运动共（　　）。

A. 4 次　　B. 3 次　　C. 2 次　　D. 1 次

项目二

曲柄连杆机构

汽车售后服务顾问和维修技师是汽车 4S 店的门面，总会给车主留下深刻的第一印象和难忘的最后印象。车主在车辆维修预约、进店维修、离开汽车 4S 店阶段，对汽车 4S 店需求心理预期各不相同。汽车 4S 店的工作人员只有把握客人的需求心理，依据需求心理的变化跟进服务，才能主动超前地提供恰当的服务，使车主产生惊喜的消费体验，从而留下良好的印象。

一、场景描述

一辆奥迪轿车，行驶里程 101288km。有一天，车主杨先生开车加速时发现发动机出现“咔咔”的响声。杨先生把车开到 4S 店进行检查维修。

小李：“杨先生，您好！欢迎光临。我是服务顾问小李，这是我的名片，很高兴为您服务。”小李按要求对车辆进行了环车检查。

小李：“杨先生，发动机出现“咔咔”的响声，我让专业技师为您的车辆做仔细的检查。”

根据杨先生反映的发动机异响情况，专业技师对该车进行了检查。该车冷起动时没有异响，驻车热车两三分钟后，冷却液温度上升至接近正常工作温度时，发动机发出小声但清晰的“咔咔”的金属敲击声；感觉发动机有些振动；加速超过 1500r/min 后，声音仍然存在，只是没那么清晰了。

二、场景分析

此车已行驶 101288km，之前因冷却液温度高导致过拉缸、轴瓦严重磨损等状况，

在6天前做过发动机大修，更换过一套活塞和活塞环、活塞销、大小瓦、止推瓦、链条、正时齿轮、张紧器等部件。大修起动后，稍微热车就一直存在很大的“咔咔”的金属敲击声，而且随转速增加稍有增强。重新调整过气门，更换过缸盖、大小轴瓦，没有任何的改变，最后更换了机油泵后，“咔咔”的金属敲击声消失，车辆出厂。

一周后再次进厂维修，客户即反映上述热车时发出小声但清晰的“咔咔”的金属敲击声。查找异响部位时发现发动机下部比上部声音更明显一些。采用断缸法逐一断开各缸的点火线圈插头发现，3缸的声音稍有变化。怀疑连杆轴承有异响存在，于是再次拆卸油底壳，这次使用塑料间隙规测量连杆轴瓦油隙，发现比正常值偏大，上次大修只是更换了大小轴瓦，并没有测量曲轴的失圆度、锥度轴瓦油隙，只是把曲轴轴颈用细砂纸打磨光滑。

根据对发动机的检查分析，要对发动机曲柄连杆机构进行维修。按照实际维修项目的要求，结合职业院校学生实际的学习特点，按照由简单到复杂、层层递进的知识走向，最终将该项目划分成以下三个任务来完成，每个任务的具体需求如下：

任务一　机体组

任务二　活塞连杆组

任务三　曲轴飞轮组

三、学习目标

知识目标

1. 掌握发动机的分类。
2. 掌握曲柄连杆机构的构造。
3. 掌握曲柄连杆机构的工作原理。
4. 掌握曲柄连杆机构故障诊断的基本方法。
5. 掌握曲柄连杆机构故障诊断的基本流程。

技能目标

1. 能正确地对发动机进行分类。
2. 能独立进行曲柄连杆机构的分解和组装。
3. 能区分曲柄连杆机构的人为故障和自然故障。

4. 掌握曲柄连杆机构故障诊断的基本测量技能。

5. 掌握汽车不同类型曲柄连杆机构故障诊断流程的方法和技巧。

素养目标

1. 严格执行汽车发动机故障诊断规范，养成严谨科学的工作态度。

2. 养成团队协作精神。

3. 养成自觉遵守技术标准和要求规定、规范操作、安全、环保、“6S”作业的好习惯。

4. 养成劳动光荣、创造伟大的思维和创新意识。

曲柄连杆机构是往复式内燃机中的动力传递系统，是发动机实现工作循环并完成能量转换的主要运动部分。在做功行程中，它将燃料燃烧产生的热能转变为动能，使活塞做往复直线运动，带动曲轴旋转对外输出动力。其工作原理与骑自行车大体上一样，人通过脚蹬把向下的力变为旋转的力，通过链条带动飞轮使自行车行驶。

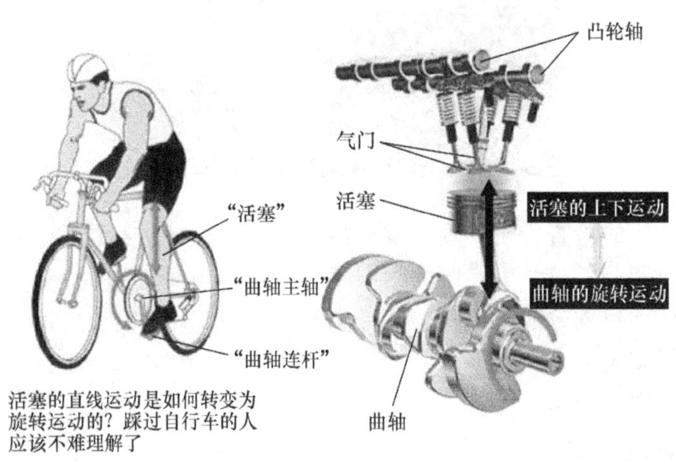

在其他行程中，则依靠曲柄和飞轮的转动惯性、通过连杆带动活塞上下运动，为下一次做功创造条件。

曲柄连杆机构把燃料燃烧后产生的气体作用在活塞顶上的膨胀压力转变为曲轴旋转的转矩，不断输出动力。

1）将气体的压力变为曲轴的转矩。

2）将活塞的往复直线运动变为曲轴的旋转运动。

3）把燃烧作用在活塞顶上的力转变为曲轴的转矩，向工作机械输出机械能。

曲柄连杆机构主要由机体组、活塞连杆组和曲轴飞轮组组成。其功用是把燃料燃烧作用在活塞顶部的压力转变为曲轴的转矩，对外输出机械能。

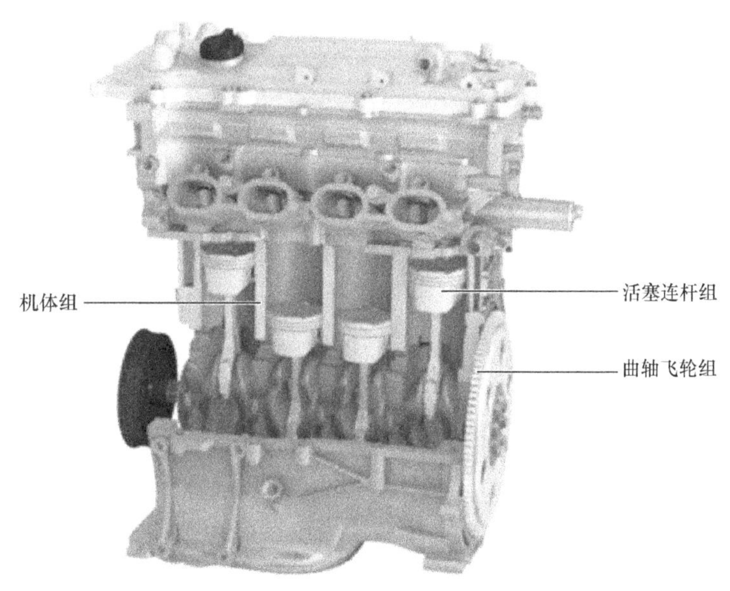

四、知识引导

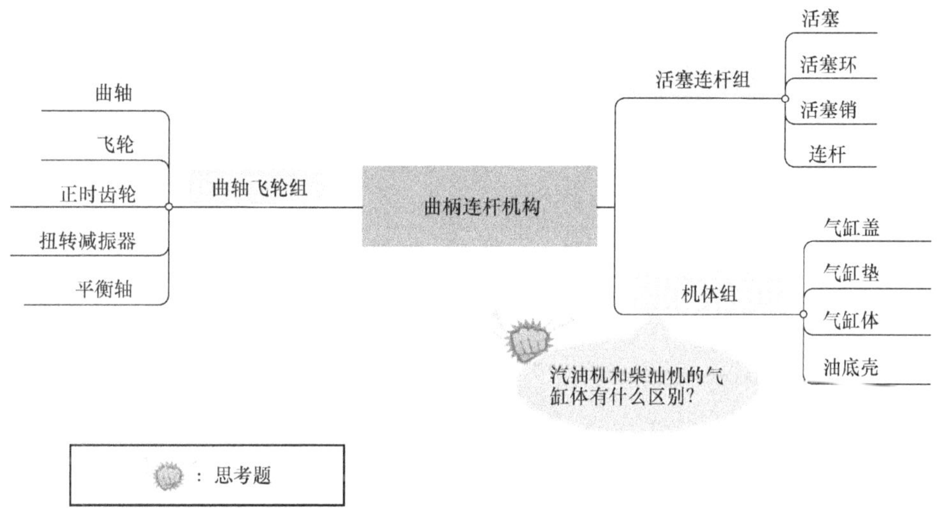

五、相关知识

发动机工作时，曲柄连杆机构直接与高温高压气体接触，曲轴的转速又很高，活塞往复直线运动的线速度又相当大，同时与可燃混合气、废气接触，曲柄连杆机构还受到化学腐蚀作用，并且润滑困难。可见，曲柄连杆机构的工作条件相当恶劣，它要承受高温、高压、高速和化学腐蚀作用。曲柄连杆机构由机体组、活塞连杆组、曲轴飞轮组三部分组成，如图 2-1 所示。

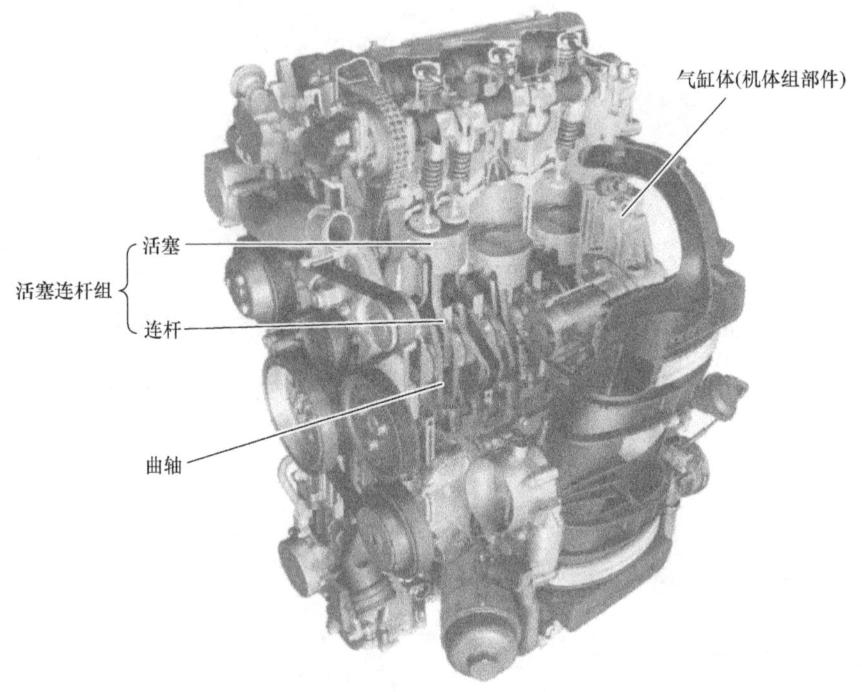

图 2-1　曲柄连杆机构的组成

任务一　机　体　组

机体组主要由气缸体、气缸盖、气门室罩、气缸垫、油底壳等组成。机体组是发动机的支架，是曲柄连杆机构、配气机构和发动机各系统主要零部件的装配基体。

气缸盖用来封闭气缸顶部，并与活塞和气缸壁一起形成燃烧室。另外，气缸盖和其机体内的水套、油道以及油底壳，又分别是冷却系统和润滑系统的组成部分。机体组的组成如图 2-2 所示。

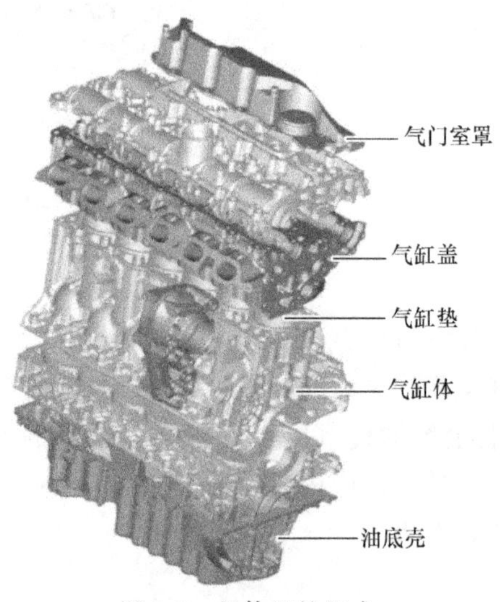

图 2-2　机体组的组成

（一）气缸盖

气缸盖以气密方式使气缸上方保持密闭，如图 2-3 所示。

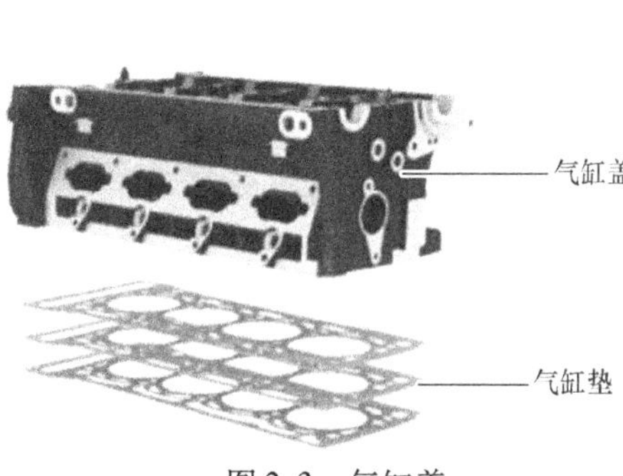

图 2-3　气缸盖

气缸盖包括：

- 新鲜气体和废气通道，包括气门座等。
- 气门和凸轮轴部件的支撑和导向部分。
- 火花塞螺纹。
- 冷却液通道。
- 燃烧室。

发动机的燃烧质量、运行和工作性能取决于燃烧室造型。因此对燃烧室的要求如下：

1）紧凑且光滑：燃烧室是一个空间很小的紧凑空间。紧凑型燃烧室要求与行程相比缸径较小（长行程发动机）。

2）中央火花塞装置：采用中央火花塞装置时，火焰扩散不受阻挡且火焰距离短。

3）新鲜气体流入损失低：采用较大进气门时充气效果好。

4）较好的混合气涡流：混合气涡流通过挤压面得到改善。在上止点时，挤压面的间距减少至只有几厘米的间隙，从而以极高的速度将混合气从挤压区中挤压出去，如图 2-4 所示，这有助于在燃烧室内形成涡流。混合气涡流使燃烧融合且在压缩比较高时也不会导致爆燃现象。

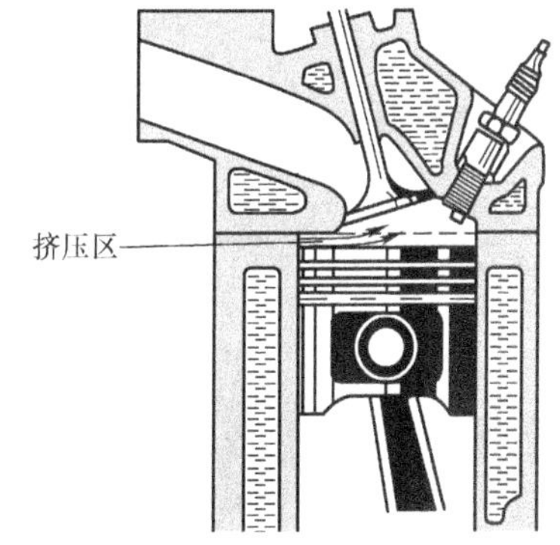

图 2-4　在燃烧室内挤压混合气

1. 气缸盖的作用

气缸盖安装在气缸体上方，用来封闭气缸顶部，并与活塞顶和气缸壁一起形成燃烧室，并作为凸轮轴、摇臂或挺柱及进、排气歧管的支承。气缸盖内安装有冷却水道、机油道、气门组件，并设有喷油器（直喷发动机）、火花塞安装导管（汽油机）。气缸盖的作用如图 2-5 所示。

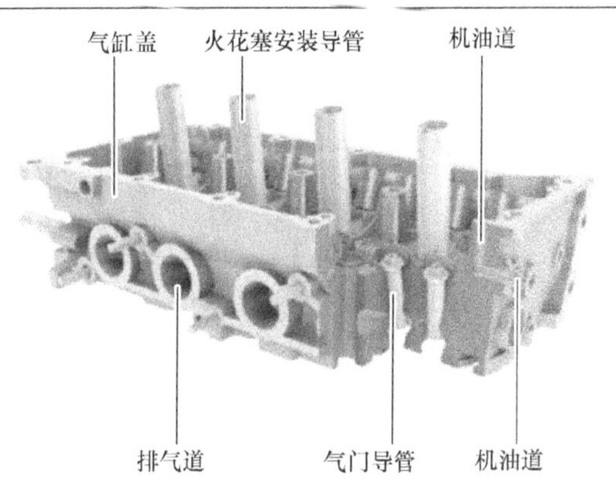

图 2-5　气缸盖的作用

2. 气缸盖的结构

气缸盖是结构复杂的箱形零件。其上加工有进、排气门座孔、气门导管孔、火花塞安装孔（汽油机）或喷油器安装孔（柴油机），如图 2-6 所示。在气缸盖内还铸有水套、进排气道和燃烧室或燃烧室的一部分。若凸轮轴安装在气缸盖上，则气缸盖上还有凸轮轴轴承孔/座及其机油道。

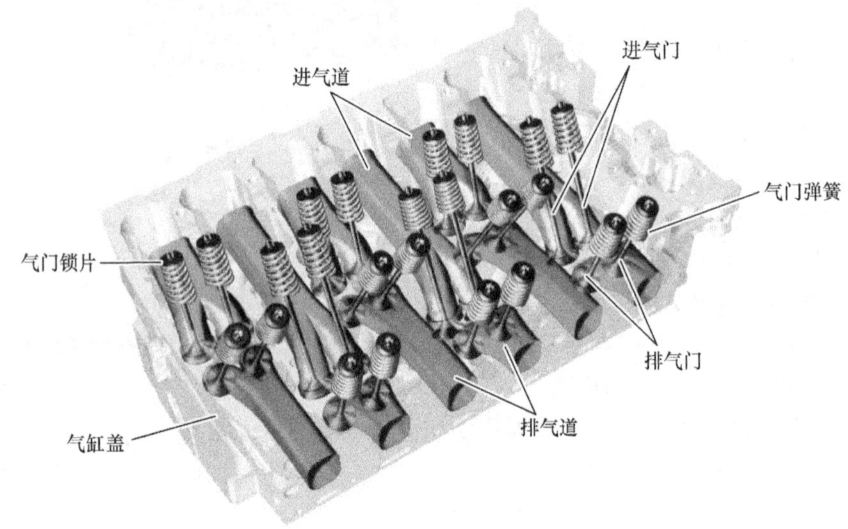

图 2-6　气缸盖的结构

大部分汽油发动机是铝合金气缸盖。铝合金比铸铁轻，并有极好的导热性，还可减少爆燃现象的发生。在气缸体和气缸盖之间有气缸盖垫片，其作用是密封二者的结合面，以防止高压气体、燃烧气体、冷却液和机油的渗漏，如图 2-7 所示。

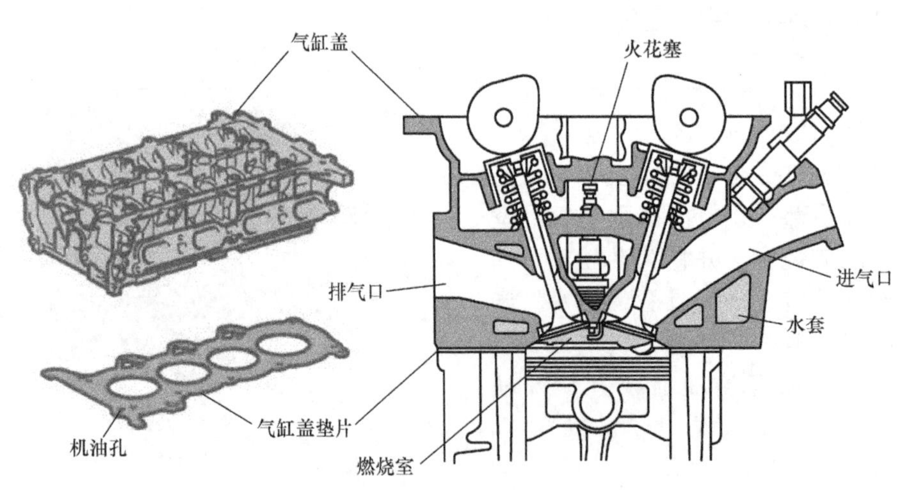

图 2-7　防止高压气体、燃烧气体、冷却液和机油的渗漏

使用塑性域螺栓固定气缸盖，以获得稳定的螺栓的轴向拉紧力。首先把螺栓紧固到弹性区域，然后按规定的力矩拧紧螺栓。在弹性区域，螺栓的转动角度和螺栓的轴向拉紧力成正比增加，如图 2-8 所示。

如果螺栓的张力在紧固力矩范围内，为增强弹性区域螺栓承受力，可以通过螺纹、法兰或垫圈增加螺栓的韧性。在塑性区域，紧固力矩对螺栓的轴向拉紧力的变化微乎其微。塑性区域紧固时需使用规定的工具，来减少由于螺栓的紧固力矩的不均匀，而产生的螺栓的轴向拉紧力的波动。螺栓的张力越大，螺栓的拉紧力越稳定。

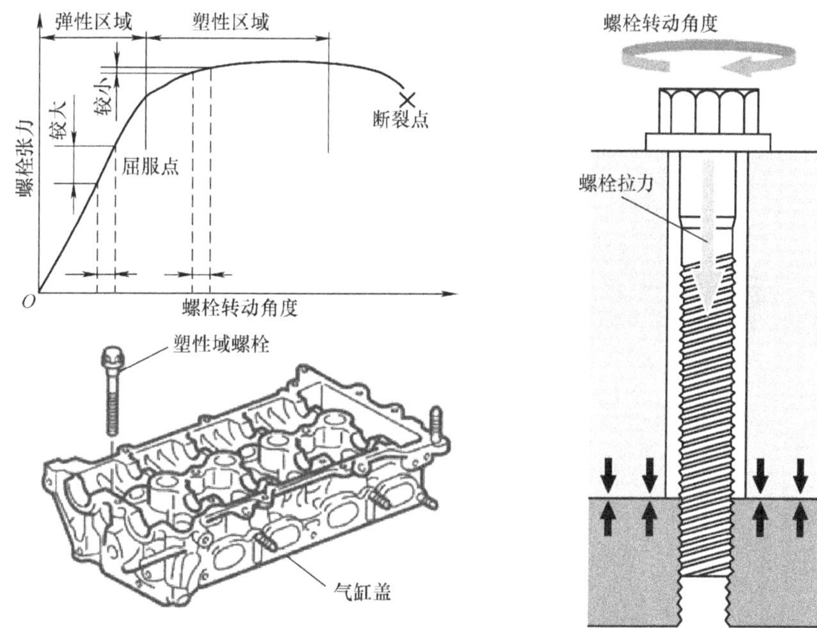

图 2-8　使用塑性域螺栓固定气缸盖

发动机燃烧室由活塞顶面（或凹坑）及气缸盖上相应的凹坑（或平面）共同组成。对其要求是：一是结构尽可能紧凑，冷却面积要小，以减小热量损失及缩短火焰行程；二是使混合气在压缩行程结束时具有一定的涡流运动，以提高混合气燃烧的速度，保证混合气得到及时和充分燃烧，如图 2-9 所示。

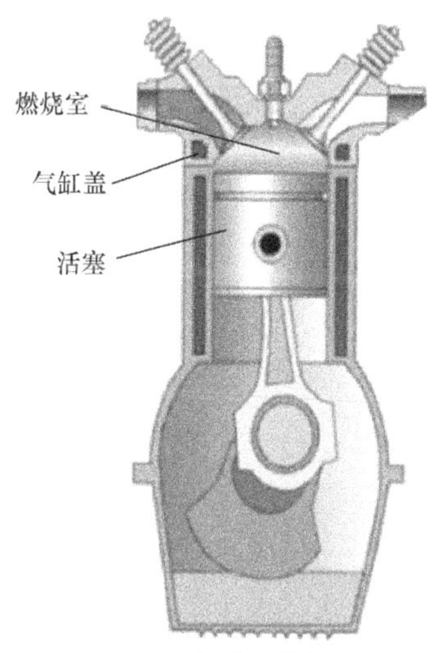

图 2-9　发动机燃烧室

汽油机常见的燃烧室类型：

（1）盆形燃烧室

盆形燃烧室的进、排气门呈一线排列，垂直安装在气缸盖上，如图 2-10 所示。

气门配置结构简单，混合气压缩时涡流强，但由于进、排气门锥面积大，进、排气孔弯曲弧度大，所以容积效率较低。

（2）楔形燃烧室

楔形燃烧室的进、排气门呈一线排列，约与气缸孔中心线倾斜 20°装在气缸盖上，燃烧室呈三角形，如图 2-11所示。

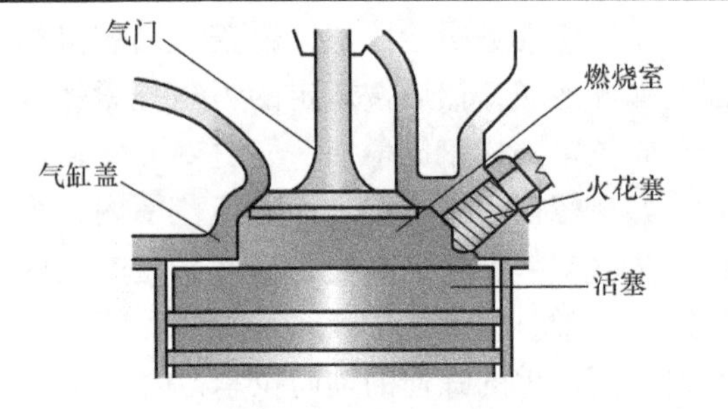

图 2-10　盆形燃烧室

楔形燃烧室的气门配置结构简单，气体流动圆滑，涡流强，且火焰传播距离较短，不易产生爆燃，但由于燃烧室表面积大，所以热损失较多。

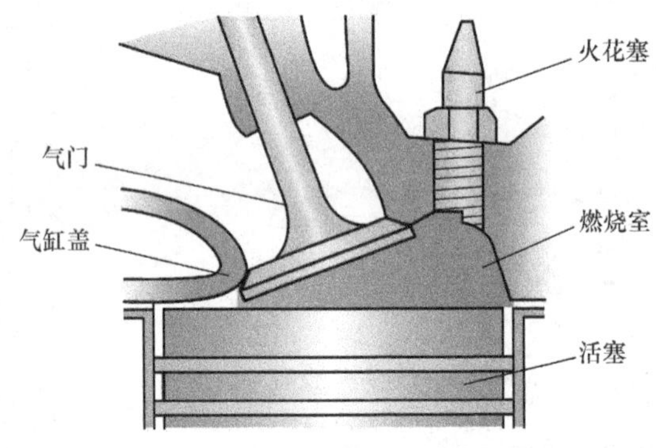

图 2-11　楔形燃烧室

（3）半球形燃烧室

半球形燃烧室的进、排气门分别斜置在气缸盖的两侧，如图 2-12 所示。

半球形燃烧室的进、排气流动顺畅，容积效率高，气门座的冷却效果好，火花塞与燃烧室各部位的距离短且距离相等，但配气机构较复杂、压缩涡流弱。

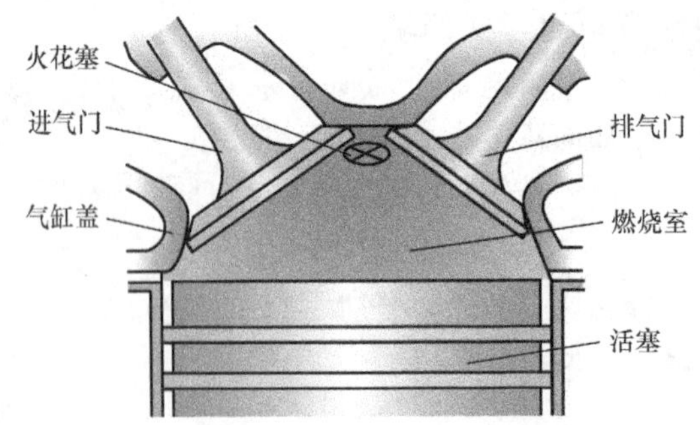

图 2-12　半球形燃烧室

（4）多气门燃烧室

多气门燃烧室的进、排气门也是分别斜置在气缸盖的两侧，但气门中心线与气缸孔中心线的夹角较小，且为多气门的设计，如图 2-13 所示。

多气门燃烧室的燃烧室表面积最小，热损失少，且因多气门，因此进、排气效率很高，但配气机构最复杂。

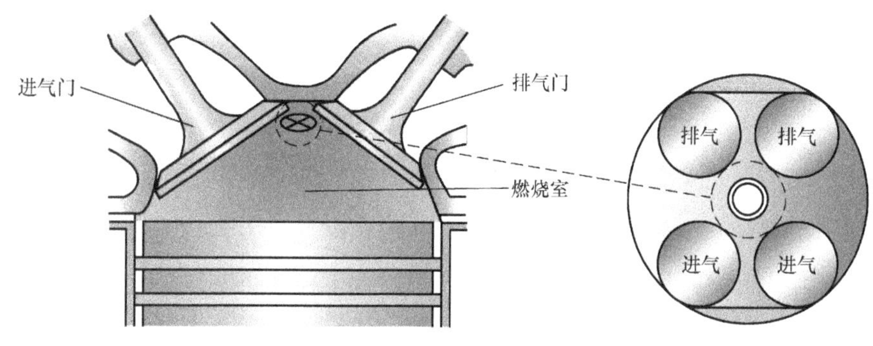

图 2-13　多气门燃烧室

（二）气缸垫

气缸垫安装在气缸盖与气缸体之间，其作用是保证气缸盖与气缸体结合面间的密封，防止水道漏水、燃烧室漏气及机油道漏油，如图 2-14 所示。

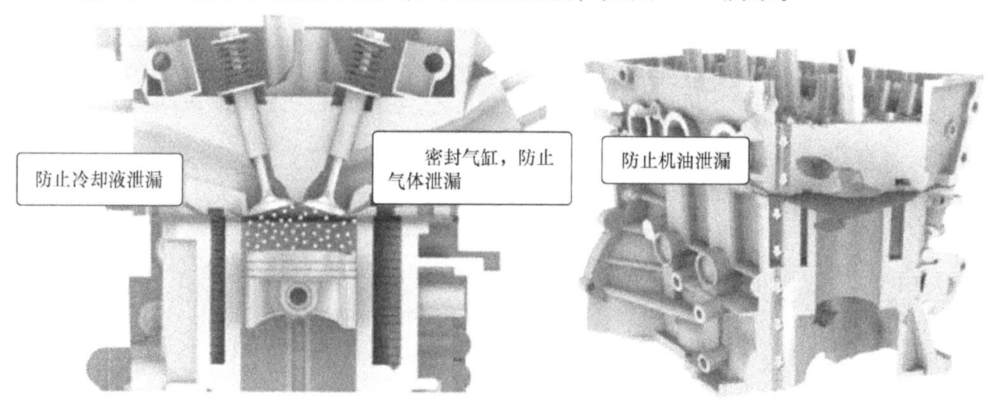

图 2-14　气缸垫

气缸垫有金属－石棉气缸垫、金属－复合材料气缸垫和纯金属气缸垫等多种类型，一般具有一定的弹性，可补偿结合面的平面度误差，如图 2-15 所示。发动机大修时，需更换气缸垫。

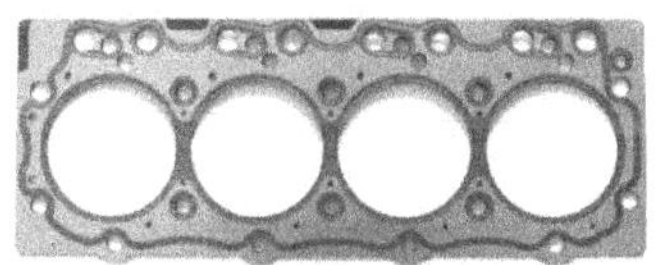

金属-石棉气缸垫　　金属-复合材料气缸垫

图 2-15　气缸垫类型

（三）气缸体

气缸体是发动机的主体，是安装活塞、曲轴及其他零件和附件的支承骨架。气缸体上部为活塞在其中往复运动做导向的圆柱形空腔，称为气缸；下部为支撑曲轴的上曲轴箱，有支撑曲轴的主轴承座孔及供曲轴运动的空间，如图 2-16 所示。在气缸体侧壁上有主油道，前、后壁和中间隔板上也有油道，为运动件提供润滑；在气缸体的壁上还有冷却水道，以便将发动机多余的热量带走。

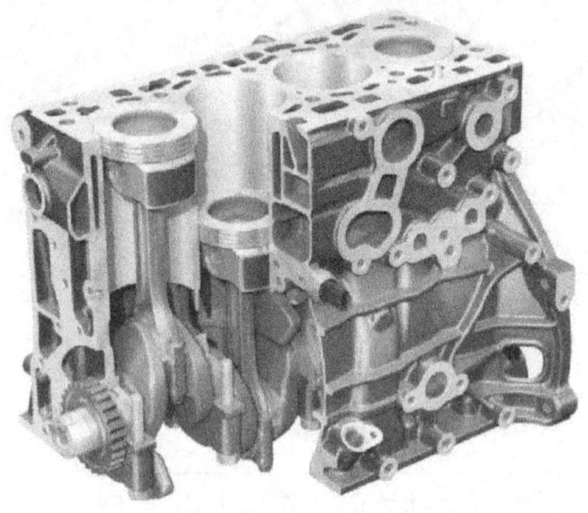

图 2-16　气缸体

1. 气缸体结构

气缸体的工作条件十分恶劣，要承受燃烧过程中压力、温度的急剧变化以及活塞运动的强烈摩擦。因此，它应具有以下性能：

1）有足够的强度和刚度，变形小，保证各运动零件位置正确、运转正常、振动噪声小。

2）有良好的冷却性能，在缸筒的四周有冷却水套，以便让冷却液带走热量。

3）耐磨，以保证气缸体有足够的使用寿命。气缸体上部是并列的气缸筒，气缸体下部是曲轴箱，用来安装曲轴，其外部还可安装发电机、发动机支架等各种附件。气缸体大多用铸铁或铝合金铸成，铝合金缸体成本较高，但重量轻、冷却性能好。

发动机大多数的部件都安装在气缸体上。气缸体的上方为气缸盖的安装面，如图 2-17 所示。气缸体中的气缸一般指的是直接加工在气缸体上的圆孔，但有的气缸

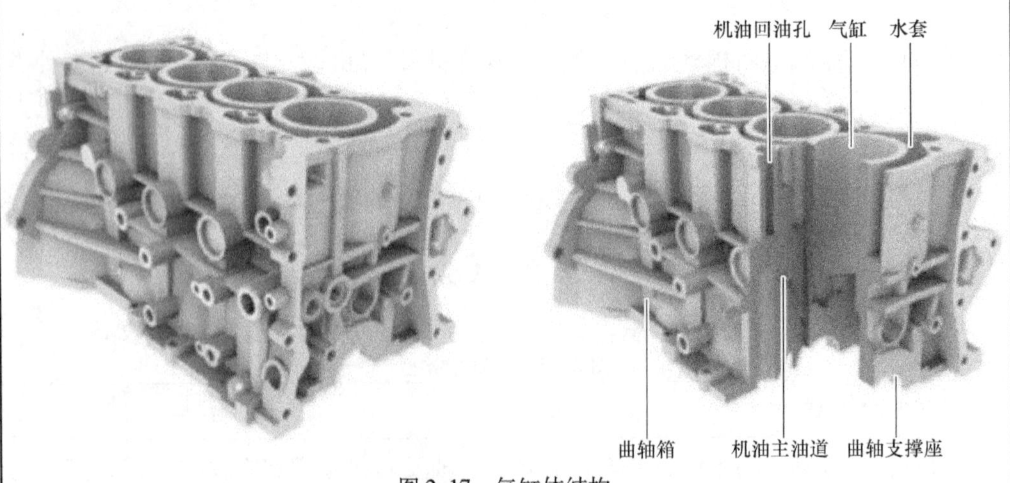

图 2-17　气缸体结构

则是专门加工出来的圆筒，镶入气缸孔内，称为气缸套。气缸体内还加工有引导机油的油道及让冷却液流通的冷却水道，油道是在机体上钻出的圆孔，某些油道端口用螺塞闷堵来密封。冷却水道随机件加工时铸造而成，是不规则的空腔。

气缸体的下方为油底壳的安装面，曲轴安装在气缸体和油底壳之间。气缸体的前方有水泵、机油滤清器以及油尺等的安装面。

2. 气缸体分类

采用单一金属结构类型时，气缸与曲轴箱所用材料相同。这种结构类型主要用于灰口铸铁气缸。通过多次加工，可达到所要求的表面质量，如图 2-18a 所示。

也可以采用单一金属结构的 AlSi 气缸，如图 2-18b 所示。所用材料为硅含量超过 12% 的 AlSi 合金时，经机械加工后，酸洗和珩磨会使气缸筒区域内的硅材料显露出来，从而形成一个坚固、耐磨的 AlSi 气缸套表面。由于硅含量较高，因此这种曲轴箱通常更难加工，制造过程更复杂、成本更高。

a) 灰口铸铁气缸

b) AlSi气缸

图 2-18　采用单一金属结构类型

采用了铝合金和镁铝合金的发动机比铸铁发动机可以减小一半的质量，质量减小的直接效果便是降低油耗。发动机的质量也直接影响车辆的行驶性能，由于一般轿车多为前轮驱动，如前舱质量过大，车辆拐弯时会引起过度转向，并且制动距离也会加长。宝马 N52 发动机是首先使用镁合金曲轴箱的水冷式标配发动机，如图 2-19所示。

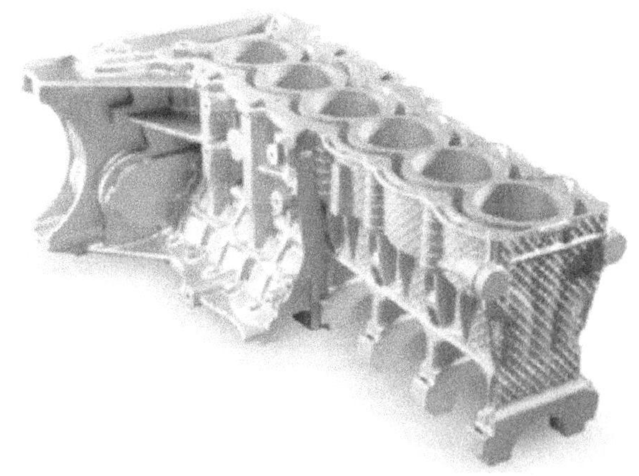

图 2-19　镁铝合金机体

3. 气缸数量

汽车发动机常用缸数有3、4、5、6、8、10、12缸。排量1L以下的发动机常用3缸，1～2.5L一般为4缸发动机（图2-20a），3L左右的发动机一般为6缸（图2-20b），4L左右为8缸，5.5L以上用12缸发动机。一般来说，在同等缸径下，缸数越多，排量越大，功率越高；在同等排量下，缸数越多，缸径越小，转速可以提高，从而获得较大的功率。

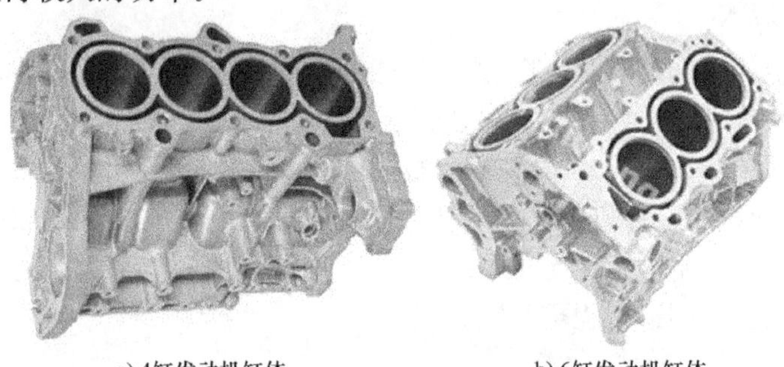

a) 4缸发动机缸体　　b) 6缸发动机缸体

图2-20　气缸数量

现在气缸的普遍设计都是单缸0.5L排气量，4、6、8、10、12缸的发动机都有相应的常见排量。发动机一般采用直列4缸（L4）、直列6缸（L6）和V型6缸（V6）、V型8缸和W型8缸（图2-21）等设计结构。

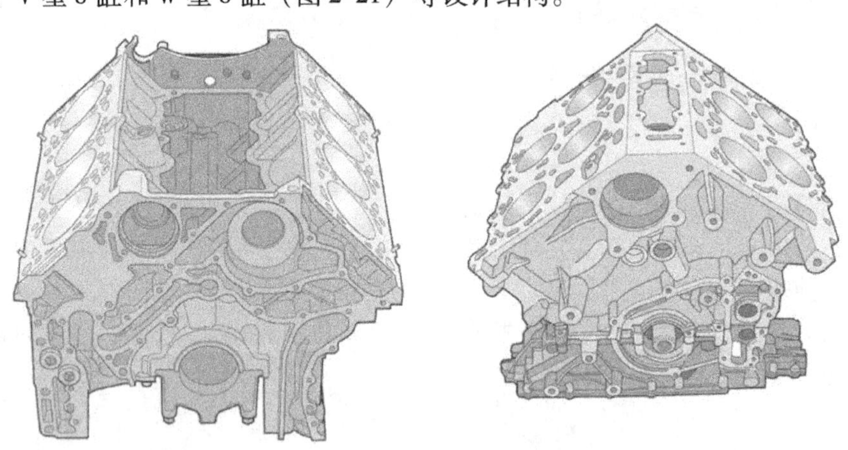

V8型发动机　　W8型发动机

图2-21　8缸发动机

4. 气缸体检查

发动机大修时，需进行气缸体平面度检查（图2-22a）和磨损检查（图2-22b）。气缸体磨损检查时，应在气缸体上部距气缸上平面10mm处、气缸中部以及气缸下部距离缸套下部10mm处，各取3点，按气缸体纵横两个方向测量气缸的直径。取同一平面不同方向的两个直径差值的一半，作为该平面的圆度误差，取计算出的3个不同平面的圆度误差值，以最大的值为该缸的圆度误差。如果计算出的圆度误差超过规定值，则应进行修复。

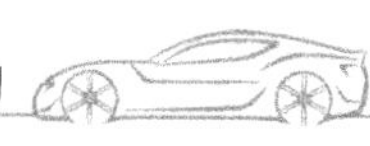

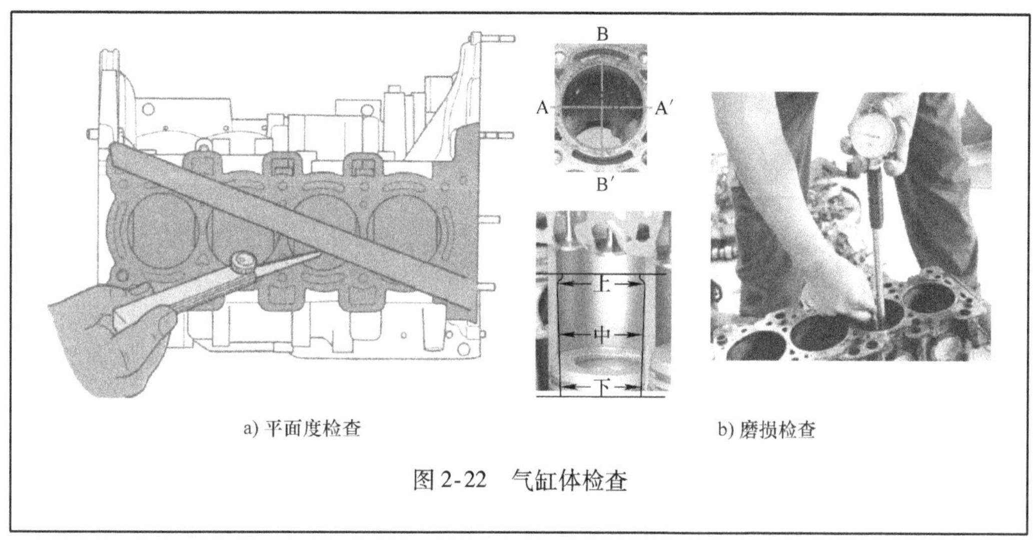

a) 平面度检查　　b) 磨损检查

图 2-22　气缸体检查

任务二　活塞连杆组

活塞连杆组是发动机的传动件（图 2-23），它把燃烧气体的压力传给曲轴，使曲轴旋转并输出动力。

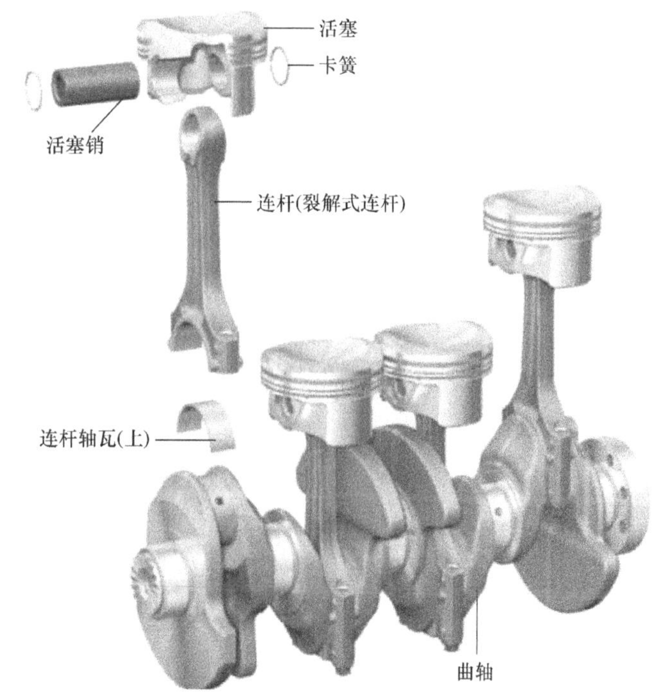

图 2-23　活塞连杆组

活塞连杆组包括活塞组和连杆组两部分，如图 2-24 所示。活塞组主要由活塞、活塞销和活塞环组成；连杆组主要由连杆、连杆盖、连杆轴瓦、连杆螺栓和连杆衬套组成。在发动机做功行程中，燃料燃烧的压力作用在活塞顶上，通过活塞销传给连杆，推动连杆做往复直线运动，进而通过连杆推动曲轴做旋转运动，对外输出动力。

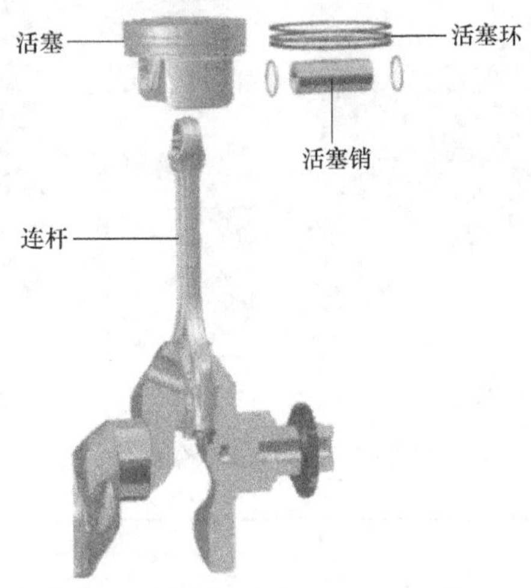

图 2-24　连杆组组成

(一) 活塞

活塞的主要作用是承受气缸中的燃烧压力，并将此压力通过活塞销和连杆传递给曲轴。此外，活塞还与气缸盖、气缸壁共同组成燃烧室，如图 2-25 所示。

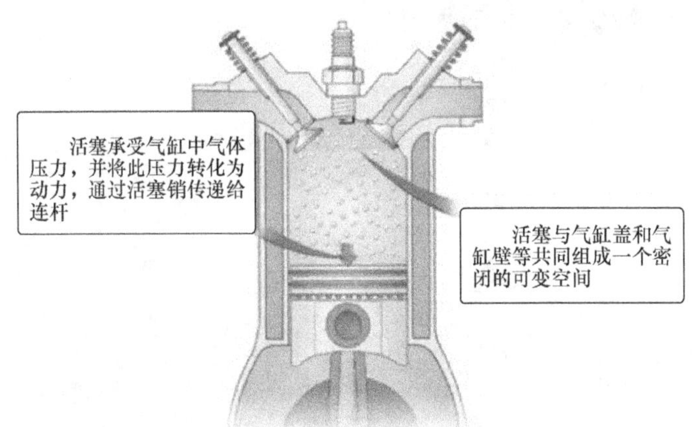

图 2-25　活塞的主要作用

发动机目前广泛采用的活塞材料是铝合金。铝合金活塞具有质量小、导热性好的优点；其缺点是热膨胀系数大，高温工作时，强度和硬度下降较快。车用柴油机因其活塞需受高热、高机械负荷，故也有采用合金铸铁和耐热钢作为活塞材料的。

活塞由活塞顶、活塞头（火力岸和活塞环区）和活塞裙三部分组成，如图 2-26 所示。活塞头是燃烧室的组成部分，其形状与燃烧室形状有关，是活塞顶至最后一道油环槽下端面之间的部分。活塞油环槽以下的部分称为活塞裙，负责活塞在气缸内直线运动。

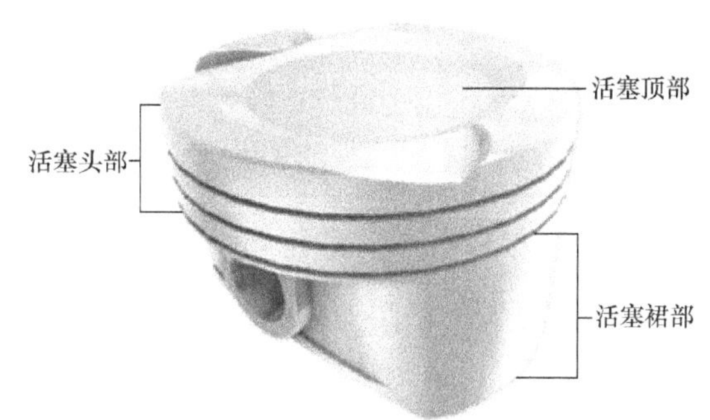

图 2-26　活塞组成

在汽油机上可以采用平顶、凸顶或凹顶活塞。活塞环部分通常有 3 个用于固定活塞环的环形槽，活塞环的作用是防止漏气和漏油（密封）。活塞环岸位于环形槽之间。位于第一个活塞环上方的环岸称为火力岸。一套活塞环通常包括两个气环和一个刮油环。活塞销座是活塞销的支撑部位，它是活塞内承受最大负荷的部件之一。活塞裙或多或少地围在活塞下部，负责承受侧向力和使活塞保持直线运行，如图 2-27所示。

活塞上的积炭主要出现在活塞顶部，活塞顶部积炭可用刮刀清除。活塞的主要磨损部位是裙部，检测时用外径千分尺从距离下边缘约 10mm，与活塞销轴线错开 90°处测量，如图 2-28 所示。

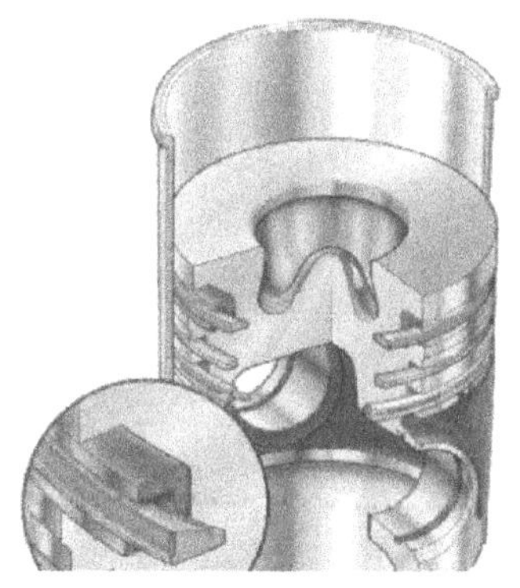
图 2-27　活塞结构

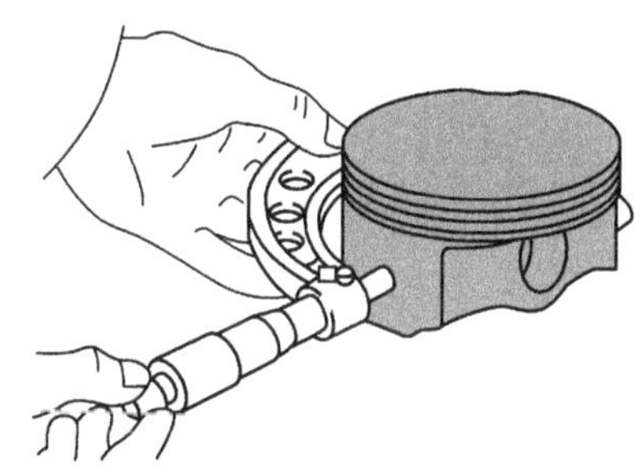
图 2-28　检测活塞

（二）活塞环

活塞环是用于嵌入活塞槽沟内部的金属环，活塞环分为两种：压缩环和机油环。压缩环可用来密封燃烧室内的可燃混合气体；机油环则用来刮除气缸上多余的机油。活塞环是一种具有较大向外扩张变形的金属弹性环，它被装配到剖面与其相应的环形槽内。往复和旋转运动的活塞环，依靠气体或液体的压力差，在环外圆面和气缸以及环和环槽的一个侧面之间形成密封，如图 2-29 所示。

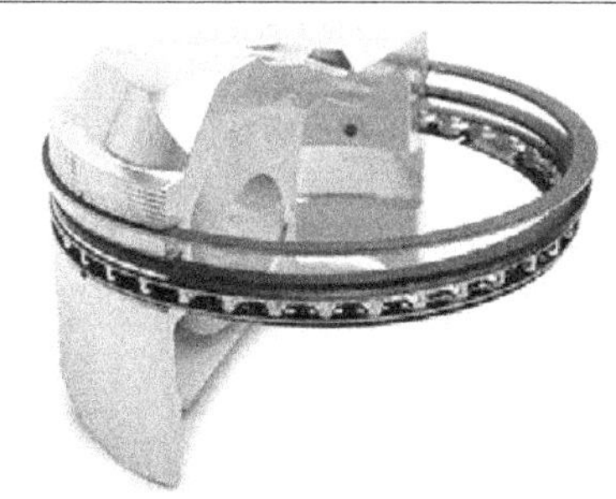
图 2-29　活塞环

1. 活塞环的作用

- 将燃烧室与曲轴箱隔离密封，以阻止窜气。
- 将活塞的一部分热量传递到冷却的气缸上。
- 刮除多余的机油，并将机油送回油底壳中。

2. 活塞环分类

根据其工作任务活塞环分为气环和刮油环，如图 2-30 所示。

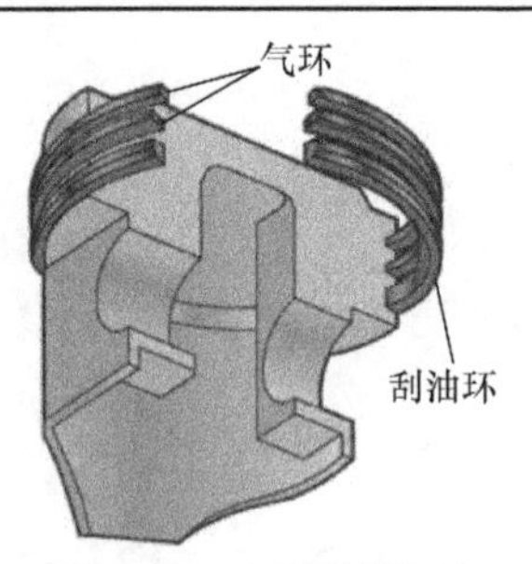

图 2-30　活塞环类型

活塞环是具有弹性的开口环，如图 2-31 所示。

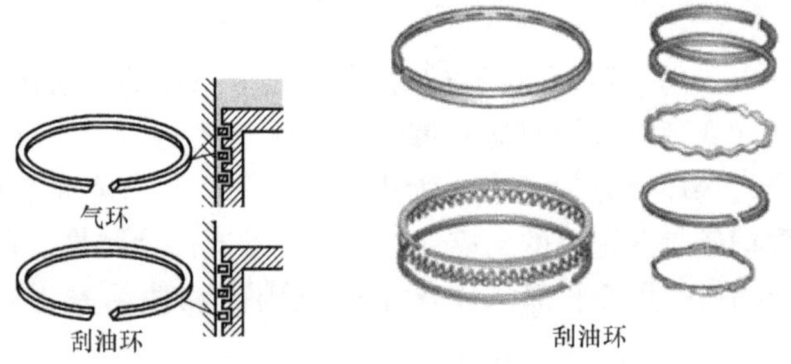

图 2-31　活塞环是具有弹性的开口环

气环可保证活塞与气缸壁之间的密封性，防止气缸内的可燃混合气和高温燃气进入曲轴箱，并将活塞顶部接受的热传给气缸壁，避免活塞过热，如图 2-32 所示。

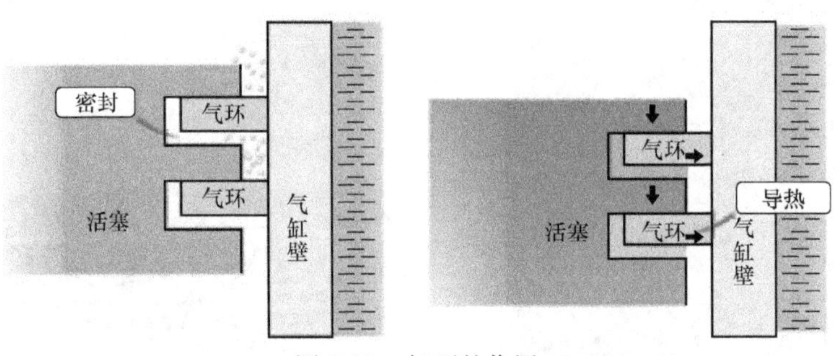

图 2-32　气环的作用

活塞下行时，刮油环可刮除气缸壁上多余的机油，活塞上行时，在气缸壁上铺涂一层均匀的油膜。这样既可以防止机油窜入气缸燃烧，又可以减小活塞、活塞环与气缸壁间的摩擦阻力，还能起到封气的辅助作用，如图 2-33 所示。

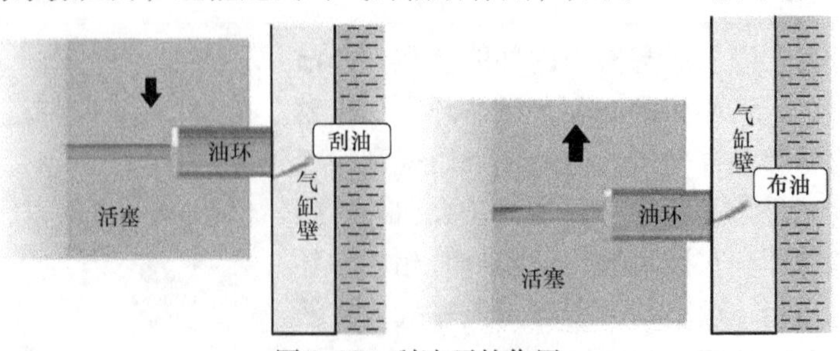

图 2-33　刮油环的作用

1 个活塞有 3 个活塞环以保持燃烧室的气密性，如图 2-34 所示，上部的 2 个气环还用于将来自活塞的热量扩散至气缸，下部的 1 个刮油环用于刮除气缸壁上多余的机油，经活塞上的回油孔流回油底壳，并在气缸壁上布油，使气缸壁涂上一层均匀的机油膜，减少活塞与气缸壁的磨损。

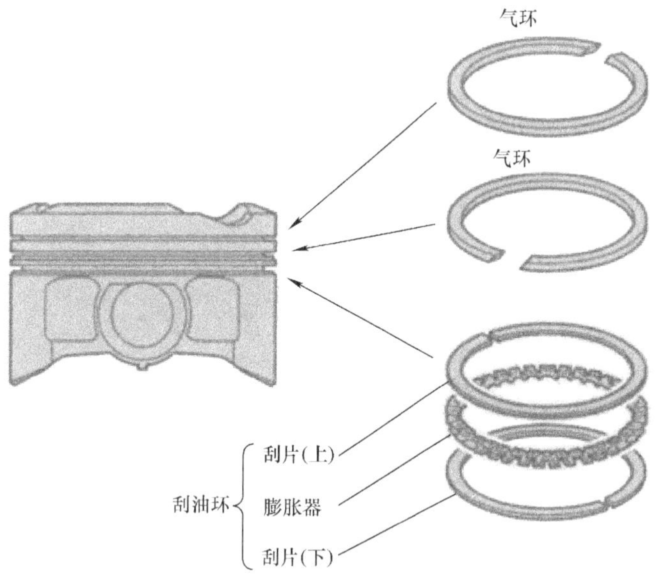

图 2-34　3 个活塞环（2 个气环、1 个刮油环）

2. 活塞环的开口间隙

在室温条件下，活塞环的开口间隙应处于 0.2 ~ 0.5mm 范围内，检查方法如图 2-35所示。

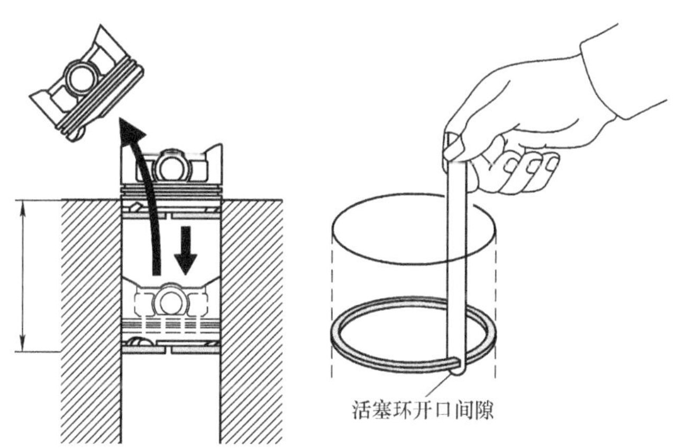

图 2-35　活塞环开口间隙检查方法

如果活塞环的开口间隙过大，则气体受到压缩时会通过此间隙泄出。

如果活塞环的开口间隙过小，则因热膨胀可使活塞环的两端互相顶住，造成活塞环外径变大。这一现象可造成气缸壁擦伤或活塞环自身断裂。

注意：

- 测量活塞环开口间隙时，应该将活塞环放入气缸内磨损量最小的位置处。
- 活塞环开口间隙的位置随发动机型号不同而不同。

发动机大修时，需按照图 2-36 所示的方法检查活塞环与环槽的间隙。

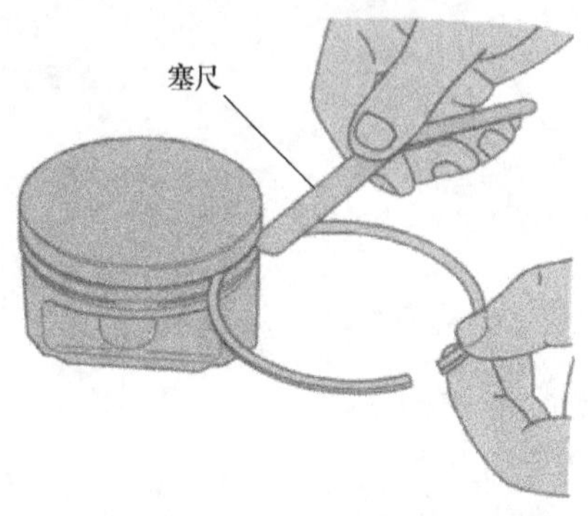

图 2-36　检查活塞环与环槽的间隙

（三）活塞销

- 连接活塞与连杆。
- 将作用在活塞上的力传递到连杆上。

活塞销与连杆和活塞销孔中的轴承铰接，如图 2-37 所示。为确保活塞正常工作，活塞销在活塞销孔中的精确配合非常重要。汽油机活塞销与活塞销孔之间的间隙约为 0.003mm。为了达到这个间隙，制造商按照相应的配合公差选择活塞销，同时为避免错误配对而用相同的色标标记出配对的活塞销和活塞。活塞销不得侧向移动，以免造成气缸壁损坏。

活塞销在高温下承受较大的冲击载荷且润滑条件差，因此要求活塞销具有足够的强度、刚度和耐磨性且质量要小，通常制成空心圆柱体，如图 2-38 所示。

图 2-37　活塞销的作用

图 2-38　活塞销通常制成空心圆柱体

活塞销与活塞销座孔、连杆小头衬套孔的连接配合方式有两种，即全浮式和半浮式，如图 2-39 所示。

全浮式活塞销能在连杆小头衬套孔和活塞销座孔内自由转动，可以保证活塞销沿圆周磨损均匀，因此应用较普遍。为防止活塞销轴向窜动后损坏气缸壁，在活塞销座两端装有弹性卡环来限位。

半浮式活塞销是用螺栓将活塞销夹紧在连杆小头孔内，这时活塞销只在活塞销孔内转动，在连杆小头孔内不转动。因而连杆小头孔内不装衬套，活塞销座孔内也不安装挡圈。

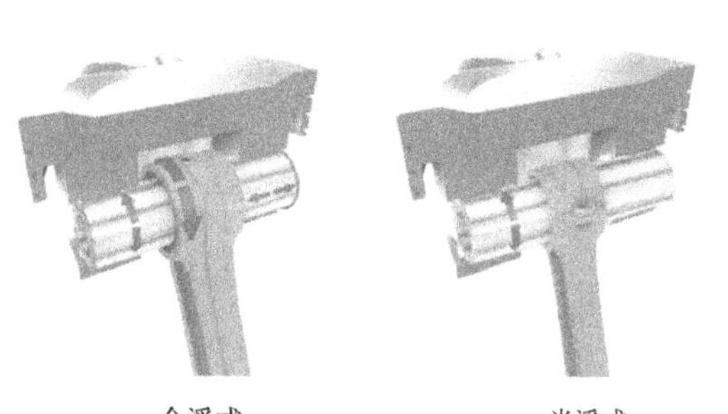

图 2-39　连接配合方式

（四）连杆

连杆两端分别与主动和从动构件铰接以传递运动和力，如图 2-40 所示。

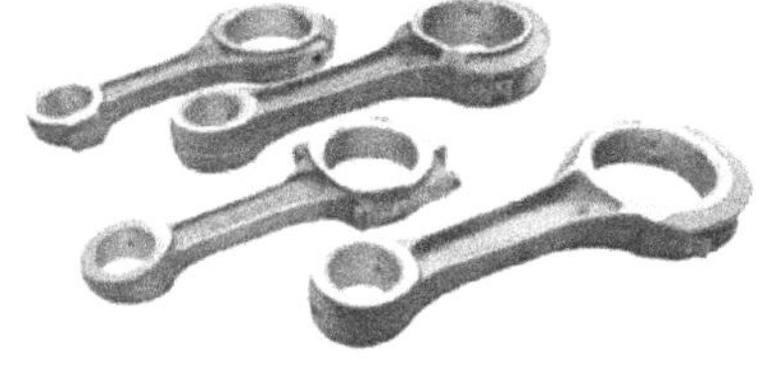

图 2-40　连杆

1. 连杆组成

连杆由以下部件组成：

- 连杆小头。活塞销支撑在连杆小头内。
- 连杆体。
- 连杆大头和连杆盖。

连杆大头和连杆盖包围着连杆轴承。连杆盖采用膨胀螺栓固定，这样可使连杆盖居中。

连杆承受很高的交变应力负荷，在连杆小头处连杆执行活塞的直线运动，在连杆大头处执行曲轴的旋转运动，如图 2-41 所示。

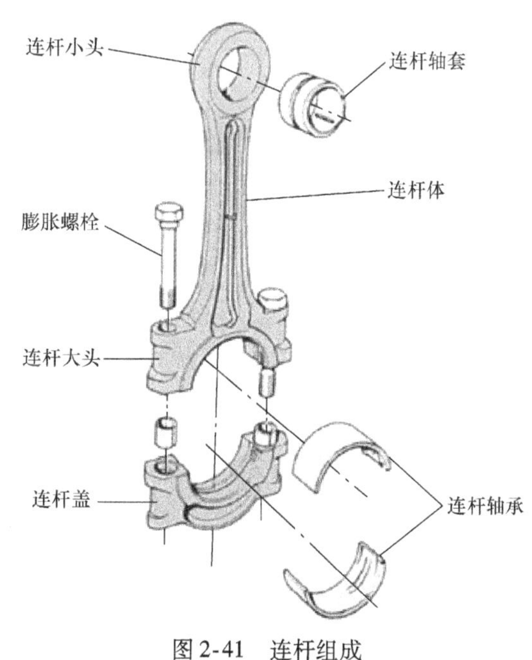

图 2-41　连杆组成

部分连杆大头和连杆盖采用不同的接合面：

- 带有加工接合面的连杆：连杆大头与连杆盖之间的接合面以切削加工方式制造。
- 带有断裂面的连杆：连杆大头与连杆盖之间的接合面通过断裂方式产生，不需要继续进行加工，因此可防止安装时发生混淆，如图 2-42 所示。

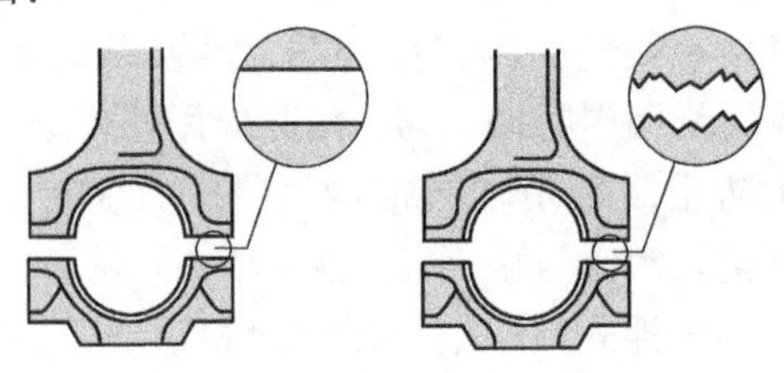
图 2-42　连杆大头与连杆盖之间的接合面

2. 连杆作用

- 连接活塞和曲轴。
- 将作用在活塞上的力传递到曲轴上。
- 在曲轴上产生转矩。
- 将活塞的直线运动转化为曲轴的旋转运动。

活塞的直线运动通过连杆转化为曲轴的转动。此外，连杆还要将燃烧压力产生的作用力由活塞传至曲轴上，如图 2-43 所示。

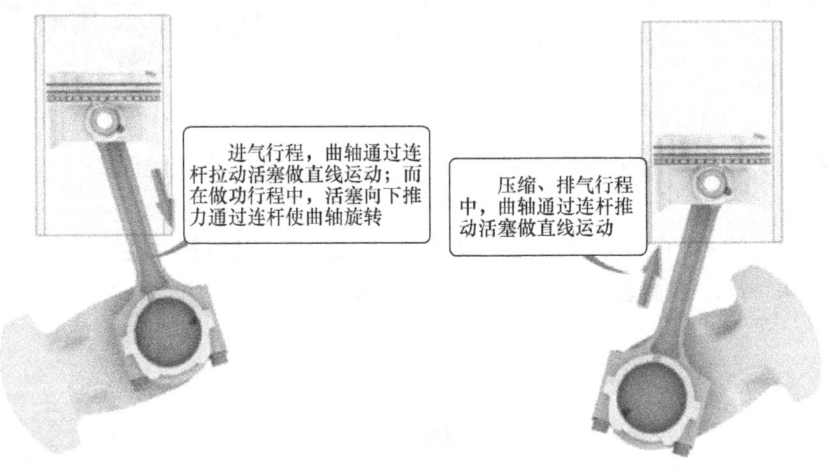

图 2-43　连杆作用

连杆是汽车发动机中的重要零件，它连接着活塞和曲轴，其作用是将活塞的往复运动转变为曲轴的旋转运动，并把作用在活塞上的力传给曲轴以输出功率。连杆在工作中，除承受燃烧室燃气产生的压力外，还要承受纵向和横向的惯性力。

3. 连杆结构

连杆小头用于安装活塞销，全浮式连杆小头内压有润滑衬套；连杆杆身多采用“工”字形断面，内有纵向的压力油通道；连杆大头为剖分式，上半身与杆身一体，下半部即为连杆盖，两者用螺栓装合，通过轴承与曲轴的连杆轴颈相连，如图 2-44 所示。

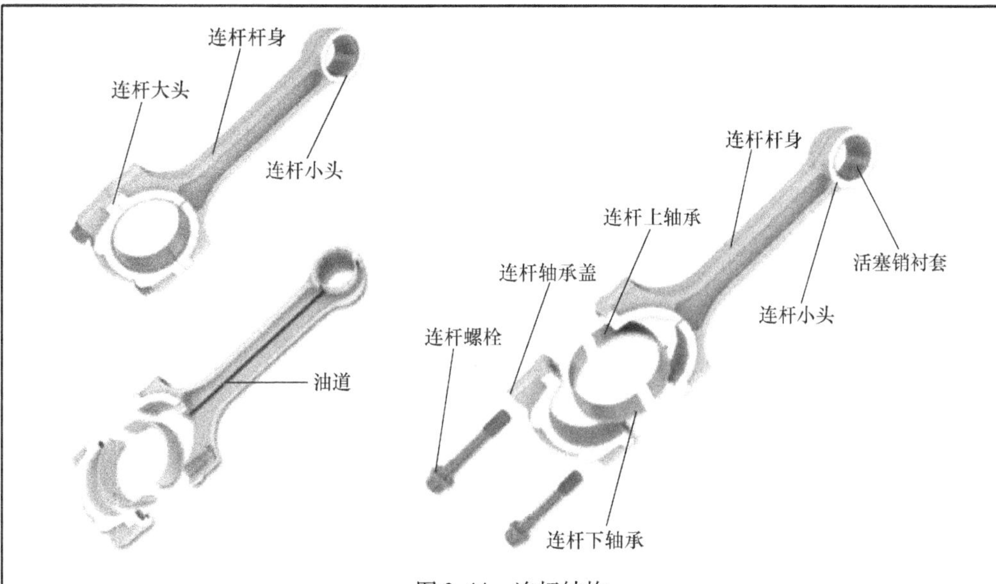

图 2-44 连杆结构

由于曲轴转动期间连杆会侧向偏移，因此连杆必须以可转动方式固定在活塞上。这可以通过一个滑动轴承来实现，为此将一个轴套压入连杆小头内，连杆该端上的一个开孔为轴承提供机油。分体式连杆大头位于曲轴侧。连杆大头必须采用分体形式，以便能够使连杆支撑在曲轴上。

连杆组由连杆小头、连杆杆身和连杆大头等组成，如图 2-45 所示。

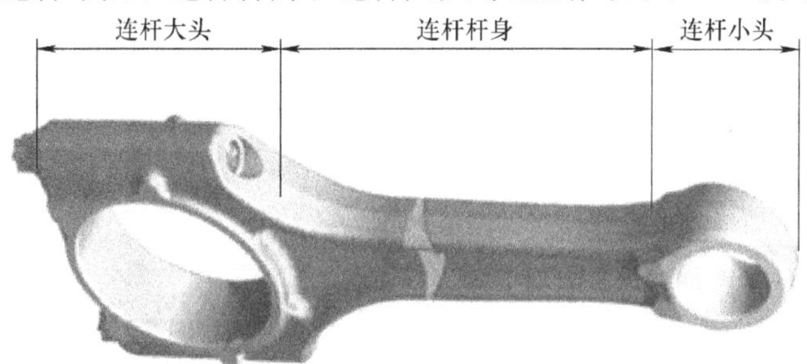

图 2-45 连杆组

连杆小头安装活塞销以连接活塞，连杆大头通过连杆轴瓦与曲轴的连杆轴颈连接。连杆身一般制成“工”字形或“H”形，以便在满足刚度基础上减轻重量。

连杆的大端上有 1 个喷油嘴（起到润滑和冷却作用）。机油通过曲轴机油孔供应油膜。连杆和轴承盖连接在一起，所以在组装时，需检查向前标记，防止误装，如图 2-46 所示。

4. 连杆轴瓦

为了减小摩擦阻力和曲轴磨损量，连杆大头孔内装有瓦片式滑动轴承，俗称连杆轴瓦。连杆轴瓦分上、下两个半片，目前多采用薄壁钢背轴瓦，在其内表面浇铸有减磨合金层，如图 2-47 所示。

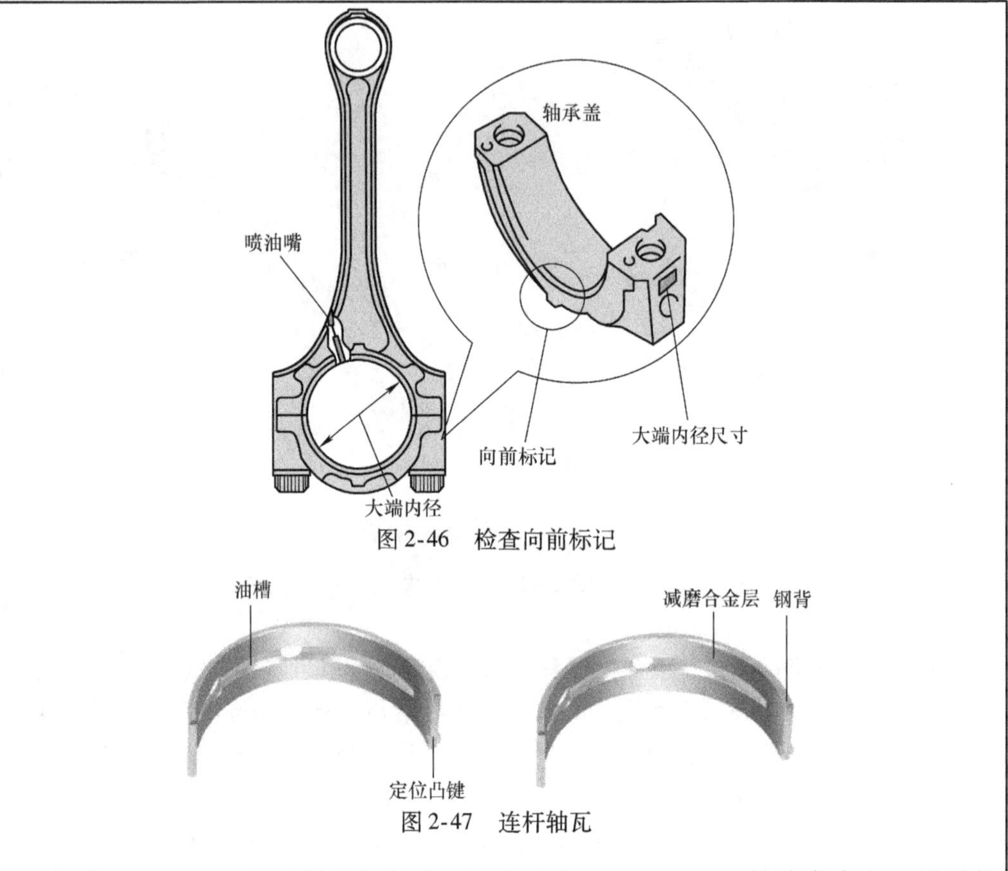

图 2-46　检查向前标记

图 2-47　连杆轴瓦

钢背由 1 ~ 3mm 厚的低碳钢制成。减磨层为 0.3 ~ 0.7mm 的减磨合金，层质较软，能保护轴颈。

连杆轴瓦上制有定位凸键，供安装时嵌入连杆大头和连杆盖的定位槽中，以防轴瓦前后移动或转动，有的轴瓦上还有油孔，安装时应与连杆上相应的油孔对齐，如图 2-48 所示。

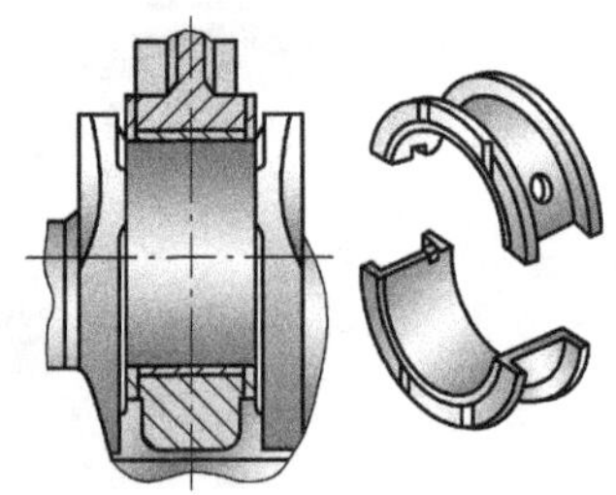
图 2-48　连杆轴瓦上的油孔

5. 安装连杆

安装连杆时，只能为检查轴承间隙而拧紧连杆螺栓一次，为最终装配而再拧紧一次。因为加工连杆时已将连杆螺栓拧紧 3 次，所以螺栓已达到其最大抗拉强度。

重复使用连杆且仅更换连杆螺栓时：

检查轴承间隙后，必须再次拧紧连杆螺栓，然后松开并通过第三次拧紧使其达到最大抗拉强度。连杆螺栓的拧紧次数不足 3 次或超过 5 次时，会导致发动机损坏。

选用轴瓦时，必须对其配合间隙进行检查。检查时，用量缸表和测微器测量轴瓦和轴颈，其差值即配合间隙。轴瓦的配合间隙检查方法是：对于连杆轴瓦，在轴瓦上涂一层薄机油，将连杆在相应轴颈上，按规定力矩拧紧螺栓，然后用手甩动连杆，能转动 1 ~ 1/2 圈，沿轴线方向扳动连杆，没有间隙感觉，即符合要求；对于曲

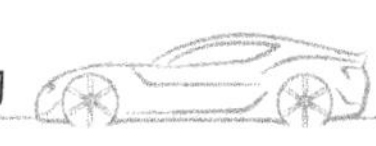

轴轴瓦，在各道轴颈、轴瓦表面涂以机油，装好曲轴按规定力矩拧紧螺栓，双手扳动曲轴，以曲轴能转动 1～2 圈，且转动轻便、均匀无阻滞现象为合适。

检查连杆变形，连杆弯曲、扭曲的检验在连杆检测器上进行，如图 2-49 所示。检查连杆变形时，将连杆轴承装好，活塞销装入连杆小头，再将连杆大头固定在连杆检测器的定心轴上，然后把三点式量规的 V 型槽贴紧活塞销，用塞尺测量连杆检测器平面与量规指销之间的间隙。

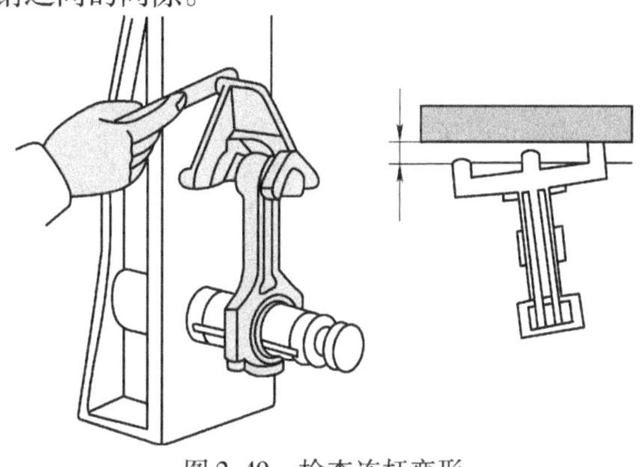

图 2-49　检查连杆变形

校正连杆的弯曲、扭曲时，对弯曲的连杆，可用压床或连杆校正器上的校弯工具压直；对扭曲的连杆，可夹在台虎钳上，用连杆校正器上的校扭工具校正。

任务三　曲轴飞轮组

曲轴飞轮组是把活塞的往复运动转变为曲轴的旋转运动，为汽车的行驶和其他需要动力的机构输出转矩，同时还可储存能量，用以克服非做功行程的阻力，使发动机运转平稳，如图 2-50 所示。

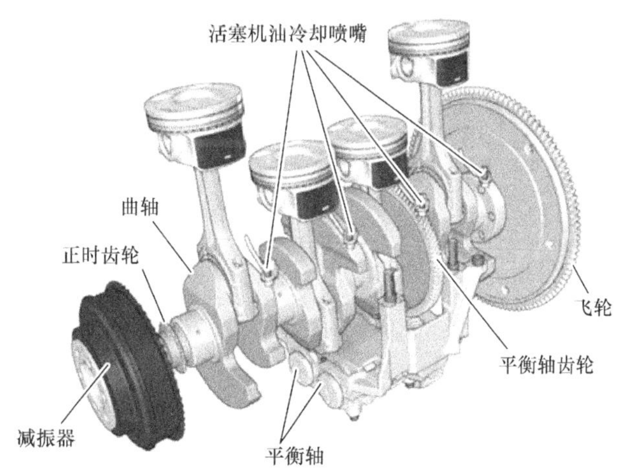

图 2-50　曲轴飞轮组

活塞在气缸内上下往复直线运动。连杆小头通过活塞销与活塞连接，连杆大头连接在曲柄轴颈上，使活塞的往复直线运动转化为曲轴的旋转。

（一）曲轴

曲轴飞轮组主要由曲轴、飞轮、正时齿轮、平衡机构等组成，如图 2-51 所示。

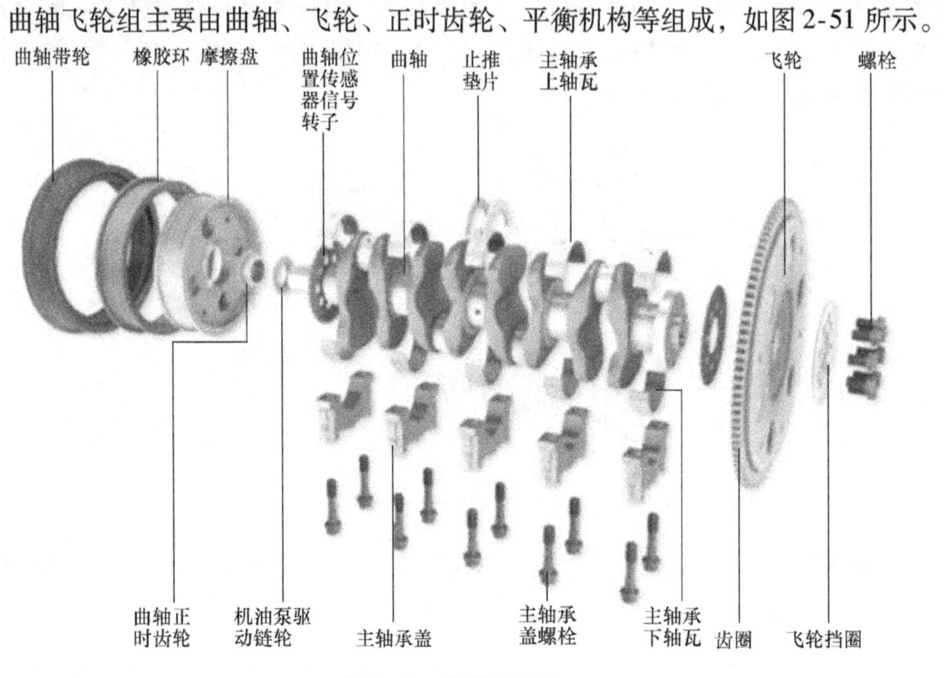

图 2-51　曲轴飞轮组

曲轴飞轮组的作用是将连杆传递的活塞往复运动转变为曲轴的旋转运动，为汽车行驶和其他需要动力的机构输出转矩。同时，曲轴飞轮组还负责储存能量，以克服发动机非做功行程的运动阻力，使发动机平稳运行，如图 2-52 所示。

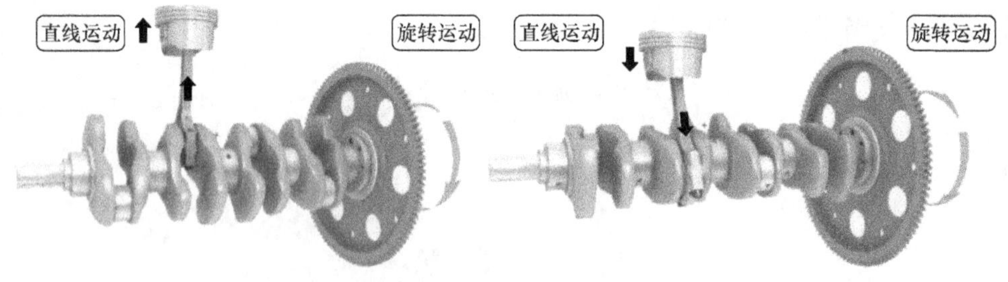

图 2-52　曲轴飞轮组的作用

1. 曲轴的组成

曲轴由前端轴、主轴颈、连杆轴颈、曲柄、平衡块和后端凸缘等组成，如图 2-53所示。一个连杆轴颈（曲柄销）和它两端的曲柄（曲柄臂）及相邻两个主轴颈构成一个曲拐。曲拐的数目取决于发动机的气缸数目及其排列方式，例如，直列式发动机的曲拐数等于气缸数，而 V 型和对置式发动机的曲拐数为气缸数的一半。

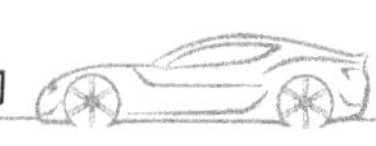

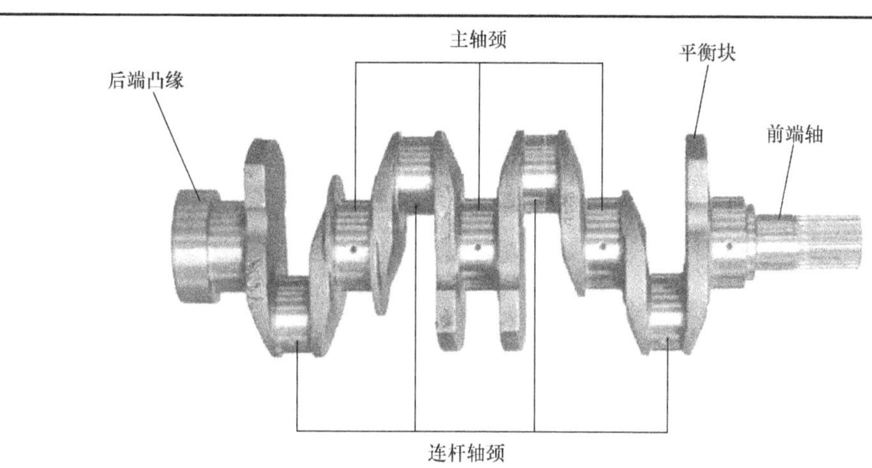

图 2-53 曲轴的组成

2. 曲轴的布置与多缸发动机的工作顺序

曲轴的形状和各曲拐的相对位置取决于气缸数、气缸排列形式和发动机的工作顺序。

选择各缸的工作顺序时，应力求各缸的做功间隔均匀，即发动机每完成一个工作循环，各缸都应点火做功一次。对于缸数为 i 的四冲程发动机，其点火间隔角为 $720°/i$；连续做功的两缸相距要尽可能远，以减轻主轴承负荷和避免进气行程中发生“抢气”现象；V 型发动机左右两列应交替点火。常见多缸发动机的曲拐布置和发火顺序如下所述。

1）四冲程直列四缸发动机曲拐布置和点火顺序。四冲程直列四缸发动机的点火间隔角为 720°/4 = 180°，4 个曲拐在同一平面内（图 2-54）。气缸工作顺序为 1 - 3 - 4 - 2 或 1 - 2 - 4 - 3。其工作循环见表 2-1。

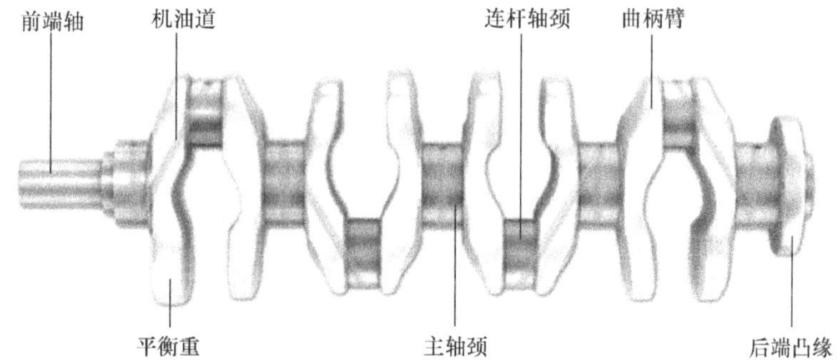

图 2-54 直列四缸发动机曲拐布置

表 2-1 四冲程直列四缸发动机工作循环（气缸工作顺序：1 - 3 - 4 - 2）

曲轴转角/(°)	1	2	3	4
0 ~ 180	做功	排气	压缩	进气
180 ~ 360	排气	进气	做功	压缩
360 ~ 540	进气	压缩	排气	做功
540 ~ 720	压缩	做功	进气	排气

2）四冲程直列六缸发动机曲拐布置和发火顺序。四冲程直列六缸发动机的发火间隔角为720°/6 = 120°，6个曲拐互成120°，如图2-55所示。气缸工作顺序为1－5－3－6－2－4或1－4－2－6－3－5，前者应用较为普遍，其工作循环见表2-2。

图2-55 直列六缸发动机曲拐布置

表2-2 四冲程直列六缸发动机工作循环（气缸工作顺序：1－5－3－6－2－4）

<table>
<tr><th colspan="2">曲轴转角/(°)</th><th>第一缸</th><th>第二缸</th><th>第三缸</th><th>第四缸</th><th>第五缸</th><th>第六缸</th></tr>
<tr><td rowspan="3">0～180</td><td>0～60</td><td rowspan="3">做功</td><td rowspan="2">排气</td><td>进气</td><td>做功</td><td rowspan="2">压缩</td><td rowspan="3">进气</td></tr>
<tr><td>60～120</td><td rowspan="3">压缩</td><td rowspan="3">排气</td></tr>
<tr><td>120～180</td><td rowspan="3">进气</td><td rowspan="3">做功</td></tr>
<tr><td rowspan="3">180～360</td><td>180～240</td><td rowspan="3">排气</td><td rowspan="3">压缩</td></tr>
<tr><td>240～300</td><td rowspan="3">做功</td><td rowspan="3">进气</td></tr>
<tr><td>300～360</td><td rowspan="3">压缩</td><td rowspan="3">排气</td></tr>
<tr><td rowspan="3">360～540</td><td>360～420</td><td rowspan="3">进气</td><td rowspan="3">做功</td></tr>
<tr><td>420～480</td><td rowspan="3">排气</td><td rowspan="3">压缩</td></tr>
<tr><td>480～540</td><td rowspan="3">做功</td><td rowspan="3">进气</td></tr>
<tr><td rowspan="3">540～720</td><td>540～600</td><td rowspan="3">压缩</td><td rowspan="3">排气</td></tr>
<tr><td>600～660</td><td rowspan="2">进气</td><td rowspan="2">做功</td></tr>
<tr><td>660～720</td><td>排气</td><td>压缩</td></tr>
</table>

3）四冲程V型六缸发动机的曲拐位置和发火顺序。V型六缸发动机的做功间隔角仍为120°，3个曲拐互成120°，右列气缸用R表示，由前向后气缸号分别为R1、R2、R3；左列气缸用L表示，气缸号分别为L1、L2和L3。其工作循环见表2-3。

表2-3 V型六缸发动机工作循环

<table>
<tr><th colspan="2">曲轴转角/(°)</th><th>R1</th><th>R2</th><th>R3</th><th>L1</th><th>L2</th><th>L3</th></tr>
<tr><td rowspan="3">0～180</td><td>0～60</td><td rowspan="3">做功</td><td rowspan="2">排气</td><td>进气</td><td>做功</td><td rowspan="3">进气</td><td rowspan="2">压缩</td></tr>
<tr><td>60～120</td><td rowspan="3">压缩</td><td rowspan="3">排气</td></tr>
<tr><td>120～180</td><td rowspan="3">进气</td><td rowspan="3">做功</td></tr>
<tr><td rowspan="3">180～360</td><td>180～240</td><td rowspan="3">排气</td><td rowspan="3">压缩</td></tr>
<tr><td>240～300</td><td rowspan="3">做功</td><td rowspan="3">进气</td></tr>
<tr><td>300～360</td><td rowspan="3">压缩</td><td rowspan="3">排气</td></tr>
<tr><td rowspan="3">360～540</td><td>360～420</td><td rowspan="3">进气</td><td rowspan="3">做功</td></tr>
<tr><td>420～480</td><td rowspan="3">排气</td><td rowspan="3">压缩</td></tr>
<tr><td>480～540</td><td rowspan="3">做功</td><td rowspan="3">进气</td></tr>
<tr><td rowspan="3">540～720</td><td>540～600</td><td rowspan="3">压缩</td><td rowspan="3">排气</td></tr>
<tr><td>600～660</td><td rowspan="2">进气</td><td rowspan="2">作功</td></tr>
<tr><td>660～720</td><td>排气</td><td>压缩</td></tr>
</table>

3. 平衡重

平衡重在曲拐的对面，用来平衡发动机不平衡的离心力和离心力矩及一部分往复惯性力。无平衡重会引起中心杆偏移，有平衡重中心杆就不会偏移，如图 2-56 所示。

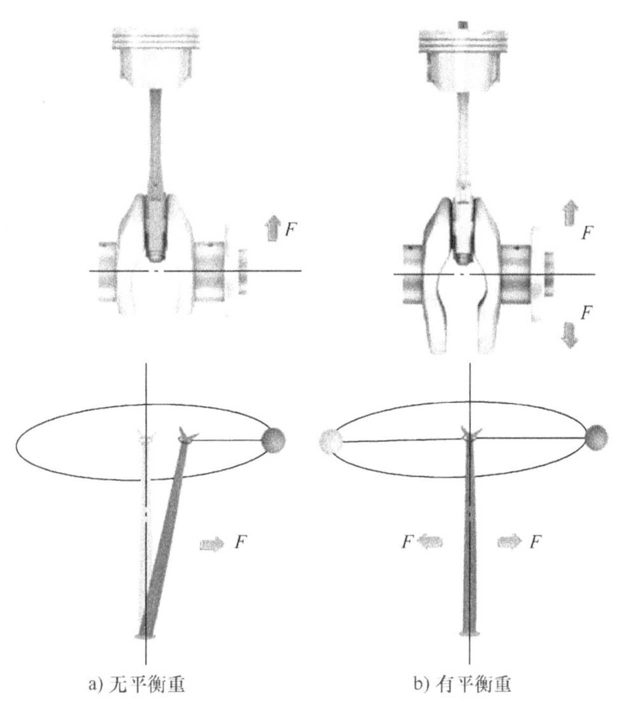

图 2-56　平衡重的作用

4. 检测曲轴轴颈

用外径千分尺先在油孔两侧测量，然后旋转 90°再测量。同一截面最大直径与最小直径之差的 1/2 为圆度误差；轴颈各部位测得的最大与最小直径差的 1/2 为圆柱度误差。圆度、圆柱度误差大于 0.020mm 时，应按修理尺寸磨修。轴颈直径达到其使用极限时应更换曲轴。

（1） 曲轴径向跳动量检测

- 使用百分表和磁力固定架。
- 把曲轴放置在 V 形架内；转动曲轴，在其他主轴承颈上测量径向跳动偏差，如图 2-57 所示。
- 曲轴径向跳动量测量点

如图 2-58 所示，取不同的轴向位置进行径向测量。如果超过 VIDA 标准值，就要修理或更换曲轴。

例如：B5244S 发动机曲轴径向跳动量标准值：

- 主轴承轴颈径向跳动量：最大 0.040mm。
- 主轴承轴颈径向偏差：0.019 ~0.043mm。

图 2-57　曲轴径向跳动量检测

（2）主轴颈和连杆轴颈磨损检测

随着发动机使用时间的延长，主轴颈与连杆轴颈会逐渐磨损，可以用外径千分尺测量主轴颈或连杆轴颈在其径向的差值（不均匀磨损），如图2-59所示。

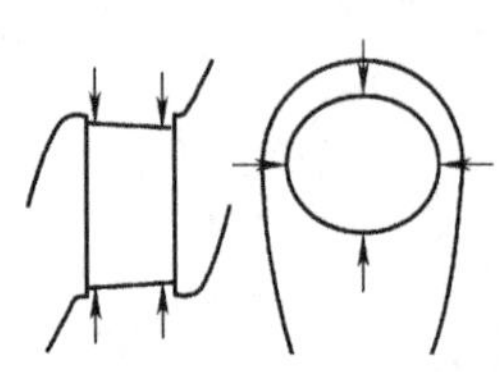

图2-58 曲轴径向跳动量测量点

图2-59 主轴颈和连杆轴颈磨损检测

- 主轴颈或连杆轴颈严重磨损，或不均匀地磨损，超过0.02mm时，就要修理或更换曲轴。

例如：B6304T4发动机标准数据如下：

① 连杆大端曲轴轴颈

- 直径标准：50mm。
- 轴承凹座宽：(26±0.15) mm。
- 最大平行度（相对主轴承中轴）：0.015mm。
- 最大直径变动量：0.01mm。

② 主轴轴颈

- 直径标准：65mm。
- 轴承凹座宽：(26±0.15) mm。

（二）飞轮、正时齿轮和扭转减振器

由于发动机各缸做功不连续，所以发动机转速也是变化的。当发动机转速增高时，飞轮的动能增加，把能量储存起来；当发动机转速降低时，飞轮动能减少，把能量释放出来。

1. 飞轮

飞轮可以用来减少发动机运转过程的速度波动，如图2-60所示。

飞轮通常位于曲轴后端，即发动机与变速器之间，如图2-61所示。它可以在做功行程期间存储能量并稍后释放能量，借助飞轮的这种能量可以克服“空行程”和越过止点。

飞轮可以提高发动机转动惯量。转动惯量越大，其运动阻力越大，使其重新停止运动的阻力也越大。因此以冲击形式出现的较小运动激励只能缓慢转化为运动，以这种方式缓冲的物体不太容易产生振动。

由飞轮、齿圈、离合器定位销、飞轮挡圈、固定螺栓、轴承等组成，飞轮是摩擦式离合器的主动件；在飞轮轮缘上镶嵌有供起动发动机用的飞轮齿圈；有的飞轮上还刻有上止点记号，用来校准点火正时或喷油正时。

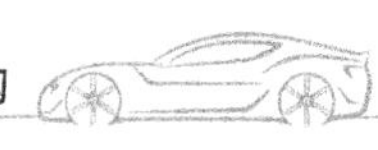

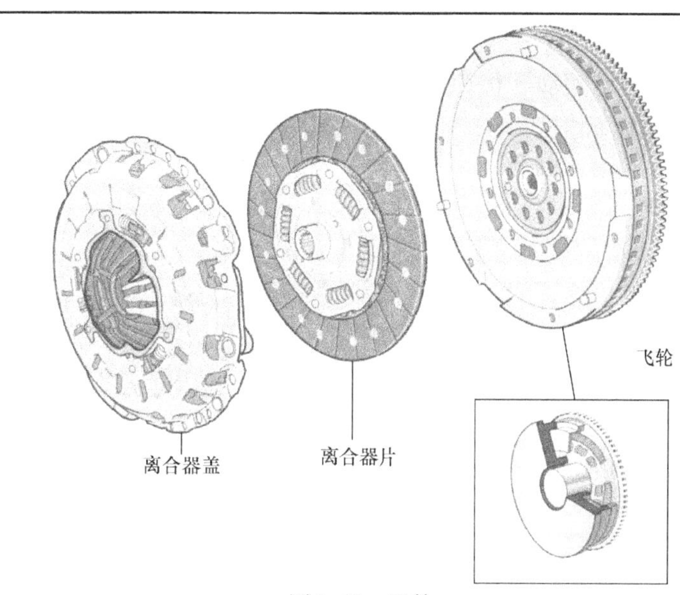

图 2-60　飞轮

飞轮与曲轴之间应有严格不变的相对位置，运转时需保持平衡。飞轮的类型有实体飞轮和双质量飞轮。图 2-62 所示为实体飞轮。

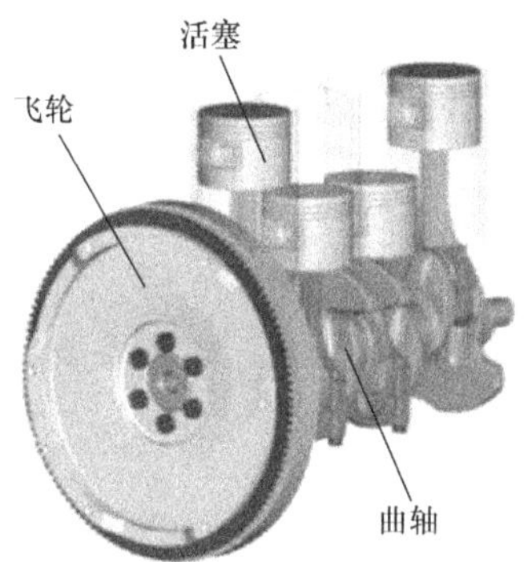

图 2-61　飞轮安装位置

图 2-62　实体飞轮

在手动变速器车辆上，发动机燃烧过程的周期性会使传动系统内产生扭转振动。手动变速器车辆可能会产生变速器噪声而且可能会传递到车身上。为了避免出现这种情况，通常采用双质量飞轮，如图 2-63 所示。

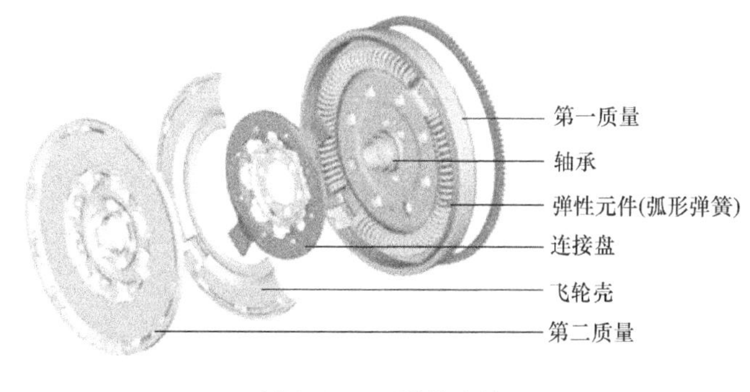

图 2-63　双质量飞轮

将原来的一个飞轮分成两部分：一部分保留在原来发动机一侧的位置上，起到原来飞轮的作用，用于起动和传递发动机的转矩，这一部分称为初级质量；另一部分则放置在传动系变速器一侧，用于提高变速器的转动惯量，这一部分称为次级质量。两部分飞轮之间有一个环形油腔，在腔内装有弹簧减振器，由弹簧减振器将两部分飞轮连接为一个整体。由于次级质量能在不增加飞轮的惯性矩的前提下提高传动系的惯性矩，使共振转速下降到怠速转速以下，如图2-64所示。

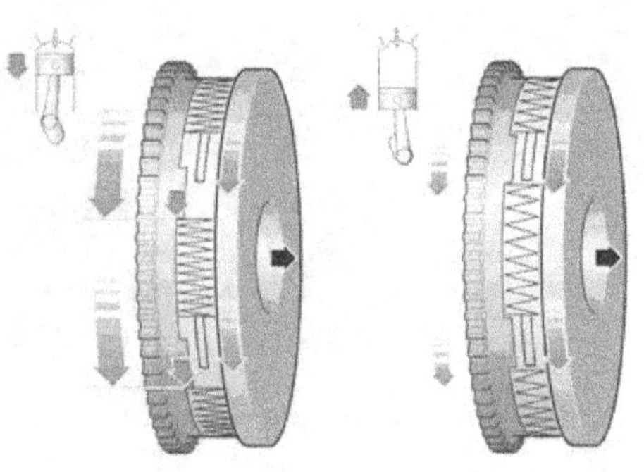

图2-64 双质量飞轮工作原理

由次级飞轮质量与变速器之间的摩擦片来完成两部分飞轮质量的离合，这样就可以衰减发动机的旋转振动，减轻变速器的负荷。双质量飞轮的次级质量与变速器的分离和接合是由一个不带减振器的刚性离合器盘来完成的，由于离合器没有减振器，质量明显减小。而减振器被组装在双质量飞轮系统中，能在离合器盘中滑动，可以明显改善同步性，换档更容易。

在国内，一汽－大众的手动档轿车率先采用了双质量飞轮。

飞轮的主要损伤有工作面磨损、齿圈磨损或折断。如果工作面沟槽深度大于0.5mm，应进行磨削切；更换飞轮时必须刻上正时标记并进行动平衡。飞轮、曲轴磨削后，应重新进行动平衡试验。

2. 正时齿轮（正时带轮）

正时齿轮是将发动机曲轴的动力传递给配气机构工作的齿轮，如图2-65所示。

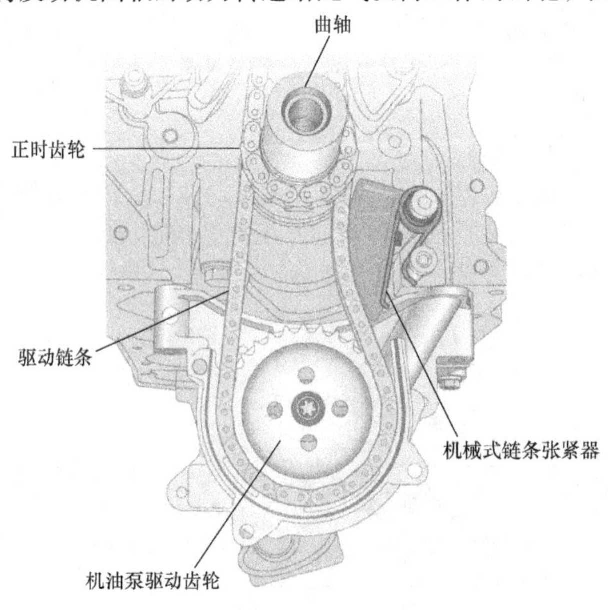

图2-65 正时齿轮的位置

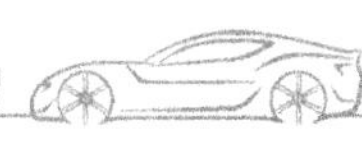

正时齿轮有三种传动方式：链传动、传动带传动、齿轮传动，如图 2-66 所示。

目前，轿车发动机的正、负齿轮均采用传动带传动，这种传动方式具有结构简单、噪声小、运转平稳、传动精度高、同步性好等优点，但其强度较低，经长期使用后易老化、拉伸变形或断裂，该传动带在外罩内，呈封闭状态，不便观察其工作状况。

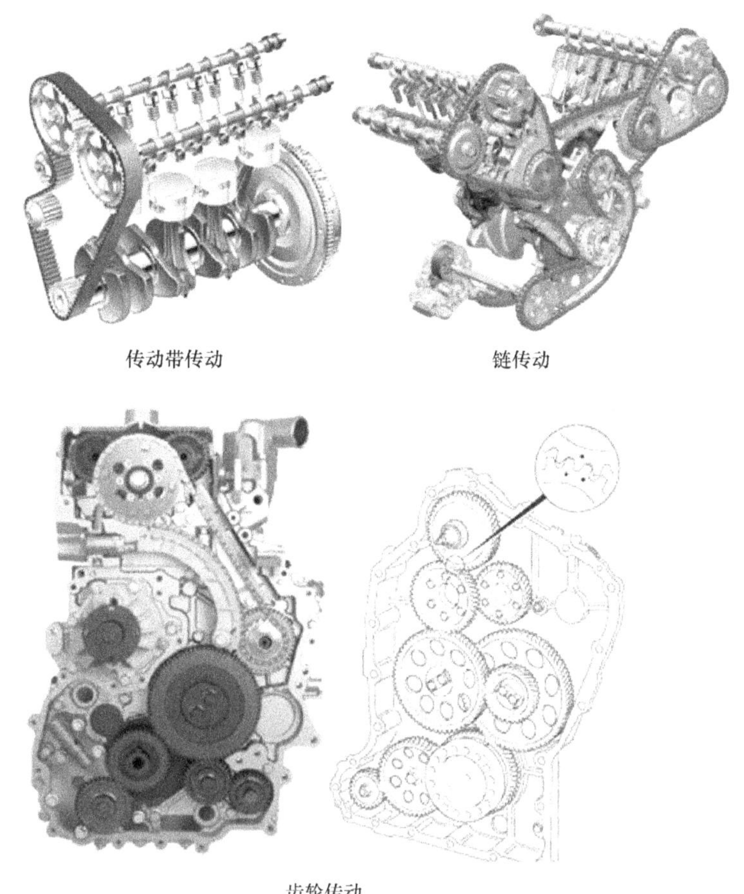

传动带传动　　链传动

齿轮传动

图 2-66　正时齿轮传动

3. 平衡轴

当发动机处在工作状态时，活塞的运动速度非常快而且很不均匀。当活塞位于上下止点位置时，其速度为零，但在上下止点中间位置的速度则达到最高。由于活塞在气缸内做往复的高速直线运动，因此必然会在活塞、活塞销和连杆上产生较大的惯性力。虽然连杆上的配重可以有效地平衡这些惯性力，但只有一部分运动质量参与直线运动，另一部分参与了旋转。因而除了上下止点位置外，其他惯性力并不能完全达到平衡状态，此时发动机便产生了振动，如图 2-67 所示。

平衡轴可以改善发动机的运行平稳性和噪声特性，通过装有平衡重块且朝相反方向旋转的两根轴可实现平衡目的。

（1）单平衡轴

单平衡轴，顾名思义，采用单一平衡轴，利用齿轮传动方式进行工作，通过曲轴旋转带动固连的平衡轴驱动齿轮、平衡轴从动齿轮以及平衡轴。单平衡轴可以平衡占整个振动比例相当大的一阶振动，使发动机的振动得到明显改善。由于单平衡轴结构简单，占用空间小，因而在单缸和小排量发动机中应用较为广泛，如图 2-68 所示。

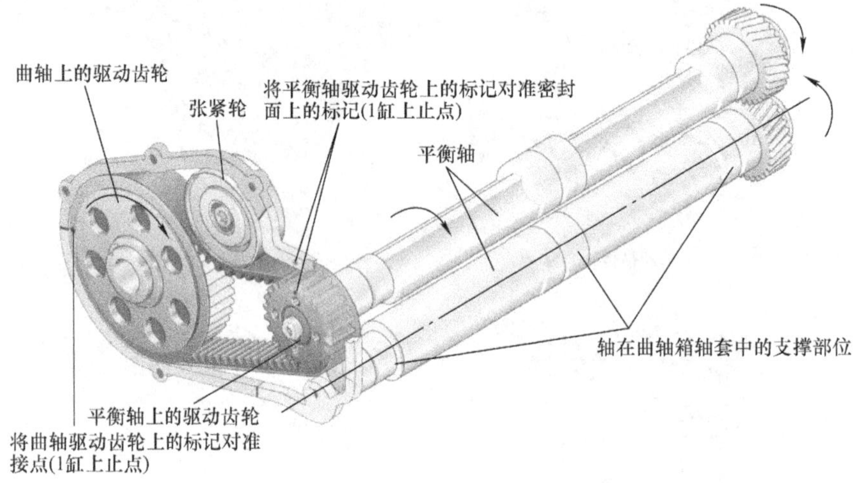

图 2-67　平衡轴

（2）双平衡轴

双平衡轴则采用的是链传动方式带动两根平衡轴转动，一根平衡轴与发动机的转速相同，可以消除发动机的一阶振动；另一根平衡轴的转速是发动机转速的 2 倍，可以消除发动机的二阶振动，从而达到更理想的减振效果。由于双平衡轴的结构较为复杂、成本高、占用发动机的空间又相对较大，因此一般在大排量汽车上较为常用。另外，还有一种双平衡轴布置方式，就是两根平衡轴与气缸中心线成角度对称布置，旋转方向相反，转速与曲轴转速相同，用以平衡发动机的一阶往复惯性力，如图 2-69 所示。

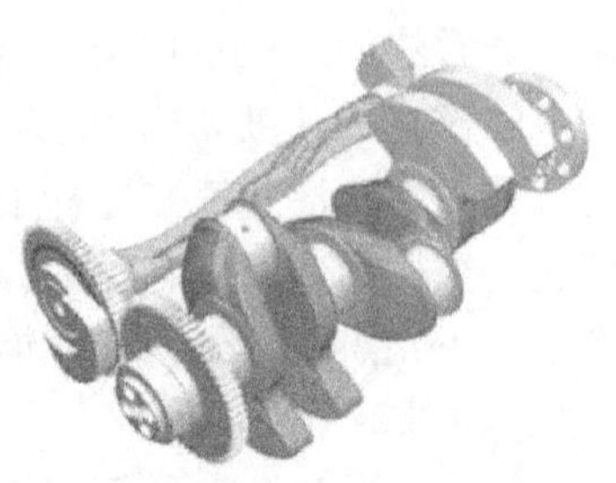

图 2-68　单平衡轴

图 2-69　双平衡轴

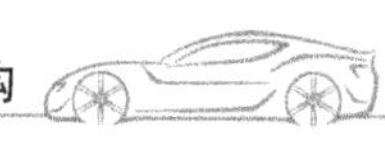

平衡轴用于平衡和减少发动机的振动，从而实现降低发动机噪声、延长使用寿命、提升驾乘者舒适性的。不过，并不是所有发动机都需要平衡轴，像V型和水平对置发动机，这些振动平衡性已经很好的发动机就没有必要设计平衡轴。

4. 扭转减振器

在发动机的工作过程中，连杆只有在做功行程产生作用在曲轴上的力，因此这个作用力是呈周期性变化的，从而会造成曲轴的扭转振动。为了消除曲轴的扭转振动，在曲轴的前端安装了扭转减振器，扭转减振器通常与曲轴前端带轮组合在一起。

传递到发动机曲轴上的能量并不均衡，一方面在循环进行的燃烧过程中总是以间歇方式向曲轴施加作用力；另一方面由于连杆角度发生变化，向曲轴传递作用力的方式也不断变化。

曲轴总是以间歇方式加速继而减速，这样会造成曲轴扭转振动。这种振动可能会导致曲轴及其连接部件损坏。尤其是在特定转速下，扭转振动可能产生共振并导致发动机损坏，为了克服这种现象，通常采用扭转减振系统，如图2-70所示。

图2-70　扭转减振器

扭转减振器安装在曲轴前端，即动力输出端相对侧。它由一个固定盘［小质量块和一个飞轮齿圈（大质量块）］构成。这两个部件通过一个橡胶垫连接在一起，因此二者可以相对扭转几度。固定盘用螺栓连接在曲轴的前部端面上，如图2-71所示。扭转减振器用于补偿曲轴的扭转振动。突然加速时飞轮齿圈的转动比曲轴慢一些，松开加速踏板时则正好相反。

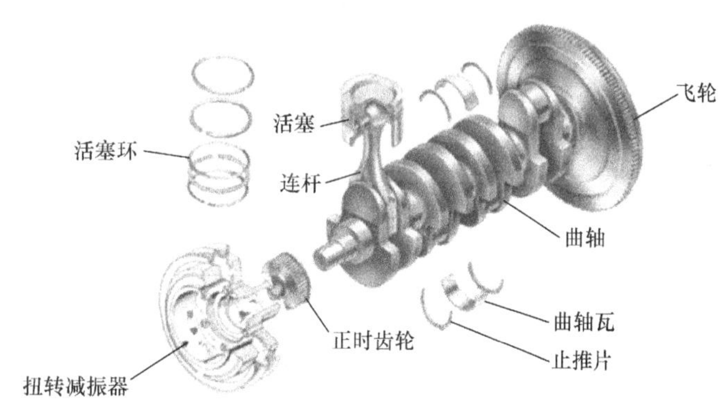

图2-71　扭转减振器安装位置

六、任务实施

对技术员要求：

- 接收/检查修理单。
- 接收用于修理的订购零件。
- 在允许的时间内进行工作。
- 向技师领队确认工作完成。

技师领队：

- 对技术难度高的工作向技术员提供指导和帮助。

（一）活塞连杆组的拆装

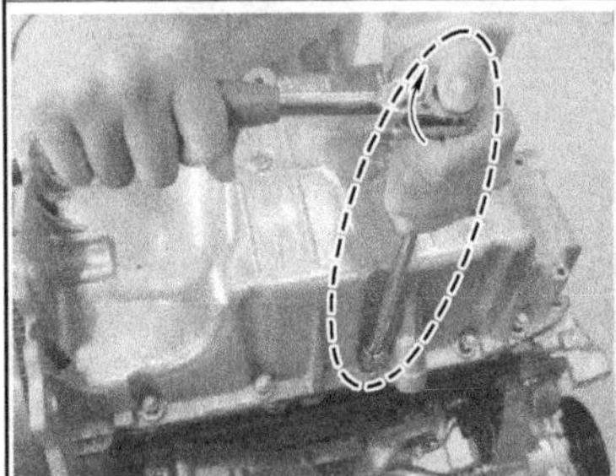
图 2-72　松开油底壳螺栓

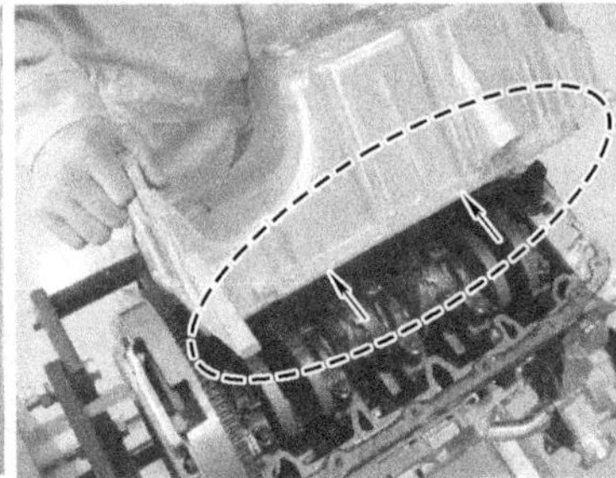
图 2-73　拆卸油底壳

1. 拆卸活塞连杆组

1）翻转发动机，松开油底壳螺栓，如图 2-72 所示；拆卸油底壳，如图 2-73 所示。

图 2-74　拆卸正时传动带张紧轮

图 2-75　拆卸曲轴正时传动带轮

图 2-76　拆卸发动机前端盖

图 2-77　拆卸发动机前端盖衬垫

2）拆卸正时传动带张紧轮（图 2-74）和曲轴正时传动带轮（图 2-75）。拆卸发动机前端盖（图 2-76）及其衬垫（图 2-77）。

3）拆卸各缸活塞连杆组。安装曲轴螺栓。沿发动机旋转的方向转动曲轴，将1、4缸活塞转至上止点，注意气缸顺序。标记带连杆轴承盖的连杆，拆下2、3缸的4个连杆轴承盖螺栓并取下连杆轴承盖和连杆轴承（用锤子木柄分别推出2、3缸活塞连杆组），如图2-78所示，沿发动机旋转方向转动曲轴180°。标记带连杆轴承盖的连杆。拆下1、4缸的4个连杆轴承盖螺栓并取下连杆轴承盖和连杆轴承。用锤子木柄分别推出1、4缸活塞连杆组，如图2-79所示。

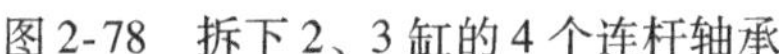

图2-78　拆下2、3缸的4个连杆轴承

图2-79　推出2、3缸的活塞连杆组

4）分解活塞连杆组

使用一字螺丝刀拆下活塞销的卡簧（图2-80），将活塞销推出（图2-81），再将活塞从连杆上分离。

注意：连杆和活塞的安装位置要做记号。

图2-80　拆下活塞销的卡簧

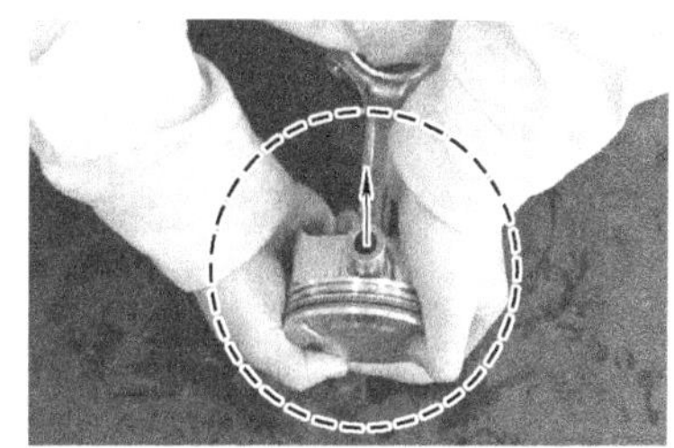

图2-81　将活塞销推出

用活塞环拆装工具从活塞上拆下第一道气环（图2-82）和第二道气环（图2-83）。

注意：使用活塞环拆装工具时，用力要适度，否则会折断活塞环。

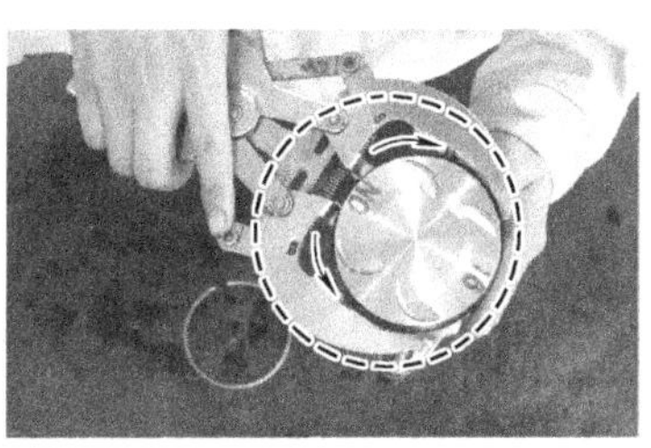

图2-82　拆下第一道气环

图2-83　拆下第二道气环

拆卸油环时，先用手将上、下刮油片从环槽上旋出（图 2-84），不要损伤活塞，然后用手将油环弹簧片取出（图 2-85）。

5）拆卸连杆轴承和轴承盖。

注意：要做上、下片安装记号。

图 2-84　将上、下刮油片从环槽上旋出

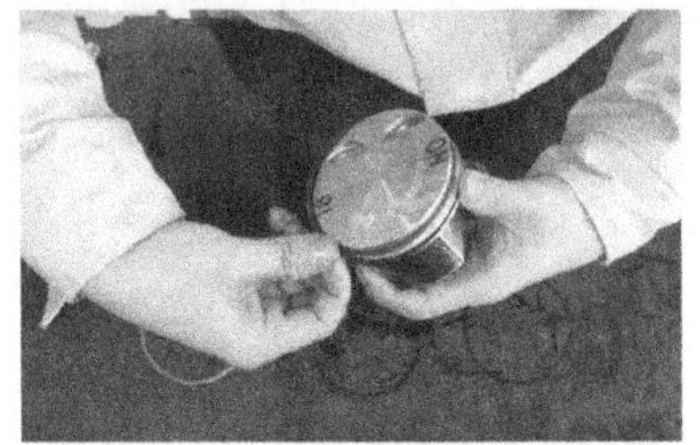

图 2-85　将油环弹簧片取出

2. 安装活塞连杆组

1）使用活塞环拆装工具安装活塞环，且“TOP”（顶部）朝上。

注意：不能用活塞环扩张器安装组合式油环，否则会损坏油环。安装油环时，先用手将弹簧片装上，然后用手将上、下刮片从环槽上旋入，不要损伤活塞。

2）布置活塞环端隙，如图 2-86 所示。第一道活塞环（右侧活塞环）端隙在图中位置“1”，第二道活塞环（分活塞环）端隙在位置“2”，弹簧片端隙在位置“3”，上下刮片端隙分别在位置“4”和“5”。

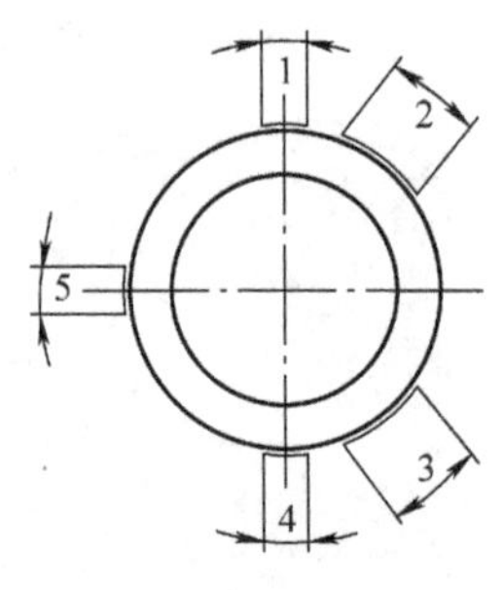

图 2-86　布置活塞环端隙

注意：活塞环端口有记号的一面要朝上安装，如果没有安装记号，看内外倒角，内倒角向上，外倒角向下。如果活塞环反向安装，活塞环会产生泵油现象。第一道气环镀铬，比较亮。第一道环和第二道环换装将造成活塞环过早磨损。安装前，用清洁的机油润滑活塞环、活塞、连杆轴承、气缸孔内表面和活塞环压缩器。

3）将活塞连接至连杆。

注意：连杆活塞的安装位置要对齐。安装前，先润滑活塞销。

4）用手将活塞销压入活塞和连杆中。将卡环装入活塞的环形槽，确保卡环牢固就位于凹槽内。

注意：如果活塞销卡簧没有装入环形槽，活塞销会窜出，将对气缸造成严重的伤害。

5）用手指的力量将连杆轴承压入连杆轴承孔。安装轴承盖。

注意：轴承的凸肩对准连杆孔上的凹槽；安装轴承盖时，注意与连杆上的安装方向对准，并看清连杆轴承上下片的安装记号。

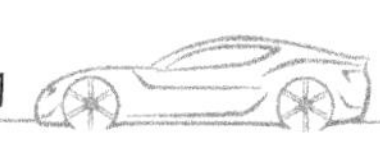

图 2-87 用木槌柄将活塞连杆组推入气缸

图 2-88 安装连杆轴承盖螺栓

6）润滑活塞连杆组总成和气缸壁。活塞上的箭头方向应朝向发动机前方。转动曲轴到1、4缸下止点，转动气缸体至水平位置，安装1、4缸活塞，用活塞环夹箍夹住活塞环，以压缩活塞环。用木槌柄小心地将活塞连杆组推入气缸（图2-87）。润滑连杆轴承，安装连杆轴承和连杆轴承盖。安装新的连杆螺栓，将连杆螺母分次拧到35N·m+45°+15°。转动曲轴到2、3缸下止点，安装2、3缸活塞，用活塞环夹箍夹住活塞环，以压缩活塞环。用木槌柄小心地将活塞连杆组推入气缸。润滑连杆轴承，安装连杆轴承和连杆轴承盖。安装新的连杆轴承盖螺栓，每个螺栓分次拧紧至35N·m+45°+15°（图2-88）。

注意：按连杆轴承和连杆轴承盖的标志位置安装连杆轴承和连杆轴承盖。

7）清洁发动机前端盖衬垫，安装发动机前端盖及其衬垫，拧紧至20N·m。安装正时传动带惰轮和曲轴正时传动带轮。

8）翻转发动机，清洁密封面。将密封胶涂抹在气缸体和油底壳上，安装油底壳，拧紧至10N·m。

9）安装气缸盖。

（二）曲轴飞轮组的拆装、主轴承间隙和曲轴轴向间隙的测量

1. 拆卸曲轴飞轮组

1）拆卸气缸盖、活塞连杆组。

2）拆卸飞轮，如图2-89所示。

3）拧松主轴承盖螺栓（图2-90），拆卸主轴承盖（图2-91），抬出曲轴，如图2-92所示。

注意：最后一道主轴承也是曲轴后端盖，拆卸时要特别小心，防止损坏曲轴后油封。

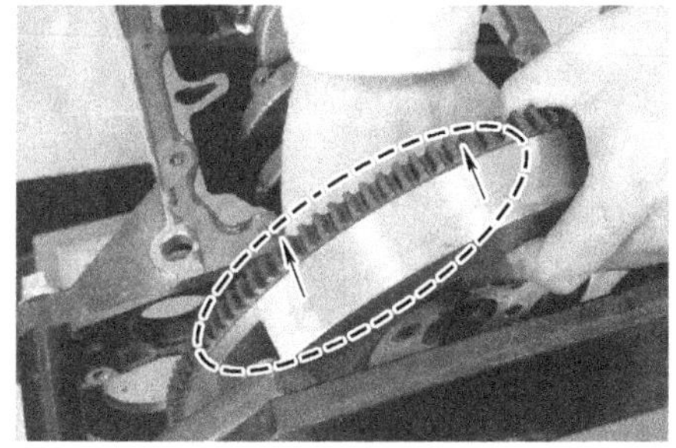
图 2-89 拆卸飞轮

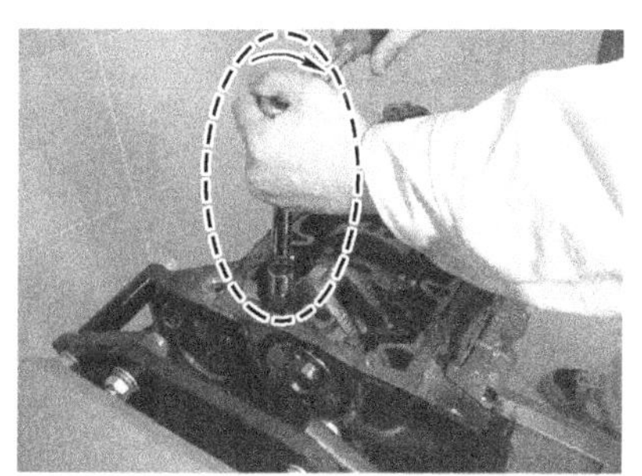
图 2-90 拧松主轴承盖螺栓

图 2-91　拆卸主轴承盖

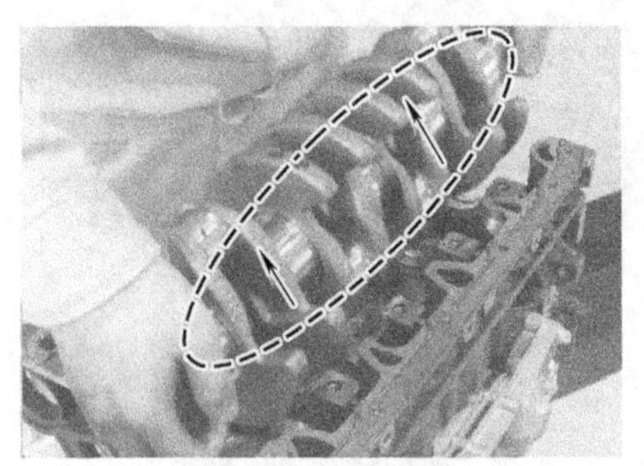
图 2-92　抬出曲轴

2. 曲轴飞轮组的安装

1）在每一道曲轴主轴承上涂抹机油（背面不能涂抹机油）。

2）在曲轴主轴颈上涂抹机油。

3）将曲轴安装在缸体上。安装轴承盖。

注意：轴承盖按 1 ~5 顺序安装，不得错装。中间一道主轴承是带有翻边的推力轴承。

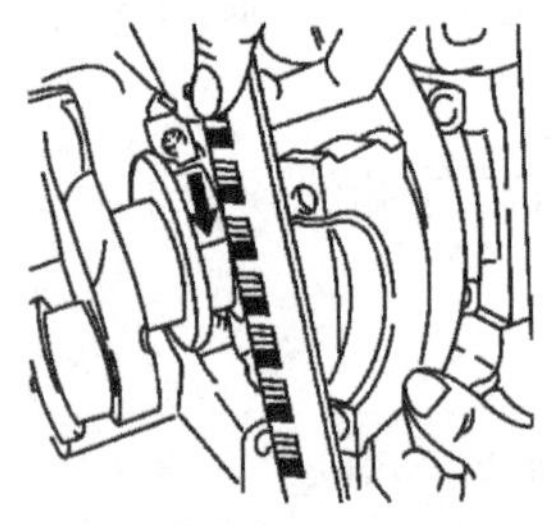
图 2-93　测量主轴颈与主轴承之间的间隙

4）用力矩扳手紧固一道曲轴轴承盖螺栓，第一次拧紧至 35N · m，第二次顺时针转 45°，第三次顺时针转 15°。测量主轴颈与主轴承之间的间隙，间隙为 0. 005 ~0. 059mm，如图 2-93 所示。

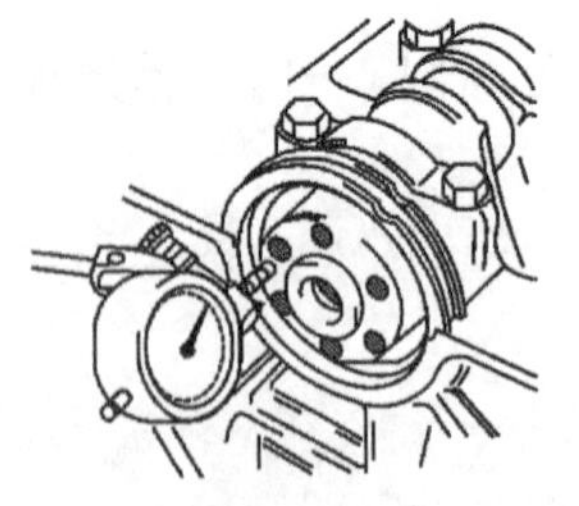
图 2-94　用百分表测量曲轴的轴向间隙

5）用力矩扳手紧固所有螺栓。

6）用百分表测量曲轴的轴向间隙，轴向间隙应在 0. 1 ~0. 2mm，如图 2-94 所示。

7）安装飞轮。

8）安装活塞连杆组与气缸盖。

（三）气缸体和气缸盖测量

气缸体总成中的曲柄连杆机构的性能好坏决定了发动机能否继续运转，对它的测量是发动机维修中最重要的部分，如图 2-95 所示。

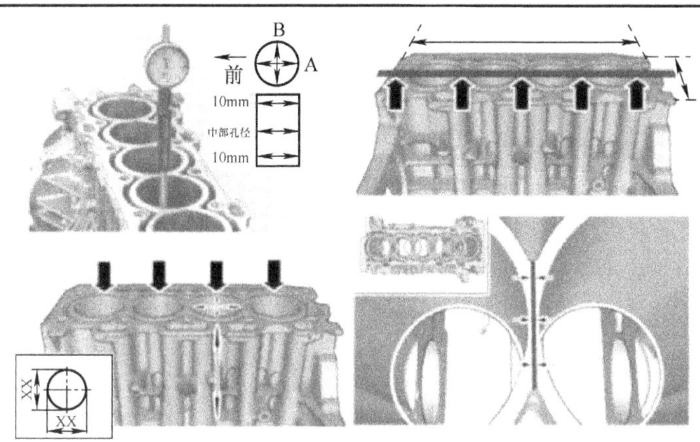

图 2-95　测量项目

1. 缸体平面度测量

测量前，先彻底清洁水垢、积炭及清除螺纹孔周围的突起，如图 2-96 所示，使用量缸平面尺和塞尺进行测量，塞入塞尺的最大厚度就是平面度误差。

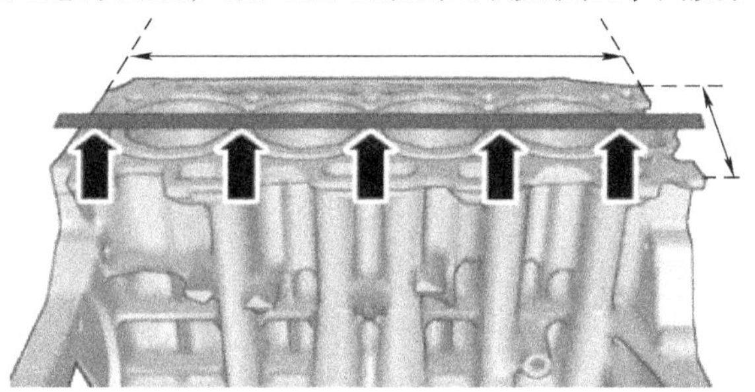

图 2-96　缸体平面度测量

发动机的标准数据如下：

- 最大纵向变形：0. 1mm。
- 最大横向变形：0. 1mm。

如果超出了标准值，必须安装新的组件。

2. 气缸筒水道间距测量

对于开放式水套缸体，通过测量气缸筒水道间距可知道发动机缸体是否发生变形，如图 2-97 所示，应使用塞尺检查两个气缸之间的水道间距。

标准长度：0. 7 ~ 1. 0mm（提示：发动机型号不同，数据也不同，要参考所维修发动机的技术信息），如果发动机缸体两个气缸之间的水道间距发生变形，应该立即更换。

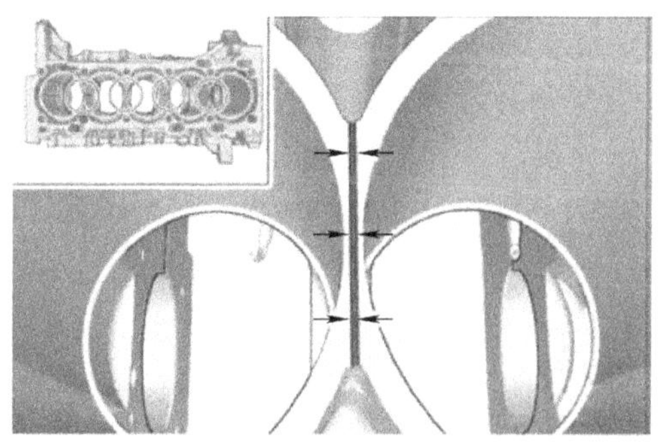

图 2-97　气缸筒水道间距测量

3. 气缸内径测量

如图 2-98 所示，使用量缸表测量气缸内径，在气缸的上、中、下截面分别测量气缸纵向和横向的内径值，并计算圆度和圆柱度。测量发动机上部极限位置最大磨损量，大约距气缸平面 10mm 处。在下部极限位置，沿发动机长度方向进行测量以检查最低磨损量，大约距气缸平面 10mm 处。

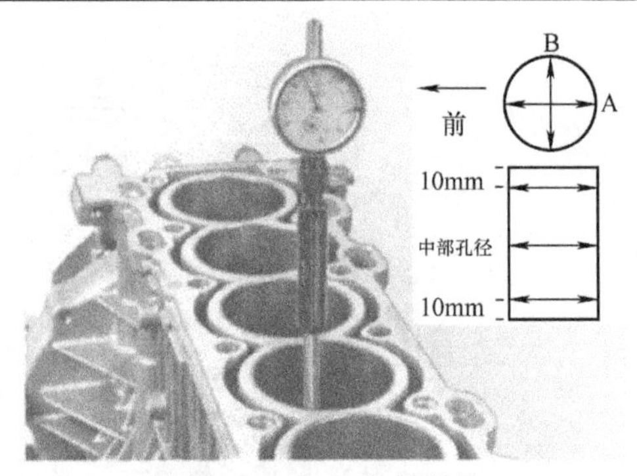

图 2-98　气缸内径测量

4. 圆度和圆柱度测量

圆度：将同一个截面中互相垂直方向上测得的两个内径值相减，除以 2，便得到此截面的圆度，比较 3 个截面的圆度，最大值为此气缸的圆度。

圆柱度：将测得的 6 个气缸内径值中的最大值减去最小值，再除以 2，便可得到气缸的圆柱度。

如果圆度和圆柱度超过最大值，或者镗缸后超过最大值，需要更换气缸体，如图 2-99 所示。

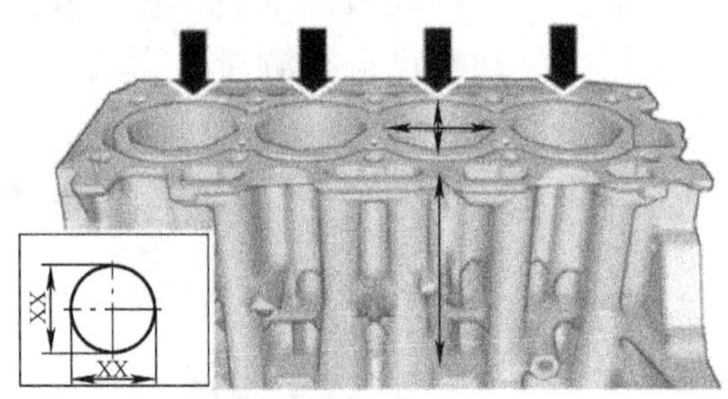

图 2-99　圆度和圆柱度测量

例如：B5254T10 发动机圆度与圆柱度标准值：

- 圆度极限值为 0.013mm。
- 圆柱度极限值为 0.013mm。

奥迪发动机圆度与圆柱度标准值：

- 圆度极限值为 0.015mm。
- 圆柱度极限值为 0.015mm。

奔驰 272 发动机圆度与圆柱度标准值：

- 圆度极限值为 0.01mm。
- 圆柱度极限值为 0.01mm。

宝马发动机圆度与圆柱度标准值：

- 圆度极限值为 0.01mm。
- 圆柱度极限值为 0.01mm。
- 活塞和气缸间的允许总磨损间隙（磨合过的发动机）

路虎发动机圆度与圆柱度标准值：

- 圆度极限值为 0.013mm。
- 圆柱度极限值为 0.013mm。

5. 活塞直径测量

使用千分尺在距活塞底部 12mm 处测量直径，如图 2-100所示。

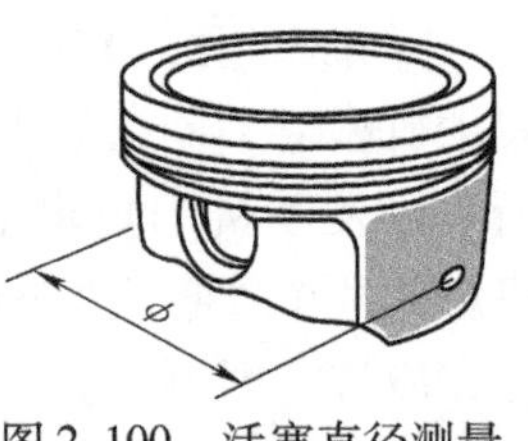

图 2-100　活塞直径测量

发动机活塞直径标准尺寸可参阅 VIDA “大修说明”。

例如，B6304T4 每个级别的活塞直径如下：

C－标记	81.95mm
D－标记	81.96mm
E－标记	81.97mm

奥迪每个级别的活塞直径如下：

C－标记	82.715mm
D－标记	82.965mm
E－标记	83.215mm

宝马 N46 每个级别的活塞直径如下：

C－标记	83.98mm
D－标记	83.99mm
E 标记	84mm

奔驰 272 每个级别的活塞直径如下：

标准标记	87.97mm
辅助级标记	87.98mm
修理级	87.99mm

6. 活塞运行间隙

参考此前测得的气缸内径，可以计算出活塞与气缸壁之间的间隙，如图 2-101 所示，活塞运行间隙计算参考如下计算方法：

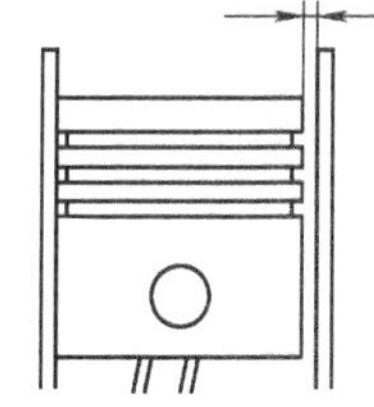

图 2-101 活塞运行间隙

例如，B6304T4 发动机此间隙应在 0.04～0.06mm 范围内。

如果活塞与气缸壁之间的间隙不在以上范围内，则应将所有缸筒镗至下一个加大尺寸，并使用加大 0.4mm 活塞。例如，发动机 B6304T4 活塞运行间隙计算：

实测气缸直径	82.010mm
实测活塞直径	81.960mm
活塞运转间隙	0.03～0.05mm

奥迪 BDW2.4 发动机活塞运行间隙计算：

实测气缸直径	80.99mm
实测活塞直径	81.01mm
活塞运转间隙	0.03～0.05mm

奥迪 CDZ2.0T 涡轮增压发动机活塞运行间隙计算：

实测气缸直径	82.51mm
实测活塞直径	82.465mm
活塞运转间隙	0.03～0.08mm

宝马 N46 发动机活塞运行间隙计算：

	实测气缸直径	84.00 ~ 84.25mm
	实测活塞直径	83.98 ~ 84.01mm
	活塞运转间隙	0.03 ~ 0.05mm
奔驰 272 发动机活塞运行间隙计算：		
	实测气缸直径	92.900 ~ 92.915mm
	实测活塞直径	87.973 ~ 88.000mm
	活塞运转间隙	0.003 ~ 0.052mm

七、拓展阅读

在蒸汽机不断改进和发展的历程中，人们也越来越深刻地认识到蒸汽机的不足是因为燃料在外部燃烧，所以有人开始研究把外燃改为内燃，让燃料在内部燃烧，膨胀产生的高压气体直接推动活塞做功，这就是内燃机。

1794 年，英国人斯特里特提出从燃料的燃烧中获取动力，并且第一次提出了燃料与空气混合的概念。1801 年，法国人勒本提出了煤气机的原理。1824 年，法国热力工程师萨迪·卡诺在《关于火力动力及发生的内燃机考察》一书中，揭示了“卡诺循环”学说。1833 年，英国人莱特提出了直接利用燃烧压力推动活塞做功的设计。之后，人们又提出过各种各样的内燃机方案，但在 19 世纪中叶以前均未付诸实用。直到 1860 年，法国人艾提力·雷诺模仿蒸汽机的结构，设计制造了第一台实用煤气机。1861 年，法国铁路工程师罗夏发表了进气、压缩、做功、排气的四冲程发动机论文，这一理论后来成为内燃机发展的基础。

1866 年，德国工程师尼古拉斯· 奥托偶尔在报纸上看到了一篇关于内燃机的报道，下决心对内燃机进行改进，并研究了罗夏的四冲程发动机的论文，成功地研制出动力史上具有划时代意义的立式四冲程内燃机。

1876 年，奥托又研制出第一台实用活塞式四冲程煤气内燃机，这台单缸卧式功率为 2.9kW 的煤气机，压缩比为 2.5:1，转速为 250r/min。这台内燃机被称为奥托内燃机。奥托于 1877 年 8 月 4 日获得专利，后来人们一直将四冲程循环称为奥托循环。奥托以内燃机奠基人被载入史册，其发明为汽车的发明奠定了基础。

奥托研制的煤气机体积小，转动平稳，但有个最大的缺点是在工作时需要一个较大的煤气发生炉给它提供煤气，因此给使用带来了不便。它在重量、体积等方面并不比蒸汽机优越，所以这种发动机未能得到广泛的使用。

1885 年，德国人戈特利布·戴姆勒按奥托煤气机原理研制出定容内燃机，利用他发明的表面气化器形成的汽油油雾为燃料，转速可达 800r/min，压缩比可达 3:1。1886 年，德国人卡尔·本茨又发明了混合器和电点火装置，使汽油机更加完善。

1897 年，德国人鲁道夫·狄塞尔成功研制出了第一台柴油机，因此柴油机也称为狄塞尔发动机。柴油机从设想到实现经历了 20 年，是冒着生命危险在一片指责声中研制出来的。狄塞尔虽然没有看到柴油机用于汽车的那一天，但是他亲眼看到自己的发明用于造船业并以绝对的优势取代了蒸汽机。

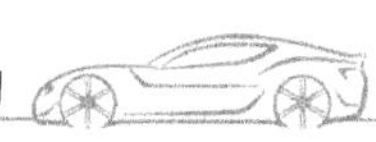

八、维修车辆交付

1. 业务人员

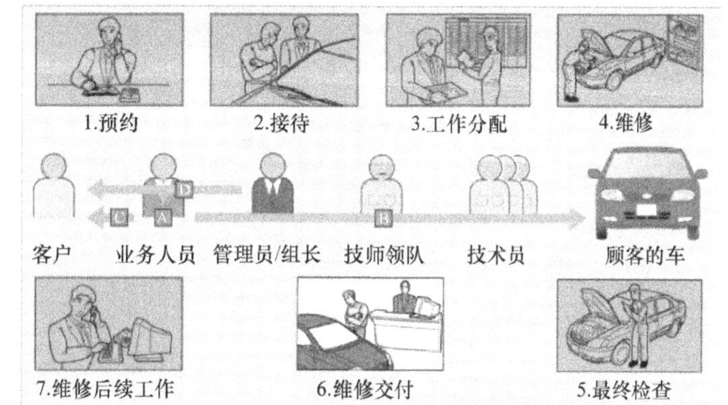

- 准备将更换的零部件给客户查看。
- 准备为所有的费用开出发票。
- 检查车辆是否清洁，进行维修质量检查，检查是否已经取下了座椅垫、地板垫、转向盘罩、翼子板布等。
- 电话通知客户，以便确认车辆准备交付。
- 向客户说明工作。
  - ■ 确认工作已经顺利地完成。
  - ■ 将更换的零部件展示给客户看。
  - ■ 说明完成的工作以及益处。
  - ■ 提供详细的发票说明：零部件、人工和润滑剂的费用。

2. 管理员/组长

- 业务人员/客户要求时，要提供技术说明或建议。

步骤一　资料准备

1）书面确认是否每项维修工作已经完成。

2）检查工单上客户提出的所有项目是否已达到客户的要求。

3）核对维修费用，原始估价与实际是否相符。

步骤二　车辆清洗

1）洗车。

2）清洁车内饰物。

步骤三　内部交车

告知服务顾问车辆停放处，将车辆和钥匙交给服务顾问。

步骤四　交车

若客户不在休息区等候，服务顾问接到车辆后要立即与客户取得联系，约定交车的时间、方式及结账事宜等。如果联系不到客户，服务顾问需发短信通知，并在随后的半小时或一小时内再次尝试联系客户、告知客户具体情况。

若客户在休息区等候，服务顾问需将打印出的结算单放在书写夹板上，找到在客户休息室的客户，通知客户在其方便的时间进行交车，并确认付款方式。

服务顾问需引导客户前往交车区，拆除车罩与防护套，以便客户验车。与客户一同验车，确认满意度。

步骤五　结算和费用说明

1. 结算准备

在客户验车完毕并表示对作业质量满意后，服务顾问需打印费用结算清单，将所发生的材料费和工时费逐项列出。

2. 费用说明

1）服务顾问需向客户说明每项费用，并回答客户提出的问题，消除客户的疑问。

2）如果客户对费用不满或有不理解的内容，服务顾问可以及时请服务经理协助向客户解释。

3）确认没有问题后，请客户在“车辆维修结算单”上签字确认。

步骤六　完成结账

1）完成结账手续。

2）当面回访客户满意度。

步骤七　交车与送别

1. 交车

需向客户说明有关下次保养里程及今后车辆使用方面的建议。

2. 送别客户

服务顾问送客户到汽车旁，引导客户驶出停车位，目送客户车辆驶出店面。

九、任务评价

（一）思考题

1. 根据人体心脏的结构特点，说明曲柄连杆机构在发动机中的作用是什么，由哪些零件组成。

2. 结合气缸的工作条件比较干式气缸套和湿式气缸套有何优缺点。

3. 在发动机工作过程中，曲轴在周期性转矩的作用下会产生扭振，为了消除这种振动，在曲轴上加装了哪种装置？它是如何消除扭振的？

4. 活塞在高温、高压的工作条件下会产生机械变形和热变形，在活塞的制作过程中采用了哪些结构措施避免其变形的发生？

5. 由于曲轴经常受到飞轮的轴向力作用，使曲轴产生前后窜动，影响各零件的正确位置，应采用何种装置避免其轴向窜动，其原理是什么？

6. 结合四冲程发动机的工作原理，总结飞轮的功用是什么。

7. 发动机各系统主要零部件安装在什么上？其由何组成？

（二）填空题

1. 机体组由________、气缸垫、________等组成。

2. 活塞连杆组由活塞、________、________和________等组成。

3. 曲轴飞轮组由曲轴、________、________和________、曲轴带轮等组成。

（三）判断题

1. 发动机排量是指所有气缸工作容积的总和。（　　）

2. 汽油机的组成部分有点火系统，而柴油机没有点火系统。（　　）

3. 当缸套装入气缸体时，一般缸套顶面应与气缸体上面平齐。（　　）

4. 活塞环在自然状态下是一个封闭的圆环形。（　　）

5. 扭曲环是在矩形环的基础上，内圈上边缘切槽或外圈下边缘切槽，不能装反。（　　）

6. 连杆的连接螺栓必须按规定力矩一次拧紧，并用防松胶或其他锁紧装置紧固。（　　）

7. 活塞环的泵油作用，可以加强对气缸上部的润滑，因此是有益的。（　　）

8. 偏置销座的活塞，其销座的偏移方向应朝向做功行程时活塞受侧压大的一侧。（　　）

9. 汽油机常用干式气缸套，柴油机常用湿式气缸套。（　　）

10. 活塞顶是燃烧室的一部分，活塞头部用来安装活塞环，活塞裙部可起导向作用。（　　）

11. 活塞在气缸内匀速运动。（　　）

12. 活塞径向呈椭圆形，椭圆的长轴与活塞销轴线同向。（　　）

13. 对于四冲程发动机，无论其是几缸发动机，其做功间隔均为180°曲轴转角。（　　）

14. 有的发动机在曲轴前装有扭转减振器，其目的是消除飞轮的扭转振动。（　　）

15. 连杆大头采用斜切口是为了更加可靠地定位。（　　）

（四）选择题

1. 为了保证活塞能正常工作，冷态下常将其沿径向做成（　　）的椭圆形。

A. 长轴在活塞销方向

B. 长轴垂直于活塞销方向

C. A、B 均可

D. A、B 均不可

2. 按 1—2—4—3 顺序工作的发动机，当一缸压缩到上止点时，二缸活塞处于（　　）行程下止点位置。

A. 进气　　B. 压缩　　C. 做功　　D. 排气

3. 四冲程六缸发动机曲轴各曲拐之间的夹角是（　　）。

A. 60°　　B. 90°　　C. 120°　　D. 180°

4. 学生 A 说，由于离心力的作用，加剧了发动机的振动。学生 B 说由于离心力的作用，使连杆和曲轴等零部件产生变形和磨损。正确的说法是（　　）。

A. 只有学生 A 正确　　B. 只有学生 B 正确

C. 学生 A 和 B 都正确　　D. 学生 A 和 B 都不正确

5. 学生 A 说活塞顶部形状是平顶。学生 B 说活塞顶部形状是凹顶。正确的说法是（　　）。

A. 只有学生 A 正确　　B. 只有学生 B 正确

C. 学生 A 和 B 都正确　　D. 学生 A 和 B 都不正确

6. 下列说法正确的是（　　）。

A. 活塞裙部对活塞在气缸内的往复运动可以起导向作用

B. 活塞裙部在做功时起密封作用

C. 活塞裙部在做功时起承受气体侧压力的作用

D. 活塞裙部安装有 2～3 道活塞环

（五）课后练习

1. 如何检验气缸的磨损？

2. 曲柄连杆机构的组成及功用是什么？

3. 扭曲环装入气缸中为什么会产生扭曲效果？它有什么优点？装配时，应注意些什么？

4. 飞轮的功用是什么？它有什么特点？

5. 什么是干式缸套？什么是湿式缸套？湿式缸套是如何防止漏水的？

6. 曲轴上的平衡重有什么作用？

（六）看图识物

结合实物，指认下图气缸盖的相关部位，填写对应字母。

A. 油道　B. 火花塞　C. 气门　D. 水道　E. 排气孔　F. 进气孔　G. 气缸体安装面

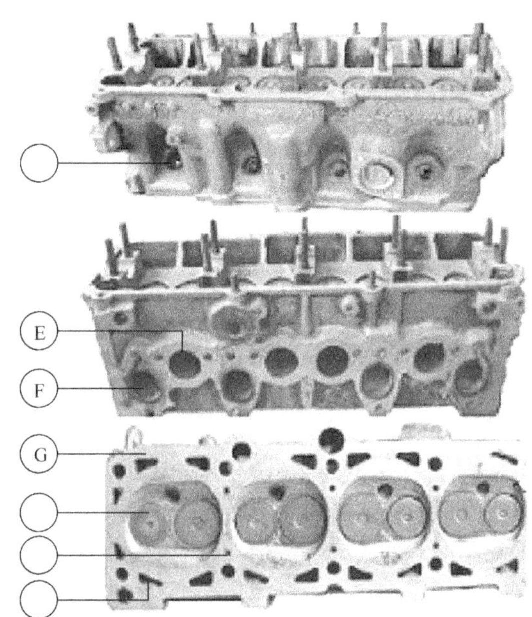
E
F
G

项目三

配气机构

汽车售后服务顾问和维修技师是汽车4S店的门面，总会给车主留下深刻的第一印象和难忘的最后印象。车主在车辆维修预约、进店维修、离开汽车4S店阶段，对汽车4S店需求心理预期各不相同。汽车4S店的工作人员只有把握客人的需求心理，依据需求心理的变化跟进服务，才能主动超前地提供恰当的服务，使车主产生惊喜的消费体验，从而留下良好的印象。

一、场景描述

一辆宝马轿车，行驶里程将近150000km，有一天，车主李先生在加速发动机时发现发动机出现“哒哒”的有节奏的响声。李先生把车开到4S店进行检查维修。

小李：“李先生您好，欢迎光临。我是服务顾问小李，这是我的名片，很高兴为您服务。”小李按要求对车辆进行了环车检查。

小李：“李先生，发动机出现“哒哒”的响声，我让专业技师为您的车辆做仔细的检查”。

根据李先生反映的发动机异响的情况，专业技师对该车进行了检查。车辆起动后，发动机发出有节奏的“嗒嗒嗒”的类似金属敲击的声音，这个声音随着发动机转速的提高而有节奏的加快。加速超过1500r/min后，声音仍然存在，只是没那么清晰了。

二、场景分析

此车已行驶150000km，气门响的主要原因是因为发动机气门机构之间配合产生

了间隙，多数是由于零件磨损或间隙调整出现故障，如凸轮轴、摇臂、液压挺柱磨损。

曲轴箱机油液位过高或者过低，影响到了发动机的机油压力，这个主要对于使用液压挺柱的发动机有影响。

气门导管磨损。这个一般需要将发动机拆解，主要是更换磨损的气门配套部件。机油太稀或者太黏，机油压力故障会影响到液压挺柱的工作。

气门挺柱脏污。如果是这个原因导致发动机气门响，一般都是需要清洗发动机了。因为一般情况下发动机内没有其他污染来源，除了机械故障，只剩下机油油泥这一个元凶。气门挺柱脏污出现的气门异响都需要拆发动机检查。

气门挺柱、凸轮轴或者气门座间隙增大，可能是暴力驾驶，也可能是机油润滑不足，总之是因为磨损过多间隙增大，当然，也有可能是气门弹簧老化。技师在查找异响时发现发动机上部比下部声音更明显一些。

根据对发动机配气系统的检查分析，要对发动机配气系统进行维修。按照实际维修项目的要求，结合职业院校学生实际的学习特点，按照由简单到复杂，层层递进的知识走向，最终将该项目划分成以下两个任务来完成，每个任务的具体需求如下：

任务一　气门组

任务二　气门传动组

三、学习目标

知识目标

1. 能掌握发动机配气结构的分类。
2. 能掌握配气机构的构造。
3. 能掌握配气机构的工作原理。
4. 能掌握配气机构故障诊断的基本方法。
5. 能掌握配气机构故障诊断的基本流程。

技能目标

1. 能正确对发动机配气机构分类。
2. 能独立进行配气机构的分解和组装。
3. 能区分配气机构的人为故障和自然故障。

4. 掌握配气机构故障诊断的基本测量技能。

5. 掌握汽车不同类型配气机构故障诊断流程的方法和技巧。

素养目标

1. 严格执行汽车发动机故障诊断规范，养成严谨科学的工作态度。

2. 养成团队协作精神。

3. 能够“最大化”利用有限的时间。

4. 阅读资料划出关键技术点归纳整理出故障诊断方法。

5. 能够找出“简单”的技术系统诊断方法。

6. 能够清晰、友好且有趣地向他人口头转述信息。

7. 能够解决棘手的任务。

8. 树立目标并制订实现目标的计划。

9. 客观公正地自评和评价他人。

10. 能够与合作伙伴良好地交流和相互理解。

11. 能够养成自觉遵守技术标准和要求规定、规范操作、安全、环保、“6S”作业的好习惯。

12. 能够养成劳动光荣、创造伟大的思维和创新意识。

通过对曲柄连杆机构的学习，我们已经知道了四冲程发动机是如何工作的。那么，你是否知道混合气是从哪里进入气缸的呢？它又是从哪里排出气缸的？是什么装置让活塞在开始下行时，刚好打开进气门？又是什么装置让活塞上行前及时打开排气门的？

下面为你揭开其中的奥秘，通过认识发动机配气机构实物，让我们一起来学习吧！

四、知识引导

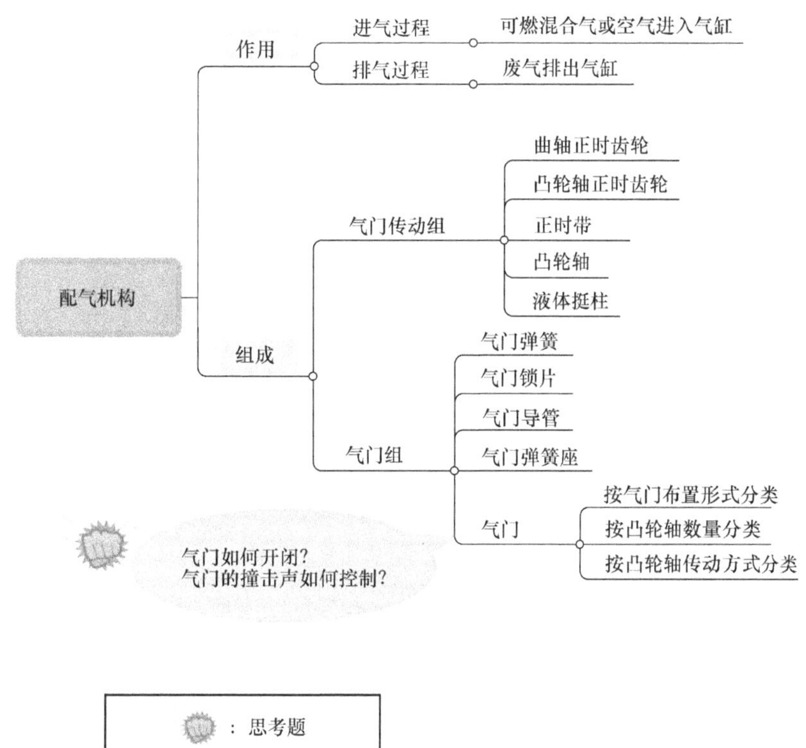

五、相关知识

配气机构主要由气门组和气门传动组组成。配气机构是发动机进气和排气控制机构，汽车发动机一般采用气门式配气机构。配气机构按照发动机的工作顺序和工况要求，准时地打开和关闭各气缸的进、排气门，使新鲜的可燃混合气或空气能充分地进入气缸，做功后产生的废气能及时、彻底地排出。当进、排气门关闭时，能保证气缸密封。配气机构组成如图 3-1 所示。

配气机构必须周期性地为发动机供应新鲜空气，并排出所产生的废气。四冲程发动机吸入新鲜空气和排出废气的过程称为换气过程。

在换气过程中，进气和排气通道通过进气门和排气门周期性地开启和关闭。进气门和排气门使用提升式气门。气门开闭的时间和顺序由凸轮轴决定。

按照发动机每个气缸内所进行的工作循环和点火次序的要求，定时开启和关闭气缸的进、排气门，使新鲜可燃混合气（汽油机）或空气（柴油机）得以及时进入气缸，废气得以及时从气缸排出。配气机构的结构因配气机构的布置形式不同而有些差异，如图 3-2 所示。

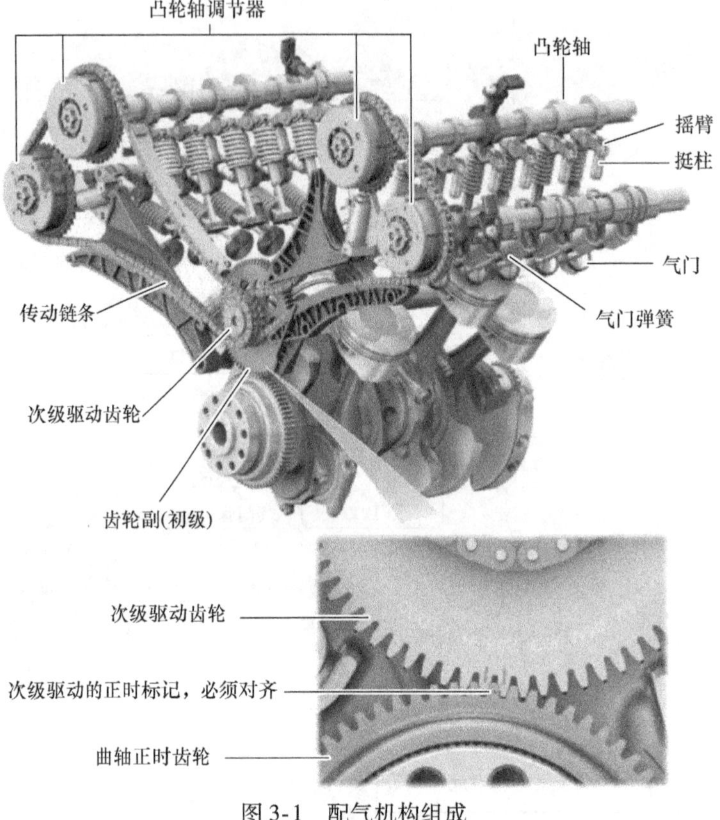

图 3-1 配气机构组成

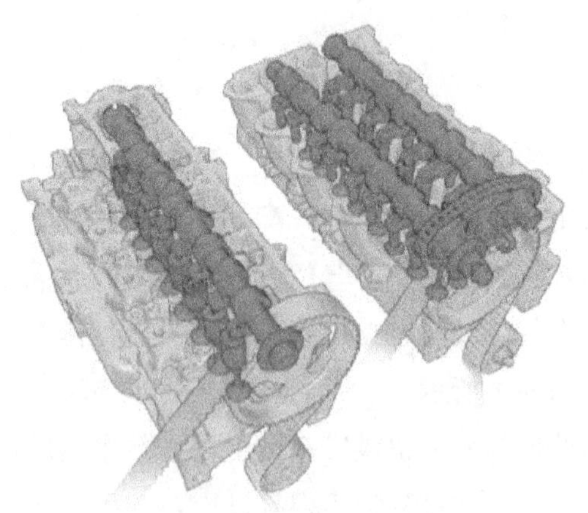

图 3-2 配气机构的布置形式

任务一 气 门 组

气门组的作用是实现气缸的密封。气门组包括气门、气门座、气门导管和气门弹簧等零部件，如图 3-3 所示。

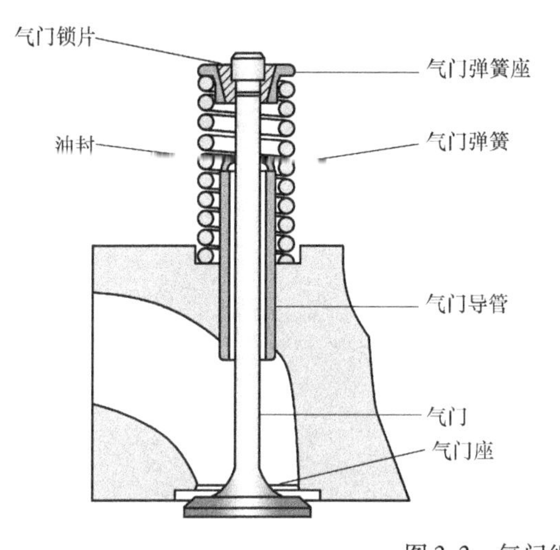

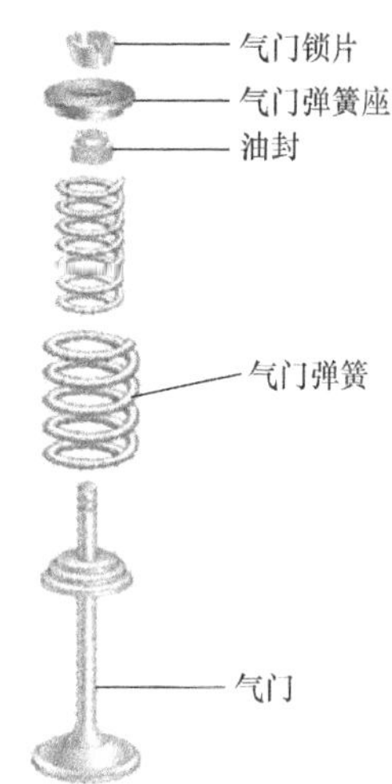

图 3-3　气门组

（一）气门

在进气行程，进气门开启，吸进可燃混合气。在排气行程，排气门开启，排出燃烧后的废气。在压缩行程和做功行程，进排气门都关闭以保持燃烧室的密封。

由于气门暴露在高温高压区域，须用特殊钢材制成。一般而言，为增加进气量，进气门直径大于排气门直径。

为保持气门和气门接触面的密封性，发动机气门锥面导角通常在 30°～45.5°。气门受到弹簧的弹力和来自凸轮的推力时，气门沿着气缸盖内的气门导管衬套向下移动，关闭气门，如图 3-4 所示。

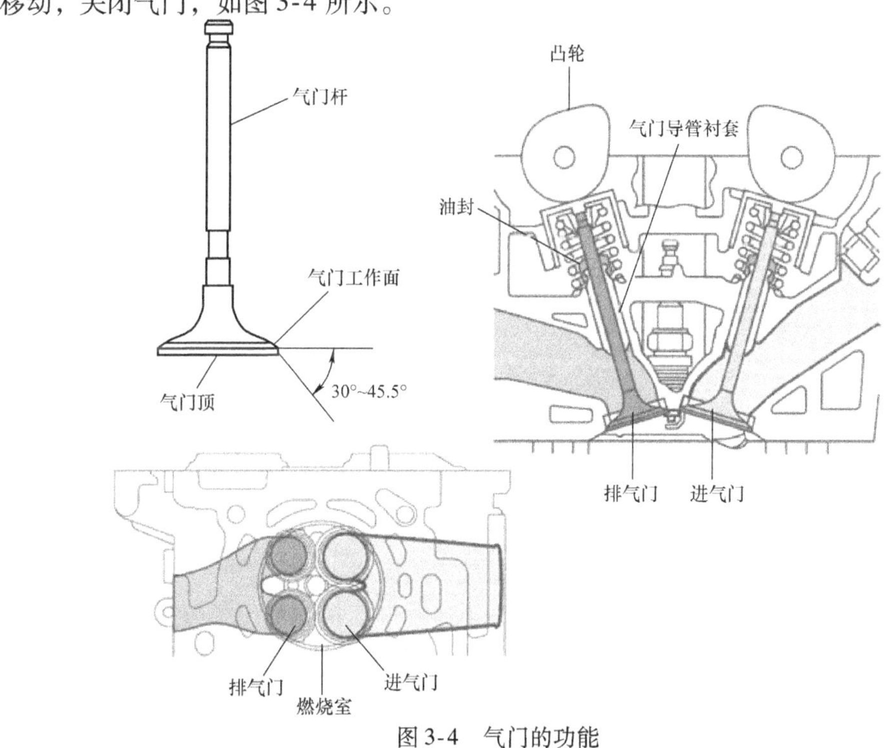

图 3-4　气门的功能

1. 气门的作用

气门由气门头部、气门杆、气门尾部等组成，如图3-5所示，气门杆端部有一个用于安装气门锁块的凹槽，气门锁块则用于固定弹簧座。弹簧座将气门弹簧的关闭力通过气门锁块传递到气门上。

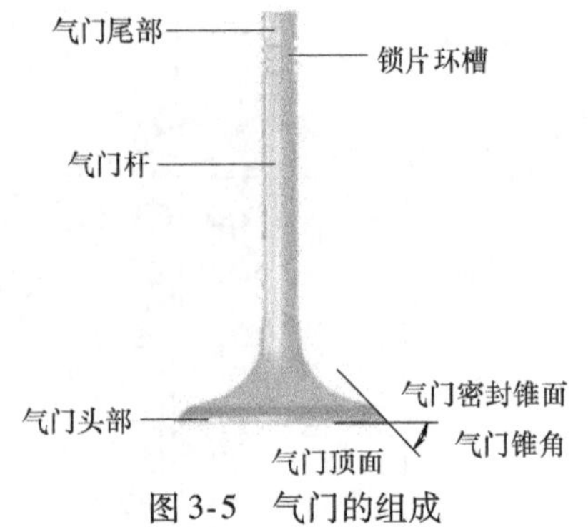

图3-5　气门的组成

气门负责向发动机内输入混合气或空气并排出废气，封闭进、排气道。一般发动机每个气缸只有一个进气门和一个排气门，如图3-6所示。

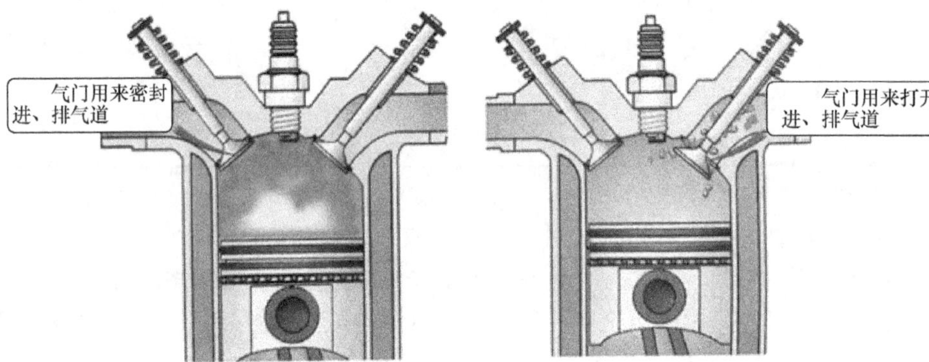

图3-6　气门的作用

2. 气门类型

（1）单金属气门

进气门通常采用铬硅钢单金属气门。这种气门的使用寿命通过气门座和气门端部的镀层和淬硬得到改善，如图3-7所示。

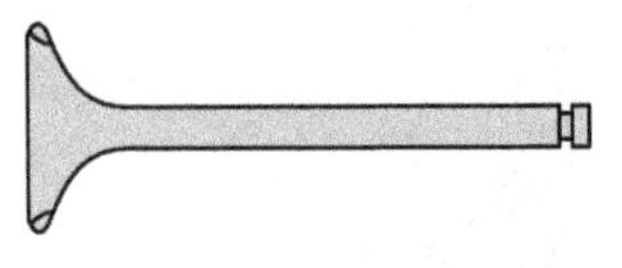
图3-7　单金属气门

（2）双金属气门

排气门采用双金属气门。气门头部分由铅锰钢（高耐热性）制成，气门杆部分由铬硅钢（滑动性能好）制成，如图3-8所示。

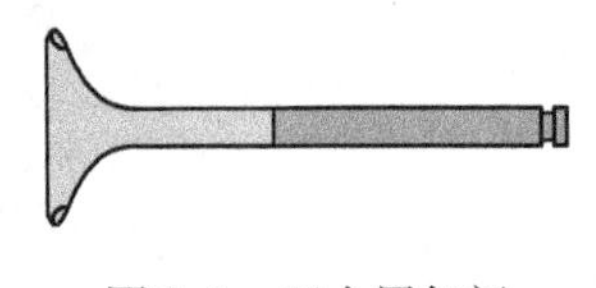
图3-8　双金属气门

（3）空心气门

气门空腔中部分充填有大约在100℃时熔化的金属钠。气门运动使金属钠在气门杆内甩来甩去并带走气门头的热量，如图3-9所示。

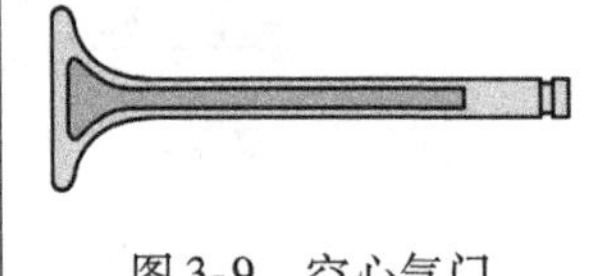
图3-9　空心气门

（4）气门头部的类型

气门头部有平顶、球面顶和喇叭形顶三种，如图3-10所示。气门头部接受的热量一部分经气门座圈传给气缸盖，另一部分则通过气门杆和气门导管也传给气缸盖，最终都被气缸盖水套中的冷却液带走。为了改善传热效果，气门与气门座圈的密封锥面必须严密贴合。因此，二者要配对研磨，研磨之后不能互换。

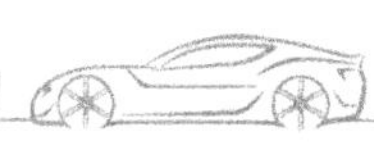

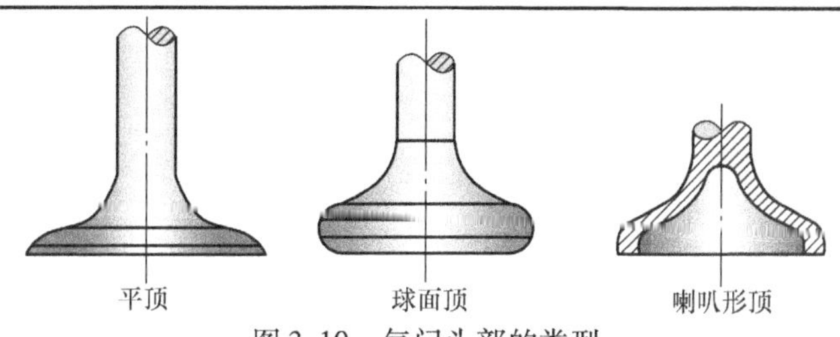

图 3-10　气门头部的类型

气门头部的结构及其特点见表 3-1。

表 3-1　气门头部的结构及其特点

类型	特　点
平顶	结构简单，制造方便，吸热面积小，质量也较小，进、排气门都可采用，目前应用广泛
球面顶	适用于排气门，因为其强度高，排气阻力小，废气的清除效果好，但球形的受热面积大，质量和惯性力大，加工较复杂
喇叭形顶	凹顶头部与杆部的过渡部分具有一定的流线型，可以减小进气阻力，故适用于进气门，但其顶部受热面积大，而不宜用于排气门

气门头部与气门顶部平面有一个锥面，其作用是和气门座圈接触，形成良好的密封。一般气门漏气是因为该锥面密封性差。

为了保证进气门的进气量，通常轿车进气门的气门锥角一般为 30°或 45°。排气门处于高温状态工作，为了保障足够的强度，气门锥角一般为 45°，如图 3-11 所示。

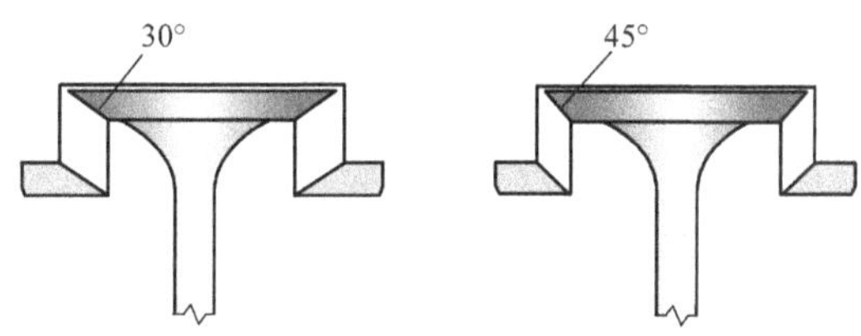

图 3-11　气门锥角

3. 气门杆尾部

气门在导管中上下高速运动，其杆部和导管配合，起导向作用，保证气门直线运动兼起导热作用。气门杆部的尾部有锁止槽，安装气门时在此处安装气门锁片，防止气门脱落，如图 3-12 所示。

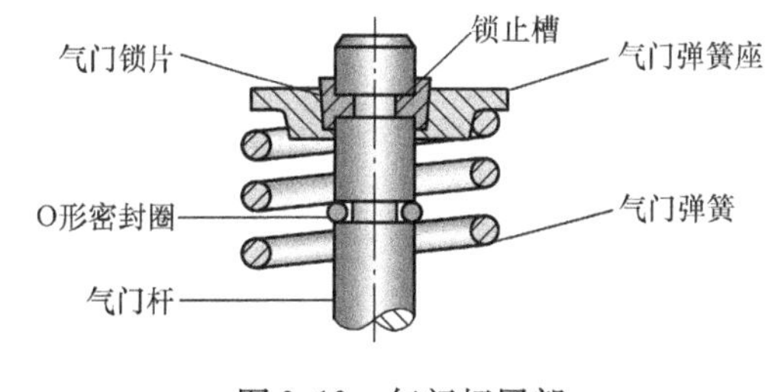

图 3-12　气门杆尾部

4. 气门的应用

气门穿过气缸盖上的气门导管，其头部和气门座贴合，将气缸密封，如图3-13所示。为了能让气门在导管内上下运动，气门和导管之间存在一定的间隙。发动机工作时，气缸盖上有许多飞溅的机油，为了防止机油从气门杆部漏至燃烧室，在气门导管的上面装有气门油封。发动机尾气冒青烟，很有可能就是气门油封损坏，导致发动机燃烧机油所致。

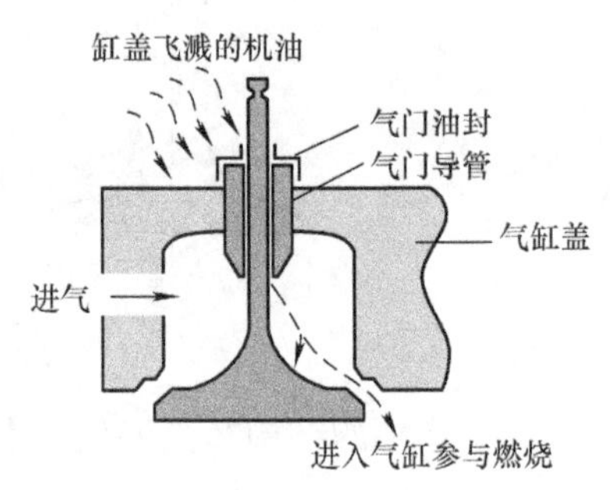

图3-13　气门安装位置

配气机构可分为双气门、四气门和五气门，如图3-14所示。

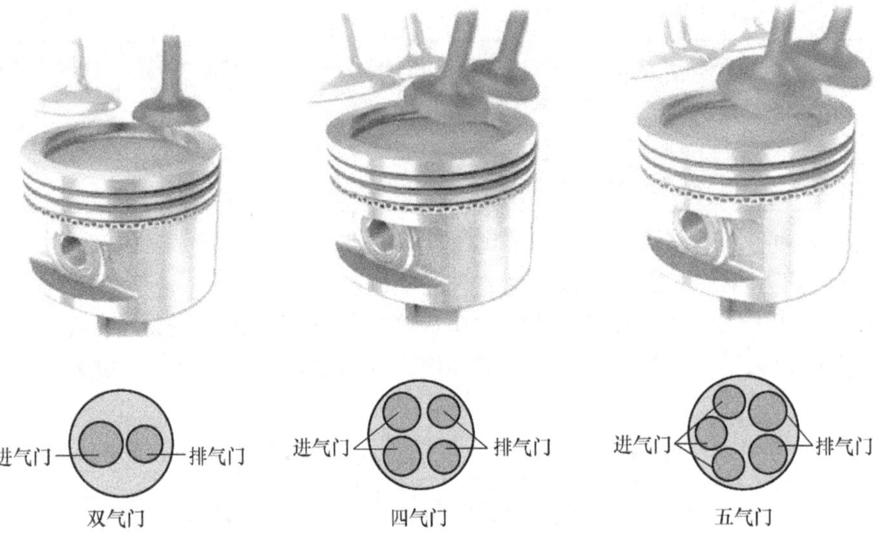

图3-14　气门的数量

气门的头部有30°或45°的气门锥角，安装后和气缸盖的气门座配合。为了提高气门和气门座的密封效果，在气门座两边分别加工成75°和15°内外锥面，以形成气门座工作锥面，如图3-15所示。气门座工作锥面一般处于气门座工作面的中间，其宽度一般为1～1.5mm。锥面太宽，密封效果差；锥面太窄，则工作寿命短。

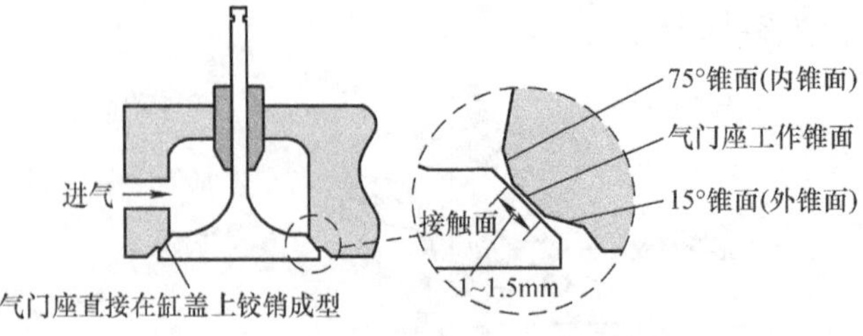

图3-15　气门座的工作锥面

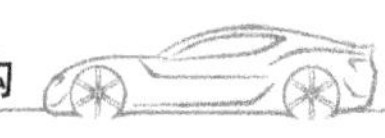

（二）气门弹簧

气门弹簧是保证气门及时落座并紧密贴合，防止气门在发动机振动时发生跳动。

气门弹簧位于气缸盖与气门杆尾端弹簧座之间。气门弹簧的功用是保证气门关闭时能紧密地与气门座或气门座圈贴合，并克服在气门开启时配气机构产生的惯性力，使传动件始终受凸轮控制而不相互脱离，如图 3-16 所示。

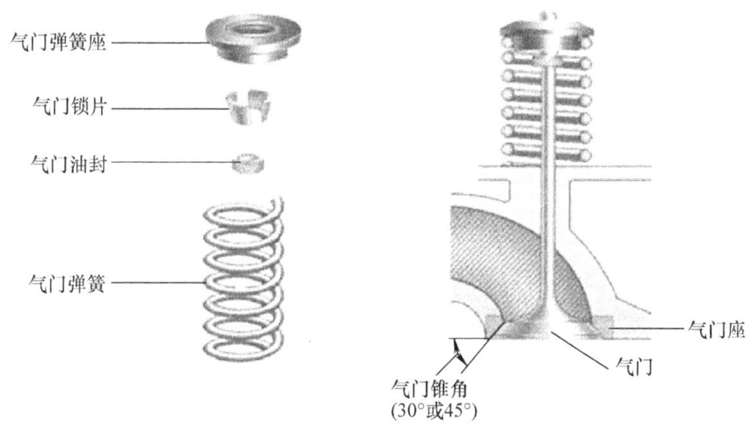

图 3-16　气门弹簧作用

为了将气门压紧在气门座上，在气门的外圈安装有预紧的气门弹簧，弹簧的预紧力作用在其后的弹簧座上。气门弹簧座通过气门锁片锁紧气门，使气门牢牢贴合在气门座上，它们的相互安装位置关系，如图 3-17 所示。

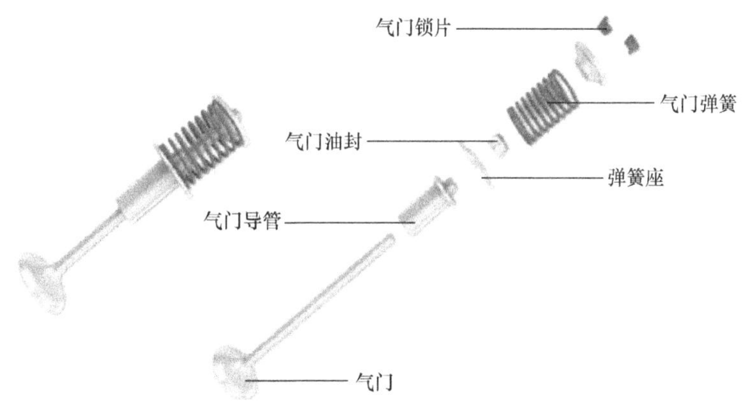

图 3-17　弹簧的预紧力作用在其后的弹簧座上

气门弹簧负责以可控方式关闭气门，确保气门随凸轮一起运动，即使在最高转速时也能及时关闭。此外，其作用力也必须足够大，以防止气门关闭（又称气门跳动）后振动。气门开启时，气门弹簧必须防止气门与凸轮脱离，如图 3-18 所示。

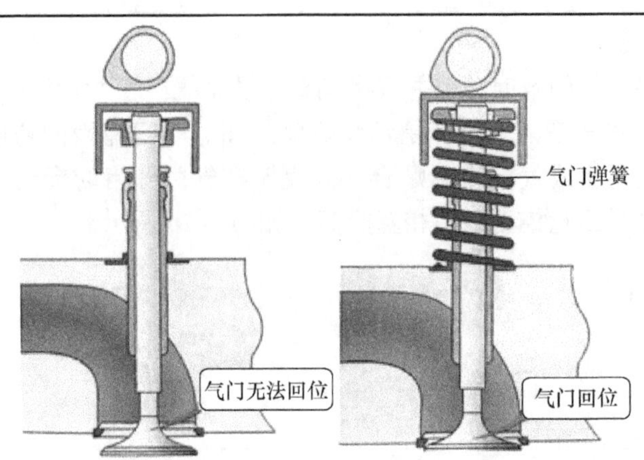

图 3-18　气门弹簧负责以可控方式关闭气门

气门弹簧一般为等螺距圆柱弹簧。当气门弹簧的工作频率与其固有的振动频率相等或为整数倍时，气门弹簧就会发生共振。共振时将使配气正时遭到破坏，使气门发生反跳和冲击，甚至使弹簧折断。为防止共振，可采取下列结构措施：采用双弹簧、变螺距弹簧、锥形弹簧，如图 3-19 所示。

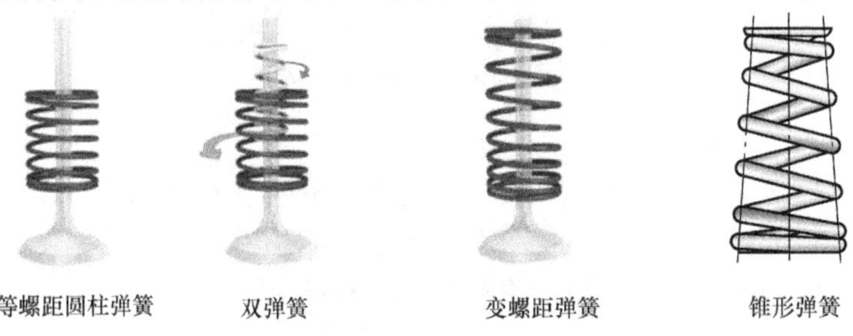

图 3-19　气门弹簧结构形式

大多数发动机每个气门用一个气门弹簧，但有的发动机每个气门用两个弹簧（同心安装内外两个弹簧）。为防止发动机高速运转时气门振动，常用变螺距弹簧或双弹簧。变螺距弹簧和双弹簧如图 3-20 所示。

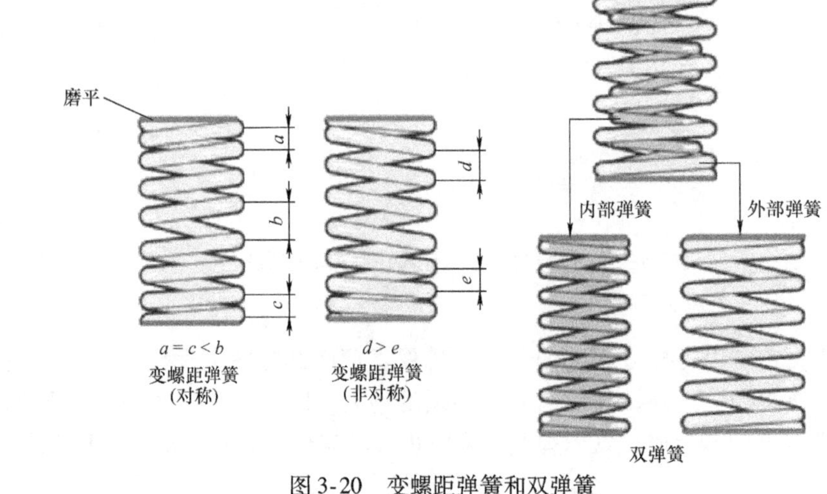

图 3-20　变螺距弹簧和双弹簧

（1）采用双弹簧

在柴油机和高性能汽油机上广泛采用每个气门安装两个直径不同，旋向相反的内、外弹簧。由于两个弹簧的固有频率不同，当一个弹簧发生共振时，另一个弹簧能起到阻尼减振作用。采用双气门弹簧可以减小气门弹簧的高度，而且当一个弹簧折断时，另一个弹簧仍可维持气门工作。弹簧旋向相反，可以防止折断的弹簧圈卡入另一个弹簧圈内使其不能工作或损坏，如图 3-21 所示。

（2）采用变螺距弹簧

某些高性能汽油机采用变螺距弹簧。变螺距弹簧的固有频率不是定值，因而可以避开共振，如图 3-22 所示。

图 3-21　双弹簧

图 3-22　变螺距弹簧

（3）采用锥形弹簧

锥形弹簧的刚度和固有振动频率沿弹簧轴线方向是变化的，因此可以消除发生共振的可能性，如图 3-23所示。

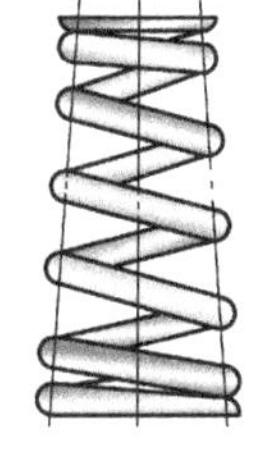

图 3-23　锥形弹簧

（三）气门导管、油封、锁片和气门座

1. 气门导管

气门导管是汽车发动机气门的导向装置，气门导管对气门起导向作用，并使气门杆上的热量经气门导管传给气缸盖，如图 3-24 所示。

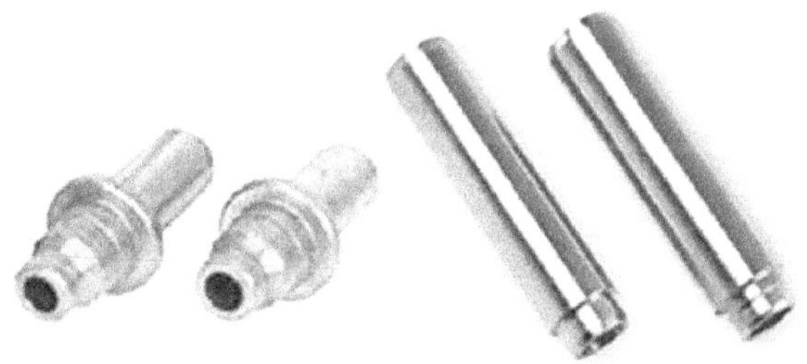

图 3-24　气门导管

气门导管的工作温度也较高，大约为 200℃。气门杆在导管中运动时，仅靠配气机构飞溅出来的机油进行润滑，因此容易磨损。所以多用具有自滑性能的球墨铸铁或粉末冶金材料制成单独零件，以一定的过盈配合压入气缸盖上的气门导管座孔中，防止脱落。有些发动机为了防止气门导管松脱，采用卡环对导管进行固定与定位，如图 3-25 所示。

气门导管的下方伸入进排气道内，为了防止对气流造成阻力，伸入端的外圆做成圆锥形。

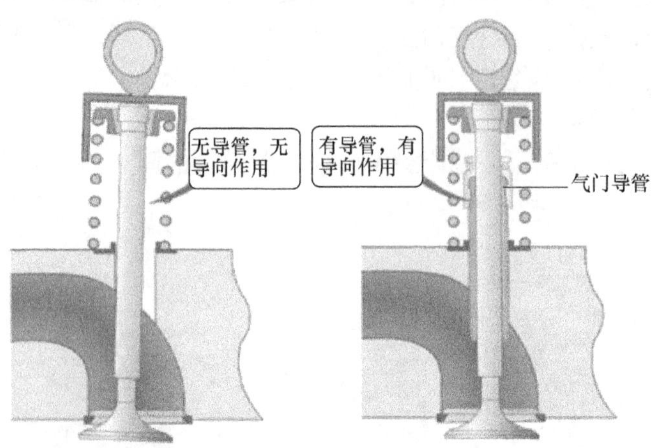

图 3-25 气门导管的下方伸入进排气道内

气门导管的功用是为气门运动导向，保证气门作直线往复运动，使气门与气门座或气门座圈能正确贴合。此外，还将气门杆接受的热量部分地传给气缸盖，如图 3-26所示。

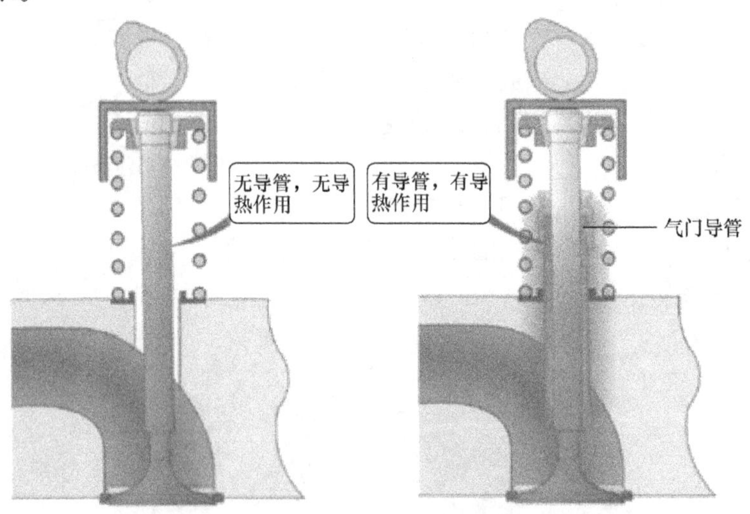

图 3-26 将气门杆接受的热量部分地传给气缸盖

气门导管的工作温度较高，润滑条件较差，靠配气机构工作时飞溅起来的机油或喷油嘴喷出的机油来润滑气门杆和气门导管孔。在将气门导管压入气缸盖上的气门导管座孔之后，再精铰气门导管孔，以保证气门导管与气门杆的正确配合间隙，如图 3-27所示。

气门导管用于确保使气门位于气门座的中心并通过气门杆将气门头处的热量传至气缸盖，因此需要在导向孔与气门杆之间留有最佳间隙量。间隙过小时，气门容易卡住；间隙过大会影响散热效果。最好留出尽可能小的气门间隙，一般气门杆和导管允许间隙：进气门为0.02　0.12mm，排气门为0.02～0.15mm。

气门导管不得伸入排气通道内，否则会因温度较高而导致导管变宽。燃烧残余物可能会进入气门导管内。为确保气门正常工作，气门导管与座圈之间的中心偏移量必须保持在公差范围内。中心偏移量过大会使气门头弯向气门杆。这可能造成过早损坏，还可能导致泄漏、影响热传递效果，增加耗油量。

2. 气门油封

气门导管衬套与气门杆的接触面由机油润滑。为防止过多的机油进入燃烧室，在气门导管衬套的最上端安装了橡胶油封，如图3-28所示。

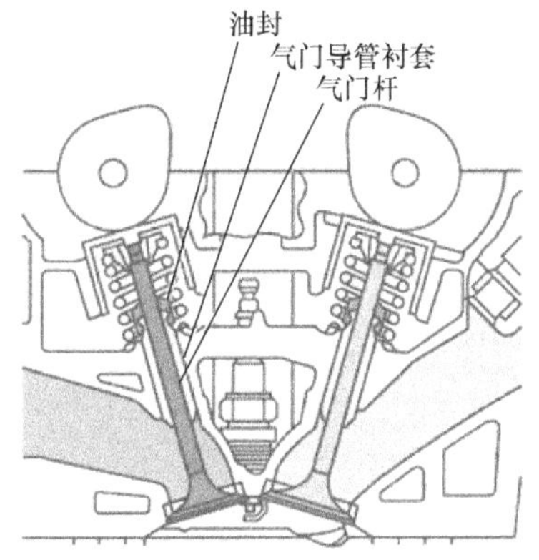

图3-27　保证气门导管与气门杆的正确配合间隙

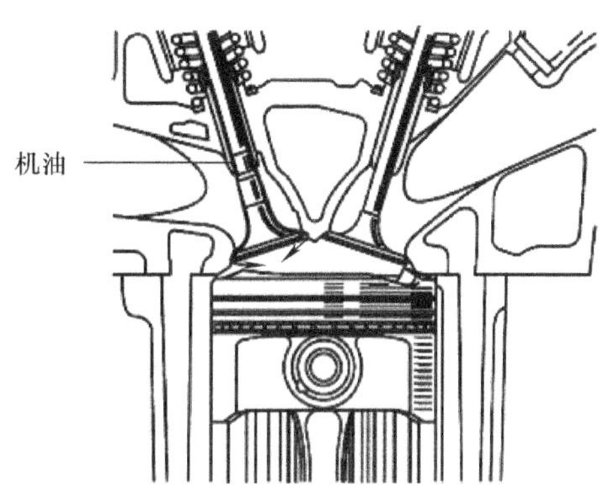

图3-28　气门油封

如果气门杆油封破损或硬化，机油就会进入燃烧室内燃烧，使机油消耗增加。

3. 气门弹簧锁片

气门弹簧锁片（气门开口销）安装在气门杆头下方的气门锁夹槽中，用来连接气门弹簧和气门，确保气门不会跌落，如图3-29所示。

气门弹簧锁片的连接方式有夹紧式和非夹紧式两种，如图3-30所示。

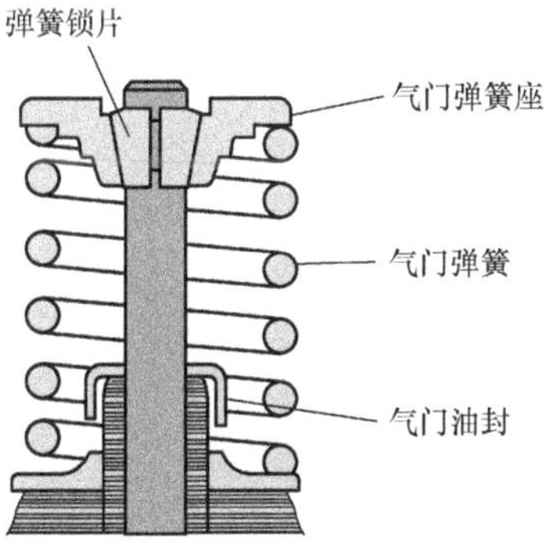

图3-29　气门弹簧锁片

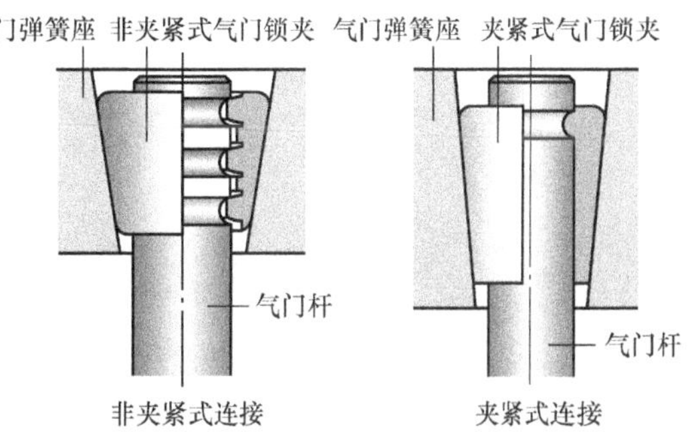

图3-30　气门弹簧锁片的连接方式

采用非夹紧式连接时，处于安装状态下的两部分气门弹簧锁片相互支撑。这样可使气门弹簧锁片与气门杆之间留有允许气门旋转的间隙。这种旋转有助于气门运行和气门座清洁。轴向作用力通过三个卡在气门杆凹槽内的气门锁夹凸缘传递。因此气门弹簧锁片需进行淬火硬化处理。

采用夹紧式连接时，安装后两部分气门弹簧锁片之间留有一定的间隙。因此气门弹簧片紧在气门锁夹之间，以防止其旋转。这种夹紧式气门弹簧锁片尤其适用于转速很高的发动机。夹紧式气门弹簧锁片的一个优点是重量较轻（比三列式气门片夹轻约50%）。此外，气门弹簧作用力不是以结构连接方式通过气门杆上的凹槽传递，而是以附着力方式传递。气门杆直径为5mm时能有效地保护材料。

4. 气门座

气门座是压嵌入气缸盖的。当气门关闭时，气门接触面与气门座紧密地接触，使燃烧室保持气密。气门座也将热量从气门传到气缸盖，使气门冷却，如图3-31所示。

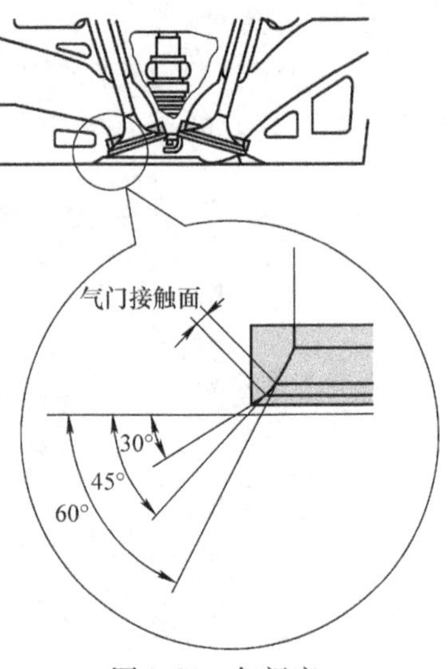

图3-31　气门座

由于气门座暴露在高温燃烧气体中，而且连续重复地与气门接触，制造气门座的材料必须具有极好的耐高温和耐磨损性能。气门座磨损后，可用硬质合金刀具研磨。

近几年，激光常用于在气缸盖上直接焊成耐磨合金气门座层，在某些发动机上与气缸盖成为一体。这种用激光焊接的气门座是不能更换的。

通常，气门座做成45°的锥面，以便与气门工作面配合。气门座接触面宽度一般应为1.0～1.4mm。

（四）气门的工作过程

气门的工作过程如图3-32所示。安装在曲轴前部的曲轴正时齿形带轮和曲轴一

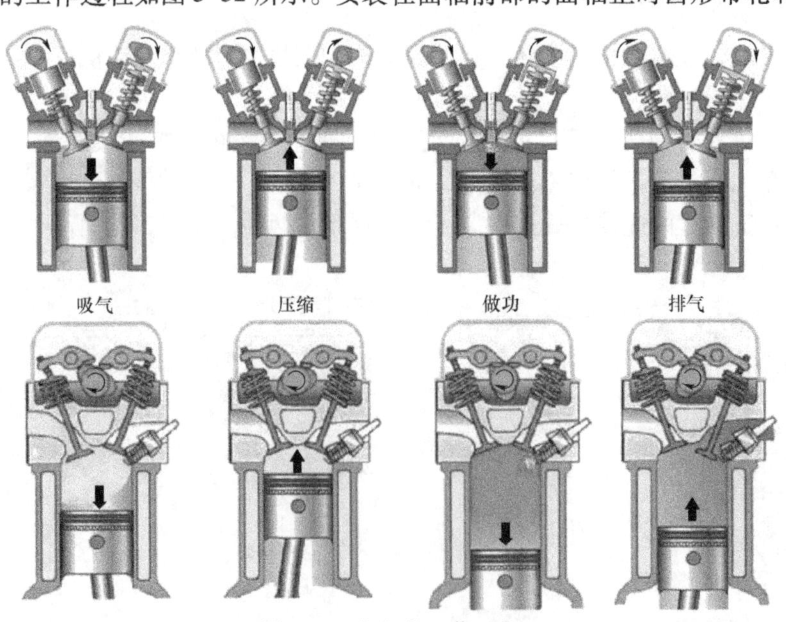

图3-32　气门的工作过程

起旋转，然后通过正时带带动凸轮轴正时带轮旋转。凸轮轴通过半圆键和凸轮轴正时带轮联接，所以它随着凸轮轴正时带轮一起转动。由于凸轮轴正时带轮的齿数是曲轴带轮的2倍，所以曲轴旋转2圈，凸轮轴转1圈。根据发动机的气缸数和配气机构的结构形式，凸轮轴上有进、排气凸轮，当凸轮角转向液压挺柱时，凸轮将克服弹簧的压力，逐渐将气门向下压开，气门头部和气门座之间会形成气道。此时，如果活塞下行，在活塞顶部产生的真空就会将混合气吸入气缸。当凸轮角远离气门时，抵压气门的力消失，气门在气门弹簧的作用下向气门座回位，直至关闭气门。

任务二　气门传动组

要想使气门正常工作，必须通过气门传动组将动力传递给气门，如图3-33所示。

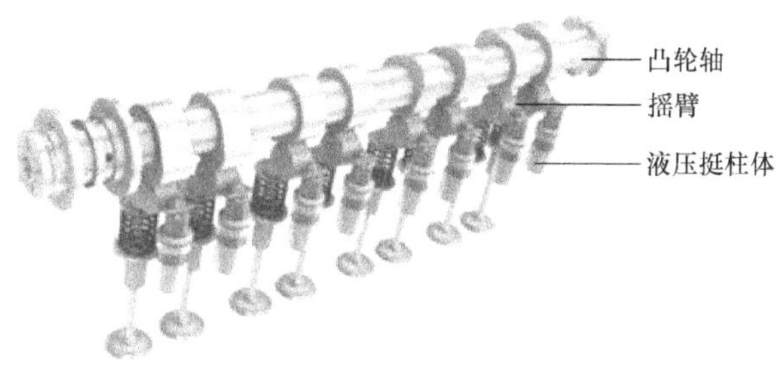

图3-33　气门传动组

气门传动组主要包括凸轮轴、挺柱、摇臂和压杆等，其作用是按配气相位规定的时刻及时间开、闭进排气门，并保证在规定的时间开启、保证开启高度，如图3-34所示。

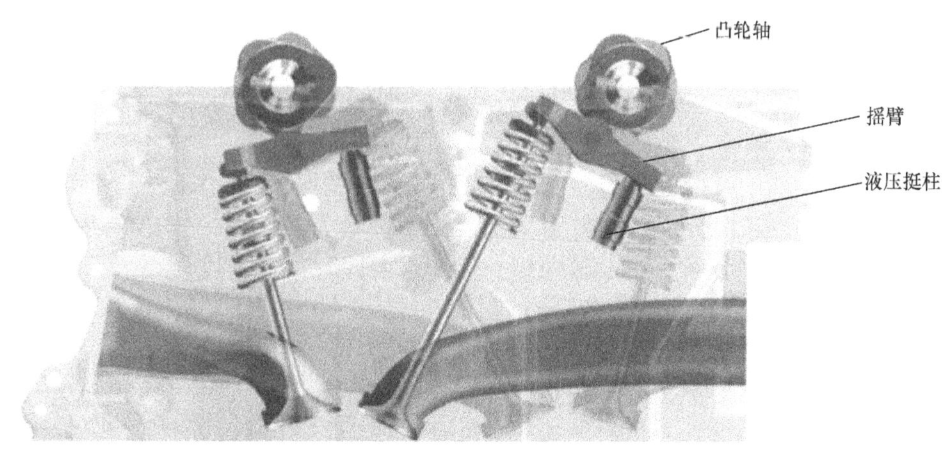

图3-34　气门传动组组成

（一）传动机构凸轮轴布置形式

气门传动组是从正时齿轮开始至推动气门动作的所有零件，其组成视配气机构的形式而有所不同，它的功用是定时驱动气门使其开闭，如图3-35所示。

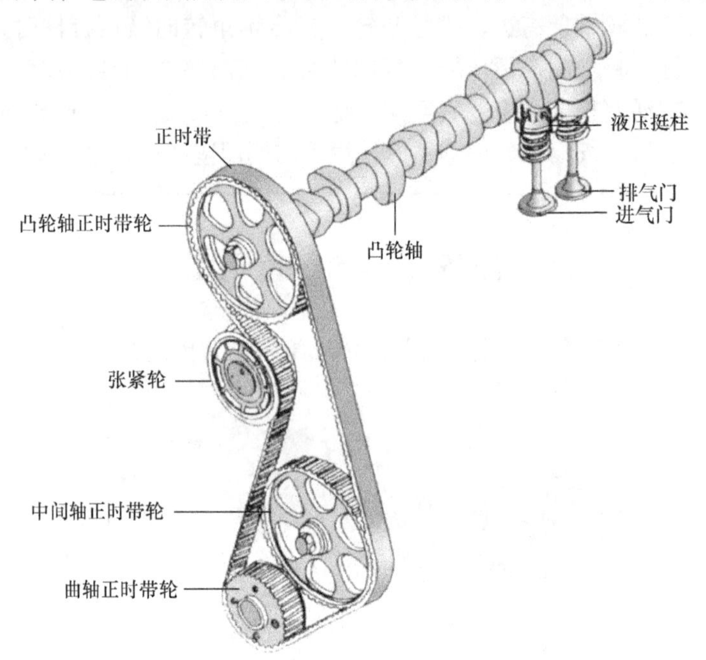

图3-35　气门传动组组成

1. 气门传动组按凸轮轴的位置分类

气门传动组按凸轮轴的位置分为凸轮轴上置式、凸轮轴中置式、凸轮轴下置式三大类。

（1）凸轮轴上置式气门传动组

凸轮轴直接布置在缸盖上。这种布置方式传力零件少，发动机损失功率相对较少。凸轮轴直接通过摇臂来驱动气门或直接通过挺柱驱动气门，省去了推杆，使往复运动质量大大减小，因此它适合于高速发动机。由于凸轮轴离曲轴中心较远，因而都采用链条传动或传动带传动，使得正时传动机构较为复杂，被大多数轿车采用，如图3-36所示。

图3-36　凸轮轴上置式气门传动组

（2）凸轮轴中置式气门传动组

为减小气门传动组零件的往复运动惯性力，某些速度较高的发动机将下置式凸轮轴的位置抬高到缸体的上部，缩短了传动零件的长度，称为凸轮轴中置式配气机构。凸轮轴中置式配气机构有的采用中间齿轮传动，有的采用链传动或传动带传动，如图3-37所示。

(3) 凸轮轴下置式气门传动组

载货汽车和大、中型客车的发动机都采用这种布置方式。凸轮轴装在曲轴箱内，摇臂轴装在气缸盖上，两者相距较远，推杆较长；凸轮轴距曲轴较近，两者之间只用一对正时齿轮传动，传动简单、可靠，如图3-38所示。

图3-37 凸轮轴中置式气门传动组

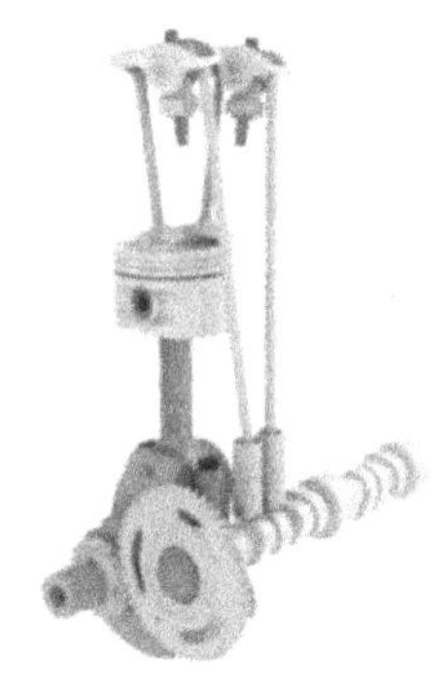

图3-38 凸轮轴下置式气门传动组

2. 气门传动组按传动方式分类

气门传动组传动方式齿形带传动、链传动、齿轮传动，如图3-39所示。

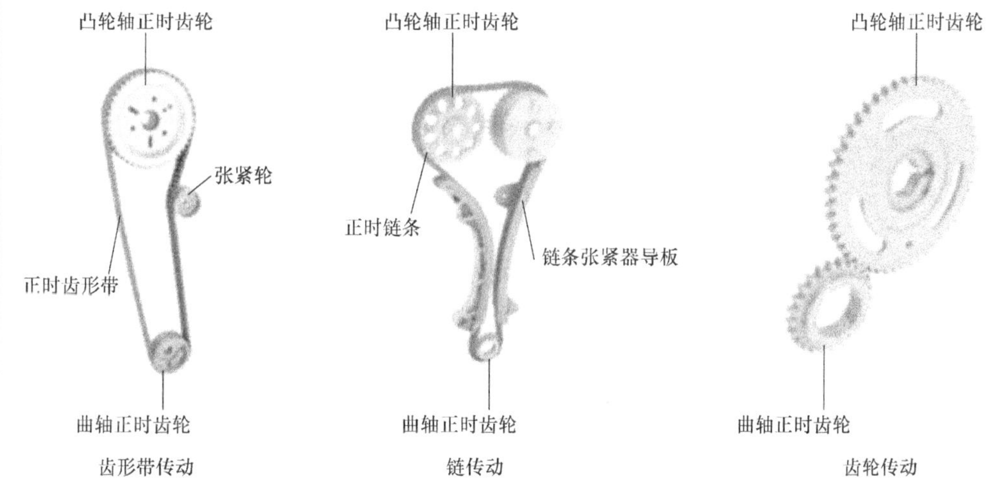

图3-39 气门传动组传动方式

(1) 链传动机构

用于中置式和上置式凸轮轴的传动，尤其是上置式凸轮轴的高速汽油机采用链传动机构的很多。链条一般为滚子链，工作时应保持一定的张紧度，不使其产生振动和噪声。为此，在链传动机构中装有导链板并在链条的松边装置张紧器，如图3-40所示。

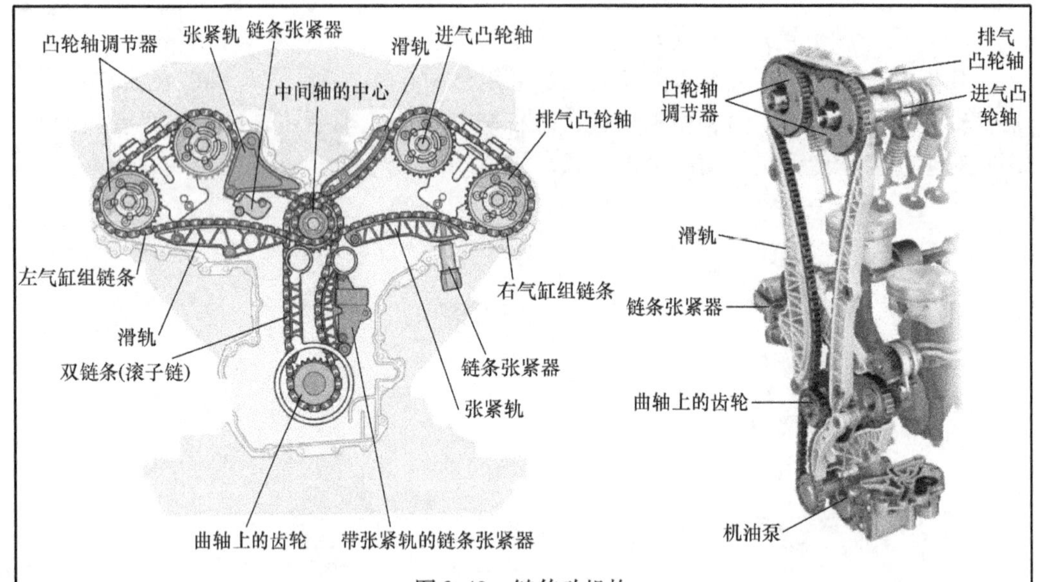

图 3-40　链传动机构

（2）齿形带传动机构

用于上置式凸轮轴的传动，与齿轮和链传动机构相比具有噪声小、质量轻、成本低、工作可靠和不需要润滑等优点。另外，齿形带伸长量小，适合有精确正时要求的传动。因此，被越来越多的汽车发动机特别是轿车发动机所采用。为了确保传动可靠，齿形带需保持一定的张紧力，为此在齿形带传动机构中也设置由张紧轮与张紧弹簧组成的张紧器，如图 3-41 所示。

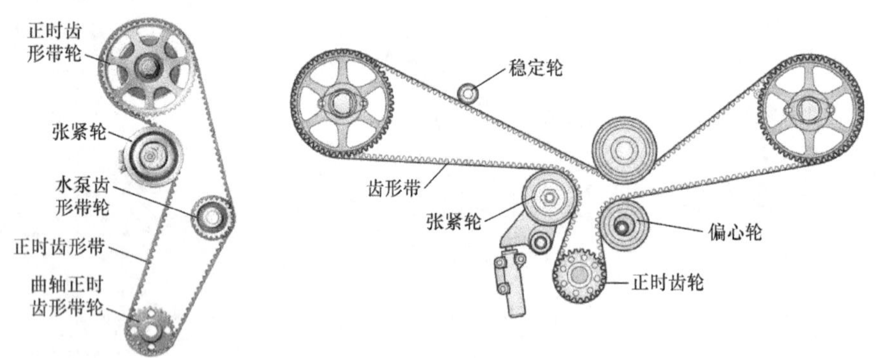

图 3-41　齿形带传动机构

（3）齿轮传动机构

用于下置式和中置式凸轮轴的传动，如图 3-42 所示。汽油机一般只用一对正时齿轮，即曲轴正时齿轮和凸轮轴正时齿轮。柴油机需要同时驱动喷油泵，所以增加一个中间齿轮。为了保证齿轮啮合平顺，噪声低，磨损小，正时齿轮都是圆柱螺旋齿轮并用不同的材料制造。曲轴正时齿轮用中碳钢制造，凸轮轴正时齿轮则采用铸铁

或夹布胶木。为了保证正确的配气正时和喷油正时，在传动齿轮上刻有正时记号，装配时必须对正记号。

图 3-42 齿轮传动机构

（二）凸轮轴

曲轴的旋转是通过正时链条（正时带）传递到凸轮轴，从而使凸轮转动。凸轮轴链轮（带轮）的齿数是曲轴链轮（带轮）齿数的 2 倍，故曲轴每转 2 转，凸轮轴转 1 转。由于凸轮轴的旋转，凸轮推动气门打开或关闭，如图 3-43 所示。

配气机构是靠凸轮驱动，旋转的曲轴齿轮带动凸轮轴正时齿轮旋转，凸轮轴上按工作次序排列的凸轮，依次推动挺柱，则另一端推动气门下行，气门开启，按各缸工作次序，进排气门依次打开或关闭，完成发动机的相应行程。由于曲轴正时齿轮齿数是凸轮轴正时齿轮的 1/2，所以曲轴每转两圈，凸轮轴转一圈，即发动机完成了一个工作循环四个行程。

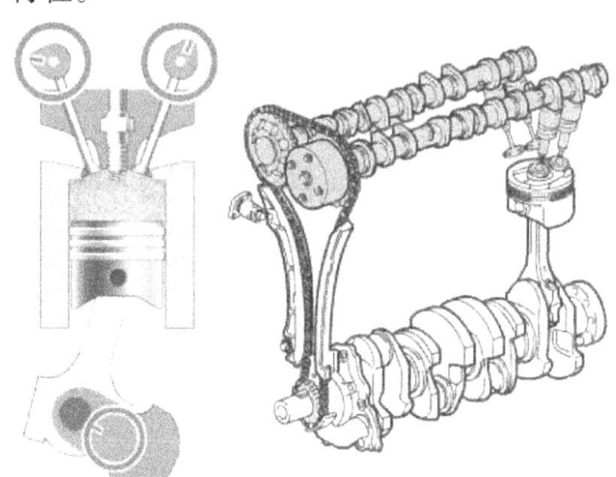

图 3-43 凸轮轴

1. 凸轮轴分类

按凸轮轴个数分类，配气机构可分为单顶置凸轮轴式（Single Overhead Camshaft，SOHC）和双顶置凸轮轴式（Double Overhead Camshaft，DOHC），如图 3-44 所示。

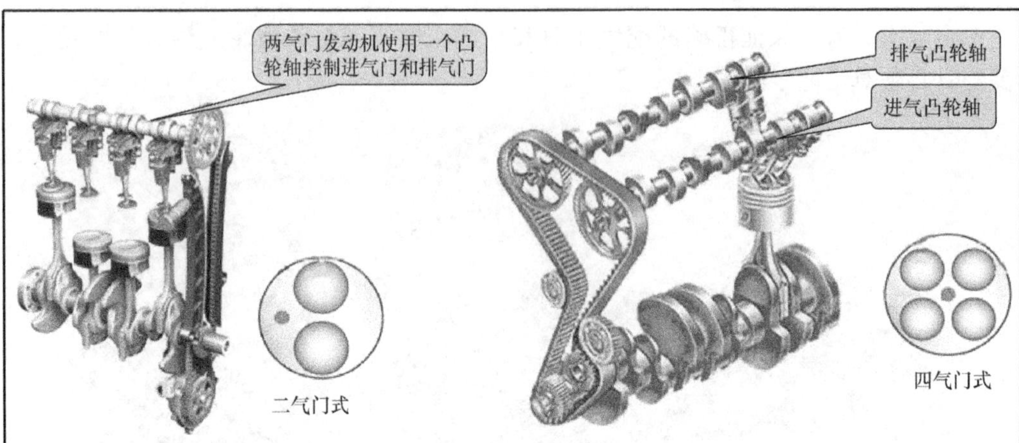

图 3-44　按凸轮轴个数分类

（1）单顶置凸轮轴式

单顶置凸轮轴式进气门和排气门混合排列在一根凸轮轴上，所有气门由一根凸轮轴通过挺柱驱动。单凸轮轴式发动机结构较简单、使用耐久性较好，在低转速（发动机转速在 2500 ~ 3500r/min）时转矩较同排量双凸轮轴式发动机大，爆发力更好。

（2）双顶置凸轮轴式

双顶置凸轮轴式进气门与排气门分列在两根凸轮轴上，是近年来推出的新型发动机的主要形式。双顶置凸轮轴式为实现进气门和排气门可分别控制的进排气气门连续可变正时技术（Dual Variable Valve Timing，DVVT）提供了可能。该结构让更多的新鲜空气进入发动机，燃烧更充分，排放效率更好，发动机转速在 4000 ~ 4500r/min或者以上可以得到很强的发动机动力，运动性和平稳性好，发动机噪声低。但是由于气缸盖和配气机构的制造工艺复杂，成本较高。

2. 凸轮轴的作用

凸轮轴由曲轴带动而旋转，用来控制各缸气门的开启和关闭，使其符合发动机的工作顺序、配气相位及气门开度的变化规律等要求。凸轮轴主要由凸轮、凸轮轴轴颈等组成，如图 3-45 所示。凸轮分为进气凸轮和排气凸轮两种，用来控制进气门与排气门的开启与关闭。

凸轮轴一般采用优质合金钢模锻而成。凸轮与轴颈表面经过热处理，具有足够的硬度和耐磨性。

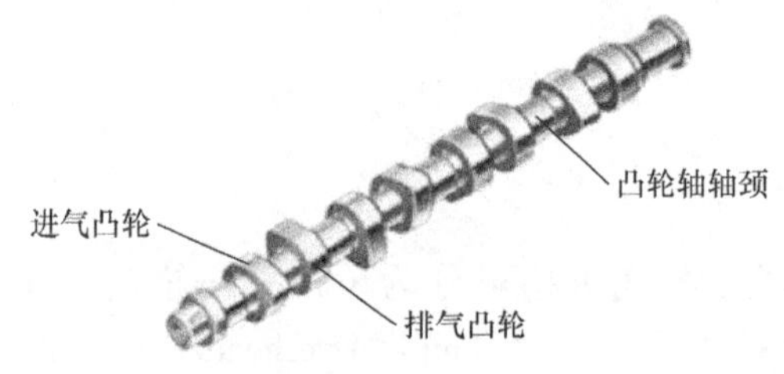

图 3-45　凸轮轴的结构

3. 凸轮轮廓

凸轮的轮廓应能使气门的开启与关闭的时刻符合配气相位的要求，使气门的升程满足发动机工作的需要。气门开启与关闭过程的运动规律也取决于凸轮的轮廓曲线，如图3-46所示。

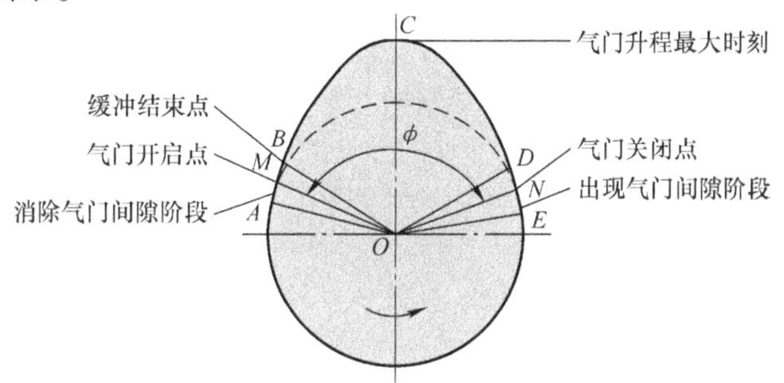

图3-46　凸轮的轮廓曲线

凸轮轴上各缸的进气凸轮（或者排气凸轮）称为同名凸轮。从凸轮轴的前端来看，各缸同名凸轮的相对位置按发动机做功顺序逆凸轮轴转动方向排列，如图3-47a所示，四缸发动机同名凸轮间夹角为90°，如图3-47b所示，六缸发动机同名凸轮间夹角为60°。

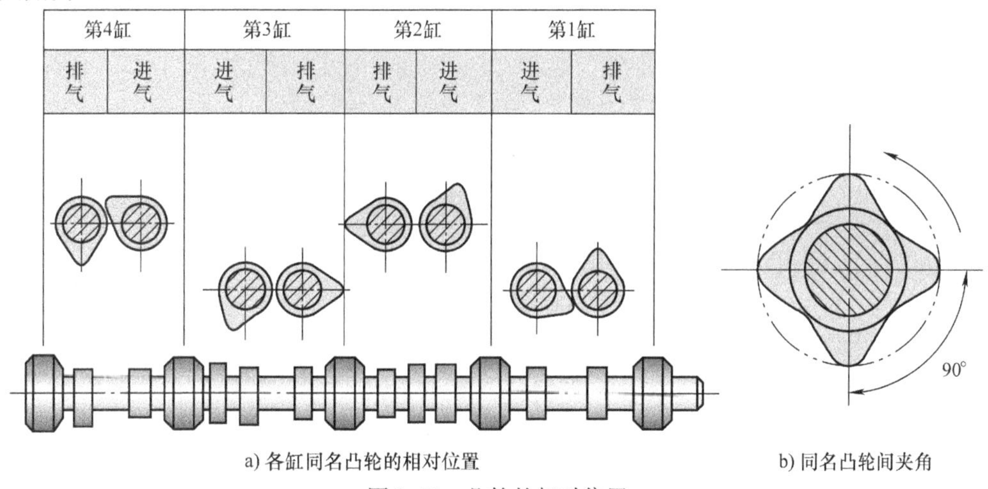

a) 各缸同名凸轮的相对位置　b) 同名凸轮间夹角

图3-47　凸轮的相对位置

根据凸轮轴安装位置或驱动气门的方式不同，气门传动组可以分为顶置凸轮轴直接驱动式、顶置凸轮轴摇臂驱动式和下置凸轮轴推杆驱动式三种，如图3-48所示。

4. 凸轮轴轴颈

凸轮轴是细长轴，在工作中承受的径向力（主要是气门弹簧的弹力造成）很大，容易造成弯曲、扭曲等变形，影响配气相位和气门的升程。为减小凸轮轴的变形，发动机凸轮轴设计了五个轴颈支撑。凸轮轴轴颈的润滑采用压力润滑，缸体或缸盖上有油道与轴承相通。凸轮与挺柱间采用飞溅润滑，如图3-49所示。

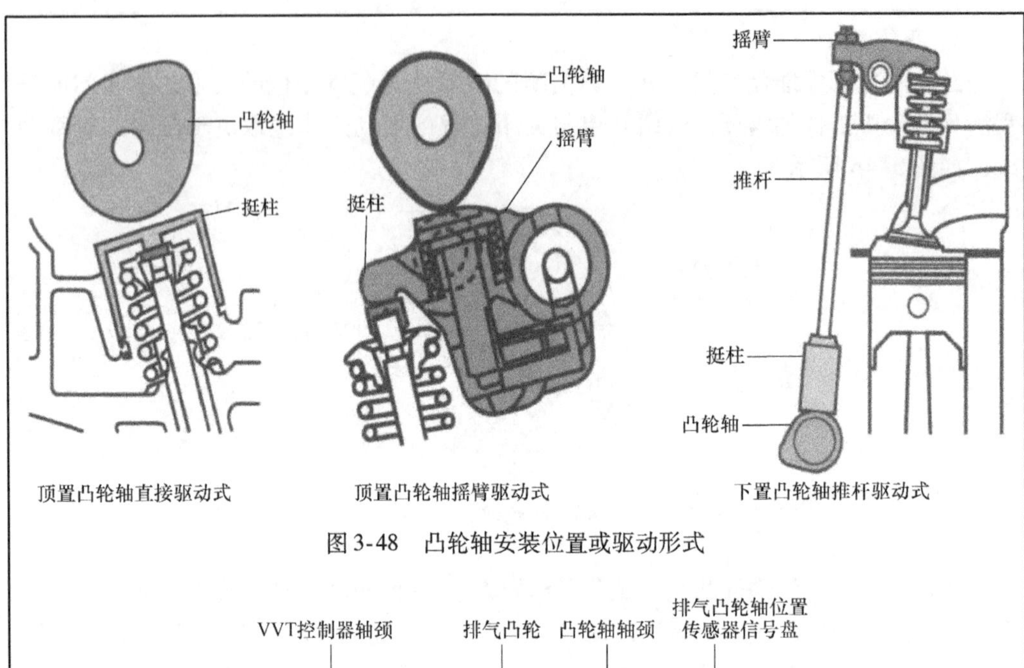

图 3-48　凸轮轴安装位置或驱动形式

图 3-49　凸轮轴轴颈

5. 检查凸轮轴

（1）检查凸轮轴跳动量

检查凸轮轴弯曲变形可用其两端轴颈外圈或两端的中心孔当基准，测量中间一道轴颈的径向圆跳动量，如图 3-50 所示。

将凸轮轴放置在 V 型架上，缓慢转动凸轮轴，观察百分表指针变化并记录，计算凸轮轴中间轴颈的椭圆度。凸轮轴径向圆跳动量一般为 0.01 ~ 0.03mm，允许极限一般为 0.05 ~ 0.10mm。如果跳动量超过 0.10mm 极限值，可对凸轮轴进行冷压校正，必要时应更换。

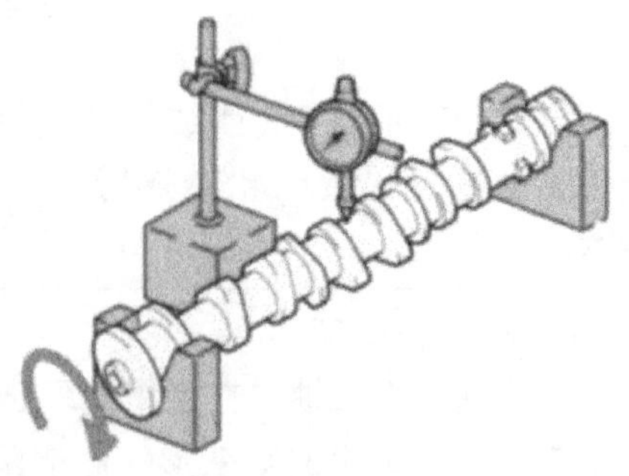

图 3-50　凸轮轴跳动量检查

（2）凸轮轴轴向间隙检查

将凸轮轴置于气缸盖上，利用一字螺钉旋具缓慢地前后移动凸轮轴，观察百分表指针变化并记录，计算凸轮轴的轴向间隙。通常标准止推间隙：0.08～0.35mm。如果气缸盖上的凸轮轴座磨损，造成止推间隙过大，则要更换气缸盖，否则更换凸轮轴，如图 3-51 所示。

（3）凸轮轴轴颈直径测量

使用千分尺分别测量进、排气凸轮轴凸轮的直径，如果测量值低于发动机维修信息查询系统参考数值时，则须更换凸轮轴，如图 3-52 所示。

图 3-51　凸轮轴轴向间隙检查

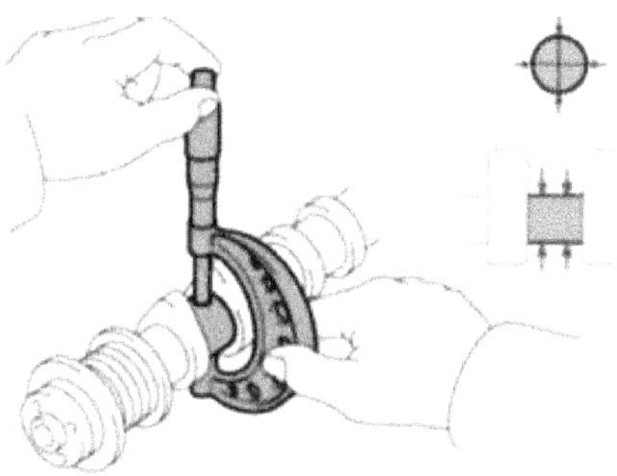

图 3-52　凸轮轴轴颈直径测量

（三）气门驱动装置

气门开启运动由摇臂、桶状挺柱或滚子式气门摇臂来完成。气门关闭运动由气门弹簧来完成。气门弹簧负责在上述驱动元件之间的动力传递。气门驱动形式如下：

（1）摇臂传动

摇臂是一根双臂杆。回转点位于其中心，运动方向发生偏转，如图 3-53所示。

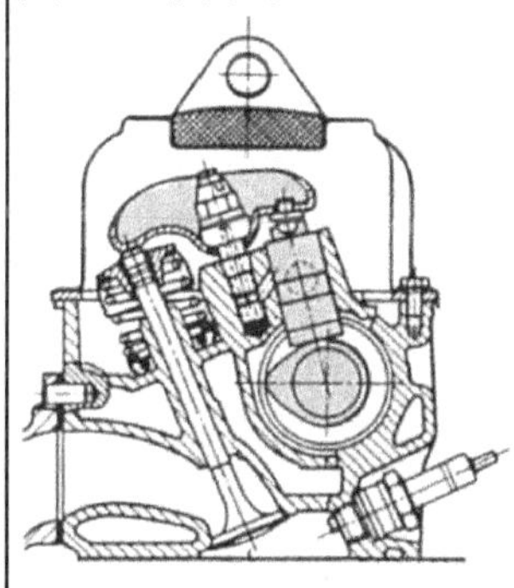

图 3-53　摇臂传动

（2）桶状挺柱传动

在桶状挺柱结构中，凸轮直接作用在挺柱上，如图 3-54 所示。

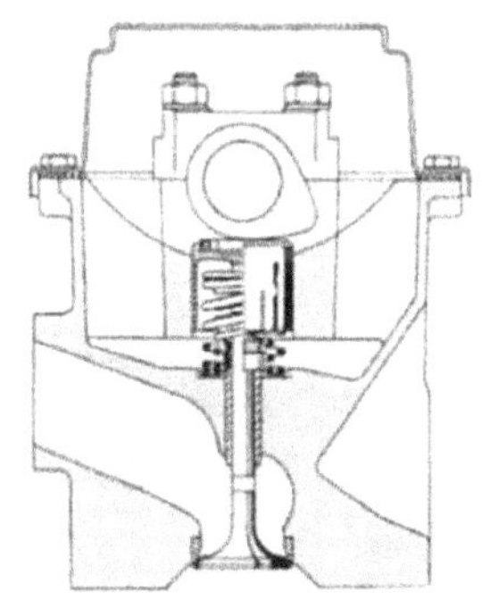

图 3-54　桶状挺柱传动

（3）滚子式气门臂传动

压杆或摇臂都是独臂杆并由凸轮直接驱动，如图 3-55 所示。

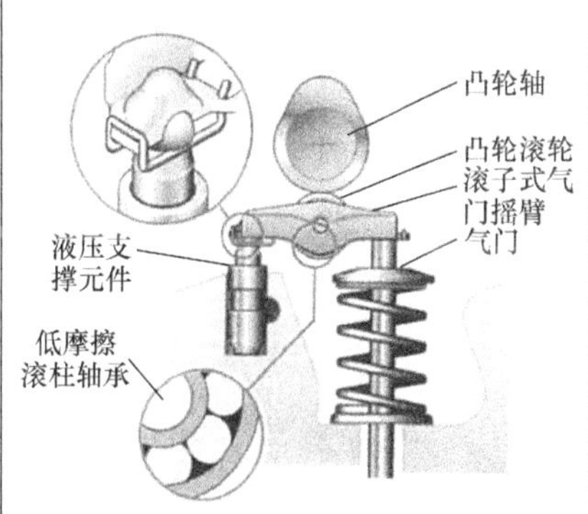

图 3-55　滚子式气门臂传动

1. 液压挺柱

为了减少气门和气门座圈以及传动件之间产生的撞击和异响，防止造成过度磨损，可采用液压挺柱实现零气门间隙。当气门及其传动件因温度升高而膨胀，或者因为磨损而缩短时，液压挺柱进行自动调整和补偿，如图 3-56 所示。

图 3-56　液压挺柱

(1) 桶状挺柱

桶状挺柱采用桶状结构，如图 3-57所示。

桶状挺柱以倒置方式靠在气门杆端部，如图 3-58 所示。

图 3-57　桶状挺柱

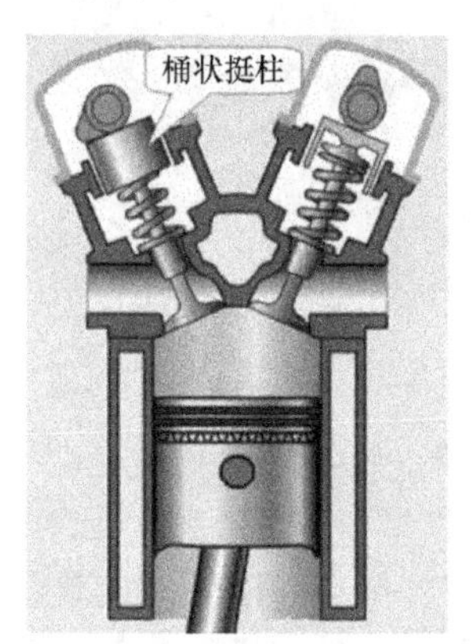

图 3-58　桶状挺柱以倒置方式靠在气门杆端部

为确保凸轮接触面均匀磨损，桶状挺柱应能旋转。为此可使凸轮相对于桶状挺柱稍稍偏移（朝凸轮轴轴线方向）。桶状挺柱的接触面略呈球形。这样可使凸轮与挺柱之间的接触点在整个运动过程中更接近桶状挺柱表面的中心。因为此时杠杆作用较小，所以可减小桶状挺柱的倾斜趋势，从而可将气门接触面的磨损程度降至最低。但是，球面弧度也会影响气门行程曲线以及凸轮与桶状挺柱之间的摩擦力。

1) 液压挺柱的结构

液压挺柱安装在凸轮与气门之间，由挺柱体、单向阀、单向阀复位弹簧、单向阀复位弹簧座、柱塞复位弹簧、气门、气门推杆和柱塞等组成，如图 3-59 所示。

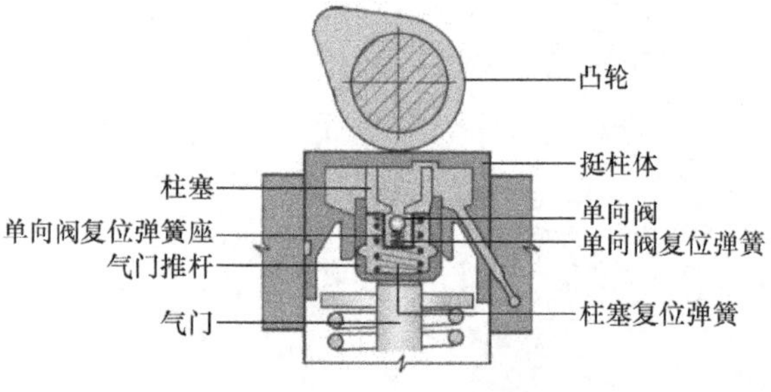

图 3-59　液压挺柱的结构

2) 液压挺柱的工作原理

发动机运行且气门关闭时，单向阀在机油压力的作用下克服弹簧的作用力被顶开，柱塞上下腔的油压相等，如图 3-60a 所示。

当挺柱体被凸轮向下推动时，挺柱体推动柱塞克服柱塞弹簧的作用力，在气门推杆内迅速运动，于是柱塞下部空腔内的油压迅速增高，使单向阀关闭。由于液体具有不可压缩性，整个挺柱如同一个刚体一样向下运动，推动气门打开，如图3-60b所示。

气门关闭时，单向阀打开。若气门已经遇冷收缩，油路会向柱塞下腔内补油，下腔油量增加，将气门推杆向下推，从而使挺柱自动“伸长”。相反，若气门受热膨胀，气门向上顶，推动气门推杆相对于柱塞向上运动，柱塞下方的油液流回气缸盖。从而使挺柱自动“缩短”。因液压挺柱可随时调节自身高度使气门杆端与摇臂始终保持无间隙状态，故能减小发动机的噪声。

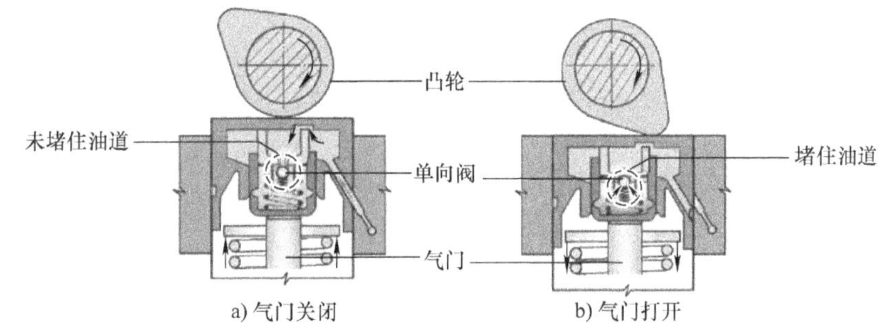

图3-60　液压挺柱的工作原理

（2）液压气门间隙补偿器

轿车发动机用气门间隙自动补偿器代替摆臂支座实现零气门间隙。气门间隙自动补偿器无论是结构或是工作原理都与液压挺柱相同，之所以不称其为液压挺柱，是因为它不是凸轮的从动件，仅仅是摆臂的一个支撑而已。因此，它既是摆臂的支座，又是补偿气门间隙变化的装置，如图3-61所示。

采用液压挺柱元件可以实现无间隙气门控制，如图3-62所示。液压挺柱可确保气门控制机构在所有运行条件下无间隙地工作且能补偿因磨损所造成的长度变化。

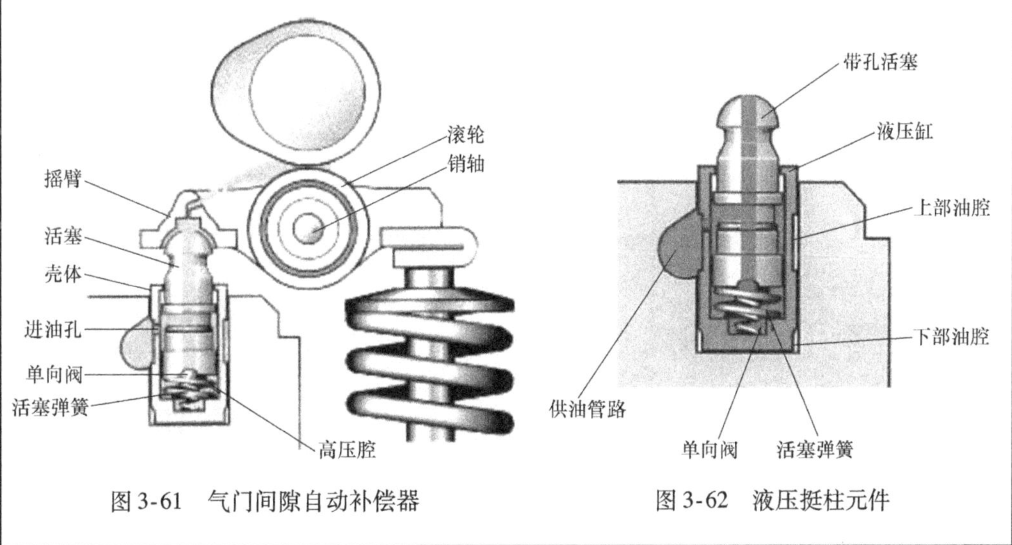

图3-61　气门间隙自动补偿器　　图3-62　液压挺柱元件

一种常用的液压挺柱元件是液压支撑元件。这种元件主要由液压缸、活塞和带有压缩弹簧的球阀组成。发动机运转时，机油从机油循环系统经过环形集油槽和油孔流入活塞内部和液压缸中。

1）气门间隙补偿

如图 3-63 所示，出现气门间隙时，活塞弹簧将活塞从液压挺柱元件液压缸中压出，直至压杆的凸轮滚轮靠在凸轮上。因此活塞下的压力腔扩大，压力下降。球阀（单向阀）打开，机油流入下部油腔中。上部和下部油腔之间的压力平衡时，阀门关闭。

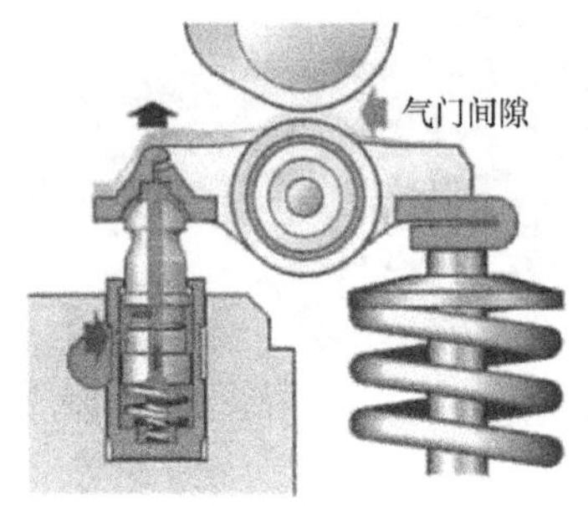

图 3-63　出现气门间隙

2）气门驱动装置

只要凸轮在摇臂的滚柱轴承上运行，活塞就有负载，下部压力腔内开始增压。增压促使球阀立即关闭。因为压力腔内的机油无法压缩，所以该支撑元件起“液压刚性连接”作用，如图 3-64 所示。

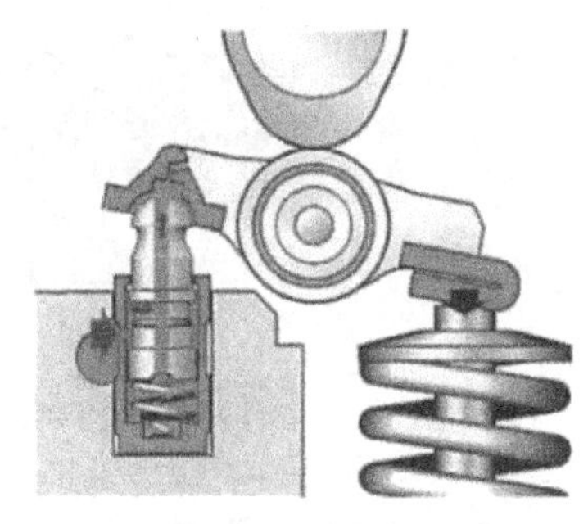
图 3-64　支撑元件起“液压刚性连接”作用

（3）液压挺柱检查

1）用手指按压感觉柱塞的阻力情况，如果柱塞可以被压下，应用专用工具给液压挺柱重新注油。

2）使用销子按下球阀。销子的直径为 15mm，如图 3-65 所示。

3）将液压挺柱浸入干净的机油中，反复按压柱塞，如图 3-66 所示，直至无气泡排出挺柱。

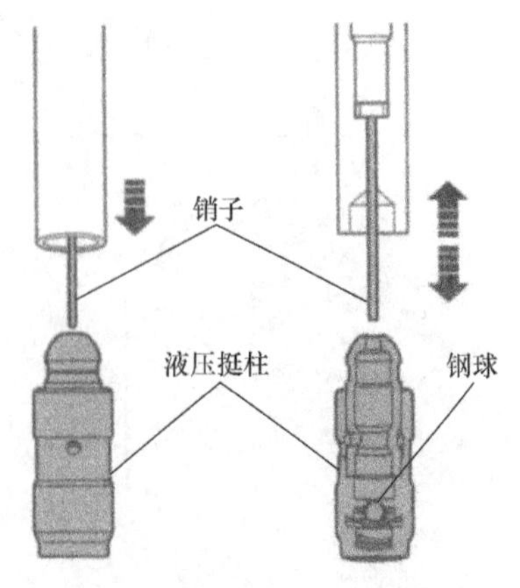

图 3-65　使用销子按下球阀

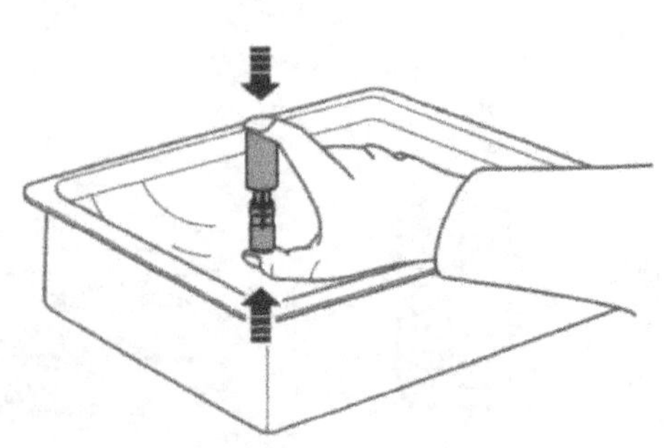
图 3-66　反复按压柱塞

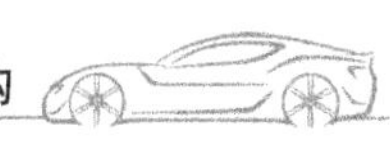

4）用手指按压柱塞，检查柱塞的阻力情况，如图 3-67 所示。 5）如果再尝试三次以后，柱塞可被压下，如图 3-68 所示，应更换新的摇臂挺柱组件。	 图 3-67　检查柱塞	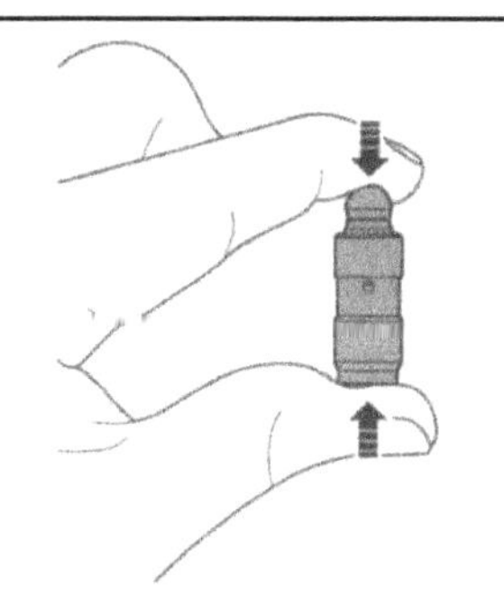 图 3-68　柱塞可被压下

2. 摇臂

摇臂的作用是将推杆或凸轮轴传来的力改变方向，作用到气门杆尾部以推开气门。摇臂实际上是一个中间带有圆孔的不等长双臂杠杆。下置凸轮轴式气门驱动机构的摇臂短臂端与推杆相连，并有螺栓孔，用来安装气门调整螺栓，长臂端驱动气门，如图 3-69 所示。

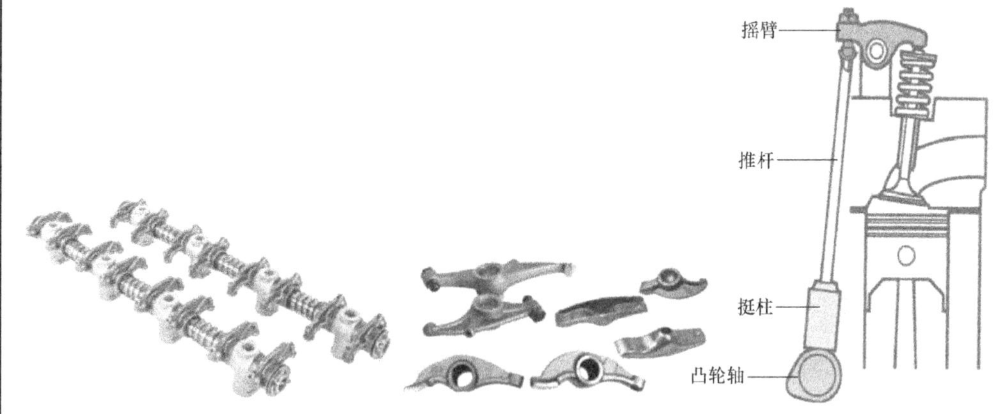

图 3-69　摇臂

目前，常用的滚子凸轮摇臂，如图 3-70 所示，摇臂的一端支撑在液压挺柱上，另一端靠在气门上，凸轮轴的凸轮从上面压向摇臂中间的滚轮上。

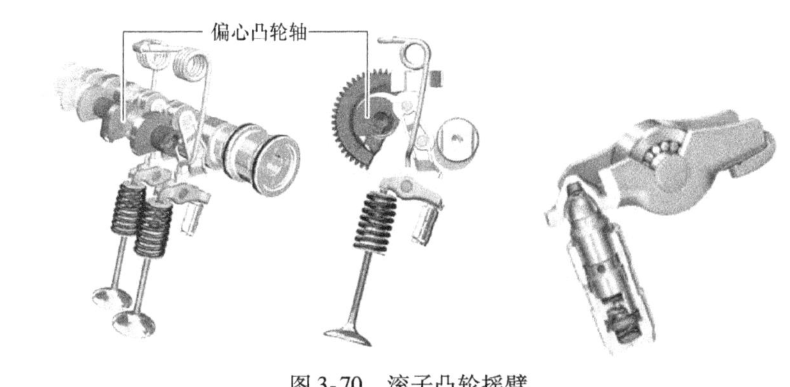

图 3-70　滚子凸轮摇臂

3. 压杆

压杆也是采用间接传动方式的气门机构部件，但是它不支撑在轴上，而是一端直接支撑在气缸盖上或一个 HVA 元件上。另一侧靠在气门上，如图 3-71 所示。凸轮轴的凸轮从上面压向压杆中部。压杆的惯性矩和刚度在很大程度上取决于压杆的结构形式。短压杆的惯性矩较小，气门侧的质量也比桶状挺柱小。现在的发动机基本上都使用滚子式气门压杆。

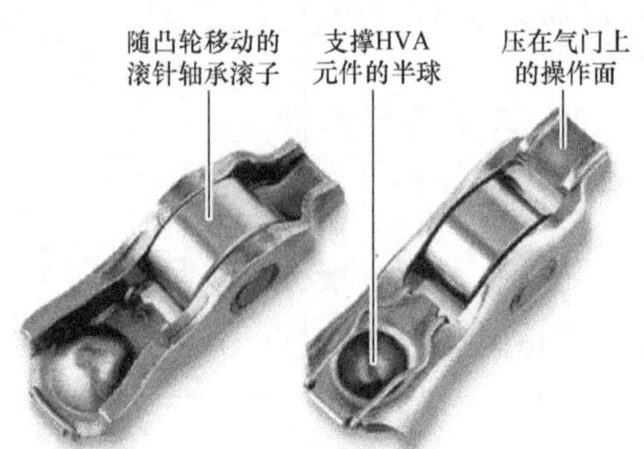

图 3-71　压杆

使用滚子式气门压杆时，凸轮运动通过一个滚动轴承滚子而非滑动面传递，如图 3-72 所示。与滑动面压杆或桶状挺柱气门机构相比，这种结构可减小摩擦功率，尤其是在对降低耗油量有较大影响的低转速范围内。但是，减小摩擦功率会明显降低针对凸轮轴扭转振动的减振作用，这对链传动机构有影响。进气侧的滚子式气门压杆不直接由凸轮轴，而是通过中间推杆控制。由压铸铝合金制成的滚子式气门压杆已逐渐被钢板结构的压杆取代。

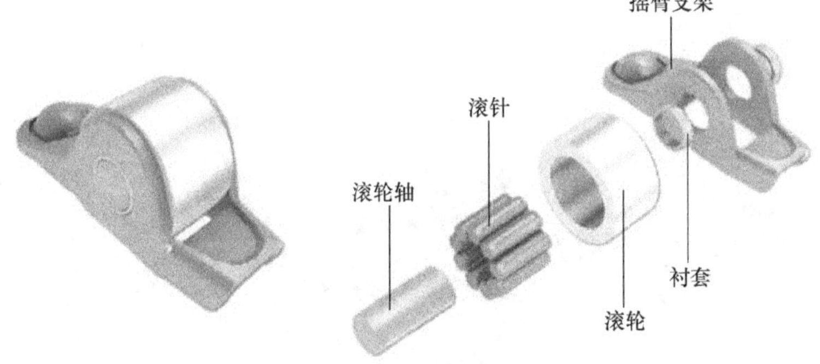

图 3-72　滚子式气门压杆结构

小解释

凸轮轴和曲轴的转速比：1∶2。

气门锥角：一般进气门 35°，排气门 45°。

变螺距弹簧或双弹簧：防止气门弹簧发生共振。

各缸进/排气凸轮间的夹角：四缸发动机约为 90°，六缸发动机约为 60°。

液压挺柱：消除因气门热胀冷缩而产生的挺柱与凸轮间的间隙，减小噪声。

（四）可变配气相位

当汽车负载较大时（如汽车起步和加速时），发动机转速比较低，此时需要发动机提供大的转矩，为此发动机一般采用可变气门 VVT 和可变升程 VTEC 技术。可变气门（现在有连续可变气门 CVVT）配气正时采用智能气门调节技术，因为负责配气正时的凸轮轴是无法动态改变的，只能根据凸轮轴的转动角度进行智能动态判断，

然后对气门进行动态调整，当判断到发动机需要提供大转矩时，在原有的配气正时的基础上，改变气门开度，使进气量增加，以提供大的发动机功率。

凸轮轴通过开启和关闭进气门和排气门控制换气过程和燃烧过程。凸轮轴由曲轴驱动，其转速与曲轴转速之比为1∶2，即凸轮轴转速只有曲轴转速的一半，可通过链轮传动比实现。凸轮轴相对于曲轴的位置也有明确规定。但目前发动机已不再采用固定传动比方式，而是通过凸轮轴调整机构进行可变调节，如图3-73所示。

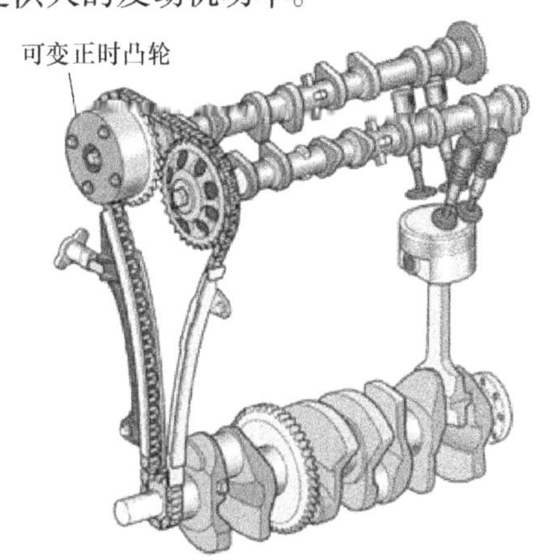

图3-73　可变气门VVT

（1）发动机低转速时

发动机转速低时，活塞运动慢，进气管内混合气是随活塞运动的。为了加快进气速度，可变进气管道装置将调整进气管道为长进气道，使进气速度加快，如图3-74所示。

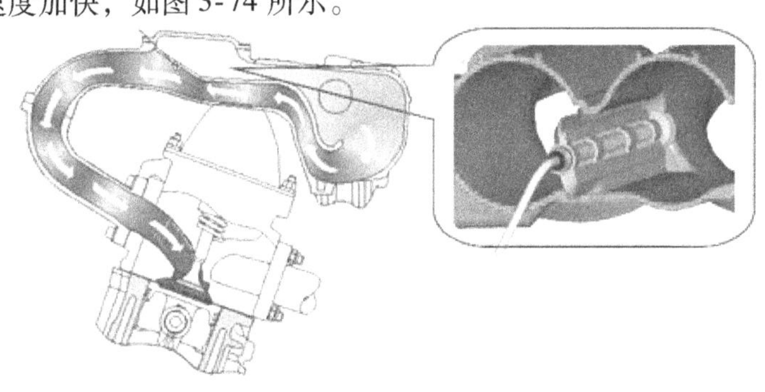

图3-74　发动机低转速时

这时应对进气凸轮轴相位进行提前调整，凸轮轴调整机构将进气门提前关闭，以避免混合气回流进气管，如图3-75所示。

（2）发动机高转速时

发动机在高转速时活塞运动快，为了加大进气量，可变进气管道装置将调整进气管道为短进气道，使空气流经短进气道，使进气量增加，可提高进气效率，如图3-76所示。

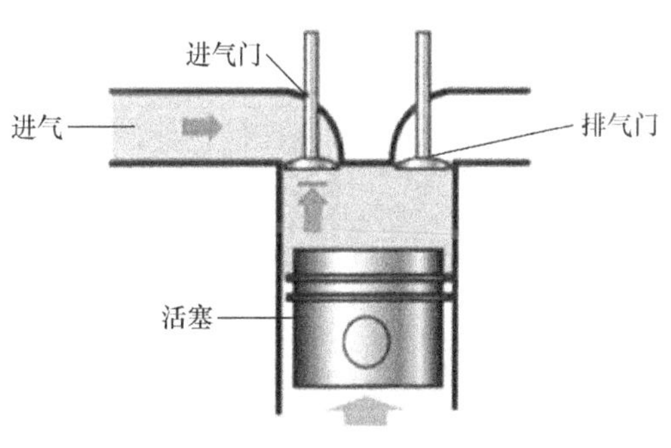

图3-75　进气门提前关闭

发动机转速高时，进气管内气流快，活塞在向上运动的过程中，混合气应可继续涌入气缸，为增加混合气量，提高气缸的充气效率，进气门延迟关闭，如图3-77所示。

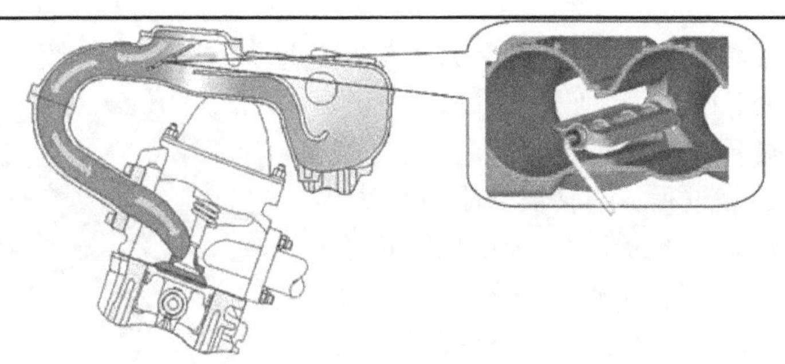

图 3-76 发动机高转速时

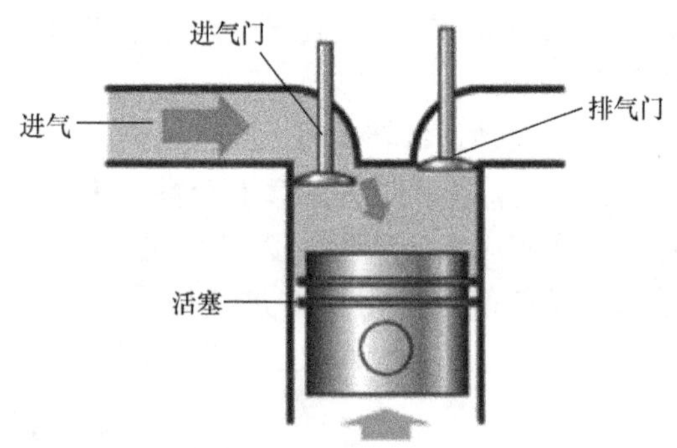

图 3-77 进气门延迟关闭

不同类型的发动机由于结构形式、转速各不相同，因而其配气相位也不尽相同。合理的配气相位都是根据发动机的性能要求确定的。在现代新型发动机的设计中，一般都利用发动机换气过程中的气流惯性和谐振效应原理，尽量减小进气阻力，增加气流惯性；采用高性能的电控燃油喷射系统，合理设计空气滤清器，改善燃料和空气的混合效果，以提高燃烧速率；合理选择配气正时，采用配气相位可变技术，以便使发动机的功率、转矩在更宽的转速范围内得到充分发挥，减少排放污染物的要求。

1. 配气相位

理论上发动机的进气门应在活塞处于上止点时开启，到下止点时关闭；排气门则应在活塞处于下止点时开启，到上止点时关闭。但是，实际发动机的曲轴转速都很高，活塞的每一行程历时都极短，往往会使发动机充气不足或排气不干净，造成发动机功率下降。因此，汽车发动机采取延长进、排气时间的方法改善进、排气情况，即气门开启和关闭的时刻分别提前或延迟一定的曲轴转角。

用曲轴转角表示进、排气门的开闭时刻和开启持续时间称为配气相位，又称气门正时。

用曲轴转角的环形图表示的配气相位称为配气相位图，如图 3-78 所示。

2. 可变正时

传统发动机由最常用的转速确定最佳配气相位，且固定不变，气门升程由凸轮形状决定，也固定不变。传统发动机的配气相位不根据发动机的工作状况不同而改变。

发动机在高转速时吸气和排气的时间是非常短的，要想达到高的充气效率，就必须延长气缸的吸气和排气时间，也就是要求增大气门的重叠角；而发动机在低转速时，过大的气门重叠角则容易使废气倒灌，吸气量反而会下降，从而导致发动机怠速不稳，低速转矩偏低。

可变配气相位可根据发动机转速和工况的不同而进行调节，使发动机在高转速和低转速下都能获得理想的进气、排气效率，如图 3-79 所示。

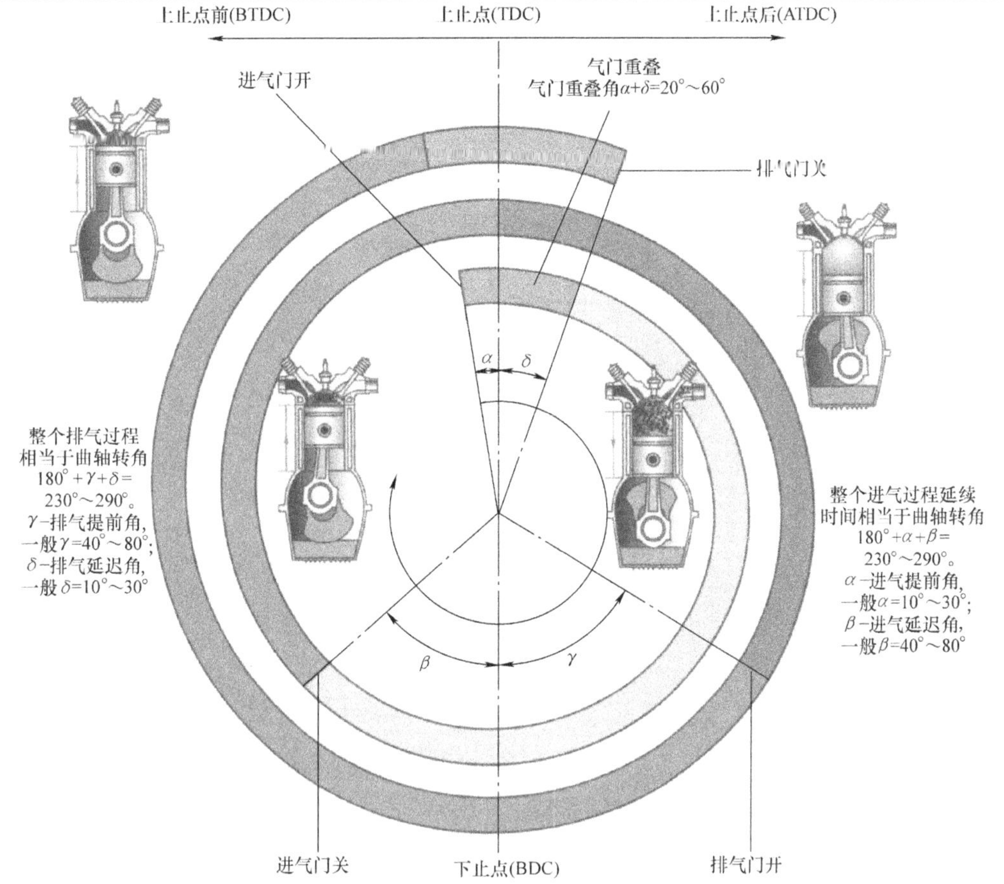

图 3-78　配气相位图

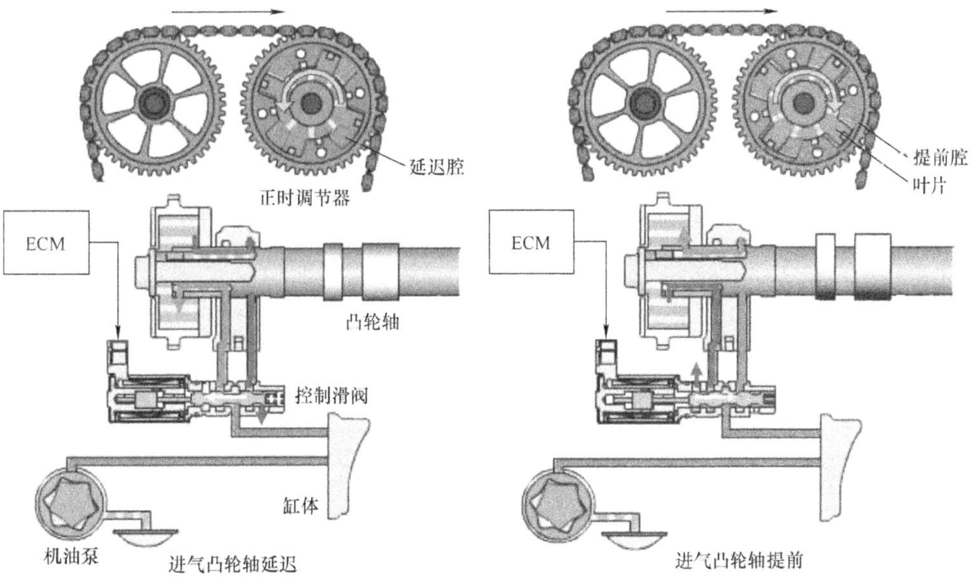

图 3-79　可变配气相位

（1）链条张紧式凸轮轴正时调节机构

链条张紧式凸轮轴正时调节机构通过改变凸轮轴链条的张紧度从而改变配气正时。该机构只能对凸轮轴进行调节，由凸轮轴调节阀、调节活塞、链条张紧器滑块、止动销等组成，如图 3-80 所示。

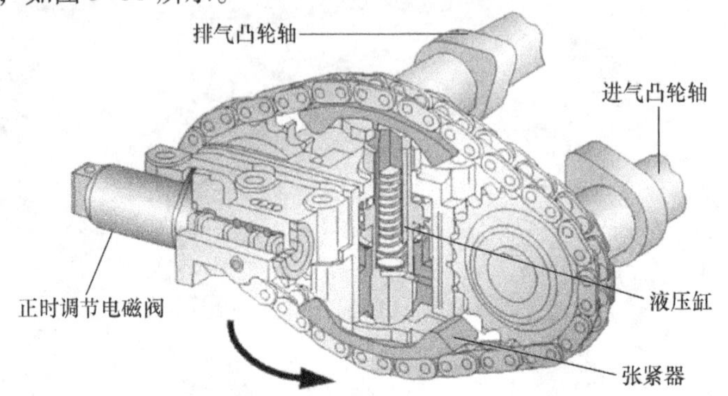

图 3-80　链条张紧式凸轮轴正时调节机构

1）发动机关闭。

没有机油压力时，弹簧加载的锁止螺栓就被压入调节活塞的凹口内并将活塞锁住，如图 3-81 所示。

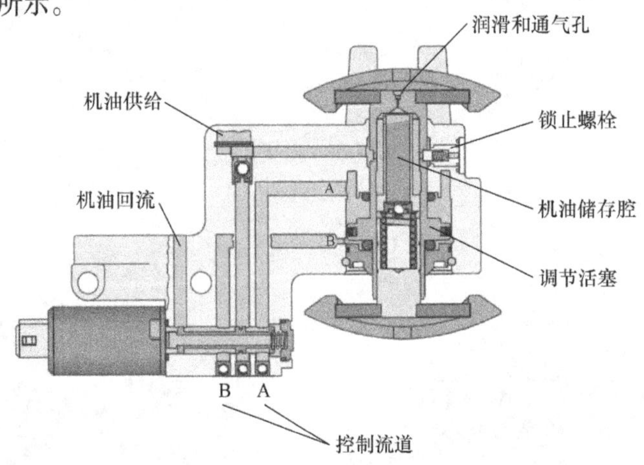

图 3-81　发动机关闭

2）转矩调整。

发动机在中、低转速时，为了获得大输出转矩，凸轮轴调整器向下拉长，于是链条上部变短，下部变长。因为排气凸轮轴被传动带固定了，此时排气凸轮轴不能被转动，进气凸轮轴被转一个角度，实现进气门提前关闭，如图 3-82 所示。

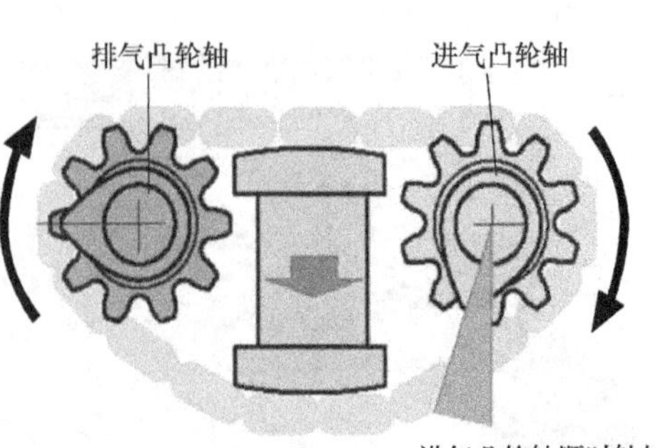

图 3-82　凸轮轴调整器向下拉长

当正时调节电磁阀通电后，活塞克服弹簧力向右移动，油道 2 泄油，机油泵的机油经油道 3 进入位置 4，经油道 1 进入活塞 5 上部，活塞 5 下移压缩活塞 6，活塞 6 下移完成调整，如图 3-83 所示。

3）功率调整。

发动机在高转速时，为了获得最大输出功率，凸轮轴调整器向上拉长，于是链条下部变短，上部变长。因为排气凸轮轴被传动带固定了，此时排气凸轮轴不能被转动，进气凸轮轴被转一个角度，实现进气门延迟关闭，如图3-84所示。

当正时调节电磁阀断电后，正时调节电磁阀装置的活塞在弹簧作用下向左移动，油道1泄油，机油泵的机油经油道3进入位置4，经油道2进入活塞5下部和活塞6上部之间的工作腔与位置4油压平衡，活塞5上移完成调整，如图3-85所示。

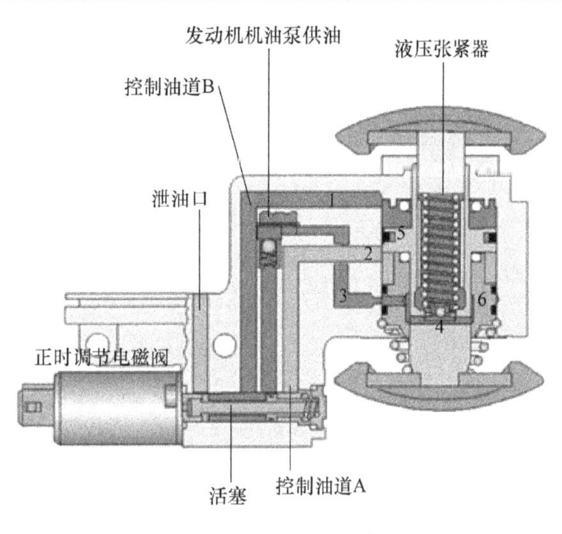

图3-83 活塞下移

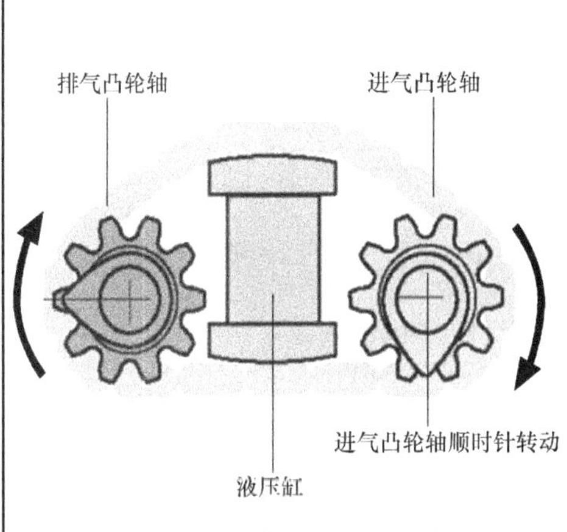

图3-84 凸轮轴调整器向上拉长

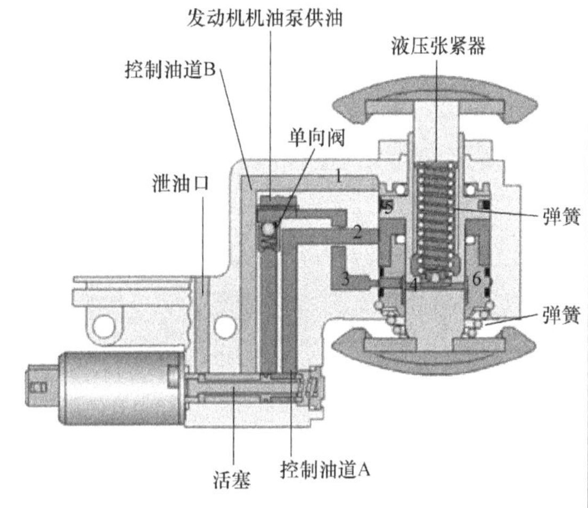

图3-85 活塞上移

（2）叶片式凸轮轴正时调节装置

叶片式凸轮轴正时调节装置安装在每个需要调节的凸轮轴上，与凸轮轴链轮组合在一起。调节器由转子、定子、油压分配器阀门、弹簧锁销等组成。转子焊接在进气凸轮轴上，定子直接作用在控制链条上，分配器阀门用一个带左旋螺纹的螺钉固定在凸轮轴上。

发动机控制单元使用空气流量传感器和发动机转速传感器的信号作为用来计算所需要调整的主信号，除此之外，还将冷却液温度传感器的信号作为修正信号，将霍尔式传感器信号作为识别进气凸轮位置的反馈信号。

调节器的位置由凸轮轴调节的电磁阀门确定，它由发动机控制单元通过一个脉冲宽度调制信号进行控制。

停车后，调节器就锁定在延后位置上，这个功能通过弹簧锁销来实现。当机油压力超过0.5bar（$1bar=10^5Pa$）时便会解锁。叶片式凸轮轴正时调节装置组成如图3-86所示。

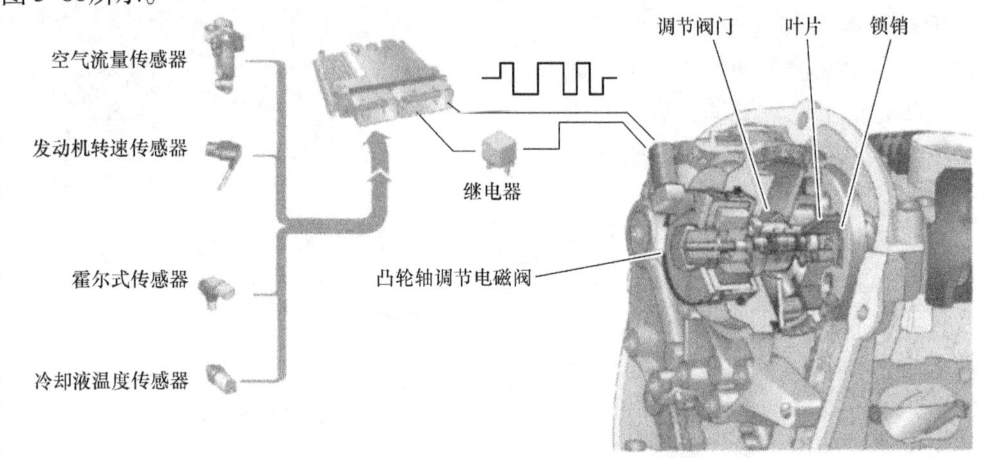

图3-86　叶片式凸轮轴正时调节装置

壳体连接凸轮轴正时带轮，叶片连接凸轮轴。壳体沿顺时针方向转动，叶片沿顺时针方向的腔称为前腔，沿逆时针方向的腔称为后腔，如图3-87所示。

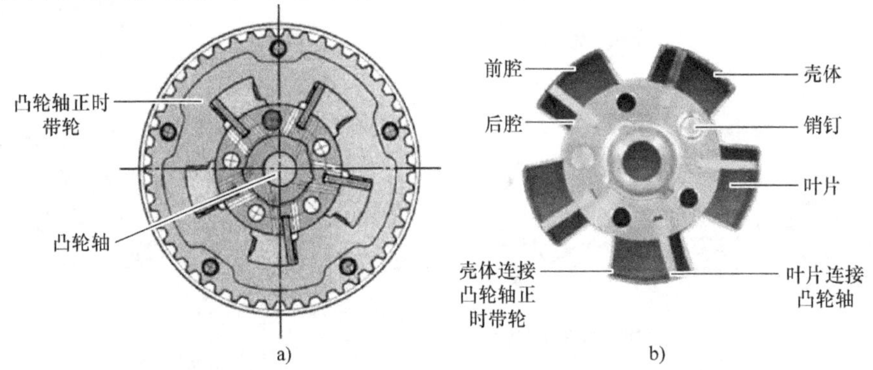

图3-87　叶片式凸轮轴正时调节装置组成

凸轮轴电磁阀通电或断开时，前腔和后腔的压力交替变化。当前腔的压力大于后腔的压力时，配气相位延迟；当前腔的压力小于后腔的压力时，配气相位提前，如图3-88所示。

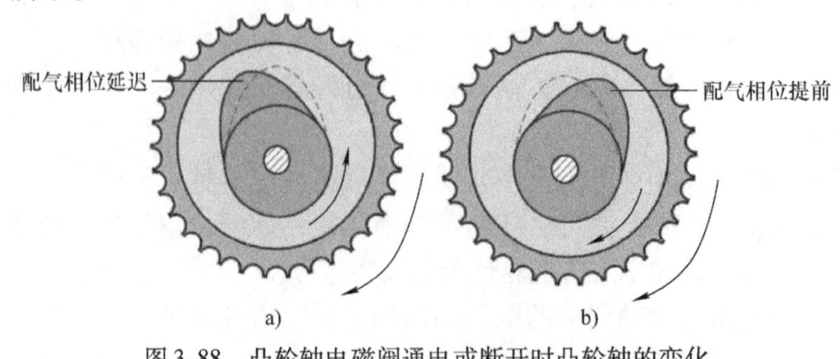

图3-88　凸轮轴电磁阀通电或断开时凸轮轴的变化

不同工况下，凸轮轴的位置变化见表3-2。

表3-2　凸轮轴的位置变化

发动机工况	凸轮轴位置的变化	目标	结果
怠速	无变化	气门重叠角最小	怠速稳定
低负荷	气门正时延迟	减小气门重叠角	发动机输出稳定
中等负荷	气门正时提前	增大气门重叠角	在达到低排放的情况下，燃油经济性更好
高负荷、低转速	气门正时提前	进气门提前关闭	改善低－中负荷内的转矩
高负荷、高转速	气门正时延迟	进气门延迟关闭	改善发动机的输出

六、任务实施

对技术员要求：

- 接收/检查修理单。
- 接收用于修理的订购零件。
- 在允许的时间内进行工作。
- 向技师领队确认工作完成。

技师领队：

- 对技术难度高的工作向技术员提供指导和帮助。

（一）气门拆卸

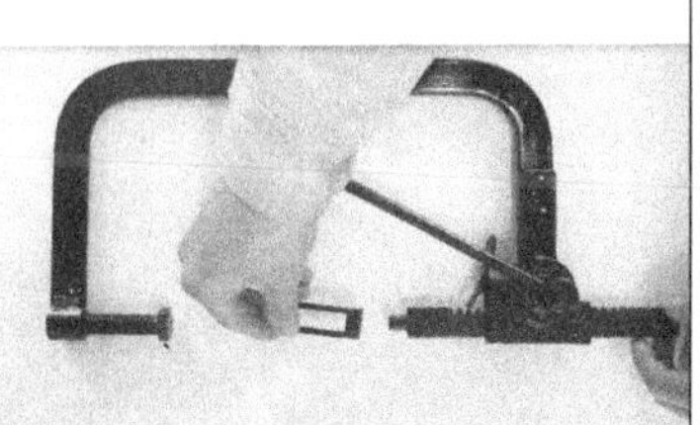

图3-89　组装气门拆装工具

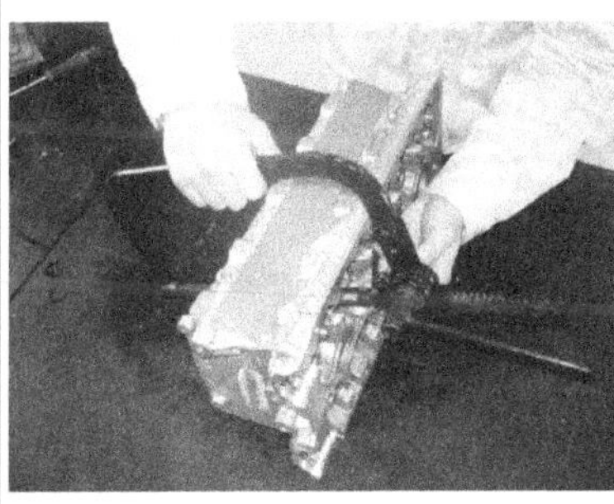

图3-90　安装气门钳

气门的拆卸步骤：

1）组装气门拆装工具，如图3-89所示。

2）按图3-90所示位置安装气门钳。

注意：气门钳的定位头必须顶住气门弹簧座，且与气门杆保持同轴。

3）按下手柄，压缩气门弹簧至极限位置，如图3-91所示。

4）用吸棒从定位头的侧孔中吸出气门锁片，如图3-92所示。

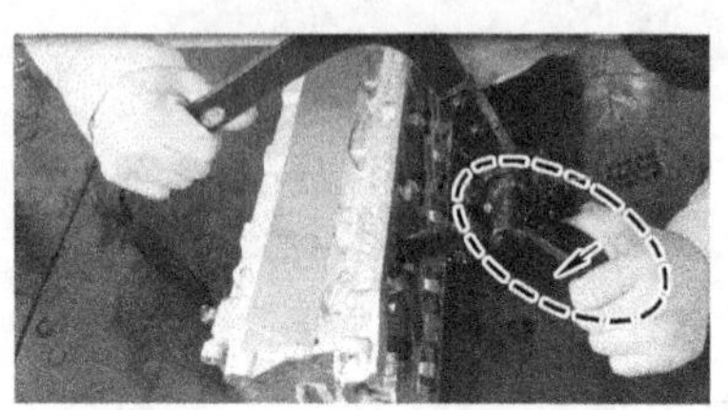
图3-91　压缩气门弹簧至极限位置

图3-92　吸出气门锁片

5）退回气门钳，取下气门，按顺序排放在工作台上，如图3-93所示。

6）拆下气门油封。

7）按此方法逐个拆卸其他15个气门。

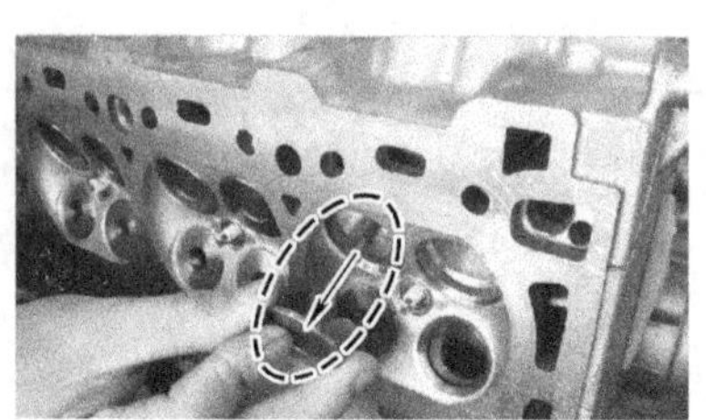
图3-93　取下气门

（二）气门安装

1）将气缸盖倒置，将气门放入气门导管，用10kg砝码压住气门头，倒入煤油。1min后，如果没有煤油从导管处渗漏，说明该气门密封性能良好。

2）在气门杆上涂抹机油。将气门穿过燃烧室，如图3-94所示。

3）在气门杆部套上新的气门油封、气门弹簧和气门弹簧座，如图3-95所示。

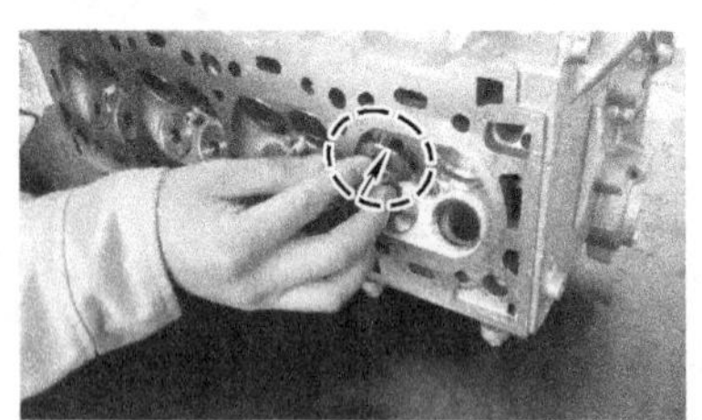
图3-94　将气门穿过燃烧室

图3-95　安装气门弹簧

4）安装气门钳，注意让定位头的两侧孔朝向左右两侧，压下手柄至气门弹簧极限位置。

5）在气门锁片上粘一些润滑脂，用螺钉旋具从定位头的侧孔中放入气门锁片，如图3-96所示，注意气门锁片的小头朝向缸盖。

6）退回气门钳，检查安装情况。

7）按此方法安装其余气门。

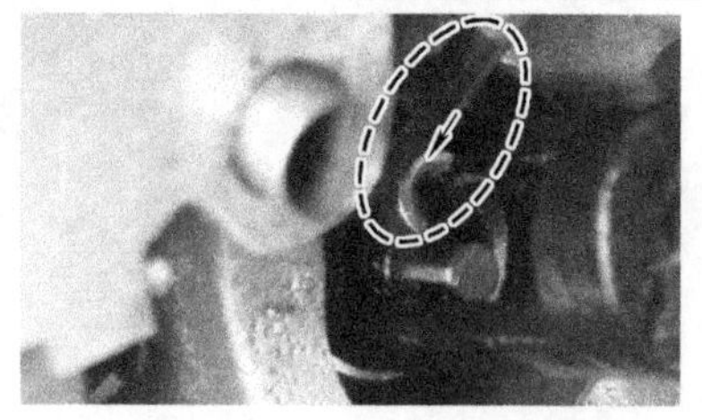
图3-96　放入气门锁片

（三）拆卸凸轮轴

1）拆卸蓄电池负极电缆，如图3-97所示。

2）断开空气流量传感器（图3-98）、进气温度传感器线束插头（图3-99）。松开空气滤清器进气管夹箍（图3-100）、排放软管（图3-101），拆下空气滤清器进气管（图3-102）。

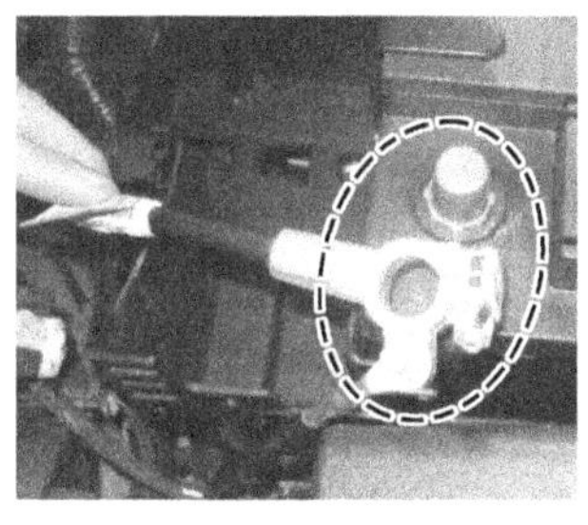

图3-97　拆卸蓄电池负极电缆

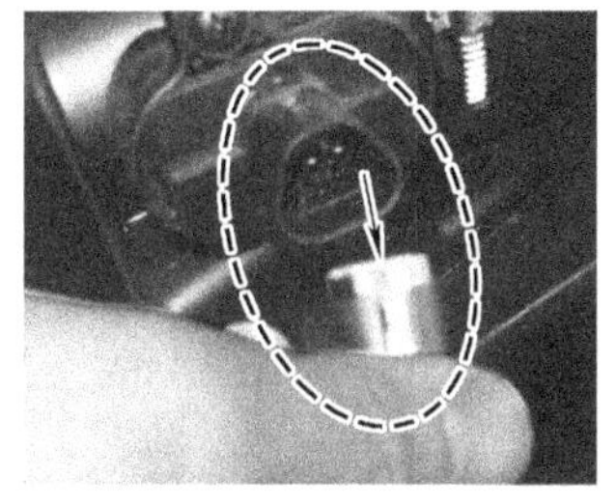

图3-98　断开空气流量传感器

图3-99　断开进气温度传感器线束插头

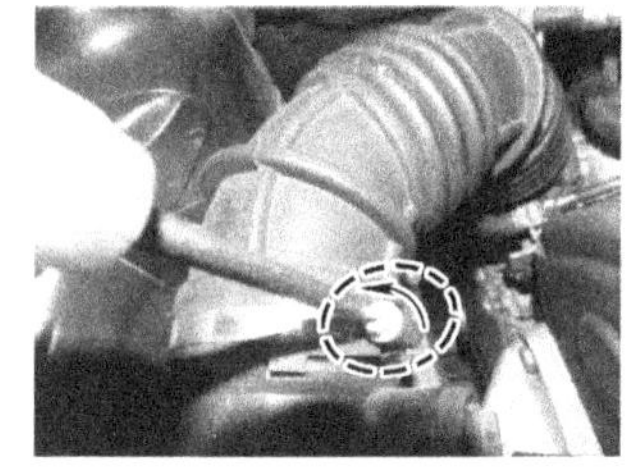

图3-100　松开空气滤清器进气管夹箍

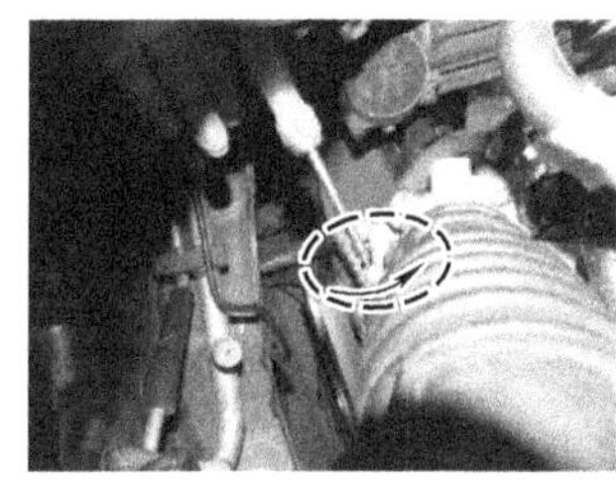

图3-101　松开排放软管

图3-102　拆下空气滤清器进气管

3）松开发动机后部线束支架（图3-103），沿箭头所指方向拆下点火线圈盖（图3-104），断开点火线圈线束插头（图3-105），拆下两个点火线圈螺栓（图3-106）。使用EN－6009点火模块拆卸/安装工具拆卸点火模块（图3-107）。

4）断开进、排气凸轮轴可变执行器电磁阀插头（图3-108、图3-109），拆下曲轴箱通风管（图3-110），拔下发动机控制模块线束导管（图3-111）。

图3-103　松开发动机后部线束支架

图3-104　拆下点火线圈盖

图3-105　断开点火线圈线束插头

图 3-106 拆下两个点火线圈螺栓

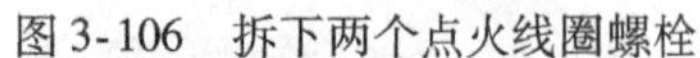

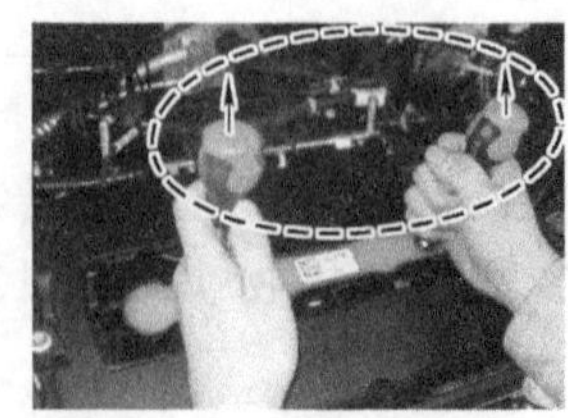

图 3-107 拆卸点火模块

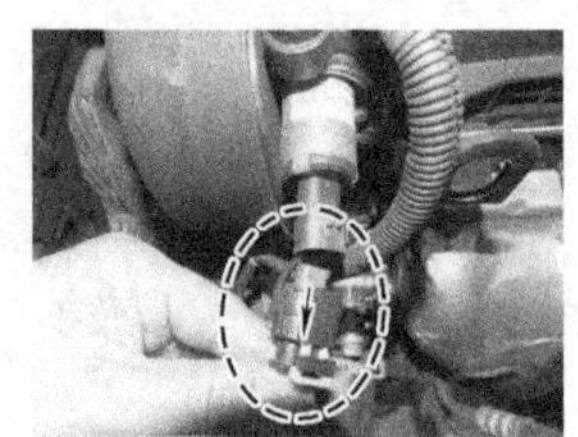

图 3-108 断开进气凸轮轴可变执行器电磁阀插头

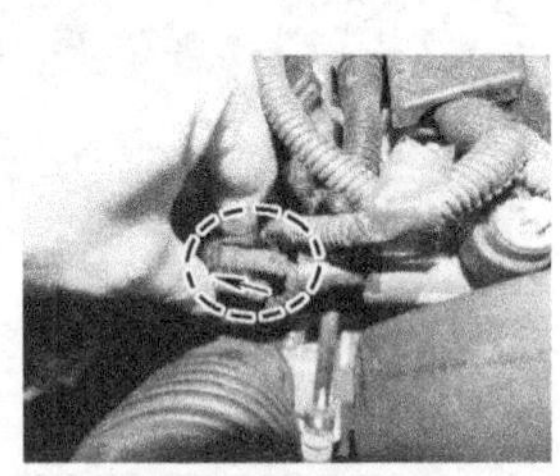

图 3-109 断开排气凸轮轴可变执行器电磁阀

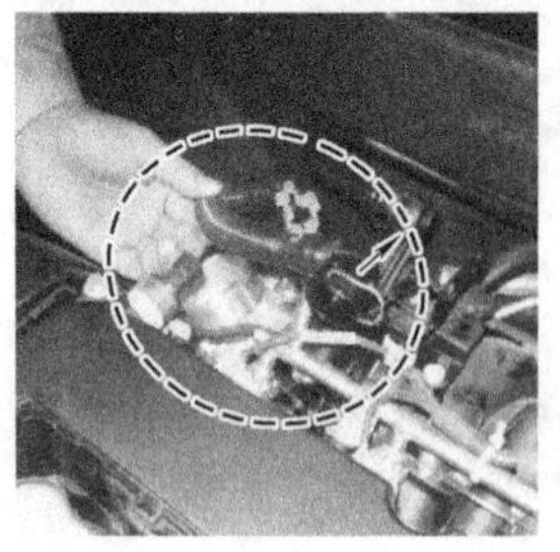

图 3-110 拆下曲轴箱通风管

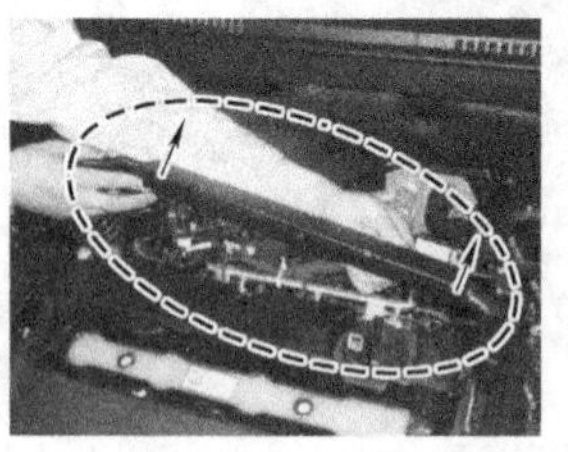

图 3-111 拔下发动机控制模块线束导管

5）拆下 11 个凸轮轴盖螺栓（图 3-112），取下凸轮轴盖（图 3-113）。

6）顶起车辆（图 3-114），拆卸右前轮前舱防溅罩（图 3-115）。拆下发电机传动带及传动带张紧器。将发动机曲轴传动带盘上记号与正时传动带前下罩盖记号对准（图 3-116）。

图 3-112 拆下凸轮轴盖螺栓

图 3-113 取下凸轮轴盖

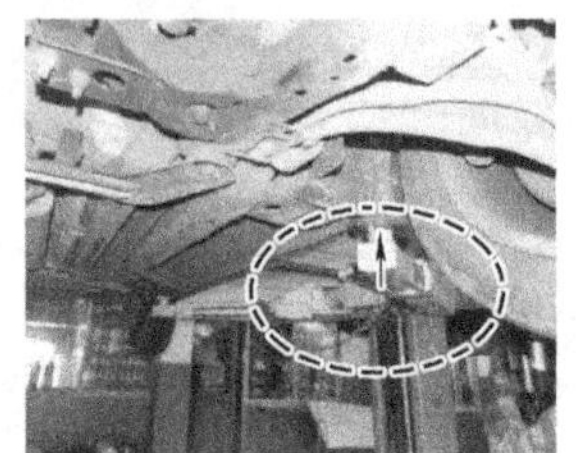

图 3-114 顶起车辆

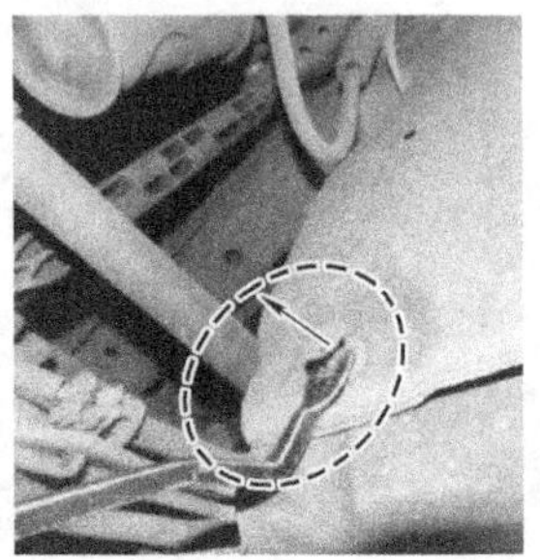

图 3-115 拆卸右前轮前舱防溅罩

图 3-116 将曲轴传动带盘上记号与正时传动带前下罩盖记号对准

7）拆下变速器固定螺栓（图3-117）（图3-118），安装EN－6625锁止装置以卡住曲轴（图3-119），拆下曲轴扭转减振器螺栓（图3-120）并取下曲轴传动带盘（图3-121）。拆下4个正时传动带下盖螺栓。

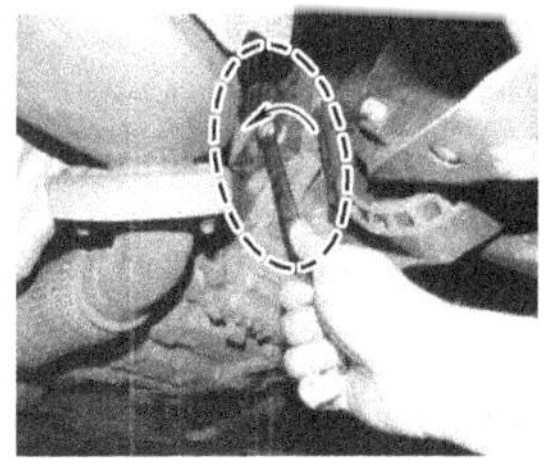

图3-117　松开变速器固定螺栓

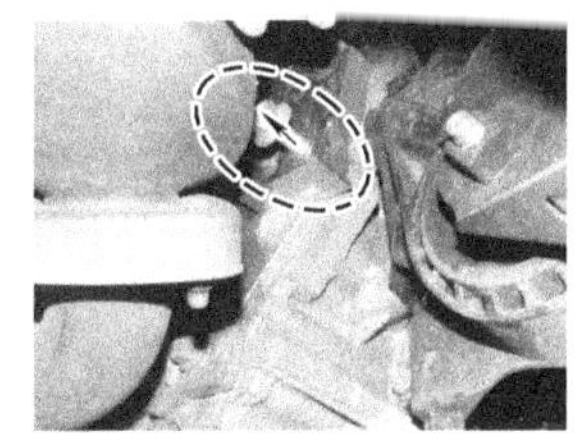

图3-118　取下变速器固定螺栓

图3-119　安装EN－6625锁止装置以卡住曲轴

图3-120　拆下曲轴扭转减振器螺栓

图3-121　取下曲轴传动带盘

8）下降车辆，在千斤顶上放置一块橡胶块（图3-122），顶在发动机油底壳下（图3-123），并将车辆举升到合适的位置。

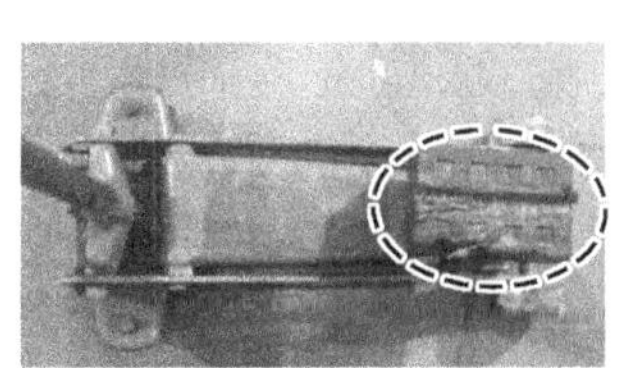

图3-122　在千斤顶上放置一块橡胶块

图3-123　将千斤顶顶在发动机油底壳下

9）拧松发动机托架和支架螺钉后，拆卸发动机托架（图3-124）和前支架（图3-125）。

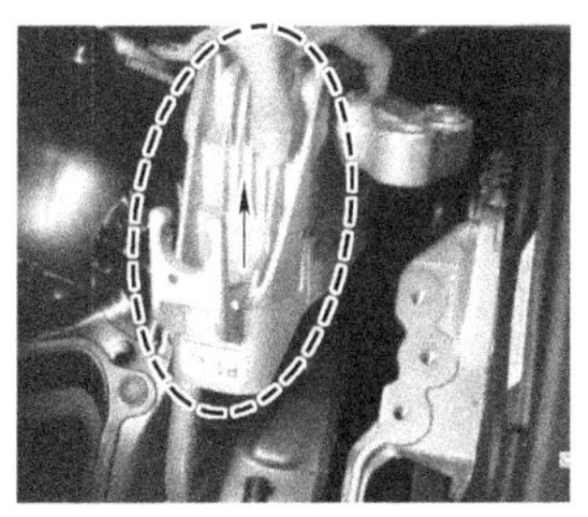

图3-124　拆卸发动机托架

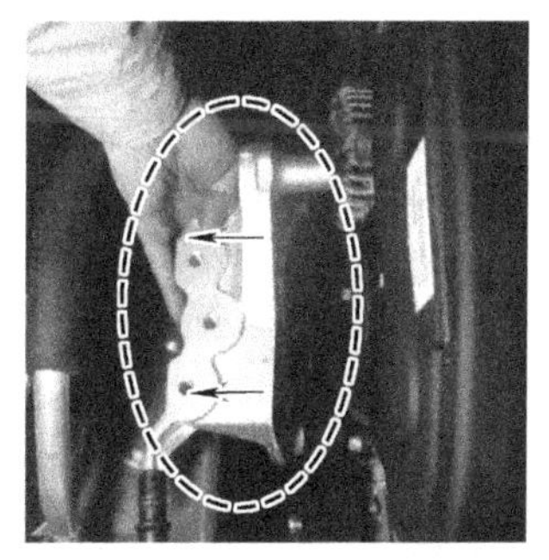

图3-125　拆卸发动机前支架

10）拧松凸轮轴正时齿轮—正时传动带上前盖螺钉后，拆卸正时传动带上前盖（图3-126）。拆卸正时传动带中部前盖（图3-127）。

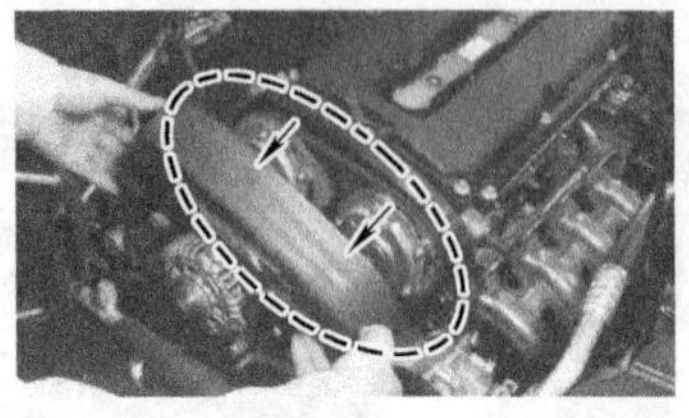

图3-126　拆卸正时传动带上前盖

图3-127　拆卸正时传动带中部前盖

11）检查正时传动带主动齿轮的记号与机油泵壳体的三角记号对齐（图3-128），用EN－6340凸轮轴锁止工具固定凸轮轴（图3-129）。松开张紧轮（图3-130），拆卸正时传动带（图3-131）。

注意：记录传动带的方向。

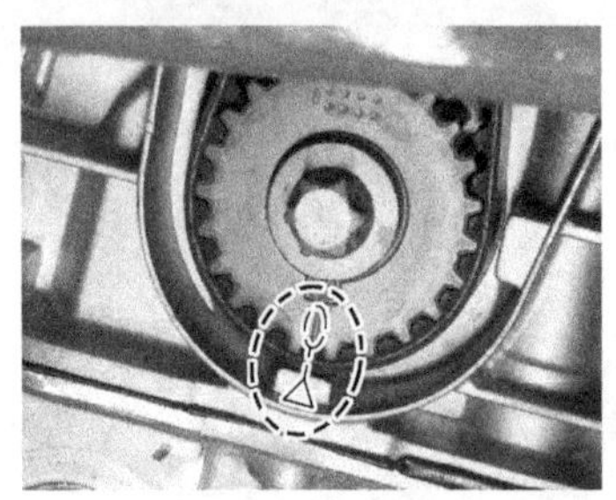

图3-128　对齐正时主动齿轮与机油泵壳体的记号

图3-129　用凸轮轴锁止工具固定凸轮轴

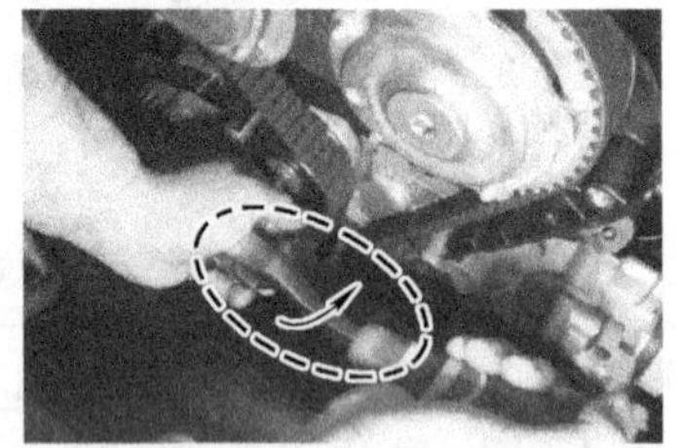

图3-130　松开张紧轮

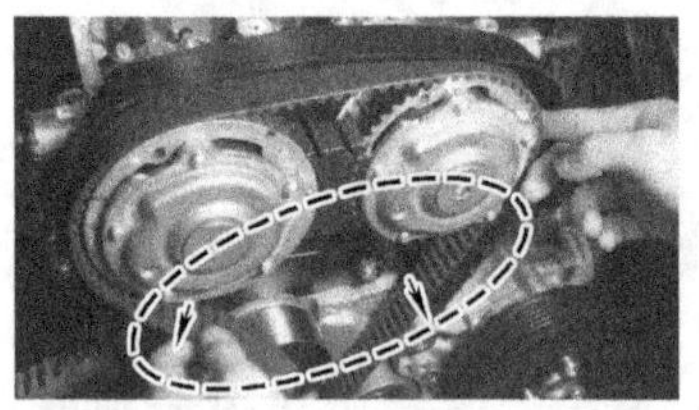

图3-131　拆卸正时传动带

12）将接油盘置于车下，需要助手使用横断面较薄的24mm扳手固定相应凸轮轴的六角头。拧松并拆卸凸轮轴正时齿轮—凸轮轴执行器盖螺母（图3-132、图3-133），用力矩扳手拧松凸轮轴执行器螺栓（图3-134），拆卸凸轮轴执行器（图3-135）。拆下正时传动带张紧轮（图3-136）。拧松螺钉（图3-137）后，拆卸凸轮轴内护罩。

13）拧松螺栓（图3-138）后，拆下并用橡皮锤子轻敲第一道凸轮轴盖（图3-139），将其取下（图3-140）。拆下进、排气凸轮轴油封（图3-141）。然后按照次序拆除其余的凸轮轴盖（图3-142），用记号笔做好进、排气凸轮轴记号，取下进、排气凸轮轴（图3-143）。

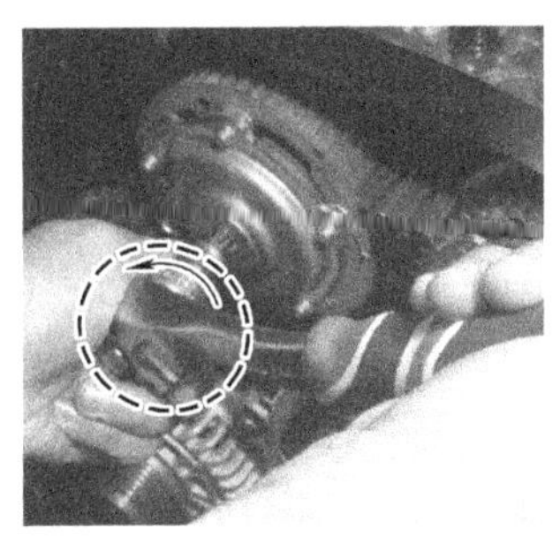

图 3-132 拧松凸轮轴正时齿轮—凸轮轴执行器盖螺母

图 3-133 拆卸凸轮轴正时齿轮—凸轮轴执行器盖螺母

图 3-134 拧松凸轮轴执行器螺栓

图 3-135 拆卸凸轮轴执行器

图 3-136 拆下正时传动带张紧轮

图 3-137 拧松螺钉

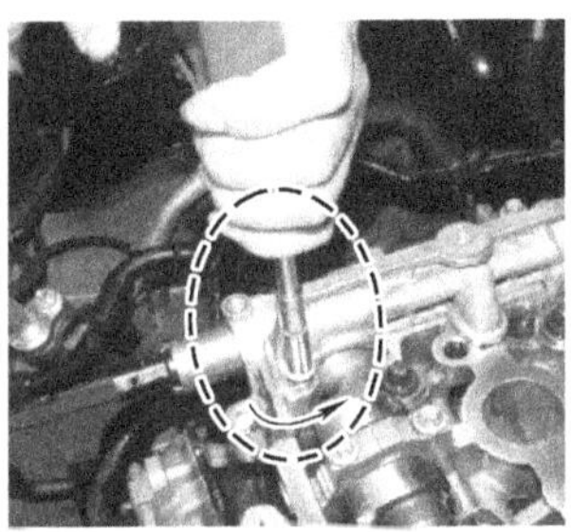

图 3-138 拧松螺栓

图 3-139 用橡皮锤子轻敲第一道凸轮轴盖

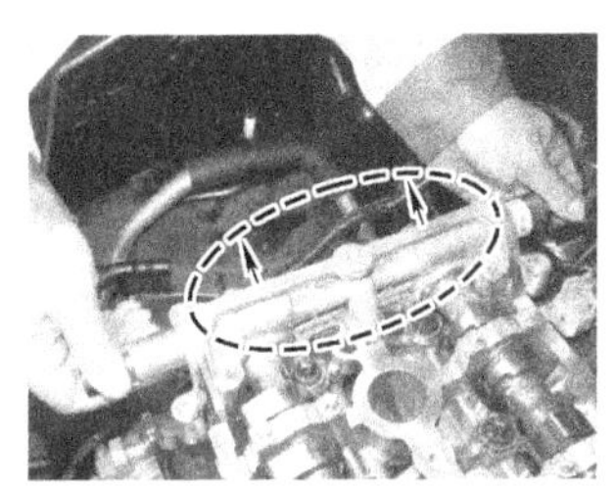

图 3-140 取下第一道凸轮轴盖

图 3-141 拆下进、排气凸轮轴油封

图 3-142 拆除其余的凸轮轴盖

图 3-143 取下进、排气凸轮轴

（四）安装凸轮轴

1）安装进、排气凸轮轴。

注意： 进、排气凸轮轴不能互换，不要安装错误。安装前，凸轮轴应涂抹机油。

2）安装编号为5~8的4个进气凸轮轴轴承盖。安装编号为1~4的4个排气凸轮轴轴承盖，如图3-144所示。

注意： 记录凸轮轴轴承盖上的识别标记。安装前，凸轮轴承盖内侧涂抹机油。清洁凸轮轴盖螺栓孔，安装16个进排气凸轮轴轴承盖螺栓，并从内向外以螺旋方式紧固至8N·m。

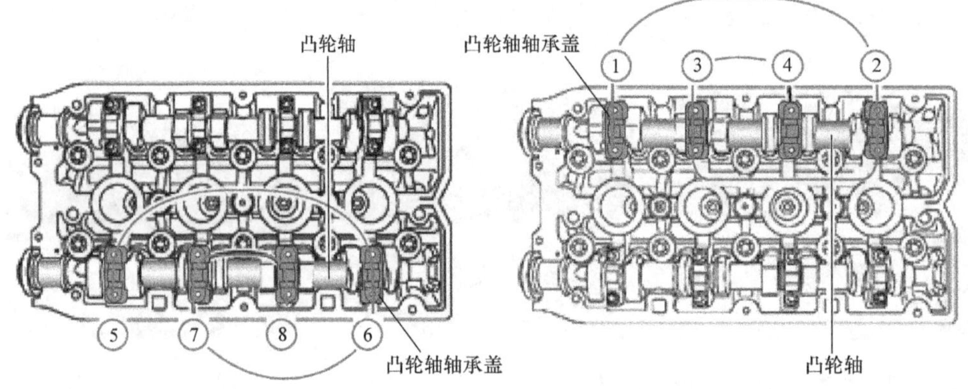

a) 安装编号为5~8的4个进气凸轮轴轴承盖　　b) 安装编号为1~4的4个排气凸轮轴轴承盖

图3-144　安装凸轮轴轴承盖

3）用铲刀清洁第一个凸轮轴轴承支架和气缸盖密封面上的密封胶残余物，如图3-145所示。

注意： 密封面不得有油脂，凸轮轴上不得涂有密封胶。

4）将2个新的凸轮轴油封安装至凸轮轴上，直至其接触到气缸盖。在第一个凸轮轴轴承盖的密封面轻薄均匀地涂抹表面密封胶。将第一个凸轮轴轴承盖安装到气缸体上。安装第一个凸轮轴轴承盖的4个螺栓，并分两次紧固。第一遍紧固至2N·m，第二遍紧固至8N·m。

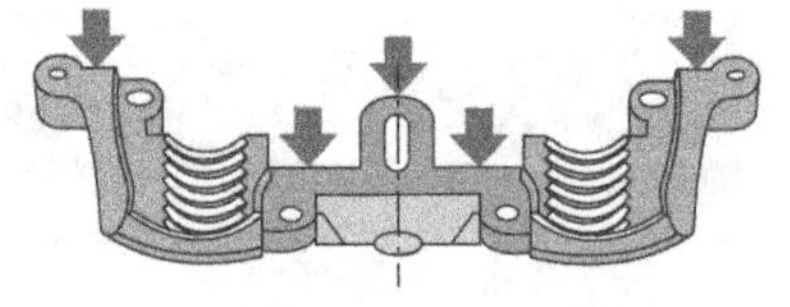

图3-145　用铲刀清洁密封胶残余物

5）用塞尺检查气门间隙是否符合标准，若不符合标准需进行调整。

6）逆时针转动进气凸轮轴，安装EN－6628－A锁止工具。顺时针转动排气凸轮轴，安装EN－6628－A锁止工具。

7）安装4个正时传动带后盖螺栓，并紧固至6N·m。

注意： 如果螺栓已被机油污染，需彻底清洁。

8）安装进、排气凸轮轴执行器（该螺栓不能重复使用，必须更换），将EN－6340锁止工具安装至进、排气凸轮轴执行器之间，用手拧紧进、排气凸轮轴执行器螺栓，使凸轮轴与凸轮轴执行器不能滑动，取下EN－6628－A专用工具。

9）需要助手使用横断面较薄的24mm开口扳手固定相应凸轮轴的六角，使用力

矩扳手和 EN－45059 角度测量仪组件紧固进、排气凸轮轴位置执行器螺栓至 50N·m＋150°＋15°。

10）安装 2 个凸轮轴封闭螺栓，并紧固至 30N·m。注意：应安装新的密封圈。

11）清洁正时传动带张紧器螺纹孔，安装正时传动带张紧器，用力矩扳手和 EN－45059 测量仪分紧固至 20N·m＋120°＋15°。

注意：正时传动带张紧器后部的凸起要与张紧器安装槽对准。

12）将正时传动带主动齿轮的记号与机油泵壳体的三角记号对齐，安装正时传动带。使用七字形内六角扳手或等同工具插入张紧器内六角孔内，顺时针转动正时传动带张紧器，拆下 EN－6333 锁销，释放张紧器让其自动移至正确的位置。拆下 EN－6340 锁止工具。

注意：如果安装的是使用过的正时传动带，则需要观察旋转方向。

13）安装发动机支座托架。举升车辆，拆下 EN－6625 飞轮锁止装置。

14）安装曲轴扭转减振器螺栓，沿发动机旋转方向，用曲轴扭转减振器螺栓转动曲轴 720°，并将正时传动带主动齿轮的记号与机油泵壳体的三角记号对齐。降下车辆，将 EN－6340 锁止工具插入凸轮轴执行器，将 EN－6628－A 锁止工具插入凸轮轴后部槽孔内。用于检查正时是否对准。

注意：进气凸轮轴执行器上的点形标记和 EN－6340 左侧的凹槽在此过程中不对应，但是必须略高；排气凸轮轴位置执行器调节器上的点形标记必须与 EN－6340 右侧的凹槽相对应。

15）拆下 EN－6628－A 锁止工具，顶起车辆，安装 4 个正时传动带前下盖螺栓，并紧固至 6N·m。

16）使用 EN－6625 锁止装置锁住飞轮，安装曲轴扭转减振器。使用 EN－45059 角度测量仪组分 3 次安装和紧固曲轴扭转减振器螺栓，紧固至 95N·m＋45°＋15°。拆下 EN－6625 锁止装置，安装发动机与变速器连接螺栓，并紧固至 58N·m。

17）安装发动机传动带张紧器螺栓，紧固至 55N·m。安装发电机和空调泵压缩机传动带，通过逆时针转动张紧器上突出部位、拔出 EN－6349 锁销缓慢释放张紧器张力，检查传动带安装情况。安装前舱防溅罩。

注意：确保传动带被定位在相关传动带轮槽内。

18）降下车辆，在千斤顶上放置一块橡胶块，顶置在发动机油底壳下合适的位置。清洁凸轮轴盖螺栓及螺纹，在凸轮轴盖相应位置涂抹密封胶，更换新的凸轮轴盖密封垫，安装 11 个凸轮轴盖螺栓并紧固至 8N·m。

19）安装曲轴箱强制通风管，使用 EN－6009 拆卸/安装工具安装点火线圈，安装 2 个点火线圈螺栓，并紧固至 8N·m，沿箭头所指方向安装点火线圈盖。

20）拆下发动机支座托架，安装正时传动带中部前盖。安装正时传动带上前盖，安装 2 个正时传动带上前盖螺栓并紧固至 6N·m。

21）安装三个发动机支座托架螺栓并将其紧固至 62N·m，安装 4 个发动机支座螺栓并紧固至 62N·m，安装 3 个发动机支座螺栓并使用 EN－45059 角度测量仪组紧固，拧紧至 50N·m＋60°＋15°。

22）安装空气滤清器壳体，将空气滤清器前出气管安装至空气滤清器壳体，安装空气滤清器前出气管卡箍并紧固至3.5N·m，将空气滤清器壳体排放软管安装至空气滤清器壳体上，将空气流量传感器线束固定卡夹夹到空气滤清器壳体上，连接空气流量传感器插头。

23）放下并拖出千斤顶，降下车辆，连接蓄电池负极电缆。

（五）检查部件

1. 检修正时齿轮

1）将正时链条绕在进气凸轮轴正时齿轮上，使用游标卡尺测量绕着正时链轮的进气凸轮轴正时齿轮直径，如图3-146所示。

2）如果测得值小于最小值，则应更换正时链条和进气凸轮轴正时齿轮。

3）采用同样的方法检修排气凸轮轴正时齿轮和曲轴正时齿轮。

图3-146　测量绕着正时链轮的进气凸轮轴正时齿轮直径

2. 检修摇臂

1）使用清洗剂在清洗盆中将摇臂清洗干净。

2）采用目视直观法检查摇臂滚轮表面有无磨损凹陷。若有磨损凹陷，需测量磨损凹陷深度；若测量值大于最小极限值，则根据情况堆焊、修磨或更换。

3）用手转动滚轮，检查转动是否平稳，如果滚轮转动不平稳，则更换摇臂，如图3-147所示。

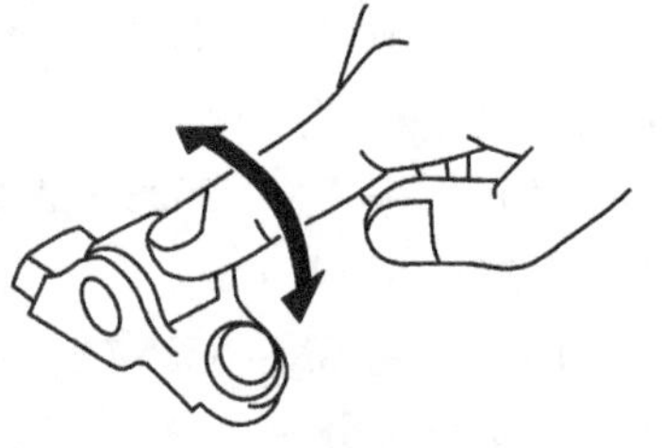

图3-147　更换摇臂

3. 检修气门

（1）清洁气门

使用铲刀将气门积炭刮干净，使用刷子彻底清洁气门，使用清洁布擦拭干净。

（2）检查气门外观

采用目视直观法检查气门有无裂纹、破损和烧蚀。若有，则更换气门。

（3）检查气门工作面磨损

1）采用目视直观法检查气门工作面有无斑点、烧蚀、刻痕和凹陷。若有，在气门光磨机上修复或更换气门。

2）气门修复后，使用游标卡尺测量气门边缘厚度。若低于最小值，则更换气门，如图3-148所示。

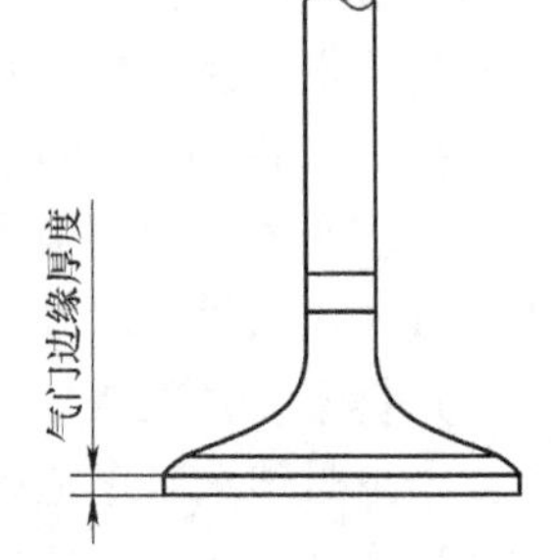

图3-148　使用游标卡尺测量气门边缘厚度

（4）检修气门杆部磨损

1）使用外径千分尺在气门杆上、中、下3处和每处垂直2个位置测量气门杆直径，如图3-149所示。

2）若测量值小于最小标准值，则需检查与气门导管的油膜间隙。

（5）检修气门杆端面磨损

1）采用目视直观法，若能看到明显的端面凹陷，可用光磨机修磨。

2）或将气门放在两个V型架上，百分表测头抵在气门杆端面压下量1～2mm，转动气门杆一周，记录百分表变动量，若测量值大于标准最大值，则用光磨机修磨。

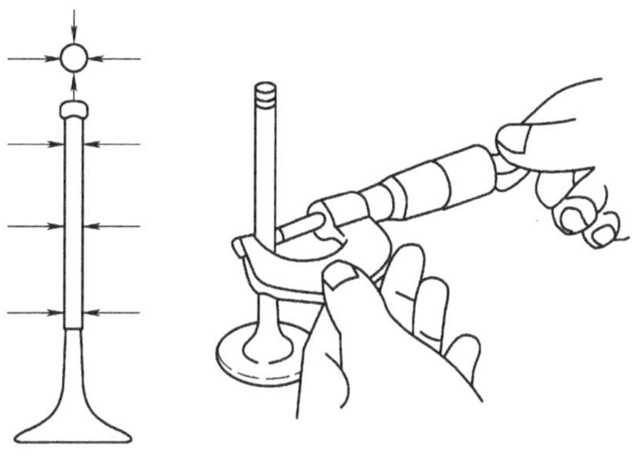

图3-149 测量气门杆直径

3）使用游标卡尺检查气门全长。若测得值小于最小标准值，则更换气门。

七、拓展阅读

新时代的“工匠精神”

新时代的“工匠精神”的基本内涵主要包括爱岗敬业的职业精神、精益求精的品质精神、协作共进的团队精神、追求卓越的创新精神这四个方面的内容。其中，爱岗敬业的职业精神是根本，精益求精的品质精神是核心，协作共进的团队精神是要义，追求卓越的创新精神是灵魂。

爱岗敬业，是爱岗和敬业的合称，二者互为表里，相辅相成。爱岗是敬业的基础，而敬业是爱岗的升华。具体来说，所谓“爱岗”，就是要干一行，爱一行，热爱本职工作，不能见异思迁，不能这山望着那山高。所谓“敬业”，就是要钻一行，精一行，对待自己的工作，要勤勤恳恳，兢兢业业，一丝不苟，认真负责。获得“工匠”和“劳模”荣誉称号的工人，都是爱岗敬业的典范，很多人都在本职岗位上工作了二三十年之久，干出了一番事业，所以“工匠精神”最根本的内涵，就是“爱岗敬业的职业精神”。

精益求精，是指一件产品或一种工作，本来做得很好了，很不错了，但还不满足，还要做得更好，达到极致。“精益求精的品质精神”是“工匠精神”的核心，一个人之所以能够成为“工匠”，就在于他对自己产品品质的追求，只有进行时，没有完成时，永远在路上；他不惜花费大量的时间和精力，反复改进产品，努力把产品的品质从99%提升到99.9%、再提升到99.99%。对于“工匠”来说，产品的品质只有更好，没有最好。追求极致、精益求精，是获得各类“工匠”荣誉称号的工人的共同特点，这也是他们能身怀绝技、在国际、全国各种技能大赛中夺金的重要原因。

如果说“爱岗敬业的职业精神”“精益求精的品质精神”是传统的“工匠精神”中具有的内涵，那么，“协作共进的团队精神”则主要体现于新时代的“工匠精神”

之中。与传统工匠不同，新时代工匠尤其是产业工人的生产方式已不再是手工作坊，而是大机器生产，他所承担的工作只是众多工序中的一小部分。例如“复兴号”列车，一列车厢就有三万七千多道工序，这三万七千多道工序，一个人是不可能完成的，必须由车间或班组亦即团队协作来完成。团队需要的是“协作共进”，而不是各自为战。因此，“协作共进的团队精神”是现代“工匠精神”的要义。所谓“协作”，就是团队成员的分工合作；所谓“共进”，就是团队成员的共同努力、共同进步。

与“协作共进的团队精神”一样，“追求卓越的创新精神”也是新时代“工匠精神”的内涵之一，甚至是新时代“工匠精神”的灵魂。传统的“工匠精神”强调的是继承，祖传父、父传子、子传孙，是传统工匠传承的一种主要方式，而新时代的“工匠精神”强调的则是在继承基础上的创新。因为只有在继承基础上的创新，才能跟上时代前进的步伐，推动产品的升级换代，以满足社会发展和人们日益增长的对美好生活的需要。有无“追求卓越的创新精神”，是判断一个工人能否称之为新时代“工匠”的一个重要标准。

当前，我国正处在从工业大国向工业强国迈进的关键时期，培育和弘扬严谨认真、精益求精、追求完美的工匠精神，对于建设制造强国具有重要意义。而只有对新时代“工匠精神”的基本内涵形成共识，才能树匠心、育匠人，为推进中国制造的“品质革命”提供源源不断的动力。

八、维修车辆交付

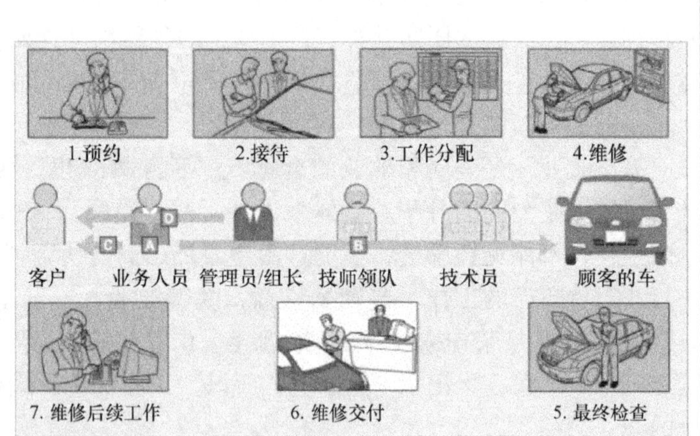

1. 技术员

- 准备将更换的零部件给客户查看。
- 准备为所有的费用开出发票。
- 检查车辆是否清洁，进行维修质量检查，检查是否已经取下了座椅垫、地板垫、转向盘罩、翼子板布等。
- 电话通知客户，以便确认车辆准备交付。
- 向客户说明工作。
  - ■ 确认工作已经顺利地完成。
  - ■ 将更换的零部件展示给客户看。
  - ■ 说明完成的工作以及益处。
  - ■ 提供详细的发票说明：零部件、人工和润滑剂的费用。

2. 管理员/组长

- 技术员/客户要求时，要提供技术说明或建议。

（一）车间检验

检查发动机、电器设备、驻车制动器、变速器、离合器、转向系统、空调等功能。

工作完成后要检查：

- 确认主要项目已完成。
- 确认已完成所有其他需要做的工作。
- 确认车辆至少和你刚接手时是同样清洁的。
- 将驾驶座、转向盘和反光镜返回到最初位置。
- 如果钟表、收音机等存储的偏好设置被删除，请重新设置。

维修技术人员自检

1）作业项目有无漏项。

2）有力矩要求的紧固件是否紧固。

3）掌握橡胶件、易损件的磨损情况，并做好记录。

4）工具、资料有无遗失。

5）检查车上的收音机等电器设备。

6）将换下的旧件包装好以便服务顾问在交车时交给客户或返件。

7）维修技术人员在派工单上记录下作业内容、完工时间及对车辆使用方面的意见并签字。

班组长工位二检

1）依据派工单上所列项目逐项检查验收，并核实有无纰漏。

2）依次检查几个主要紧固件是否已经紧固。

3）核查橡胶件、易损件的磨损情况。

4）检查车上的电器设备能否正常工作。

5）班组长根据维修经验，对车辆的各个细节方面进行检查，消除安全隐患，确保车辆完好。

6）班组长在派工单上签字通过。

车间主管验收检查

1）依据派工单上所列项目逐项验收，并核实有无漏项。

2）发现问题时，必须立即采取各种措施进行纠正，如有必要则进行返修作业。

3）将检验结果反馈给班组长，以提高班组的技术水平，防止再次出现同样的问题。

4）认真检查有力矩要求的紧固件是否紧固。

5）如有必要，应试车确认。

6）必须检查有无物品遗失，如工具、资料等。

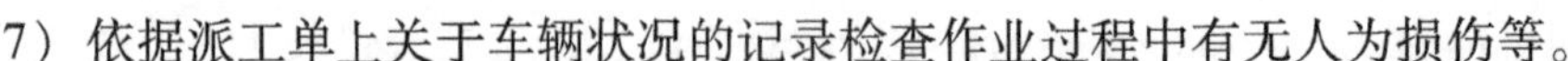

7）依据派工单上关于车辆状况的记录检查作业过程中有无人为损伤等。

8）作业质量验收完毕后，相关人员在派工单上签字。

9）对于重大作业的项目及涉及安全性能方面的作业项目，技术总监必须多次进行仔细检查，查漏补缺，防止出现重大事故。

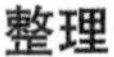

整理

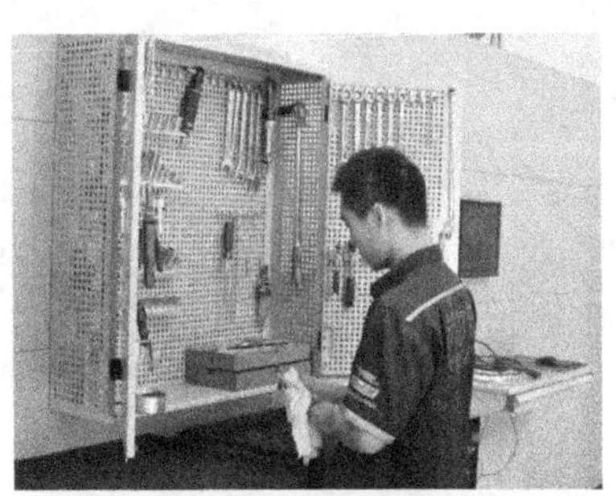

清理、整顿、清扫、清洁是日常工作中规范化管理的必要条件，同时在工作完成后对工位、工具、环境的整理也是其中必要的内容。

- 按照必要性，组织和利用所有的资源，不管它们是工具、零件或信息，如左图所示。
- 在工作场地指定一处地方来放置所有不必要的物品。收集工作场地中不必要的物品，然后处理。
- 这是一个使工作场地内所有物品保持干净的过程。使设备处于完全正常的状态，以便随时可以使用，如左图所示。

（二）试车

检查发动机、电器设备、驻车制动器、变速器、离合器、转向系统、空调等功能。

工作完成后要检查：

- 确认主要项目已完成。

- 确认已完成所有其他需要做的工作。
- 确认车辆至少和你刚接手时是同样清洁的。
- 将驾驶座、转向盘和反光镜返回到最初位置。
- 如果钟表、收音机等存储的偏好设置被删除，请重新设置。

（三）最终检查

1. 技师领队

A. 进行最后检查。

B. 向管理员/领队确认工作完成。

2. 管理员/组长

C. 向业务人员确认工作完成。

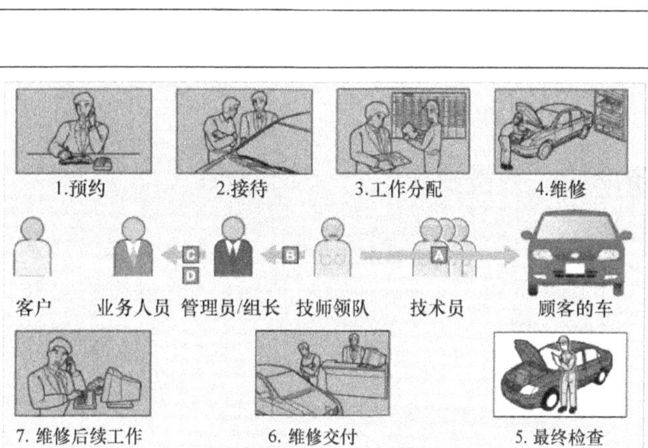

（四）维修车辆交付

技术员：

- 准备将更换的零部件给客户查看。
- 准备为所有的费用开出发票。
- 检查车辆是否清洁，进行维修质量检查，检查是否已经取下了座椅垫、地板垫、转向盘罩、翼子板布、前罩。
- 电话通知客户，以便确认车辆准备交付。

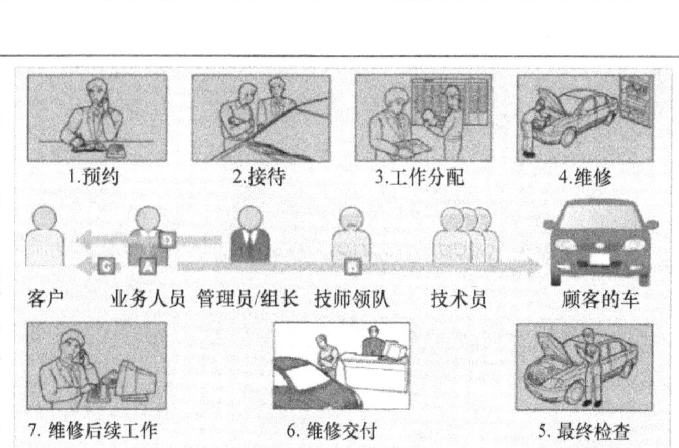

- 向客户说明工作。
  - ○确认工作已经顺利地完成。
  - ○将更换的零部件展示给客户看。
  - ○说明完成的工作以及益处。
  - ○提供详细的发票说明：零部件、人工和润滑剂的费用。

管理员/组长：

- 业务人员/客户要求时，要提供技术说明或建议。

步骤一 资料准备

1）书面确认是否每项维护保养工作已经完成。

2）检查工单上客户提出的所有项目是否已达到客户的要求。

3）核对维修费用，原始估价与实际是否相符。

步骤二 车辆清洗

1）洗车。

2）清洁车内饰物。

步骤三 内部交车

告知服务顾问车辆停放处，将车辆和钥匙交给服务顾问。

步骤四 交车

若客户不在休息区等候，服务顾问接到车辆后应立即与客户取得联系，约定交车的时间、方式及结账事宜等。如果联系不到客户，服务顾问需发短信通知，并在随后的半小时或一小时内再次尝试联系客户，告知客户具体情况。

若客户在休息区等候，服务顾问需将打印出的结算单放在书写夹板上，找到在客户休息室的客户，通知客户在其方便的时间进行交车，并确认付款方式。

服务顾问需引导客户前往交车区，拆除车罩与防护套，以便客户验车。与客户一同验车，确认其满意度。

步骤五 结算和费用说明

1. 结算准备

在客户验车完毕并表示对作业质量满意后，服务顾问需打印费用结算清单，将所发生的材料费和工时费逐项列出，如图所示。

<table>
<tr>
<td></td>
<td>2. 费用说明
1）服务顾问需向客户说明每项费用，并回答客户提出的问题，消除客户的疑问。
2）如果客户对费用不满或有不理解的内容，服务顾问可以及时请服务经理协助向客户解释。
3）确认没有问题后，请客户在“车辆维修结算单”上签字确认。
步骤六　完成结账
1）完成结账手续。
2）当面回访客户并调查满意度。
步骤七　交车与送别
1. 交车
需向客户说明有关下次保养里程及今后车辆使用方面的建议。
2. 送别客户
服务顾问送客户到汽车旁，引导客户驶出停车位，目送客户车辆驶出店面。</td>
</tr>
</table>

九、任务评价

（一）填空题

1. 气门驱动路线：曲轴→曲轴正时带轮→________→凸轮轴正时带轮→________→挺柱→气门。

2. 在进气行程（活塞向下运动）中，________打开；在压缩和做功行程中，________均关闭；在排气行程中，________打开。

（二）判断题

1. 采用双气门弹簧的目的是为了增加气门的压紧力。（　）
2. 液压挺柱可以使发动机在任何温度条件下都没有气门间隙。（　）
3. 传动带因为其工作时有伸展，所以需要张紧机构和导向机构。（　）
4. 四气门式发动机一般采用双凸轮轴。（　）

（三）看图识物

1. 向下图中填入你认为正确的代表气门组的结构的字母。

A. 气门弹簧

B. 气门导管

C. 气门弹簧座

D. 气门

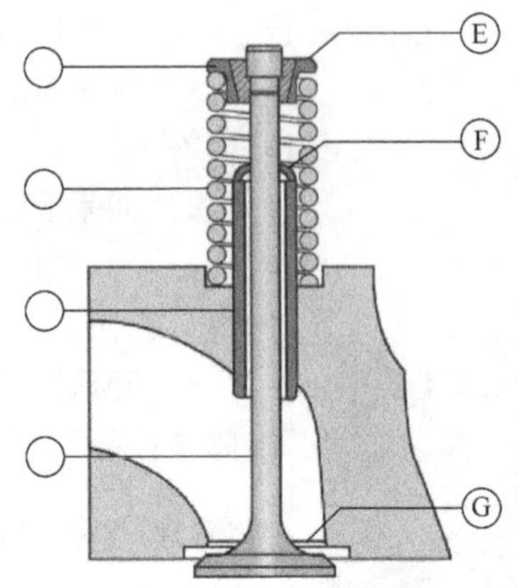

E. 气门锁片

F. 油封

G. 气门座

2. 指认下图中气门传动组的部件，填入对应的字母。

A. 凸轮轴　　B. 凸轮轴正时齿形带轮　　C. 挺柱

D. 半圆键　　E. 凸轮轴油封

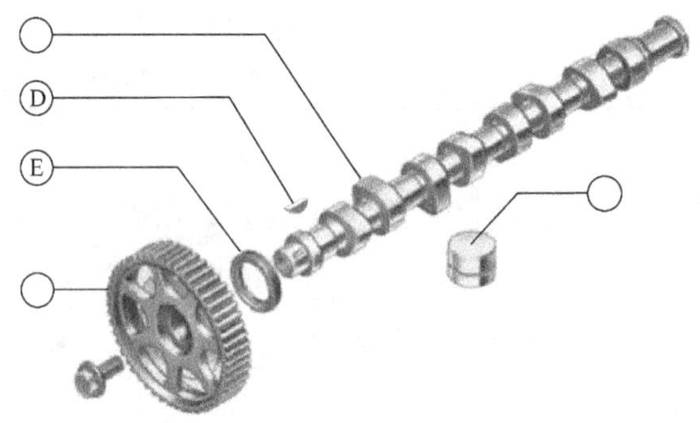

（四）思考题

1. 配气机构有何功用？
2. 配气机构主要由哪些零件组成？
3. 凸轮轴的驱动方式有几种？
4. 按凸轮轴的安装位置的不同，配气机构分几种类型？
5. 气门导管有何功用和结构特点？
6. 气门弹簧有何功用？有几种类型？
7. 凸轮轴有何功用？
8. 挺柱有几种？有何功用？
9. 液压挺柱有何优点？
10. 什么是配气相位？

项目四

冷却系统

汽车售后服务顾问和维修技师是汽车4S店的门面，总会给车主留下深刻的第一印象和难忘的最后印象。车主在车辆维修预约、进店维修、离开汽车4S店阶段，对汽车4S店需求心理预期各不相同。汽车4S店的工作人员只有把握客人的需求心理，依据需求心理的变化跟进服务，才能主动超前提供恰当的服务，使车主产生惊喜的消费体验，从而留下良好的印象。

一、场景描述

一辆奥迪轿车，行驶里程大约180000km，有一天，车主李先生在开车时发现仪表板上出现冷却液温度报警信号，发动机冷却液温度过高。李先生把车开到4S店进行检查维修。

小明："李先生，您好，欢迎光临。我是服务顾问小明，这是我的名片，很高兴为您服务。"小明按要求对车辆进行了环车检查。

小明："李先生，发动机出现了冷却液温度过高的现象，我让专业技师为您的车辆做仔细的检查。"

根据李先生反映的仪表板冷却液温度警告灯亮的情况，专业技师对该车进行了检查。车辆起动后，发动机节温器不工作，造成发动机冷却液始终处于小循环，发动机工作温度升高。

二、场景分析

发动机工作期间，燃烧室温度高达2500℃，即使在怠速或低转速下，燃烧室的平均温度也在1000℃以上，因此与高温接触的发动机零件要承受较高的温度。在这种情况下，若不进行适当的冷却，发动机将会过热，此时发动机的活塞、缸体、气缸盖、气门等部件与高温可燃混合气接触后受热，此时发动机如果得不到有效降温会使其机械强度变差，同时引起气缸充气效率下降，造成空燃比失调使发动机异常燃烧。而气缸内温度过高还会使混合气早燃（提前燃烧），导致出现严重损害发动机的爆燃现象。过高的温度还会使机油烧损及变质，高温情况下会使气缸内间隙变小，破坏油膜的保护，造成润滑能力下降，严重时还会引起机件粘着磨损、卡死（拉缸）故障。检查冷却系统的水管时发现没有冷却液，如图所示。

根据对发动机冷却系统的检查分析得知，要对发动机冷却系统进行维修。按照实际维修项目的要求，结合职业院校学生实际的学习特点，按照由简单到复杂，层层递进的知识走向，最终将该项目划分成以下三个任务，每个任务的具体内容如下：

任务一　冷却系统的种类和工作过程

任务二　冷却系统的组成及工作原理

任务三　冷却液

三、学习目标

知识目标

1. 能掌握发动机冷却系统结构的分类。
2. 能掌握冷却系统的构造。
3. 能掌握冷却系统的工作原理。
4. 能掌握冷却系统故障诊断的基本方法。
5. 能掌握冷却系统故障诊断的基本流程。

技能目标

1. 能正确对发动机冷却系统进行分类。
2. 能独立进行冷却系统的分解和组装。
3. 能区分冷却系统的人为故障和自然故障。
4. 掌握冷却系统故障诊断的基本测量技能。
5. 掌握汽车不同类型冷却系统故障诊断流程的方法和技巧。

素养目标

1. 严格执行汽车冷却系统故障诊断规范，养成严谨科学的工作态度。
2. 养成团队协作精神。
3. 能够接受新的知识。
4. 愿意探索新事物，有学习愿望，有求知欲。
5. 找出阅读资料的关键技术点，归纳整理出故障诊断方法。

6. 能够清晰、友好且有趣地向他人口头转述信息。
7. 能够解决棘手的任务。
8. 树立目标并制订实现目标的计划。
9. 客观公正地自评和评价他人。
10. 能够与合作伙伴良好地交流和相互理解。
11. 能够养成自觉遵守技术标准和要求规定、规范操作、安全、环保、“6S”作业的好习惯。
12. 能够养成劳动光荣、创造伟大的思维和创新意识。

冷却系统的主要作用是将热量散发到空气中以防止发动机过热。发动机在适当的高温状态下运行状况最好。如果发动机变冷，就会加快组件的磨损，从而使发动机效率降低并且排放出更多的污染物。因此，冷却系统的另一重要作用是使发动机尽快升温，并使其保持恒温。

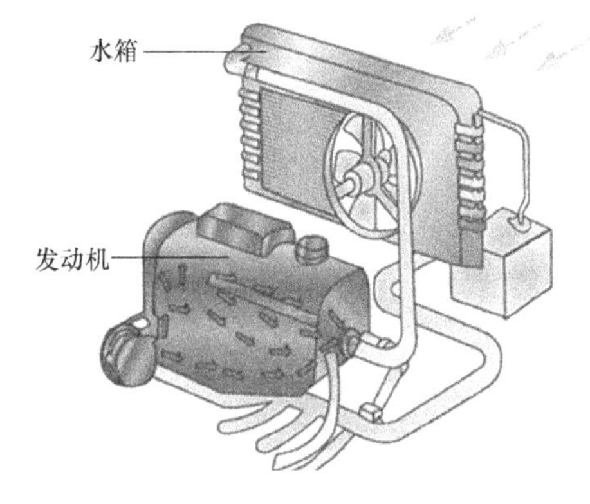

四、知识引导

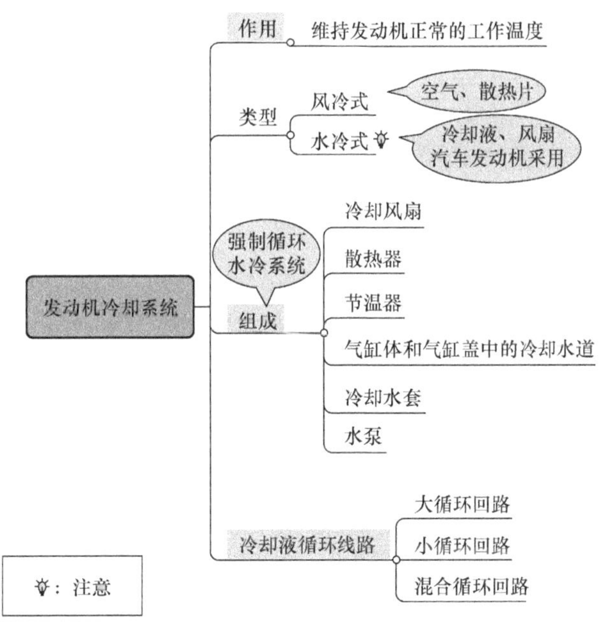

五、相关知识

发动机工作期间，气缸内的燃烧温度高达2500℃，即使发动机在怠速或中等转速下，燃烧室的平均温度也在1000℃以上。因此，与高温燃气接触的发动机零件会受到强烈地加热。这种情况下，若不进行适当的冷却，发动机将会过热，工作过程恶化，零件强度降低，机油变质，零件磨损加剧，最终导致发动机动力性、经济性、排气净化性、可靠性及耐久性全面下降。

但发动机冷却过度也是有害的，过度冷却会使发动机长时间在低温下工作，均会使散热损失及摩擦损失增加，零件磨损加剧，排放恶化，发动机工作不平稳，发动机功率下降及燃油消耗率增加，如图 4-1 所示。

冷却系统既要防止发动机过热，也要防止冬季发动机过冷。在发动机冷起动后，冷却系统还要保证发动机迅速升温，以尽快达到正常的工作温度。

汽车发动机冷却系统为强制循环水冷系统，是利用水泵来提高冷却液的压力，强行使冷却液在发动机中循环流动，将受热零件吸收的部分热量及时散发出去，保证发动机在最适宜的温度状态下工作，如图 4-2 所示。

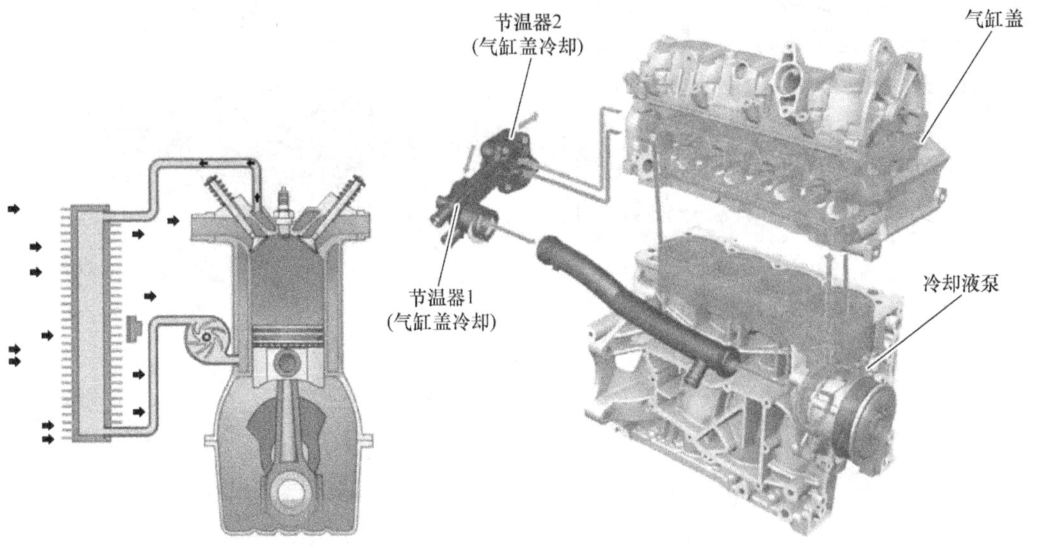

图 4-1　冷却系统作用

图 4-2　强制循环水冷系统

冷却系统主要由水泵、节温器、散热器、风扇等组成，如图 4-3 所示。其功用是对工作中的发动机进行适当冷却，保证发动机在正常工作温度下持续运行。

发动机按冷却系统可分为风冷却发动机和水冷却发动机，如图 4-4 所示。以空气为冷却介质的冷却系统称为风冷系统，以冷却液为冷却介质的称水冷系统。

在水冷却系统中有两个散热循环：一个是冷却发动机的循环系统，另一个是车内取暖循环系统。这两个循环都以发动机为中心，使用的是同一冷却液。

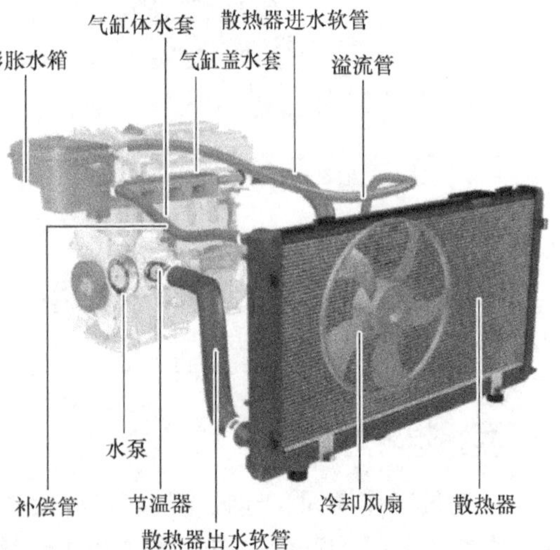

图 4-3　冷却系统组成

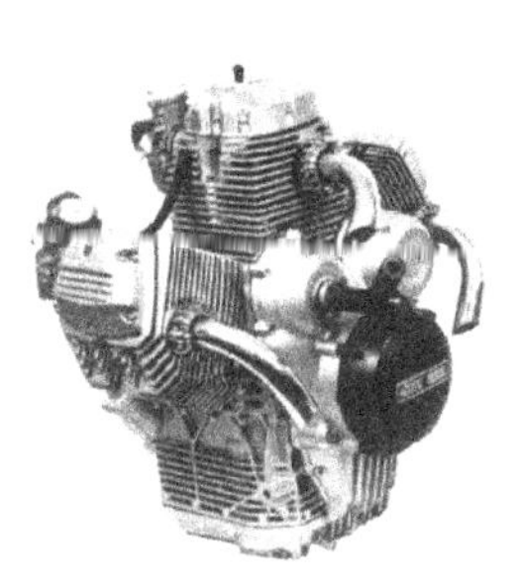

风冷却发动机

水冷却发动机

图 4-4　发动机按冷却系统分类

任务一　冷却系统的种类和工作过程

发动机在将化学能转换成机械能的过程中，汽油发动机的效率仍然不高。汽油中的大部分化学能被转换成热量，而散发这些热量则是汽车冷却系统的任务，如图 4-5所示。

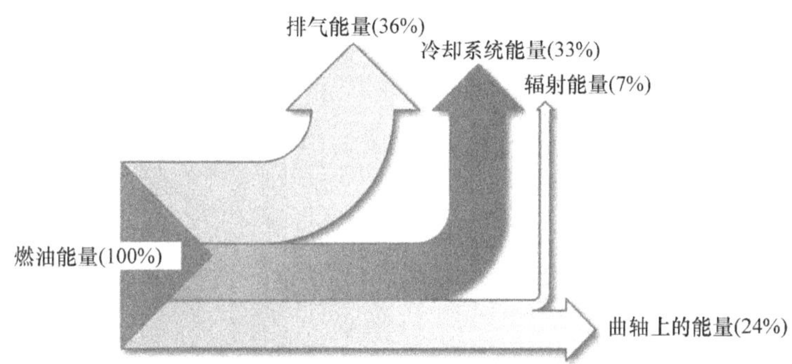

图 4-5　发动机的能量转换

冷却系统的主要作用是将热量散发到空气中以防止发动机过热，但冷却系统还有其他重要作用。汽车中的发动机在适当的高温状态下运行状况最好。如果发动机变冷，就会加快组件的磨损，从而使发动机效率降低并且排放出更多的污染物，如图 4-6所示。

冷却系统既要防止发动机过热，也要防止发动机过冷。当冷态发动机起动后，冷却系统要保证发动机迅速升温，尽快达到正常的工作温度，如图 4-7 所示。

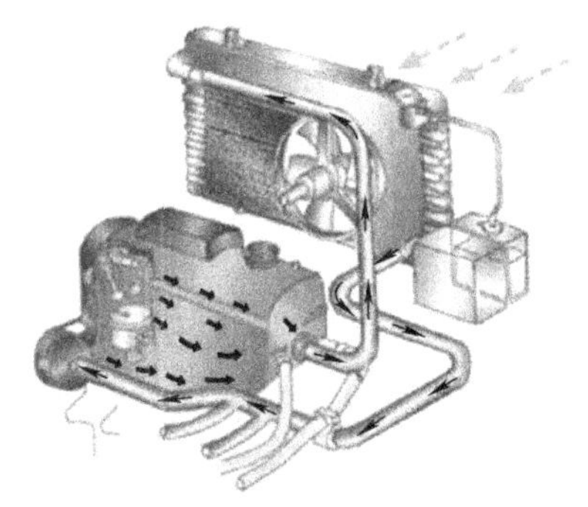

图 4-6　冷却系统的主要作用

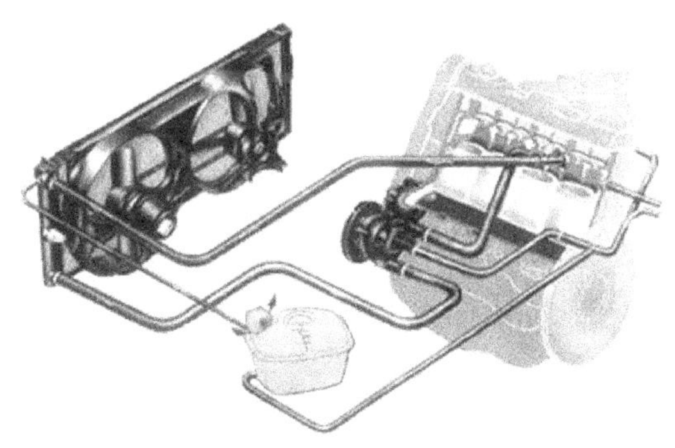

图 4-7　冷却系统的功能

（一）冷却系统的功能

1. 冷却系统的作用

发动机冷却系统应使运行温度保持在规定的温度范围内，以便：

- 使活塞和气缸等发动机部件的热负荷保持在限值范围内且不造成材料损坏。
- 机油不被炽热的发动机部件蒸发掉或烧毁且不会因温度过高而丧失其润滑性能。
- 燃油不会因炽热的部件而自燃。

发动机为了保持工作能力，必须将大约 33% 的燃烧热量散发出去。这些热量大部分通过外部冷却、小部分通过内部冷却散发出去，如图 4-8 所示。

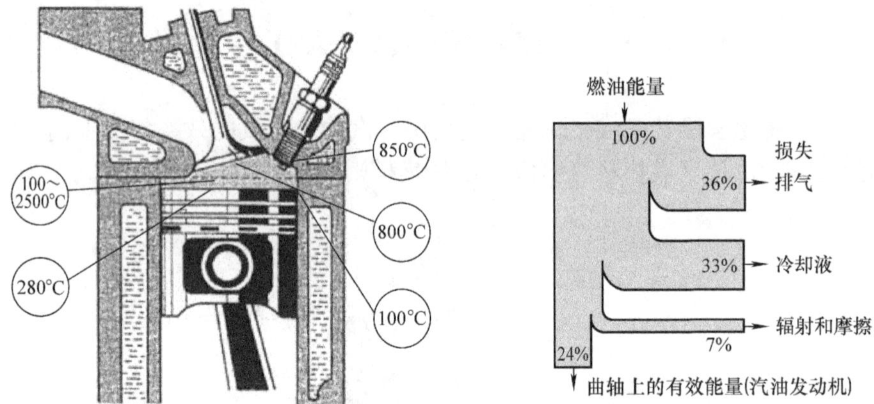

图 4-8　冷却系统的作用

（1）外部冷却

外部冷却使多余的热量散发到环境空气中。外部冷却通过空气或水冷却实现。

（2）内部冷却

燃油从液态转变成气态需要热量（蒸发热），这些热量取自气缸壁。

2. 循环冷却系统的原理

气缸和气缸盖采用双层结构。冷却液从空腔流过。因为热态冷却液密度低于冷态冷却液，所以发动机内的冷却液受热上升。冷却液流入散热器上部散热器内。在散热器中，冷却液热量散发给冷空气。因为冷却下来的冷却液密度较大，所以冷却液沉入散热器下部水箱中。冷却液泵从散热器下部水箱中抽吸冷却液并输送至发动机。

在发动机缸体与散热器上部之间的冷却液管路中安装了一个节温器阀。从该阀门处分接出一个直接连接水泵的短路管路，如图 4-9 所示。

（1）小循环回路

发动机→水泵→发动机。

只要发动机未达到其正常运行温度（80℃），受节温器控制的阀门就会堵住连接散热器的通道。冷却液从发动机直接流向水泵并从该处再流回发动机。冷却液未经过

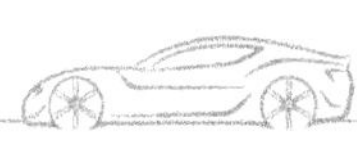

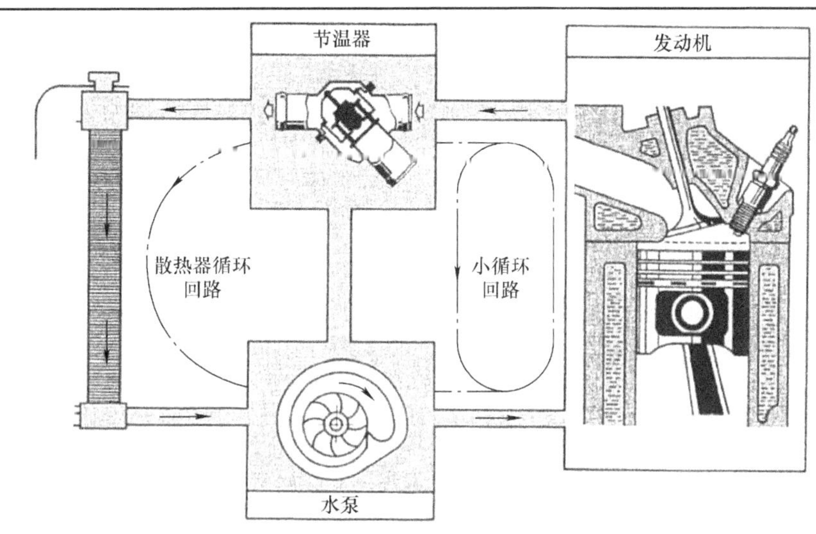

图 4-9　循环冷却系统的原理

冷却，因此发动机很快达到其正常运行温度。

（2）大循环回路

发动机→散热器→发动机。

温度超过 80℃时，阀门缓慢打开散热器循环回路，并将小循环回路关闭。103℃时阀门完全打开。冷却液只从散热器中流过。

（二）冷却系统的种类

汽车发动机冷却系统为强制循环水冷系统，就是利用水泵来提高冷却液的压力，强行使冷却液在发动机中循环流动，将受热零件吸收的部分热量及时散发出去，保证发动机在最适宜的温度状态下工作，如图 4-10 所示。

冷却系统由冷却风扇、膨胀水箱（储液罐）、水泵、散热器、发动机机体、冷却液、节温器和气缸盖中的水套以及附属装置等组成，如图 4-11 所示。

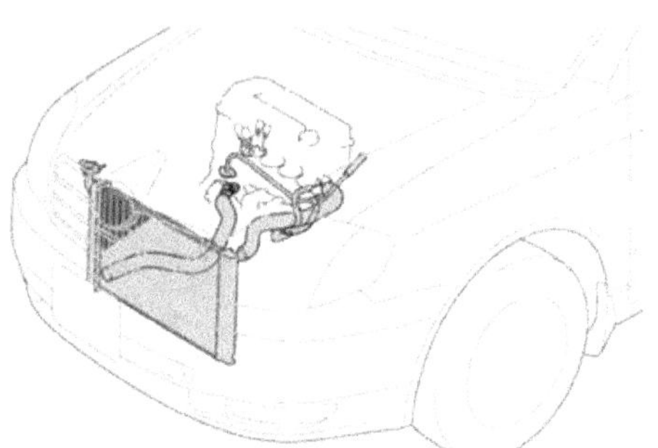

图 4-10　汽车发动机冷却系统

冷却系统有两种类型：水冷系统和风冷系统，如图 4-12 所示。

以空气为冷却介质的冷却系统称为风冷系统；以冷却液为冷却介质的冷却系统称为水冷系统。汽车发动机尤其是轿车发动机一般采用水冷系统，只有少数汽车发动机采用风冷系统。冷却液工作温度一般为 80 ~ 105℃。

1. 水冷式冷却系统

汽车发动机的冷却系统为强制循环水冷系统，即利用水泵提高冷却液的压力，强制冷却液在发动机水套和散热器之间循环流动，完成对发动机的冷却。强制循环水冷系统由冷却风扇、散热器、节温器、气缸体和气缸盖中冷却水道、冷却水套和水泵等组成，如图 4-13 所示。

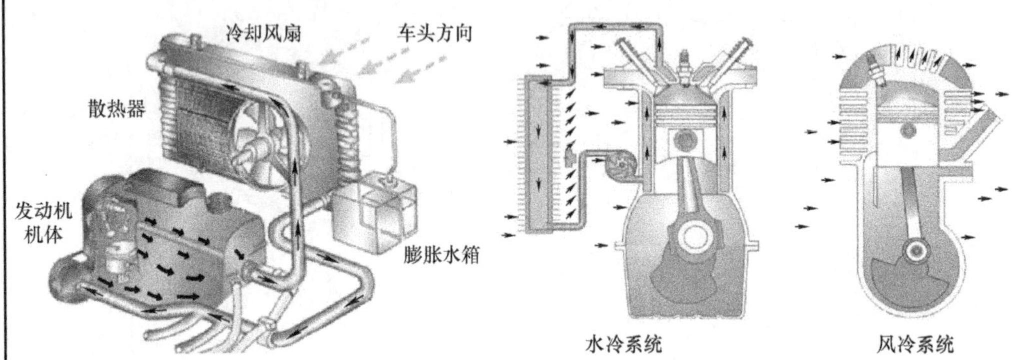

图 4-11　冷却系统组成

图 4-12　冷却系统类型

发动机工作时，冷却水套内充满冷却液，直接从气缸壁和燃烧室壁吸收热量。节温器一般位于水泵处，可根据发动机工作温度，自动控制冷却液的循环路线，实现冷却强度调节。散热器用来发散冷却液热量，安装在发动机前支架上。散热器冷却风扇安装在散热器后面，工作时对空气产生吸力使之轴向流动，从而提高散热器的散热能力。

自然循环利用水蒸气将热量散发出去，如图 4-14 所示。

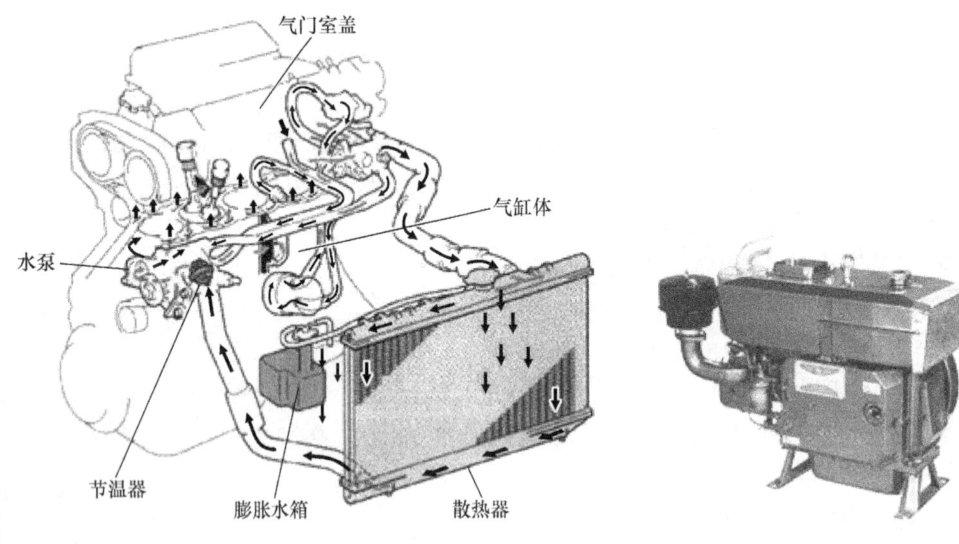

图 4-13　水冷式冷却系统

图 4-14　自然循环

2. 风冷式冷却系统

图 4-15 所示为风冷式冷却系统。其工作原理为在发动机热点处（气缸及燃烧室附近）有若干散热片，先将热量传导到散热片上，散热片再经由流经其周围的气流将热量带走。

风冷式冷却系统根据发动机工作的需要分类如下：

（1）自然冷却式

利用车辆行驶时自然流动的风来散热，一般用于摩托车发动机。

（2）强迫冷却式

由发动机驱动鼓风机鼓动空气，以帮助散热片散热。因为气冷式冷却系统冷却效果差、噪声大，因此车用发动机较少使用。

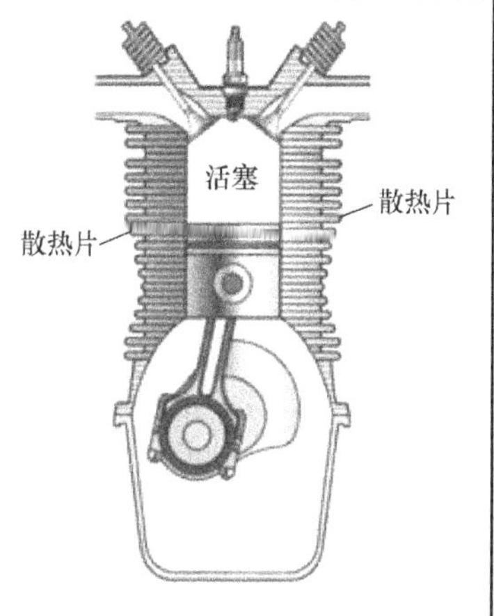

图 4-15　风冷式冷却系统

（三）冷却液循环路线

冷却系统有两个散热循环：一个是冷却发动机的循环系统，另一个是车内取暖循环系统。这两个循环都以发动机为中心，使用的是同一冷却液。

1. 冷却发动机的循环系统

冷却液循环路线由位于水泵进水口（或缸盖出水管）处节温器的工作状态决定。冷却液循环回路分为大循环回路、小循环回路和混合循环回路。

所谓大循环回路，就是当冷却液温度超过规定值时（一般为 90℃左右），节温器主阀门开启，副阀门关闭，冷却液全部流经散热器。散热后的冷却液由水泵抽吸到缸体水套内，经缸体上平面上的水孔流入缸盖的水套中，然后从缸盖出水管流入散热器，形成一个循环系统。由于冷却液流动路线长，冷却强度大，故称为大循环回路，如图 4-16 所示。

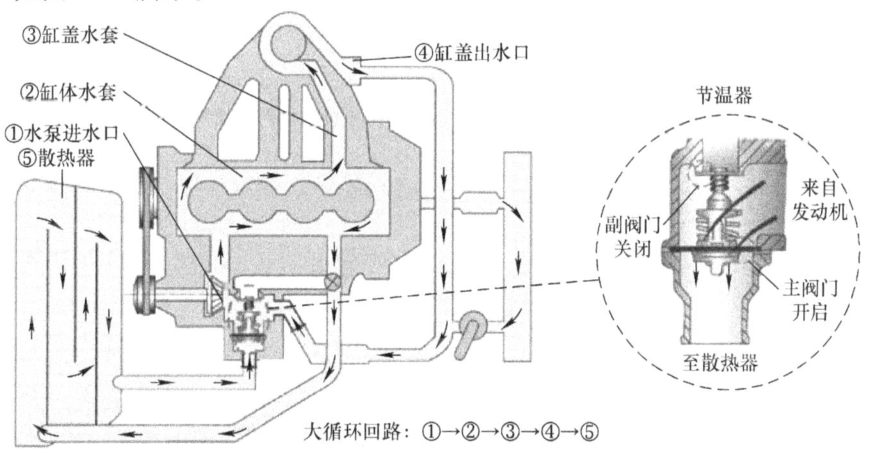

图 4-16　大循环回路

所谓小循环回路，就是当冷却液温度低于规定（一般为 80℃左右），受节温器控制，参与循环的冷却液不经过散热器。即冷却液从缸盖水套流出，经节温器直接进入水泵进水口，再由水泵送入缸体和缸盖的水套。由于冷却液不经散热器，可使发动机温度迅速升高，如图 4-17 所示。

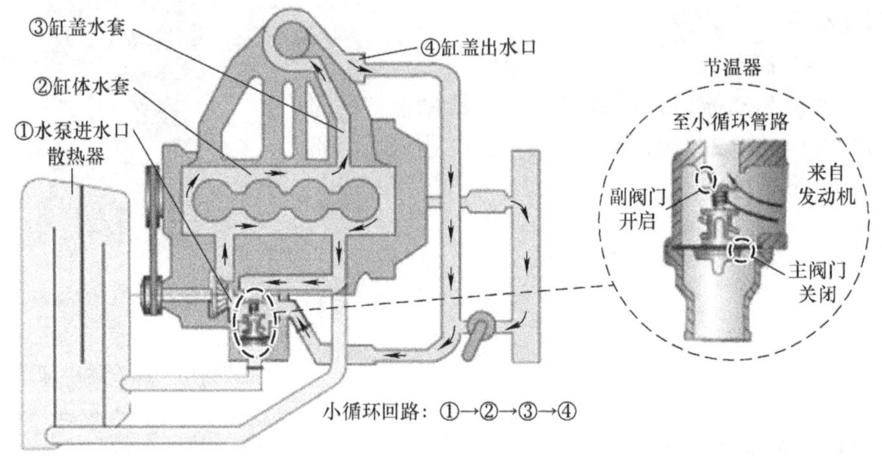

图 4-17　小循环回路

2. 车内取暖循环系统

车内取暖循环系统同样是一个发动机冷却循环。冷却液经过车内的采暖装置将冷却液的热量送入车内，然后回到发动机，如图 4-18 所示。

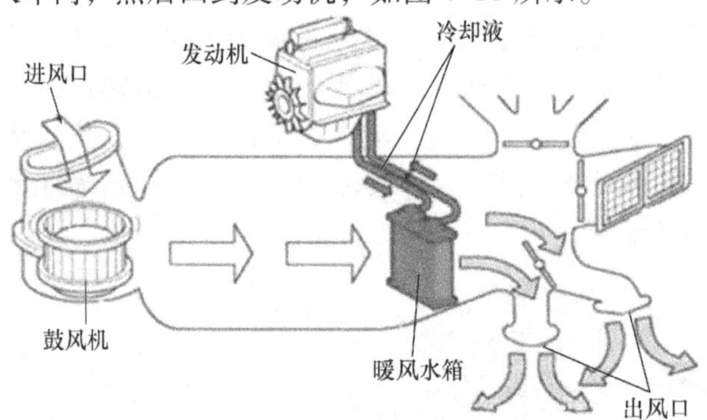

图 4-18　车内取暖循环系统

有一点不同的是：取暖循环不受节温器的控制，只要打开空调控制开关循环就开始进行，不受发动机冷却液的温度控制。

3. 双回路冷却系统

在双回路冷却系统中，冷却液分别在两个回路循环运行，如图 4-19 所示。

- 三分之一的冷却液流向气缸体内的气缸。
- 三分之二的冷却液流向气缸盖内的燃烧室。

为此，需要两个在不同温度时打开的节温器。冷却液循环回路中集成了排气再循环电磁阀，以防温度过高。

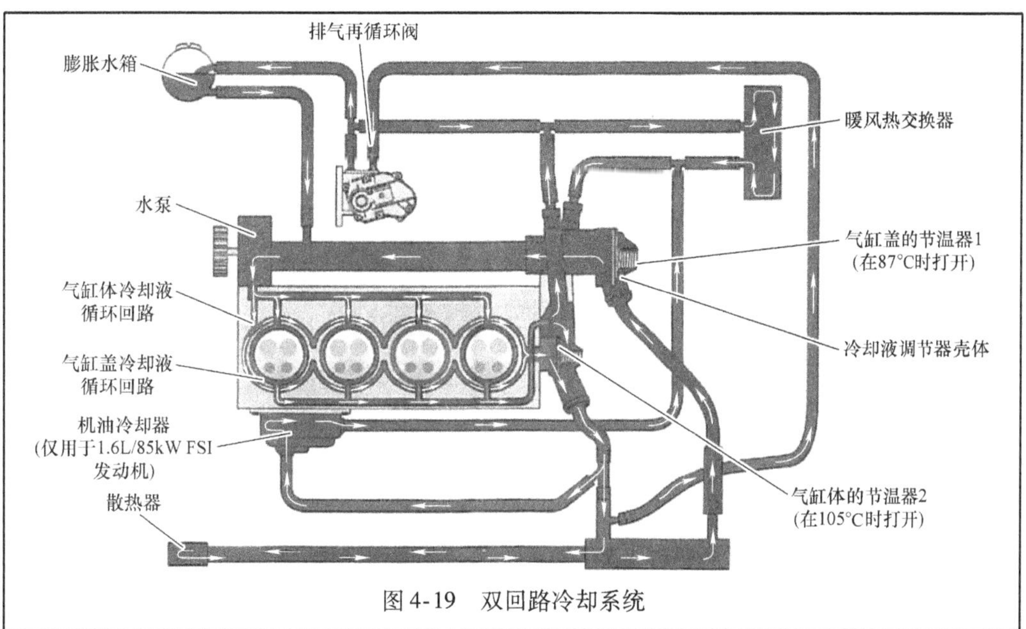

图 4-19 双回路冷却系统

（1）温度在 87℃以下

两个节温器处于关闭状态，发动机升温更快。

冷却液从水泵流向气缸盖（燃烧室）再流向冷却液调节器壳体 2，如图 4-20 所示。

→暖风热交换器

→机油冷却器

→排气再循环阀 + 补液罐

→流向水泵

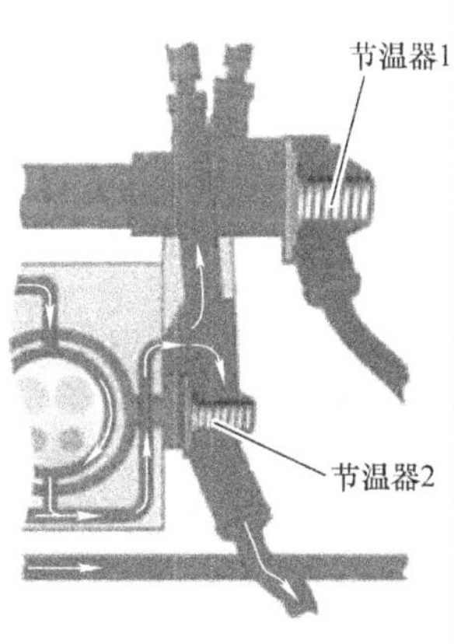

图 4-20 温度在 87℃以下

（2）温度在 87 ~ 105℃

节温器 1 打开，节温器 2 关闭。将气缸盖中的温度控制在 87℃，气缸体内的温度继续上升。

冷却液从水泵流向气缸盖（燃烧室）再流向冷却液调节器壳体 2，如图 4-21 所示。

→暖风热交换器

→机油冷却器

→排气再循环阀 + 补液罐

→散热器

→流向水泵

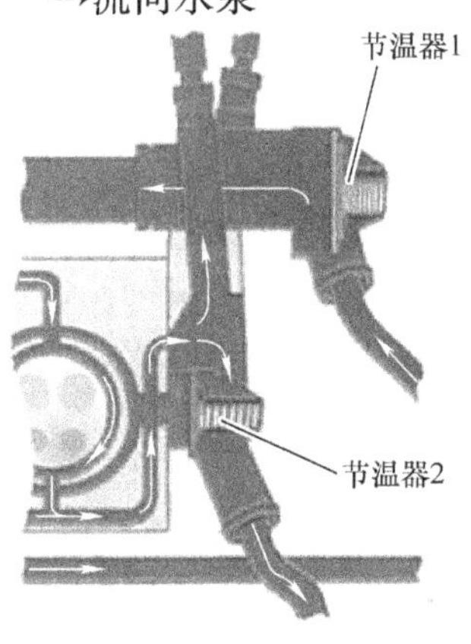

图 4-21 温度在 87 ~ 105℃

（3）温度超过 105℃

两个节温器处于打开状态。

将气缸中的温度控制在 87℃，将气缸体中温度控制在 105℃。

冷却液从水泵流向气缸盖再流向冷却液调节器壳体 2，如图 4-22 所示。

→暖风热交换器

→机油冷却器

→排气再循环阀 + 补液罐

→气缸盖 + 散热器 + 冷却液调节器壳体 1

→流向水泵

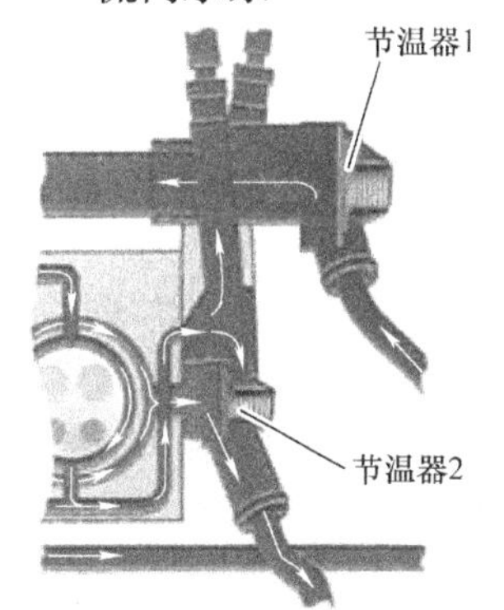

图 4-22 温度超过 105℃

（四）电子控制冷却系统

常规冷却系统都是按照发动机最恶劣的工况条件设计的，也就是在携带挂车负荷时上山行驶或者在盛夏城市工况中不得超过允许的最高温度。这些工况条件出现的机会很少。多数情况下发动机会在正常的环境温度以及部分负荷条件下运行。另外，由于冷却液温度升高和由此发生的零部件温度上升也可以降低油耗和有害物质的排放量。

电子控制冷却系统的任务是根据负荷状态将发动机的工作温度控制在一个额定值上。因此这种冷却系统的冷却液分配器壳体中集成了一个由特性曲线控制的节温器。发动机控制单元中还存储了附加特性曲线，按照这些特性曲线对电加热节温器和风扇的运转级别进行调整，以实现最佳工作温度，如图 4-23 所示。

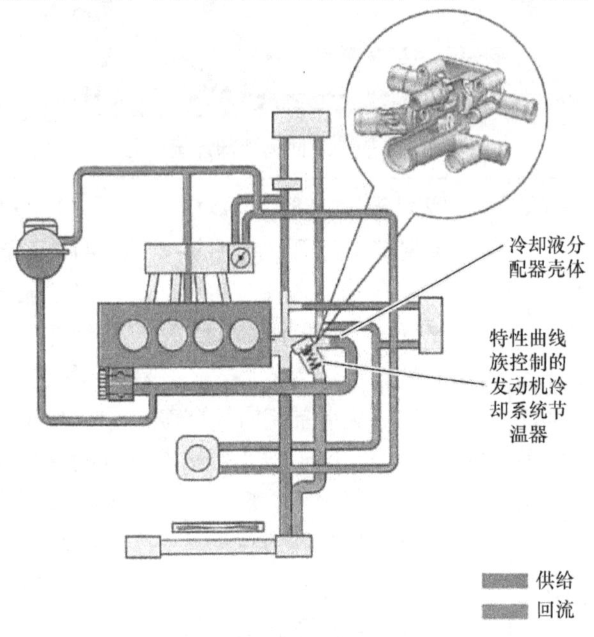

图 4-23　电子控制冷却系统

1. 电子控制冷却系统概览

电子控制冷却系统概览示意图如图 4-24 所示。

（1）传感器

为了控制冷却液的温度，需要得到发动机转速、发动机负荷和冷却液温度信息。

可通过转速传感器测定转速，通过空气流量传感器测定负荷。冷却液的实际温度是在冷却循环回路中的两个不同测量位置测得的：

- 直接在发动机冷却液出口处冷却液分配器中测得的冷却液实际温度值 1。
- 在散热器冷却液出口内测得的散热器冷却液实际温度值 2。

（2）信号处理

通过对存储在发动机控制单元中特性曲线中的额定温度与冷却液实际温度进行比较得出供给节温器加热电阻的电能输出值。

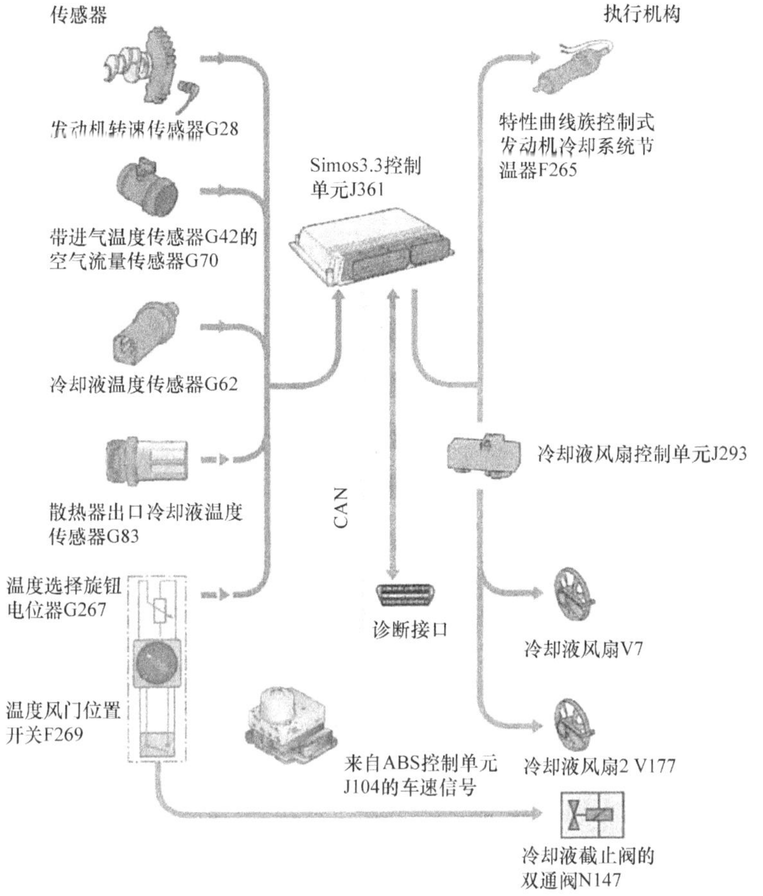

传感器

执行机构

发动机转速传感器G28

带进气温度传感器G42的空气流量传感器G70

冷却液温度传感器G62

散热器出口冷却液温度传感器G83

温度选择旋钮电位器G267

温度风门位置开关F269

Simos3.3控制单元J361

CAN

诊断接口

来自ABS控制单元J104的车速信号

特性曲线族控制式发动机冷却系统节温器F265

冷却液风扇控制单元J293

冷却液风扇V7

冷却液风扇2 V177

冷却液截止阀的双通阀N147

图 4-24 电子控制冷却系统概览示意图

起决定性作用的是发动机负荷，对冷却液实际温度值 1 和 2 进行对比，用于对电子风扇的控制。

（3）执行机构

从各种计算的结果中得出对冷却系统的控制：

- 对节温器加热电阻进行加热以便打开散热器大循环回路，以此对冷却液温度进行调节。
- 起动散热器风扇以辅助冷却液温度迅速下降。

2. 特性曲线控制的节温器

由特性曲线控制的节温器在原理上相当于无控制的节温器。蜡由于冷却液的温度而熔化形成液态并且膨胀。蜡的膨胀推动反推杆。此外，还在膨胀材料元件中埋入了一个加热电阻。当发动机控制单元对该电阻输送电能时，蜡元件就会额外升温。不仅会通过冷却液的温度，而且会通过相应的特性曲线对该反推杆进行调节，如图 4-25所示。

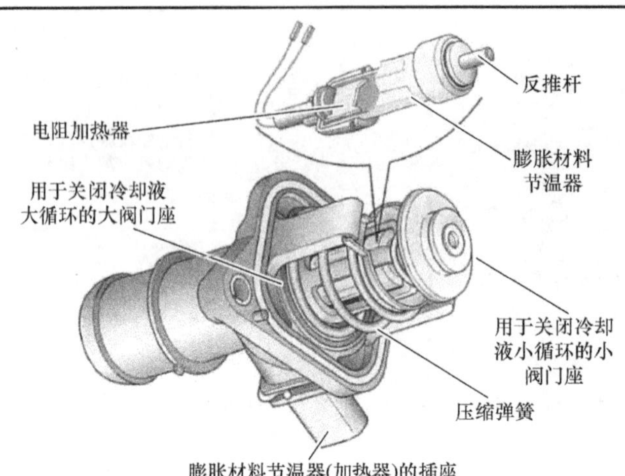

图 4-25　特性曲线控制的节温器

(1) 小循环回路

在小循环时节温器作出下述调节，如图 4-26 所示。

- 关闭大阀门座：关闭散热器回流管路。
- 打开小阀门座：冷却液经过冷却液分配器单元流向水泵。

(2) 大循环回路

由特性曲线控制的发动机冷却系统的工作范围如图 4-27 所示。

- 打开大阀门座：打开通向水泵的散热器回流管路。
- 关闭小阀门座：关闭从发动机到水泵的直接通道。

通过对膨胀材料元件进行加热，在 85～95℃的冷却液低温区出现满负荷时节温器已经打开。为了辅助冷却，必要时将开启电子风扇。

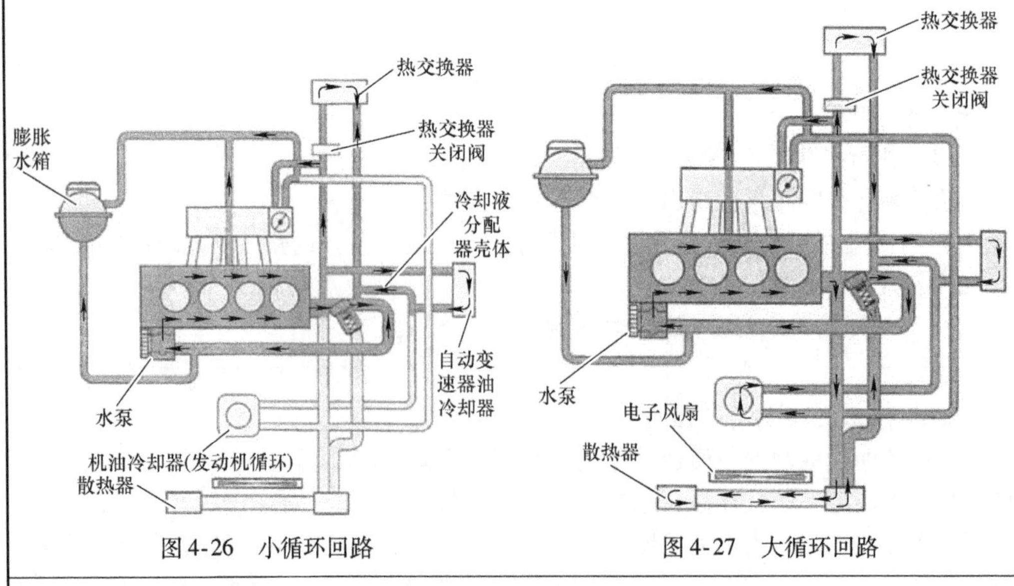

图 4-26　小循环回路　　图 4-27　大循环回路

3. 工作原理图

电子控制冷却系统工作原理图如图 4-28 所示。

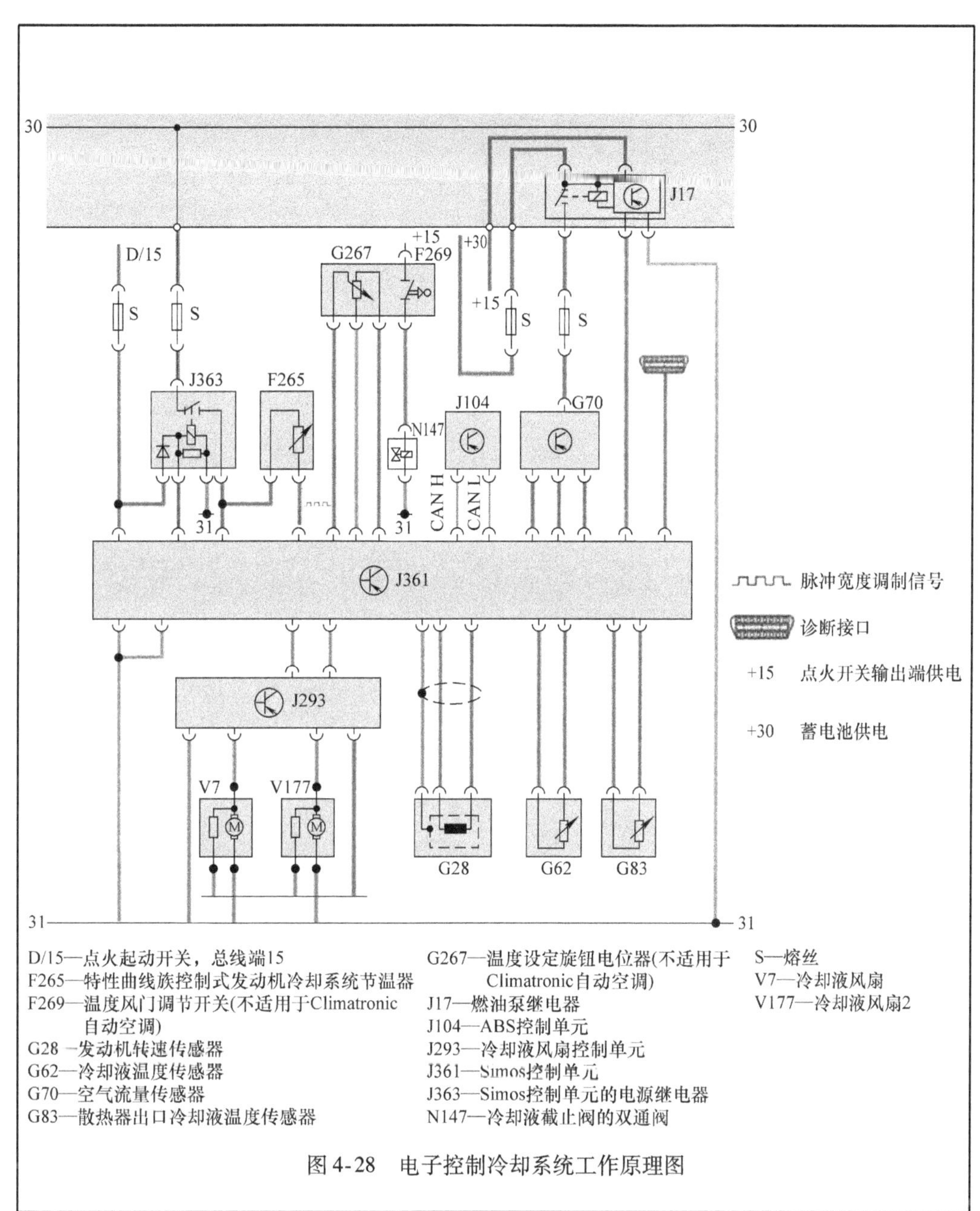

图4-28 电子控制冷却系统工作原理图

任务二 冷却系统的组成及工作原理

水冷式冷却系统主要由冷却风扇、膨胀水箱（储液罐）、散热器、发动机缸盖组成，如图4-29所示。

冷却系统附属装置由下水管、水泵、水套（道）、节温器、上水管等组成，如图4-30所示。

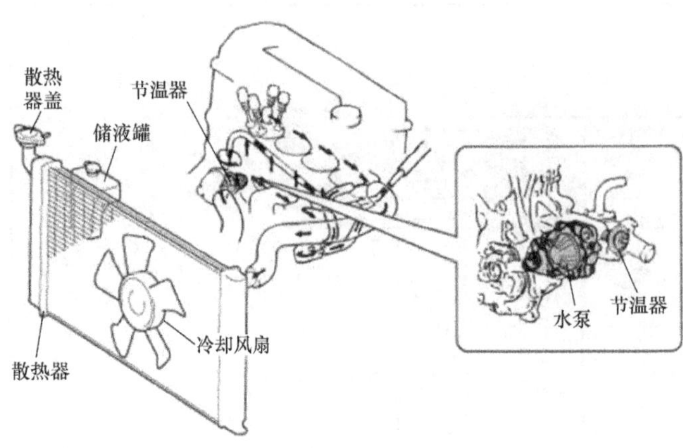

图 4-29　水冷式冷却系统组成

图 4-30　冷却系统附属装置

（一）冷却系统的组成

当发动机升温后，冷却系统将热量传给周围的空气，降低发动机的温度。相反地，当发动机冷却后，冷却系统又使发动机易于暖机。

冷却系统即以此方式来保持发动机的适宜温度，并有气冷和水冷两种类型，现在，汽车发动机上用的主要是水冷式冷却系统。

1. 水冷式冷却系统

在水冷式冷却系统中，冷却液循环至冷却水套，吸收发动机所产生的热量，从而保持发动机适宜的温度。

被吸收的热量通过散热器释放，冷却后的冷却液又重新循环冷却发动机。同时，冷却液的热量又可供加热器使用。

冷却系统可区别于节温器的安装位置不同，分为：

① 节温器位于水泵进水侧的冷却系统。

② 节温器位于水泵出水侧的冷却系统。

冷却系统也可根据是否装有控制旁通的旁通阀来区分。目前，几乎全部发动机冷却系统都装有带旁通阀的节温器，如图 4-31 所示。

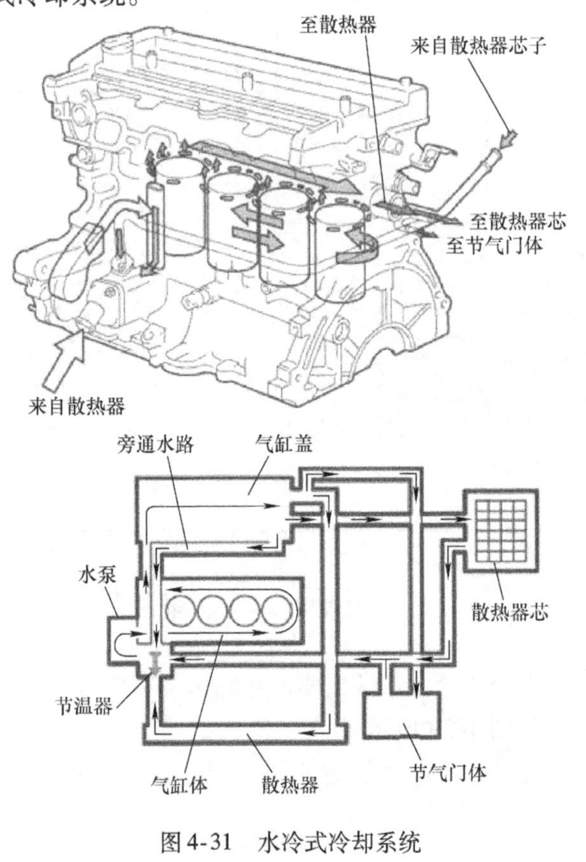

图 4-31　水冷式冷却系统

2. 冷却液的工作过程

节温器位于进水管内的类型（有旁通阀），此类型的特点是节温器安装在水泵的进水管内。节温器带有旁通阀，根据冷却液温度变化来开启和关闭节温器，最终调节流过主路径和旁路水路的冷却液。

1）当冷却液处于冷态时：

当冷却液温度很低时，节温器关闭，旁通阀开启。冷却液循环通过旁通水路，不通过散热器。这有助于水温上升，发动机可以更快地达到适宜的温度，如图4-32所示。

2）当冷却液处于热态时：

当冷却液温度很高时，节温器开启，旁通阀关闭。全部受热的冷却液流向散热器进行冷却，并流过节温器返回至水泵，以此种方式来使发动机保持适宜的温度。

与无旁通阀的发动机相比，当冷却液温度很高时，冷却液未循环至旁通阀，因此冷却效果较好。采用这一方法可更加灵敏地操作节温器，使冷却液温度变化减小，从而使发动机可以在稳定的温度运转。

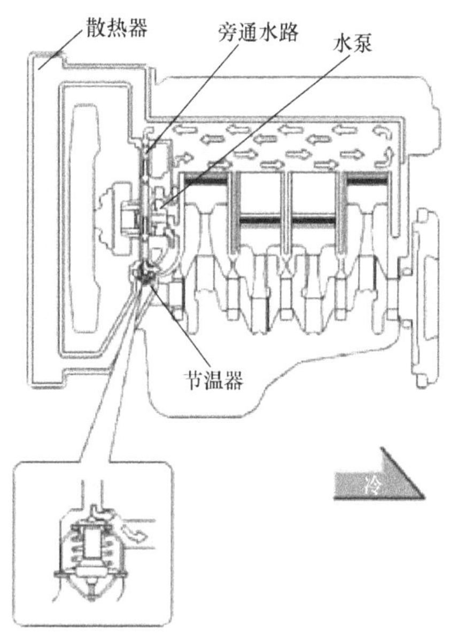

图4-32 冷却液处于冷态时

注意： 备有节温器带旁通阀的发动机，不可在拆除节温器后远行。备有旁通阀的发动机内，旁通水路的路径较宽。如果在旁通阀（节温器）拆除后运行发动机，则大部分的冷却液将流过旁通路径，从而更容易引起使发动机过热。

（二）冷却系统的主要零部件及工作原理

1. 节温器

节温器是控制冷却液流动路径的阀门，通过控制冷却液通往散热器的流量使发动机在最短的时间内达到正常的工作温度，且在发动机运行过程中保证其始终维持在正常的工作温度范围内，如图4-33所示。

节温器有底部旁路和直列式旁路两种类型。

（1）节温器类型

节温器有通用型蜡式节温器和电子控制节温器两种。目前大多数发动机采用的是通用型蜡式节温器。有些轿车发动机采用电子控制节温器。节温器安装于缸盖出水口处或缸体进水口处，来控制冷却液通向散热器的流量，如图4-34所示。

图4-33 节温器

通用型蜡式节温器　　电子控制节温器

图 4-34　节温器类型

蜡式节温器构造如图 4-35 所示。

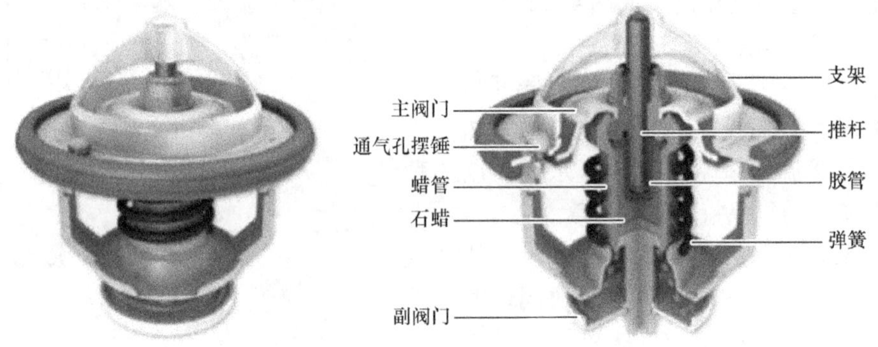

图 4-35　蜡式节温器构造

（2）蜡式节温器工作原理

蜡式节温器根据冷却液温度的高低，打开或关闭冷却液通向散热器的通道。

当冷却液温度低于 84℃时，节温器主阀门关闭，副阀门开启，如图 4-36 所示。冷却液在冷却系统中进行小循环，循环路径为水泵→气缸体前端→水套→气缸盖→气缸盖后出口→回水管→节温器副阀门→水泵。由于冷却液不经过散热器，可使发动机温度迅速升高。

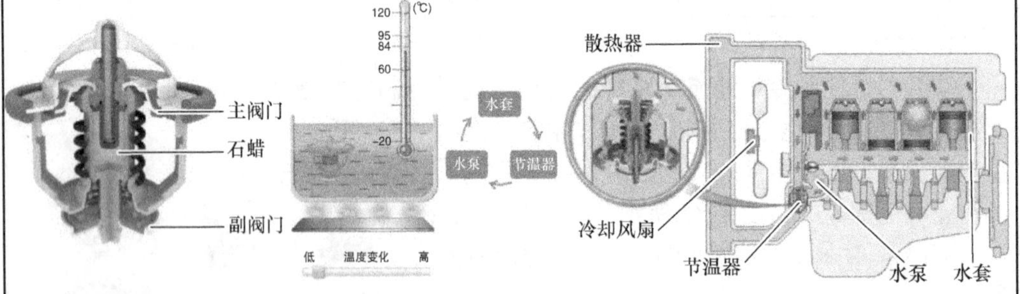

当冷却液温度低于84°C时，蜡式节温器状态　　当冷却液温度低于84°C时，冷却液进行小循环

图 4-36　冷却液进行小循环

当冷却液温度介于 84～95℃时，石蜡受热膨胀，节温器主阀门部分开启，副阀门部分关闭，如图 4-37 所示。冷却液进行混合循环，即循环路径为水泵→气缸体前端→水套→气缸盖→气缸盖后出口→回水管→节温器副阀门→水泵；另一路为回水管→散热器→节温器主阀门→水泵。由于部分冷却液经过散热器，因此保证了冷却液的正常工作温度。

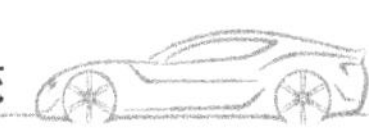

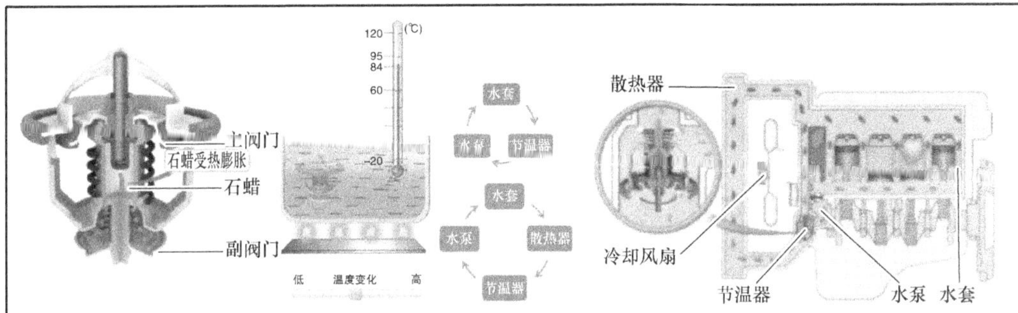

当冷却液温度介于84~95℃时，蜡式节温器状态　　当冷却液温度介于84~95℃时，冷却液进行混合循环

图 4-37　冷却液进行混合循环

当冷却液温度高于 95℃ 时，石蜡膨胀量增大，主阀门全开，副阀门全关，如图 4-38所示。冷却液进行大循环，即循环路径为水泵→气缸体前端→水套→气缸盖→气缸盖后出口→回水管→散热器→节温器主阀门→水泵。由于冷却液全部经过散热器，可使冷却液迅速降温，保证发动机正常工作。

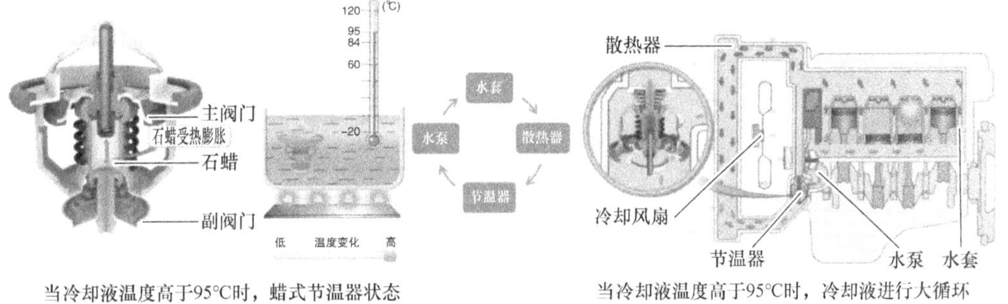

当冷却液温度高于95℃时，蜡式节温器状态　　当冷却液温度高于95℃时，冷却液进行大循环

图 4-38　冷却液进行大循环

（3）电子控制节温器

轿车发动机采用电子控制节温器如图 4-39 所示。

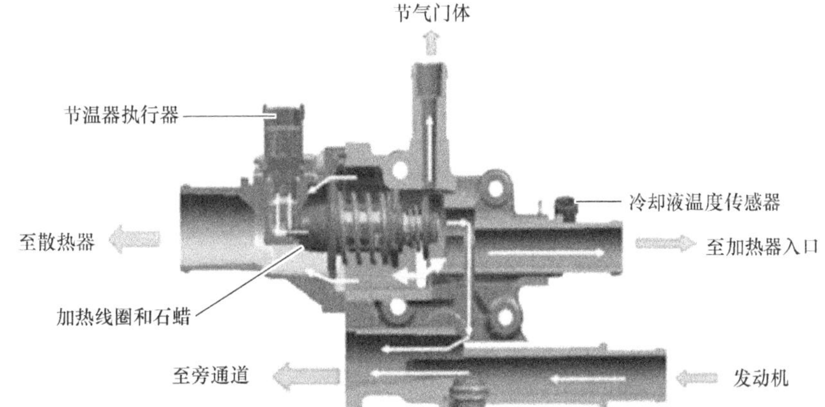

图 4-39　电子控制节温器

发动机控制模块（Engine Control Module，ECM）利用脉宽调制信号驱动加热线圈。加热线圈加热石蜡，当石蜡液化膨胀发生位移，节温器阀门开启，冷却系统进入

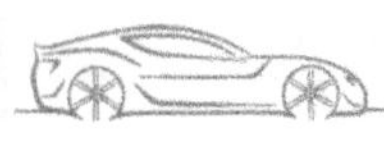

大循环。与传统机械式节温器相比，电子控制节温器具有更快的响应速度和更宽的工作温度范围，如图4-40所示。

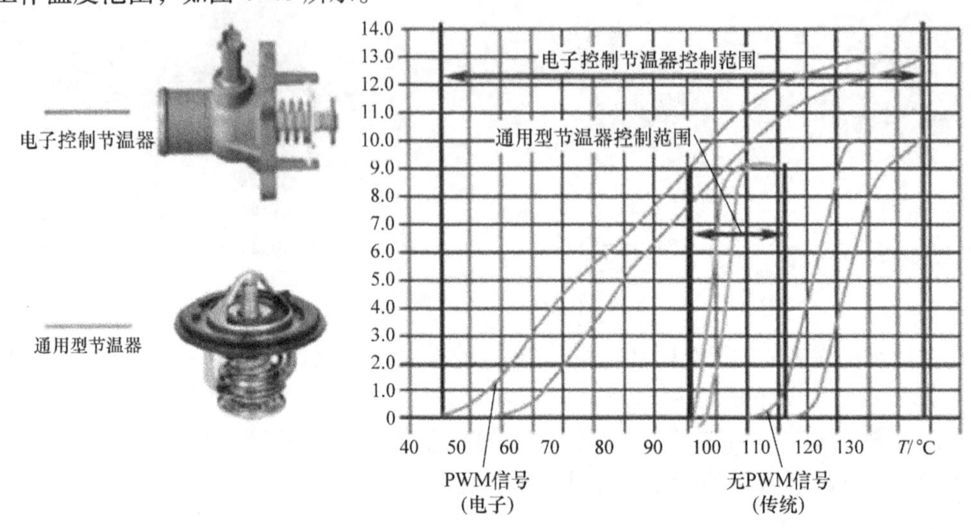

图4-40　电子控制节温器工作温度范围

2. 水泵

水泵是一个与驱动轴、支座和叶轮预先组装在一起的单元。水泵的一个重要部件是带有径向或切向曲面或平面叶片的叶轮。驱动轴在输送侧支撑叶轮，在驱动侧支撑带有法兰的泵壳体和齿形带轮。用于壳体与支撑轴之间密封的轴密封件布置在输送侧与驱动侧之间。水泵的使用寿命主要取决于此密封件的功能，如图4-41所示。

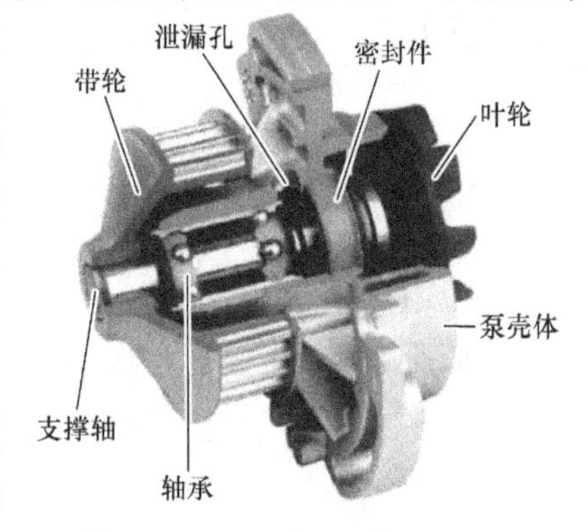

图4-41　水泵

(1) 结构

水泵由水泵盖、带轮、水泵轴及轴承、水泵叶轮和水封装置等组成，如图4-42所示。其功能是对冷却液加压，保证冷却液在冷却系统中循环流动。

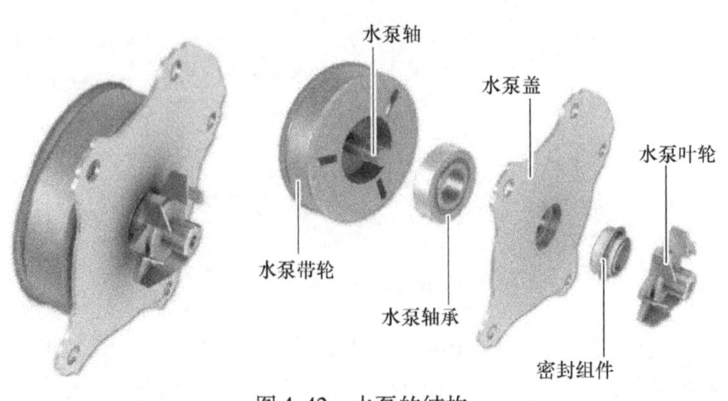

图4-42　水泵的结构

(2) 工作原理

水泵的工作原理如图4-43所示。水泵的进水管与散热器相连，水泵的出水管则与气缸水道相通。水泵的叶轮由风扇传动带轮带动，而风扇带轮由曲轴传动带轮通过传动带驱动。当叶轮旋转时，水泵中的冷却液被叶轮带动一起旋转，在离心力的作用下，冷却液向叶轮的边缘甩出，并且沿切线方向从出水管处被压送到发动机水套内的循环管路。同时，叶轮中心处的压力下降，散热器中的冷却液经进水管吸入叶轮中心。如此反复，冷却液在水泵的作用下循环流动。

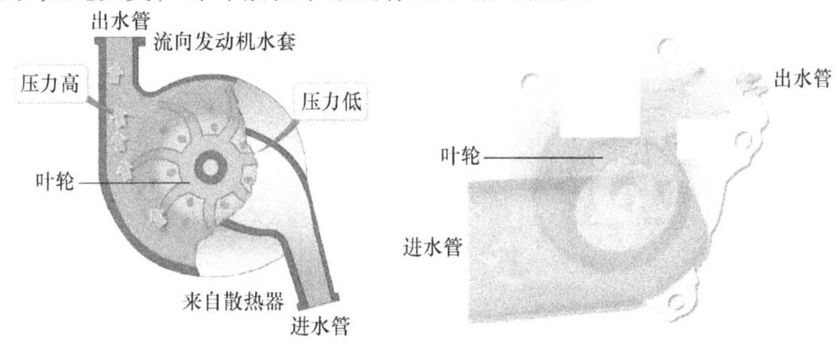

图4-43　水泵的工作原理

发动机通过带轮带动水泵轴承和叶轮转动，水泵中的冷却液被叶轮带动一起旋转，在离心力的作用下被甩向水泵壳体的边缘，同时产生一定的压力，然后从出水道或水管流出。叶轮的中心处由于冷却液被甩出而压力降低，散热器中的冷却液在水泵进口与叶轮中心的压差作用下经水管被吸入叶轮中，实现冷却液的往复循环，如图4-44所示。

图4-44　发动机通过带轮带动水泵轴承和叶轮转动

支撑水泵轴的轴承用润滑脂润滑，因此要防止冷却液污染润滑脂造成润滑脂乳化，同时还要防止润滑脂泄漏。防止水泵泄漏的密封部件有水封和密封垫。水封的动密封环与轴通过过盈配合装在叶轮与轴承之间，水封的静密封座紧紧地压装在水泵壳体上，从而达到密封冷却液的目的。

水泵壳体通过密封垫与发动机相连，并支撑着轴承等运动部件。水泵壳体上的泄水孔位于水封与轴承之间。一旦有冷却液渗过水封，可从泄水孔泄出，以防止冷却液进入轴承腔而破坏轴承润滑并导致部件锈蚀。如果发动机停止后仍有冷却液漏出，则表明水封已经损坏。

3. 散热器

散热器利用流进散热器芯缝隙中的空气流来带走散热器中冷却液的热量，达到降低冷却液温度的目的，如图4-45所示。

（1）散热器结构

散热器由进水室、出水室和散热器芯、散热器盖等组成，如图4-46所示。较高温度的冷却液从发动机气缸盖上出水管流出，进入进水室，然后进入散热器芯。热的冷却液由于向空气散热而变冷，冷却风扇调节流经散热器的冷空气量，冷空气吸收冷却液散发出的热量而升温，冷却液通过水泵抽吸从出水室出水口流出。散热器其实是一台热交换器。

图4-45　散热器

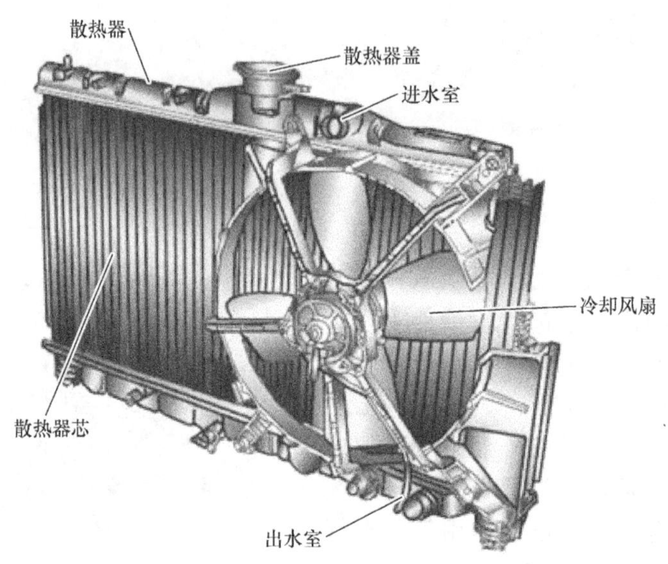

图4-46　散热器结构

（2）散热器分类

按照散热器中冷却液流动方向的不同，可将散热器分为横流式和纵流式两种，如图4-47所示。横流式散热器芯横向布置，左右两端分别是进、出水室，冷却液由进水室横向流过散热器芯进入出水室。纵流式散热器芯竖直布置，上接进水室，下连出水室。冷却液由进水室自上而下地流过散热器芯进入出水室。轿车都采用横流式散热器，可降低发动机机罩高度，改善车身前端的空气阻力。

（3）散热器芯

散热器芯有多种结构形式。管片式散热器芯由散热管和散热片组成，散热管是焊接在进、出水室之间的直管，作为冷却液通道。在散热管的表面焊有散热片以增加散热面积，增加散热能力。管带式散热器芯由散热管和波形散热带组成。板式散热器芯的冷却液通道由大量的金属薄板焊接而成，如图4-48所示。散热器芯通常用导热性好的材料（如黄铜）制造，现在更多地采用铝制造。

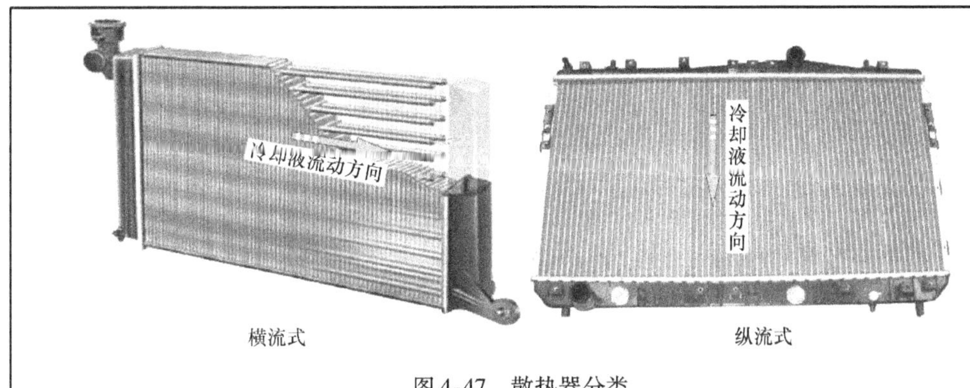

图 4-47　散热器分类

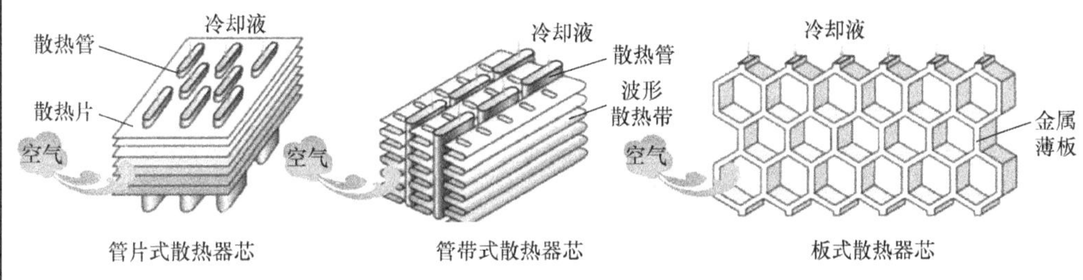

图 4-48　散热器芯

（4）散热器工作原理

将冷却液所含热量，通过流动空气散发，使冷却液迅速得到冷却，维持发动机正常工作温度，如图 4-49 所示。

冷却液在散热器芯内流动，空气从散热器芯外通过。热的冷却液由于向空气散热而变冷，冷空气则因为吸收冷却液散出的热量而升温。散热器通过加大冷却液与空气的接触面积，利用空气流动降低冷却液热量，达到散热效果，如图 4-50 所示。

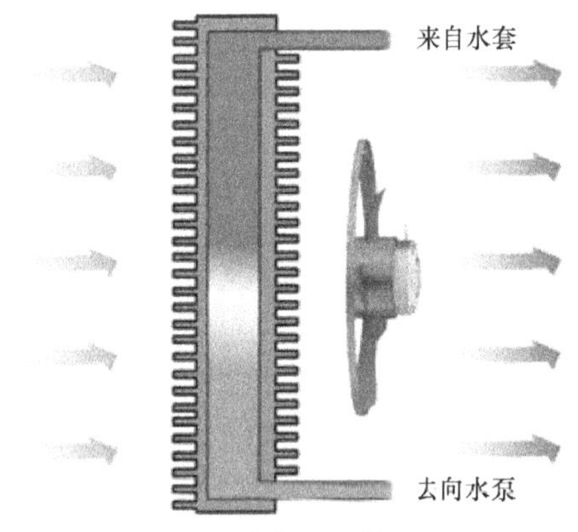

图 4-49　散热器工作原理

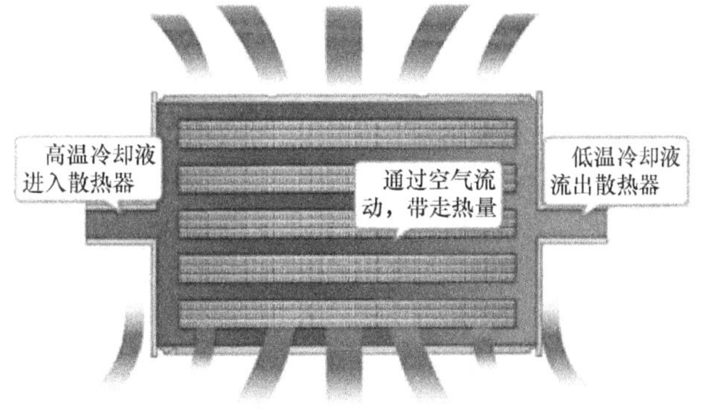

图 4-50　散热效果

4. 散热器盖

汽车上广泛采用闭式水冷系统，该水冷系统的散热器盖具有压力阀和真空阀，可自动调节冷却系统内的压力，提高冷却效果。散热器盖结构如图 4-51 所示。

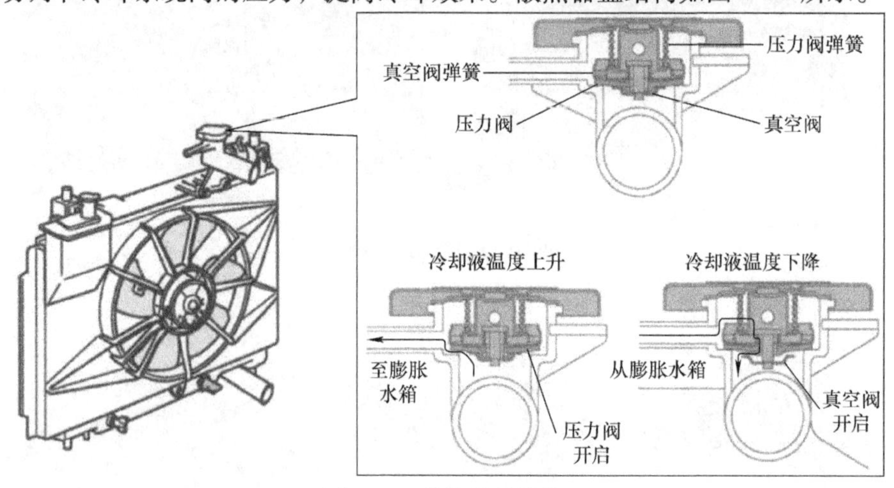

图 4-51　散热器盖结构

（1）过压阀

过压阀使冷却系统内保持 0.8bar 的过压。从而使冷却液的沸腾温度提高到104 ~ 108℃，因此改善了冷却效果。压力更高时，该阀门打开并将过压释放到大气中，如图 4-52 所示。

（2）真空阀

冷却液冷却过程中冷却系统内出现真空，真空阀打开后，空气从外部流入，因此可以避免冷却液软管收缩，如图 4-53 所示。

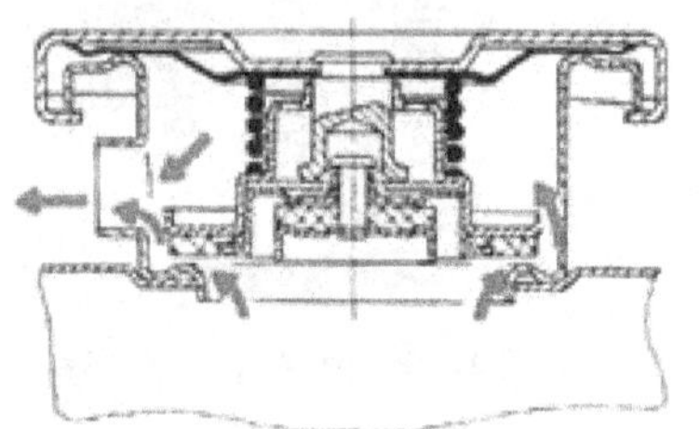

图 4-52　过压状态

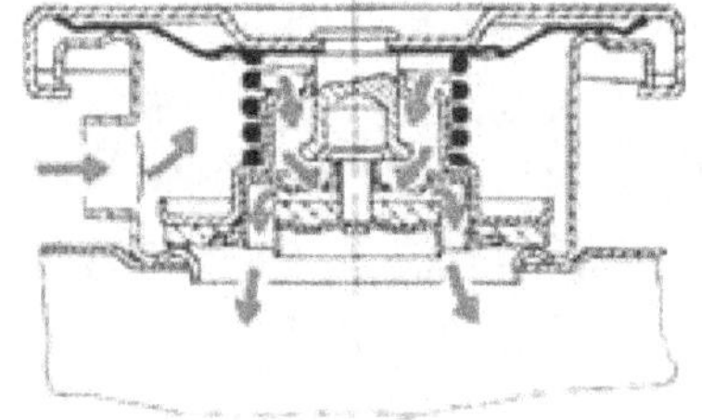

图 4-53　真空状态

（3）散热器盖的作用

密封水冷系统并调节水冷系统的工作压力。散热器盖内加装了压力/真空阀，通过两阀门的作用，系统内压力提高到 98 ~ 196kPa，相应的冷却液沸点提高到 108 ~ 120℃，达到提高冷却效果的目的，还可防止冷却液减少，如图 4-54 所示。

散热器盖工作原理如图 4-55 所示。发动机工作时，冷却液温度逐渐升高，容积膨胀使冷却系统内的压力增大。当压力超过预定值时，散热器盖压力阀开启，部分冷却液流入膨胀水箱。发动机停机后，冷却液温度下降，水冷却系统内压力随之减小。当压力降到大气压力以下出现真空时，真空阀开启，部分冷却液被吸回散热器。

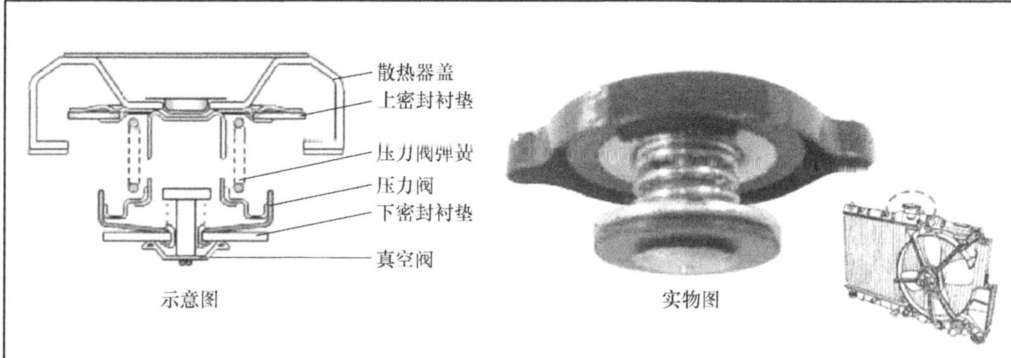

图 4-54　散热器盖的作用

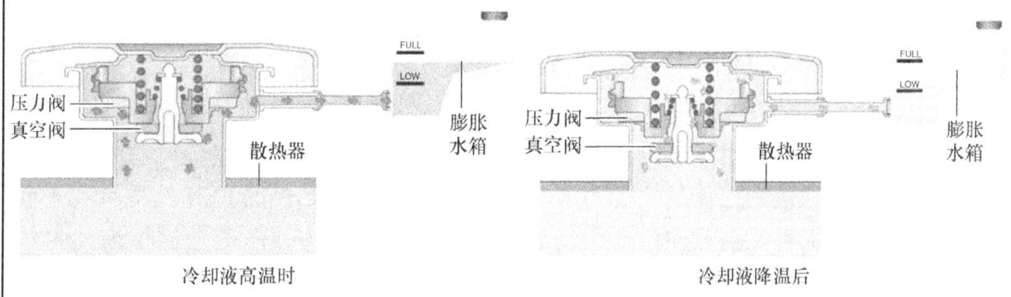

图 4-55　散热器盖工作原理

5. 冷却风扇

如图 4-56 所示，冷却风扇安装在散热器后方，冷却风扇促进散热器的通风，提高散热器的热交换能力。

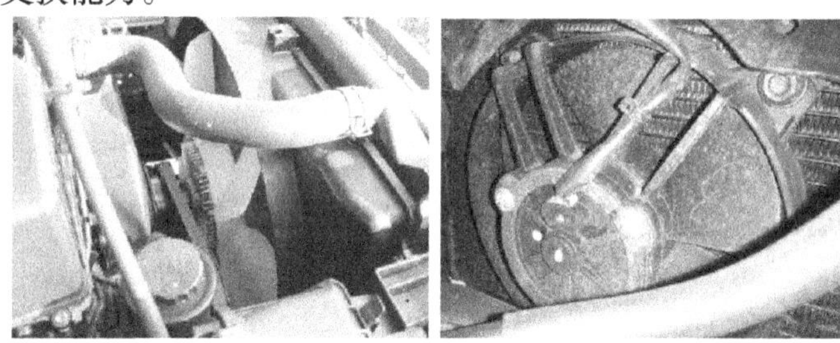

图 4-56　冷却风扇

（1）机械式风扇

机械式风扇的结构简单、造价便宜、故障率低，但是机械式风扇平衡不好，不利于高转速发动机，会影响发动机瞬间转矩提升，散热效果不好。一般用于大转矩、低转速发动机，例如大型货车或客车，如图 4-57 所示。

（2）硅油风扇

硅油风扇的优点是不会影响发动机瞬间转矩的提升，能够依靠发动机的冷却液温度控制风扇转速，但是硅油风扇结构复杂、维修价格高，如图 4-58 所示。

图 4-57　机械式风扇

图 4-58　硅油风扇

由 V 型传动带驱动的冷却风扇转速与发动机转速成正比。因此，装有温度控制型液力耦合器的冷却风扇是通过感知流过散热器气流的温度来控制风扇转速的。温控液力耦合器包含 1 个用硅油的液力离合器。通过 V 型传动带传递至风扇的转动力是受工作室的硅油量来控制的。当发动机处于低温时，风扇的转速降低，有利于发动机暖机，减少噪声。当发动机处于高温时，风扇转速增加，向散热器供应足量的空气，从而提高冷却效果，如图 4-59 所示。

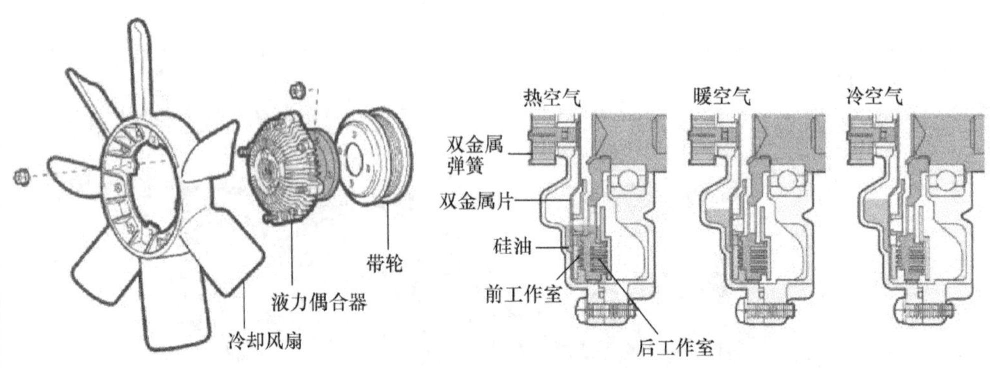

图 4-59　硅油风扇工作原理

（3）电动风扇

电动风扇结构简单，由电控单元控制风扇转动，能够依靠发动机的冷却液温度、负荷等数据控制风扇转速。优点是能给发动机提供稳定的散热效果，平衡发动机的工作温度。缺点是系统控制逻辑复杂，维修不方便，如图 4-60 所示。

图 4-60　电动风扇

电动风扇能感知冷却液温度，只有当温度过高时，才供给足量的空气。在正常温度下，风扇停转，这样可使发动机逐渐变暖，且降低燃料消耗和噪声，如图 4-61 所示。

电动风扇转速可在 3 个档位间转换，或转换至无极，来调节冷却性能，使它与冷却液温度和空调器运行保持同步。

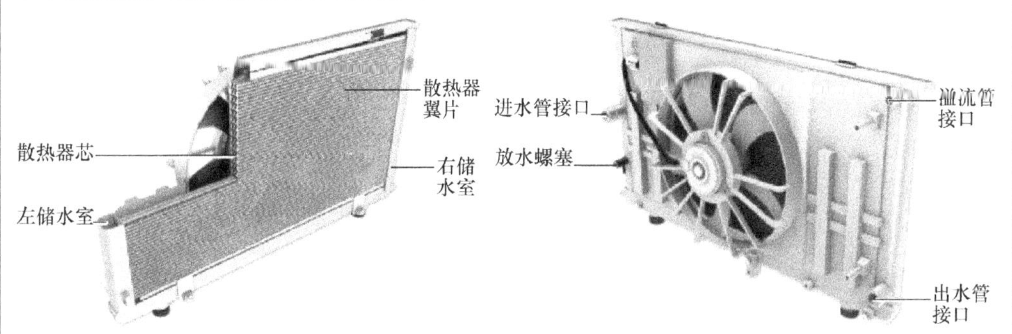

图 4-61　电动风扇结构

风扇是由直流永磁电动机带动工作的。电动机由定子、转子、电刷和外壳组成，如图 4-62 所示。

当电动风扇通过电刷在线圈中形成电流，产生电磁场，线圈在电磁力的作用下产生旋转运动，实现将电能转换为机械能，如图 4-63 所示。

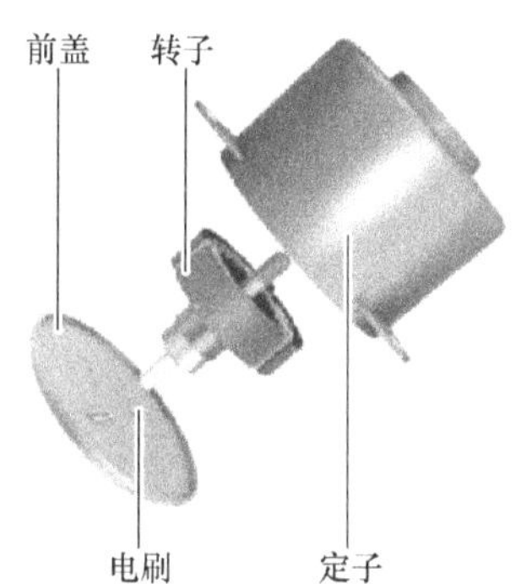

图 4-62　直流永磁电动机

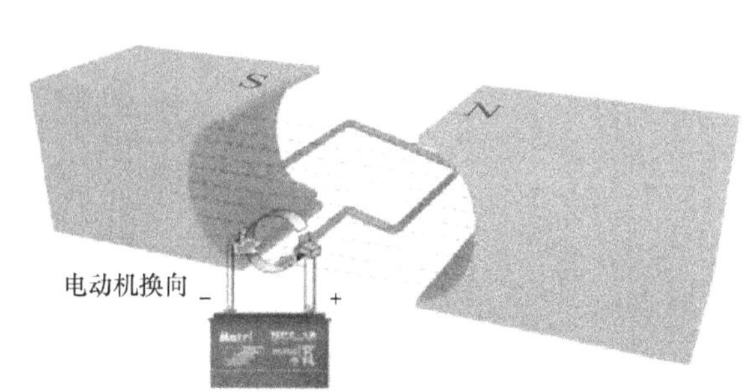

图 4-63　电动机的工作原理

电动风扇安装在散热器的后方，如图 4-64 所示。

电动风扇由电动机、导风罩、冷却风扇组成，如图 4-65 所示。

风扇转速取决于冷却液温度的高低和空调系统的工作状态。通常，电动风扇的转速分两个档位，当冷却液温度达到 93～98℃时，风扇低速旋转；当冷却液温度达到 105℃时，风扇高速旋转，如图 4-66 所示。

（4）微机控制电动冷却风扇

微机控制电动风扇的风扇转速由发动机 ECU 控制，如图 4-67 所示。以轿车为例，其工作特性为：

1）当冷却液温度低于 95℃时，微机控制风扇电动机不工作，风扇不转动。

2）当冷却液温度处于 95～105℃时，微机控制风扇电动机低速运转，风扇低速转动。

3）当冷却液温度达到 105℃时，微机控制风扇电动机高速运转，风扇高速转动。

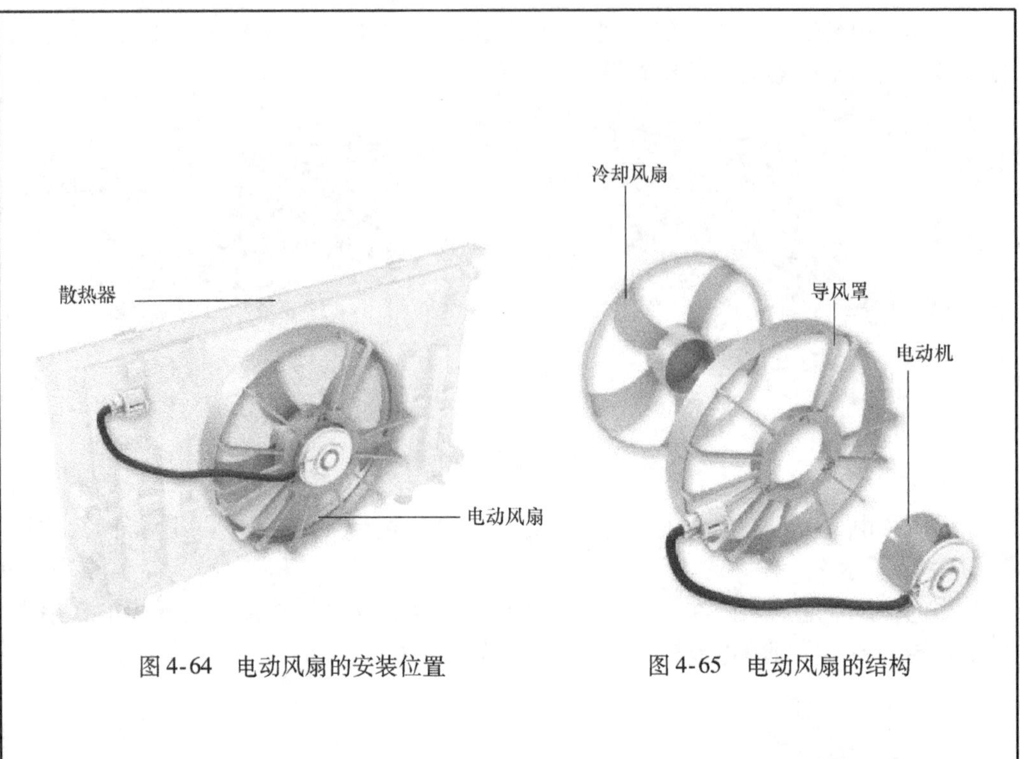

图 4-64　电动风扇的安装位置

图 4-65　电动风扇的结构

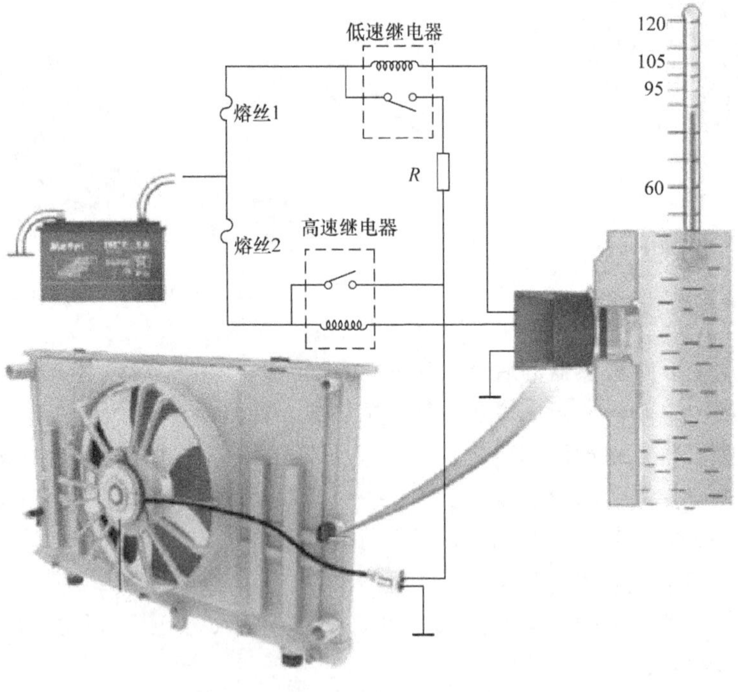

低速继电器
熔丝1
R
熔丝2
高速继电器
120
105
95
60

图 4-66　电动风扇的工作原理

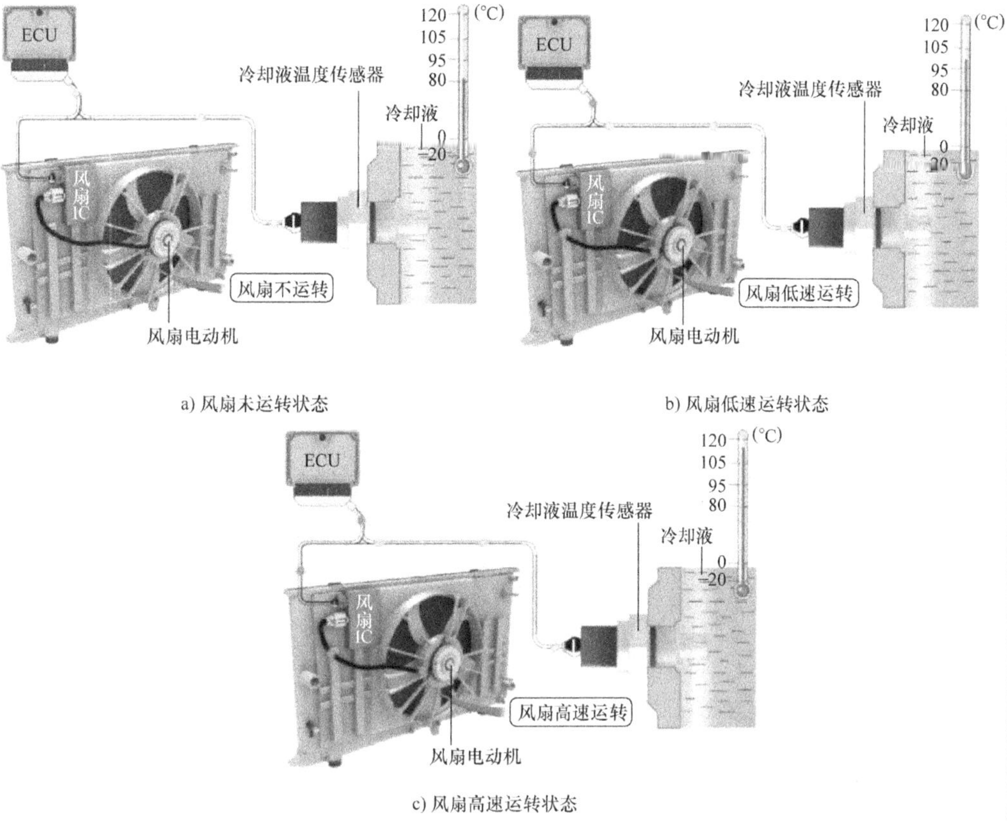

a) 风扇未运转状态

b) 风扇低速运转状态

c) 风扇高速运转状态

图 4-67　微机控制电动冷却风扇

6. 冷却水道

冷却液出水口分水喉管将冷却水道分为多个分水道。分水道的作用是使发动机各气缸的冷却强度均匀一致。铜制或不锈钢制的分水道直接铸在机体上，沿其纵向设有出水孔，并与机体水套相通，离水泵越远，出水孔越大，分水道数通常与气缸数相同，如图 4-68 所示。

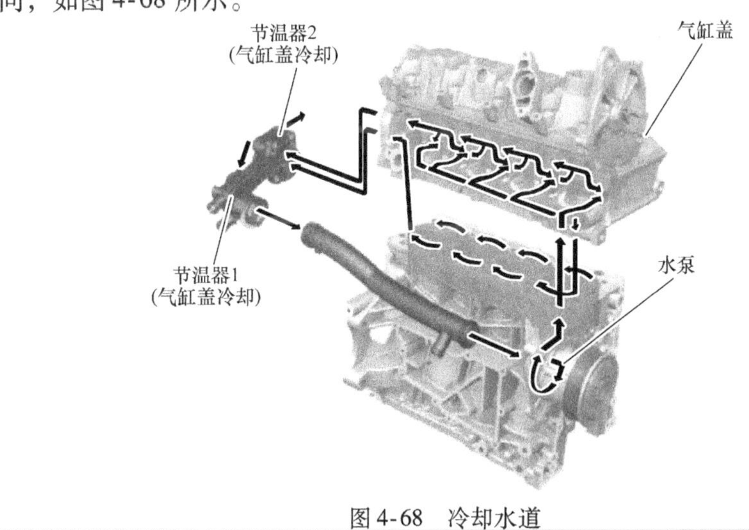

图 4-68　冷却水道

冷却液在水泵中增压后，经分水道进入发动机的机体水套，冷却液从水套壁周围流过并吸热而升温，然后向上流入气缸盖水套并吸热后，经节温器及散热器进水软管流入散热器。散热器中的冷却液向流过散热器周围的空气散热而降温，最后冷却液经散热器出水软管返回水泵，如此循环往复。

7. 膨胀水箱

膨胀水箱与散热器相连，以便储存从散热器溢出的冷却液，并防止它流到外面。

（1）膨胀水箱结构

膨胀水箱多用塑料制造并用软管与溢流管和补偿管相连接，主要由膨胀水箱盖、溢流管接口、补偿管接口、壳体等组成。在膨胀水箱的外表面上刻有两条标记线，膨胀水箱内冷却液面应位于两条标记线之间，如图 4-69 所示。

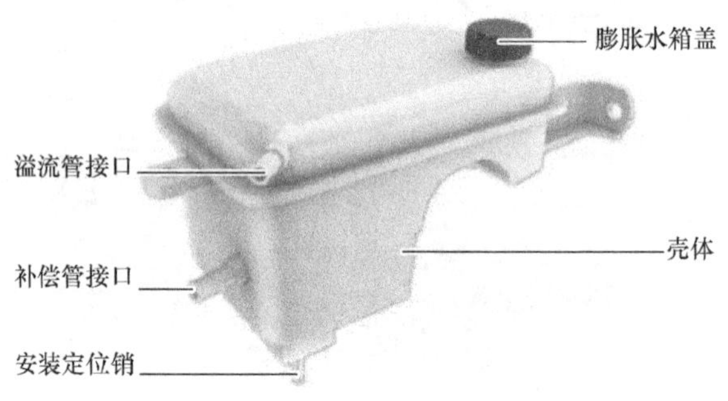

图 4-69　膨胀水箱结构

（2）膨胀水箱的工作原理

膨胀水箱有溢流和补偿的作用。溢流即当冷却液受热膨胀时，部分冷却液通过溢流管从散热器中流入膨胀水箱，如图 4-70 所示。

补偿即当冷却液降温后，散热器内冷却液体积变小，膨胀水箱内的冷却液经补偿管被吸回散热器。膨胀水箱还可消除水冷系统中的所有气泡。

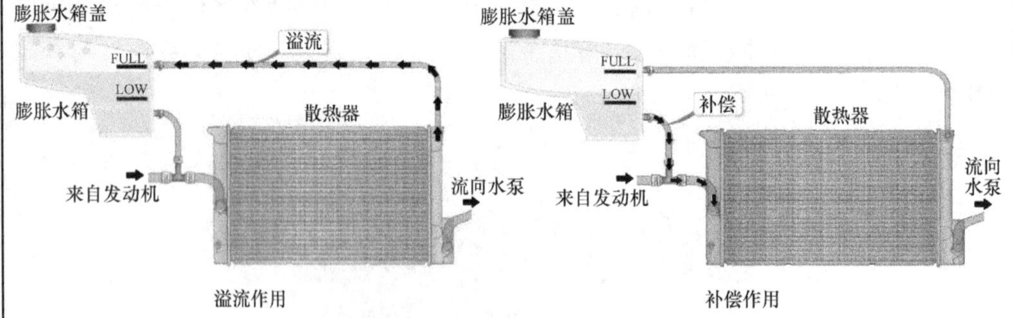

图 4-70　膨胀水箱的工作原理

当冷却液受热膨胀时，部分冷却液流入膨胀水箱；当冷却液降温时，部分冷却液又被吸回散热器，所以冷却液不会溢失。膨胀水箱内的液面有时升高，有时降低，散热器却总是被冷却液充满。在膨胀水箱的外表面上刻有两条标记线："LOW"线和"FULL"线，膨胀水箱内的液面应位于两条标记线之间。若液面低于"LOW"线时，应向膨胀水箱内补充冷却液。在向膨胀水箱内添加冷却液时，液面不应超过"FULL"线。

(3) 冷却液温度显示器、液位警告灯

冷却液温度用一个负温度系数电阻来监测，然后信号会传输至温度显示器。

冷却液液位由电阻传感器测定。在此测量两个金属销之间的电阻。冷却液液位正常时，两个金属销完全浸在冷却液中。两金属销之间的电阻很小。冷却液液位下降时，两金属销之间的电阻上升，组合仪表电子装置接通警告灯，液位警告灯传感器如图 4-71 所示。

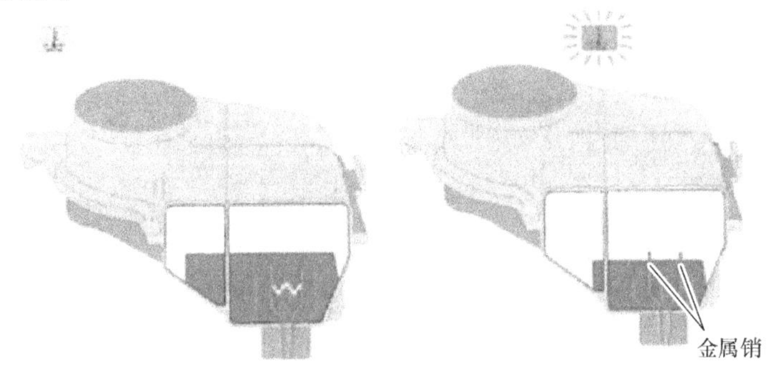

图 4-71　液位警告灯传感器

任务三　冷　却　液

冷却液的全称是冷却防冻液，意为有防冻功能的冷却液。冷却液可以防止在寒冷的冬季停车时冷却液结冰而胀裂散热器，冻坏发动机气缸体或盖。许多人认为冷却液只是冬天才使用，其实冷却液不仅仅是冬天用的，它全年都要使用，如图 4-72 所示。在汽车正常的保养项目中，汽车每行驶两年或 24 个月更换发动机冷却液，特殊车辆冷却液的更换频率要更高。

图 4-72　冷却液

现在大多数的冷却液都是四季通用的，这样省去了冬季更换冷却液的麻烦。而冷却液具有冬季防冻，夏季防沸，四季使用，具有防腐、防垢、防锈蚀，抗泡沫等多种功能，适合各种水冷式机械应用。如果贪图便宜，夏天使用差一些的冷却液，冬天再换更好的，这样其实反而不省钱。

（一）冷却液的作用及组成

1. 冷却液的作用

- 防冻：冷却液可以防止在寒冷的冬季，发动机未工作时冷却液结冰而胀裂散热器，损坏发动机气缸体/盖。
- 防沸：冷却液的沸点通常在110℃，比水的沸点要高。
- 防腐：发动机冷却系统中有金属部件，冷却液中的化学添加剂可以有效减少冷却液对金属部件的腐蚀。
- 冷却：通过冷却液在冷却系统中的流动，将发动机热量散出。
- 热传导：冷却液通过与发动机缸体接触吸收发动机热量，本身温度升高将发动机温度带走，如图4-73所示。

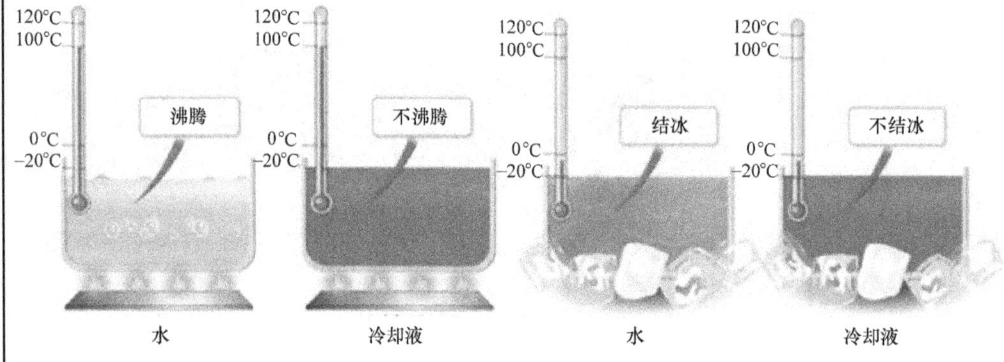

图4-73　水和冷却液的对比

2. 冷却液的成分

常用的汽车用冷却液的主要成分有（图4-74）：

- 水＋酒精。
- 水＋二甘醇。
- 水＋乙二醇。

防冻剂有酒精、甘油或乙二醇，最常用的是乙二醇，可防止冷却液冻结，提高冷却液沸点；添加剂包括防锈剂、泡沫抑制剂和着色剂。

图4-74　冷却液是水和化学试剂的混合物

（1）冷却液成分不同对其冰点、沸点的影响

以乙二醇冷却液为例，说明冷却液成分比例对其冰点与沸点的影响，见表4-1。

表4-1　冷却液成分不同对其冰点、沸点的影响

乙二醇浓度（%）	冰点/℃	沸点/℃
10	-4	101
20	-9	102
30	-17	104
40	-26	106
50	-39	108

（2）冷却液的使用比例

使用时需要勾兑水的冷却液，在勾兑时应参考冷却液标签上的参数来控制水和冷却液的混合比例，在寒冷地区应保证冷却液有足够低的冰点。需要特别注意的是：

- 绝不可以直接使用水来取代冷却液，这样会造成发动机冷却系统腐蚀和结垢。
- 勾兑时，勾兑的水要符合 VIDA 的标准或使用纯净水。
- 除非有特殊说明，不可以把不同品牌的冷却液混合，容易导致化学反应，从而降低冷却液的性能，见表 4-2。

表 4-2　冷却液的使用比例

冷却液的使用比例	冰点
35%	-4 ~ -20℃
50%	-34 ~ -37℃
55%	-45 ~ -49℃

3. 冷却液品质的检查

冷却液都是无色的，给冷却液添加颜色是为了便于维修技师检查冷却液的液位，冷却液的颜色有多种如：黄色、红色、橙色、绿色，质量好的冷却液颜色饱满并且有芳香的气味，如图 4-75 所示。

新冷却液

旧冷却液

图 4-75　冷却液品质的检查

一般汽车的冷却液每 40000km（或 2 年）更换一次。

（1）使用冰点测试仪

冰点测试仪是一个标准的密度计，可以检测冷却液、风窗玻璃清液、蓄电池电解液等。测量冷却液中的乙二醇和水的比例，通过测试结果可以分析冷却液的冰点，如图 4-76 所示。

测量冷却液冰点时，取少许冷却液涂于观测口上，如图 4-77 所示。

用眼睛直接观测冰点测试仪，在观测口中将显示冷却液冰点，如图 4-78 所示。

观测口中有明显的蓝白分界线，上部为蓝色，下部为白色，分界线对应的刻度即测量结果。冷却液的冰点为 -14℃，如图 4-79 所示。

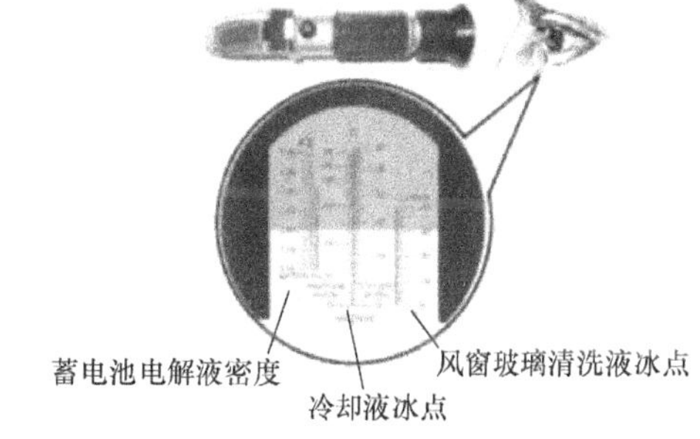

图 4-76　冰点测试仪

使用冰点测试仪时，应遵循以下注意事项：

- 注意不要将冷却液滴在身上、衣服上等。
- 使用完毕必须清洁干净，保存于干净的容器内。
- 使用的纸巾、棉纱等不可再用作清洁其他物品，应及时处理。

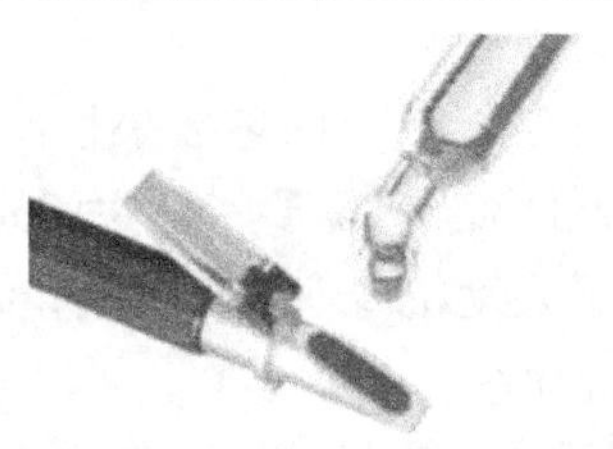

图 4-77　取少许冷却液涂于观测口上

图 4-78　用眼睛直接观测冰点测试仪

（2）使用注意事项

1）各型冷却液不可混用，如要换所用冷却液牌号，应彻底放净并清洗冷却系统。

2）冷却液主要成分是乙二醇，有毒，应避免吸入。

3）不要在汽车刚熄火后就排放冷却液，因为冷却液温度很高。

4）一般原厂包装的防冻液，是浓缩的，使用时要加纯净水调配。

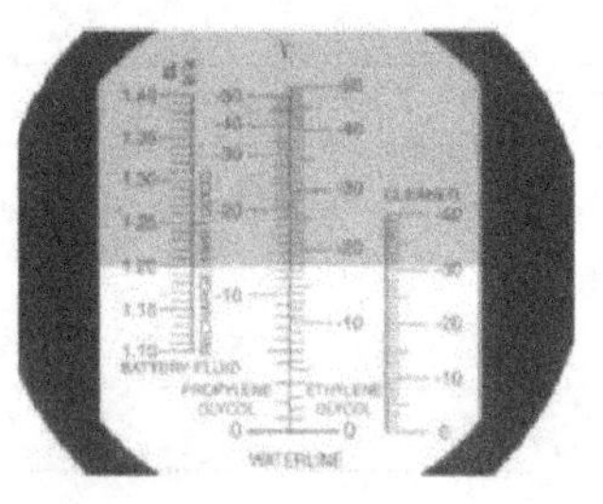

图 4-79　观测口中有明显的蓝白分界线

（二）更换冷却液

1）放出冷却液，如图 4-80 所示。在发动机下部放好接水盆，松开散热器排放塞、拆下散热器盖、松开气缸体上的排放塞。

图 4-80　放出冷却液

2）加注冷却液。

① 上紧散热器排放塞和气缸体排放塞（力矩 13N·m）。

② 从膨胀水箱加注口处加入冷却液，如图 4-81所示。

发动机加注冷却液标准容量见表 4-3。

③ 从加液口处将冷却液加至下限（min）与上限（max）之间，如图 4-82 所示。用手挤压散热器进、出水软管一些时间，并检查冷却液面。如果液面过低，则继续添加。

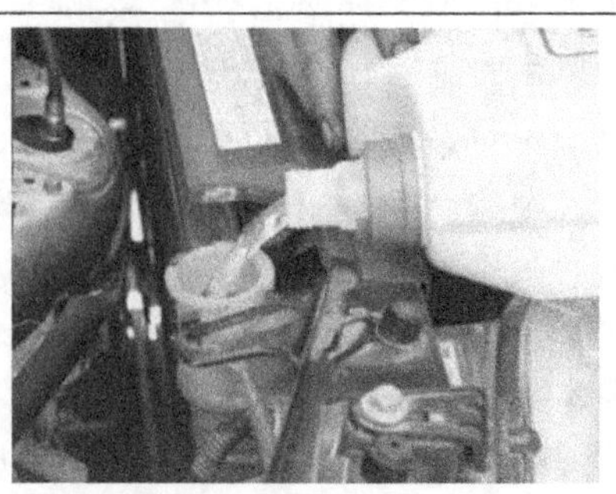

图 4-81　从膨胀水箱加注口处加入冷却液

表 4-3　标准容量

项　　目	容　　量
发动机冷却液	手动变速驱动桥：5.6L
	自动变速驱动桥：5.5L

前提：A/C 开关应在 OFF 档位，将空调温度调至 MAX（热）位，空调鼓风机设置于 LOW（低速）位。预热发动机，直至节温器打开。用手挤压散热器进、出水软管，以便从冷却系统中放出空气。

④ 发动机冷机后，检查膨胀水箱内的液面，应在 min 与 max 之间。

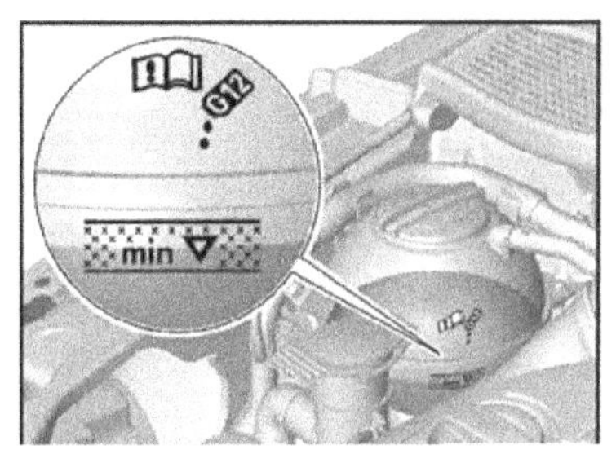

图 4-82　下限（min）与上限（max）

六、任务实施

对技术员要求：

- 接收/检查修理单。
- 接收用于修理的订购零件。
- 在允许的时间内进行工作。
- 向技师领队确认工作完成。

技师领队：

- 对技术难度高的工作向技术员提供指导和帮助。

1.预约　2.接待　3.工作分配　4.维修

客户　业务人员　管理员/组长　技师领队　技术员　顾客的车

7. 维修后续工作

6. 维修交付

5. 最终检查

（一）更换电子节温器

1. 拆卸电子节温器的步骤

1）车辆冷却后，断开蓄电池负极接线柱（图 4-83）。

2）打开冷却液加注盖（图 4-84）。

图 4-83　断开蓄电池负极接线柱

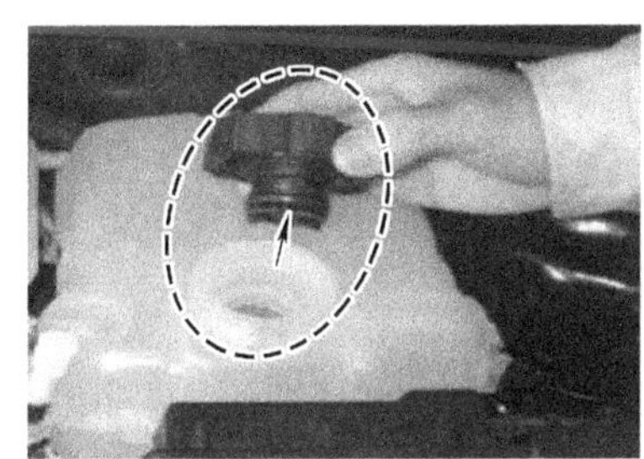

图 4-84　打开冷却液加注盖

3）将车辆举升到合适高度，在发动机冷却液排放口下方放置一个容器，用鲤鱼钳拧松冷却液排放塞，排放冷却液（图4-85）。

4）下降车辆，断开氧传感器1线束（图4-86）。

图4-85　拧松冷却液排放塞

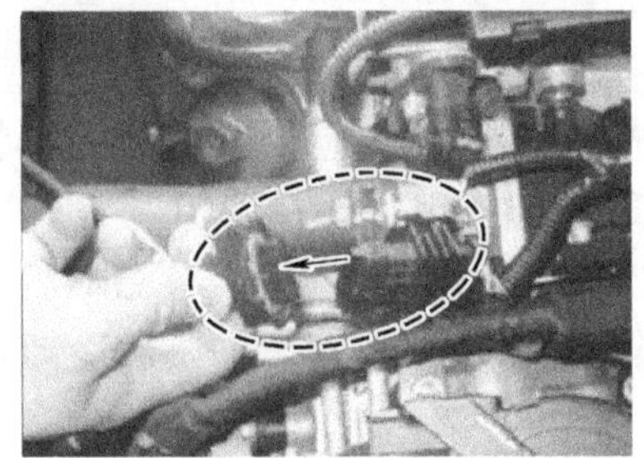

图4-86　断开氧传感器1线束

5）断开电子节温器加热线线束（图4-87）。松开散热器进口软管卡箍（图4-88）。

图4-87　断开电子节温器加热线线束

图4-88　松开散热器进口软管卡箍

6）拔下进水管（图4-89）。拧松4个发动机冷却液节温器螺栓（图4-90），拆卸发动机电子节温器总成（图4-91）。

图4-89　拔下进水管

图4-90　拧松4个发动机冷却液节温器螺栓

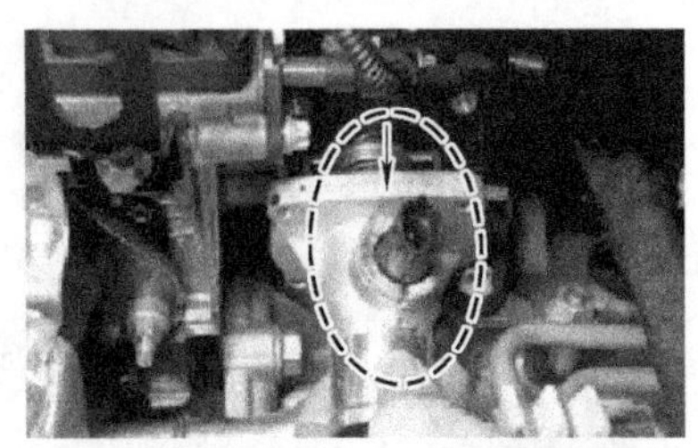

图4-91　拆卸发动机电子节温器总成

2. 安装电子节温器

1）安装发动机电子节温器总成，螺栓拧紧至8N·m。安装散热器进口软管卡箍，连接氧传感器1线束，连接电子节温器加热线线束。

2）拔出节气门体上部的节气门体散热水管，加注冷却液直至小孔内溢出冷却液。预热发动机，将发动机加速至怠速转速最高为2500r/min，直到第一个散热器风扇设置开关接通。以2000~2500r/min的转速，运行发动机1min。关闭发动机并使之冷却。检查冷却液液位，同时将冷却液加注至COLD（冷态）标记处。

3）连接蓄电池负极导线。

（二）更换水泵

1. 拆卸水泵的步骤

1）打开冷却液加注盖（图4-92）。将车辆举升到合适高度，在发动机冷却液排放口下方放置一个容器，用鲤鱼钳拧松冷却液排放塞，排放冷却液（图4-93）。

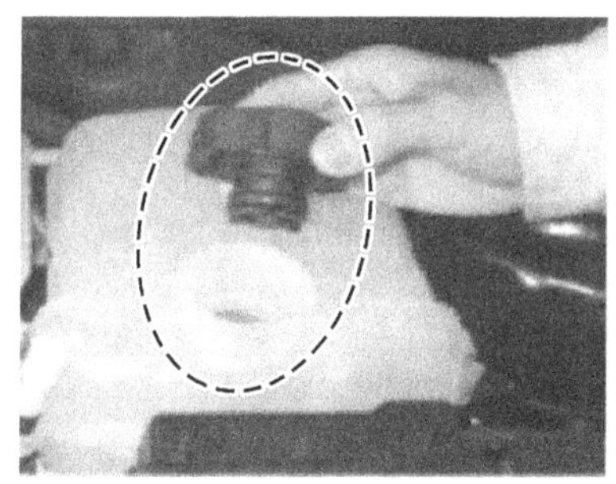

图4-92　打开冷却液加注盖

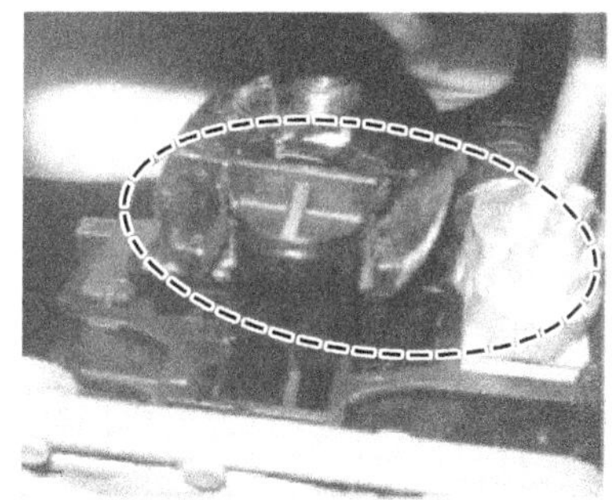

图4-93　拧松冷却液排放塞

2）断开空气流量传感器/进气温度传感器线束（图4-94）。用一字螺钉旋具松开空气滤清器与节气门体之间的夹箍（图4-95），取下空气滤清器总成。安装专用工具EN6349销（图4-96），拆卸发动机传动带（图4-97）。

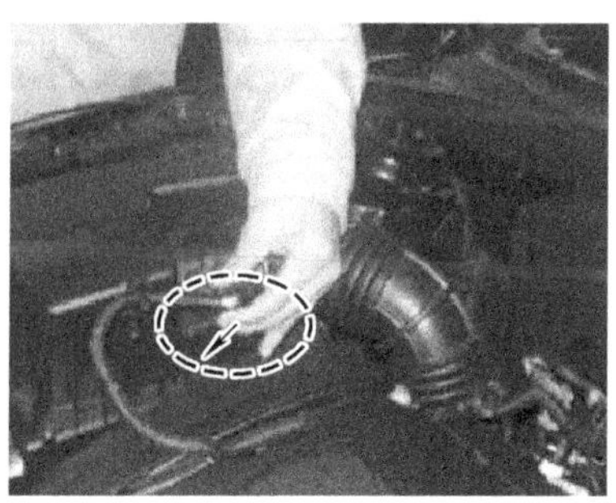

图4-94　断开空气流量传感器/进气温度传感器线束

图4-95　取下空气滤清器总成

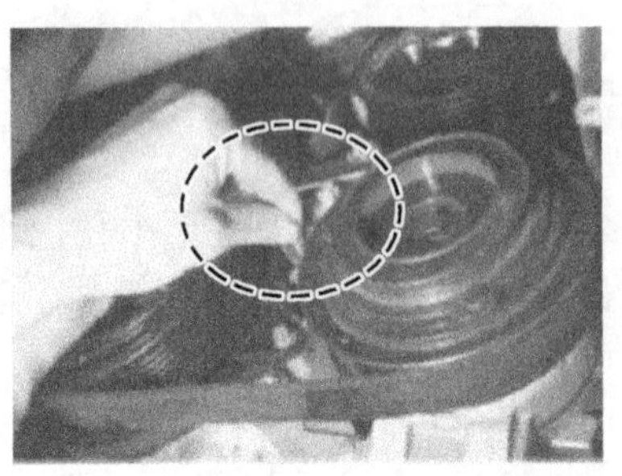

图 4-96　安装专用工具 EN6349 销

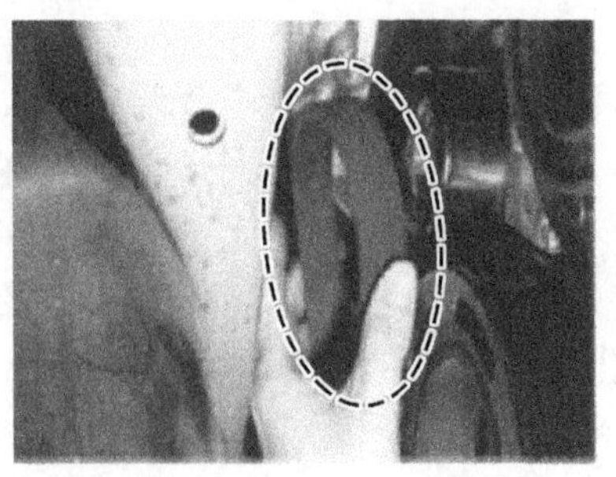

图 4-97　拆卸发动机传动带

3）松开 3 个水泵传动带轮螺栓（图 4-98），拆卸传动带轮（图 4-99）。拆下 5 个水泵螺栓，取下水泵总成。

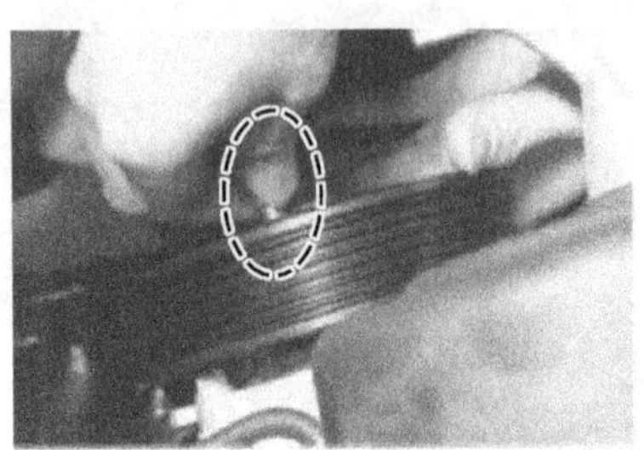

图 4-98　松开 3 个水泵传动带轮螺栓

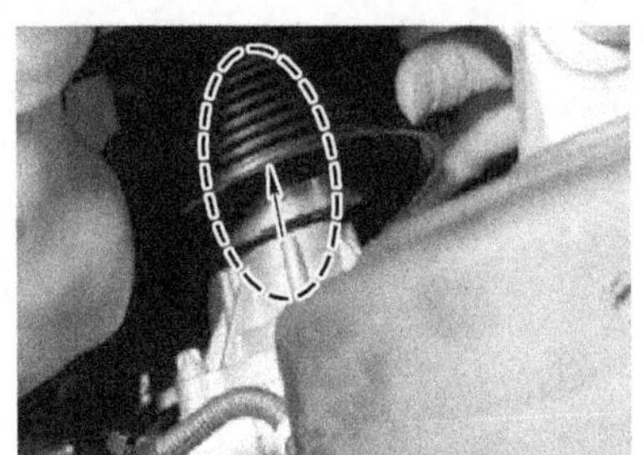

图 4-99　拆卸传动带轮

2. 安装水泵总成

1）清洁 5 个水泵螺纹，插入新的水泵密封圈。安装水泵总成，螺栓拧紧至 8N · m。安装传动带轮，螺栓拧紧至 20N · m。

2）将节气门体上部的节气门体散热水管拔出，加注冷却液直至小孔内溢出冷却液。预热发动机，将发动机加速至怠速转速最高为 2500r/min，直到第一个散热器风扇设置开关接通。以 2000～2500r/min 的转速，运行发动机 1min。关闭发动机并使之冷却。检查冷却液液位，同时将冷却液加注至 COLD（冷态）标记处。

七、拓展阅读

李书福——汽车狂人上演蛇吞象

李书福白手起家，创办吉利集团。吉利集团是中国第一家生产轿车的民营企业。此外，吉利还投资 8 亿多元创建了全国最大的民办大学——北京吉利大学。

2010 年 3 月 28 日，吉利控股集团董事长李书福在沃尔沃总部所在地——瑞典哥德堡市，与福特汽车公司正式签署了收购后者旗下沃尔沃轿车公司 100% 股权的协议。工业和信息化部部长李毅中见证了签约仪式，并称“这是迄今中国民营企业收购海外汽车资产的最大案例，也是中国汽车工业发展史上的一个里程碑”。

这是一次整体式收购。根据协议规定，吉利不仅收购沃尔沃的全部股权，也买到了沃尔沃的核心技术、专利等知识产权和制造设施，还获得了沃尔沃在全球的经销渠道。最终交易价格为18亿美元，这个价格不到10年前福特购买沃尔沃时价格的三分之一。1999年，福特从沃尔沃集团购得沃尔沃轿车公司，其交易价格为64亿美元。

沃尔沃是欧洲著名的豪华汽车品牌，被誉为“世界上最安全的汽车”，在汽车安全和节能环保方面，有许多独家研发的先进技术和专利。

吉利的收购巨资从何而来？这是受到外界广泛关注的话题之一。据悉，吉利收购沃尔沃的价格加上福特提出的沃尔沃未来运营所需要的15亿美元流动资金，吉利至少要拿出30亿美元。

吉利并购沃尔沃项目新闻发言人袁小林表示，吉利的“资金拼盘”来源通过子公司吉利汽车控股有限公司筹集，也包括由中国、美国银行提供的贷款和瑞典、比利时政府担保的低息贷款。这些资金最终助吉利完成“蛇吞象”的壮举。

据悉，吉利收购沃尔沃后，将在国内成立年产能约30万辆的新工厂，使沃尔沃轿车的全球年产量提高近一倍。

八、维修车辆交付

1. 业务人员

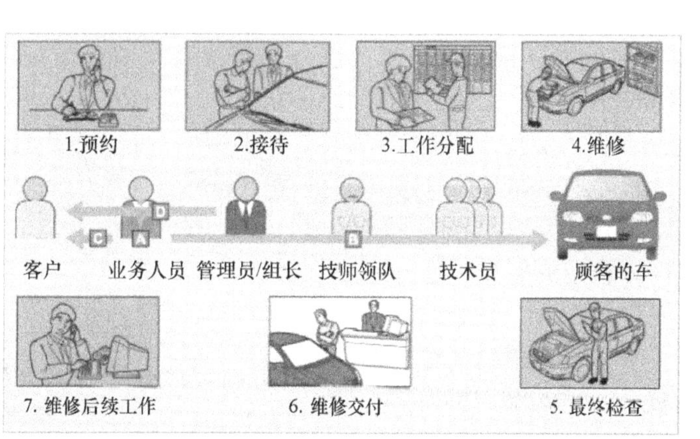

- 准备将更换的零部件给客户查看。
- 准备为所有的费用开出发票。
- 检查车辆是否清洁，进行维修质量检查，检查是否已经取下了座椅垫、地板垫、转向盘罩、翼子板布等。
- 电话通知客户，以便确认车辆准备交付。
- 向客户说明工作。
  - 确认工作已经顺利地完成。
  - 将更换的零部件展示给客户看。
  - 说明完成的工作以及益处。
  - 提供详细的发票说明：零部件、人工和润滑剂的费用。

2. 管理员/组长

- 业务人员/客户要求时，要提供技术说明或建议。

步骤一　资料准备

1）书面确认是否每项维护保养工作已经完成。

2）检查工单上客户提出的所有项目是否已达到客户的要求。

3）核对维修费用，原始估价与实际是否相符。

步骤二　车辆清洗

1）洗车。

2）清洁车内饰物。

步骤三　内部交车

告知服务顾问车辆停放处，将车辆和钥匙交给服务顾问。

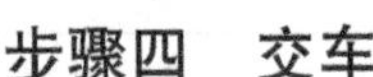

步骤四　交车

若客户不在休息区等候，服务顾问接到车辆后要立即与客户取得联系，约定交车的时间、方式及结账事宜等。如果联系不到客户，服务顾问需发短信通知，并在随后的半小时或一小时内再次尝试联系客户，告知客户具体情况。

若客户在休息区等候，服务顾问需将打印出的结算单放在书写夹板上，找到在客户休息室的客户，通知客户在其方便的时间进行交车，并确认付款方式。

服务顾问需引导客户前往交车区，拆除车罩与防护套，以便客户验车。与客户一同验车，确认满意。

步骤五　结算和费用说明

1. 结算准备

在客户验车完毕并表示对作业质量满意后，服务顾问需打印费用结算清单，将所发生的材料费和工时费逐项列出，如右图所示。

2. 费用说明

1）服务顾问需向客户说明每项费用，并回答客户提出的问题，消除客户的疑问。

2）如果客户对费用不满或有不理解的内容，服务顾问可以及时请服务经理协助向客户解释。

3）确认没有问题后，请客户在“车辆维修结算单”上签字确认。

步骤六 完成结账

1）完成结账手续。

2）当面回访客户满意度。

步骤七 交车与送别

1. 交车

需向客户说明有关下次保养里程及今后车辆使用方面的建议。

2. 送别客户

服务顾问送客户到汽车旁，引导客户驶出停车位，目送客户车辆驶出店面。

九、任务评价

试着完成下面的练习题，而后将自己的答案与课本对照，将错误答案改正过来并仔细复习相关内容，直到能够正确完成所有练习为止。

（一）填空题

1. 根据冷却方式不同，冷却系统分为________、________两大类。
2. 冷却液循环路线分为大循环、________和________三种。
3. 散热器由进水室、________和散热器盖等组成。
4. 汽车节温器有通用型蜡式节温器和________两种。

（二）判断题

1. 冷却液可提高发动机的沸点。 （ ）
2. 汽车仪表板上温度表指示的温度是散热器中的冷却液温度。 （ ）
3. 轿车冷却系统的节温器安装在散热器的进水口。 （ ）
4. 冷却液循环路线受节温器控制。 （ ）
5. 发动机冷却液温度偏低，油耗会增加。 （ ）
6. 当压力超过预定值时，散热器盖中的真空阀开启，一部分冷却液经溢流管流入膨胀水箱，以防止冷却液胀裂散热器。 （ ）
7. 电子节温器相对通用型蜡式节温器具有更大的工作温度范围。 （ ）

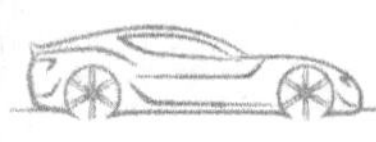

8. 电动冷却风扇的不同转速是通过控制流入风扇电动机的电流大小来实现的。 （　　）

9. 轿车发动机节温器装在缸盖出水口处。 （　　）

10. 风扇的作用是增加通过散热器的空气量，使流过散热器的冷却液温度迅速下降，提高冷却效果。 （　　）

（三）看图识物

结合实物，根据下图中发动机冷却系统的结构，填入对应的字母。

A. 水泵　B. 散热器　C. 冷却液储液罐　D. 散热器进水软管　E. 冷却风扇　F. 从暖风装置热交换器来　G. 至暖风装置热交换器　H. 散热器出水软管节温器　I. 水套　J. 气缸体和气缸盖中冷却水道

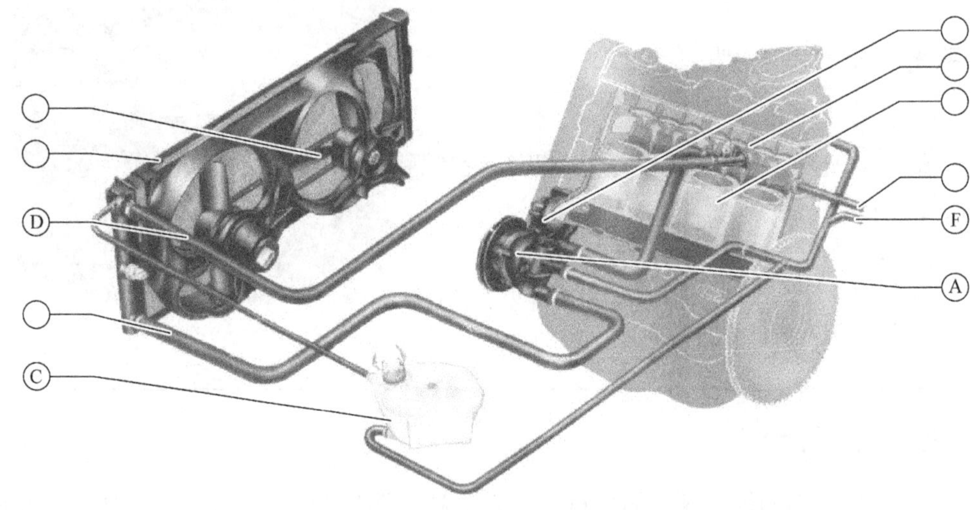

（四）选择题

1. 一般汽油发动机的工作温度是（　　）。

A. 45～55℃　　B. 55～65℃　　C. 80～90℃　　D. 100～110℃

2. 造成发动机过热的最可能的原因是（　　）。

A. 发动机混合气浓度过稀　　B. 风扇传动带过紧

C. 风扇传动带过松　　D. 点火时间过早

3. 散热器盖的作用是控制冷却系统（　　）。

A. 压力　　B. 水量　　C. 真空　　D. 压力和真空

4. 散热器中的冷水部分是在（　　）。

A. 上储水室　　B. 散热器芯　　C. 溢水管　　D. 下储水室

项目五

润滑系统

汽车售后服务顾问和维修技师是汽车4S店的门面，总会给车主留下深刻的第一印象和难忘的最后印象。车主在车辆维修预约、进店维修、离开汽车4S店阶段，对汽车4S店需求心理预期各不相同。汽车4S店的工作人员只有把握客人的需求心理，依据需求心理的变化跟进服务，才能主动超前地提供恰当的服务，使车主产生惊喜的消费体验，从而留下良好的印象。

一、场景描述

一辆奥迪轿车，行驶里程将近160000km，有一天，车主李先生在加速时发现仪表板上的机油警告灯亮起。李先生把车开到4S店进行检查维修。

小明："李先生您好，欢迎光临。我是服务顾问小明，这是我的名片，很高兴为您服务。"小明按要求对车辆进行了环车检查。

小明："李先生，发动机出现缺机油故障报警，我让专业技师为您的汽车做仔细的检查。"

根据李先生反映的仪表板上显示机油警告灯报警的情况，专业技师对该车进行了检查。车辆起动后，发动机冒蓝烟。

二、场景分析

烧机油是指机油通过一定的途径进入发动机的燃烧室，与混合气一起参与燃烧。主要是由于气缸拉伤、活塞环损坏导致气缸漏气或废气再循环系统分离机油不彻底，使机油窜入燃烧室。长期如此，不但机油耗损较大，而且机油燃烧生成的杂质将会造成燃烧室积炭的增加，进而影响发动机性能。

对于烧机油的危害，人们往往会误以为，烧机油只是消耗了更多的机油，对汽车并没有损伤，更有人认为，烧机油对发动机有利，提升了发动机的功率。其实，这些认识忽略了烧机油的真正危害。

汽车烧机油有以下危害：

（1）汽车烧机油造成积炭

过量的机油渗入燃烧室里参与燃烧会导致燃油不完全燃烧，这样就会导致燃烧室积炭增加，积炭多了会影响车辆的使用，比如车辆的日常油耗会增加，发动机的动力会减弱，车辆在怠速运转的时候车身会出现抖动，发动机噪声也会变大，积炭最严重时会导致发动机点不着火无法起动等问题。

（2）汽车烧机油导致尾气排放不达标

汽车发动机主要是燃烧汽油，如果机油渗入进去一起燃烧会导致燃烧室里的燃油燃烧不充分，这样就会导致车辆尾气排放不达标，燃烧的浑浊气体还会加速氧传感器的损坏，导致三元催化器的堵塞、损坏。

（3）汽车烧机油导致活塞环卡死

烧机油留下的积炭会沉积在发动机活塞环槽中，导致活塞环卡死，卡死的活塞环会加速与壁缸之间的磨损，导致活塞环密封不严，这样就会导致更多的机油进入燃烧室，如果烧机油现象得不到治理，长此以往就会形成恶性循环，最后导致发动机拉缸报废。

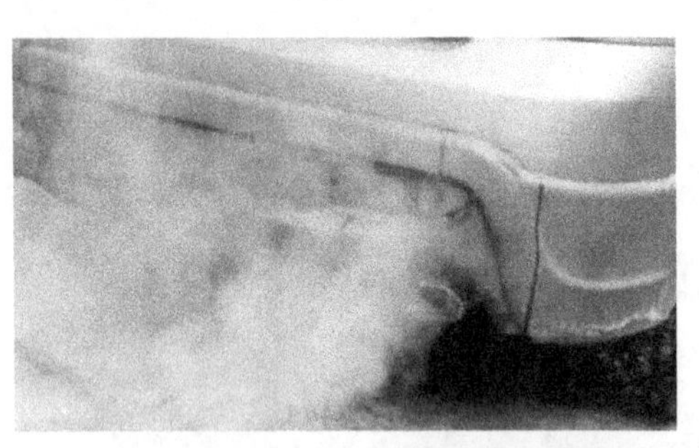

（4）烧机油产生积炭导致爆燃

爆燃是发动机内一种不正常的燃烧现象，主要是因为积炭引起的，积炭在燃烧室内，将会导致燃烧室的压缩比变大，当活塞处于压缩行程时，活塞会向上运动压缩可燃混合气，此时可燃混合气的压力和温度都会升高。严重的爆燃还会导致发动机活塞炸裂或连杆变形。

根据对发动机润滑系统的检查分析，要对发动机润滑系统进行维修。按照实际维修项目的要求，结合职业院校学生实际的学习特点，按照由简单到复杂，层层递进的知识走向，最终将该项目划分成以下三个任务来完成，每个任务的具体需求如下：

任务一 润滑系统的种类和主要零部件
任务二 机油
任务三 机油超滑技术

三、学习目标

知识目标

1. 能掌握发动机润滑系统结构的分类。
2. 能掌握润滑系统的构造。
3. 能掌握润滑系统的工作原理。
4. 了解发动机的超滑技术。
5. 能掌握烧机油故障诊断的基本方法。
6. 能掌握润滑系统故障诊断的基本流程。

技能目标

1. 能正确对发动机润滑系统分类。
2. 能独立进行润滑系统的分解和组装。
3. 能区分润滑系统的人为故障和自然故障。
4. 掌握汽车润滑系统故障诊断的基本测量技能。
5. 掌握汽车不同类型发动机烧机油故障诊断流程的方法和排除技巧。

素养目标

1. 严格执行汽车故障诊断规范，养成严谨科学的工作态度。
2. 尊重他人的劳动，不窃取他人成果。
3. 养成总结故障诊断任务结果的习惯，为完成下次汽车故障诊断任务积累经验。
4. 养成团队协作精神。
5. 能够养成自觉遵守技术标准和要求规定、规范操作、安全、环保、“6S”作业的好习惯。
6. 能够养成劳动光荣、创造伟大的思维和创新意识。
7. 养成主动思考、自主学习的习惯。
8. 提升发现问题、分析问题、解决问题的能力。
9. 培养知识总结、综合运用、语言表达的能力。

发动机工作时，各运动零件均以一定的力作用在另一个零件上，并且发生高速的相对运动，有了相对运动，零件表面必然要产生摩擦，加速磨损。因此，为了减轻磨损，减小摩擦阻力，延长使用寿命，发动机必须有润滑系统。

四、知识引导

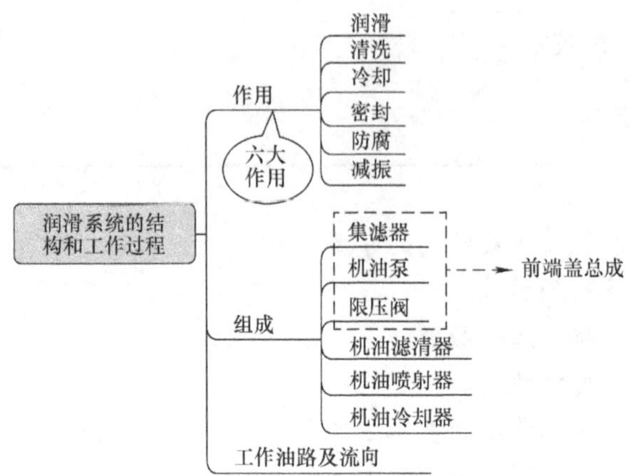

五、相关知识

任务一　润滑系统的种类和主要零部件

干摩擦：是指不存在任何外来介质时零件与零件接触表面之间相互运动的摩擦。

液体摩擦：若两摩擦表面之间有充足的机油，它能将相对运动着的两金属表面分隔开。此时，只有液体之间的摩擦，称为液体摩擦，又称为液体润滑。

边界摩擦：两摩擦表面间油膜厚度小于 1μm，机油不足以将两金属表面分隔开，所以相互运动时，两金属表面微观的高峰部分将互相切削，这种状态称为边界摩擦。

黏度：是表示机油稀稠程度的物理量。黏度过大，运动阻力大，冷却和清洗作用差；黏度过小，机油易流失，加大磨损，密封差。因此，各类汽车必须严格按照生产厂的规定黏度选用规定牌号的机油。

发动机润滑系统的功用是在发动机工作时连续不断地将足量、压力和温度适宜的清洁机油输送到运动副的摩擦表面，并在摩擦表面间形成油膜，从而减小摩擦阻力、降低功率消耗、减轻机件磨损，以达到提高发动机工作可靠性和耐久性的目的。发动机润滑系统的组成如图 5-1 所示。

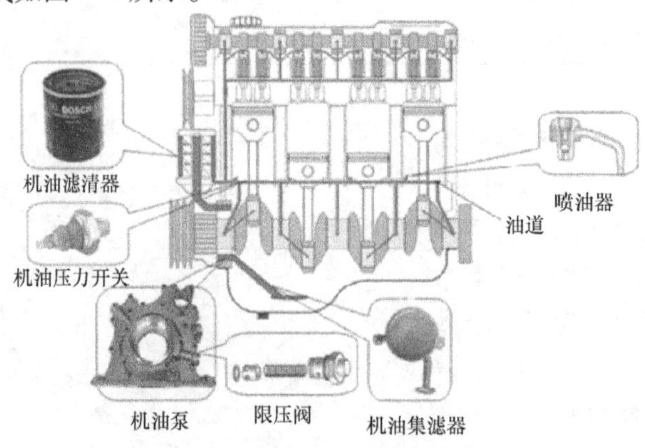

图 5-1　发动机润滑系统的组成

润滑方式有压力润滑、飞溅润滑、润滑脂润滑三种方式。

（一）发动机润滑系统的作用

发动机的主要运动件均处于高温、高压、高速及大负荷的运动状态，各相对运动件之间，如活塞和缸壁、曲轴和轴瓦之间，若得不到润滑，会因剧烈的干摩擦而造成零件磨损，甚至严重损坏，以及增加发动机的功率损耗。为使发动机能正常工作、延长使用寿命，需要对发动机中的运动表面进行润滑。

润滑系统的功用就是在发动机工作时连续不断地把数量足够、温度适当的洁净机油输送到全部传动件的摩擦表面，并在摩擦表面之间形成油膜，实现液体摩擦，如图 5-2 所示。

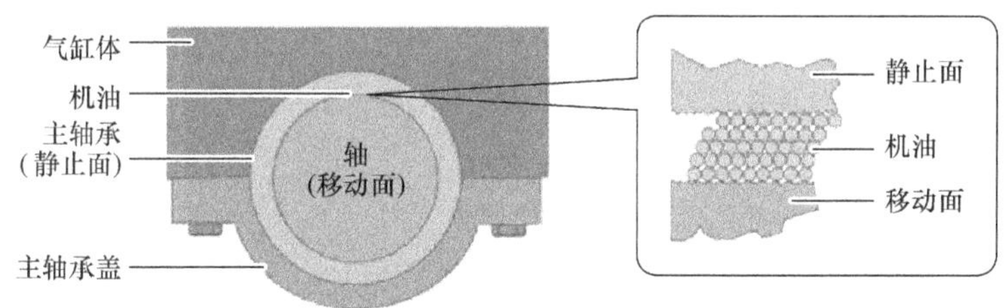

图 5-2　润滑系统的润滑作用

发动机工作时，很多传动零件都是在很小的间隙下作高速运动的，如曲轴主轴颈与主轴承，曲柄销与连杆轴承、凸轮轴轴颈与凸轮轴轴承、活塞及活塞环与气缸壁面、配气机构各运动副及传动齿轮副等。尽管这些零件的工作表面都经过精细的加工，但放大来看这些表面是凹凸不平的。

发动机在工作时，各个机件的金属表面之间发生强烈的摩擦不仅增加发动机的功率消耗，加速零件工作表面的磨损，而且还可能由于摩擦产生的热将零件工作表面烧损，致使发动机无法运转。

这时发动机需要对各个机件进行润滑，简单地说，润滑就是使相互摩擦的表面分离，如图 5-3 所示。由机油泵向润滑部位输送机油使摩擦的表面相互分离。机油的作用是降低相对移动表面之间的摩擦并减少或完全避免产生磨损。

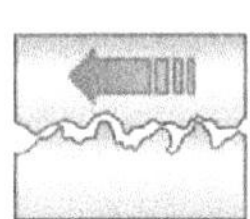
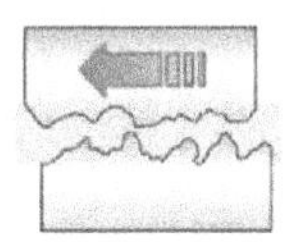
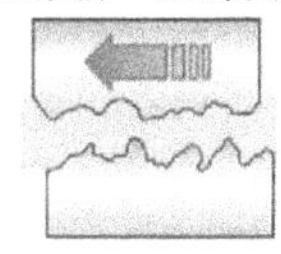

图 5-3　润滑就是使相互摩擦的表面分离

1. 压力循环润滑系统

在压力循环润滑系统中，机油泵通过钟形吸油集滤器将油底壳中的机油吸出，经过机油通道和机油冷却器将其压入机油滤清器中。机油泵过压阀是一个安全阀门。它可以防止机油压力过高进而损坏发动机部件。由机油滤清器壳体内的机油压力调节阀对机油压力进行调节。一旦机油压力达到最大允许的压力值，通往油底壳的阀门就会打开，如图 5-4 所示。

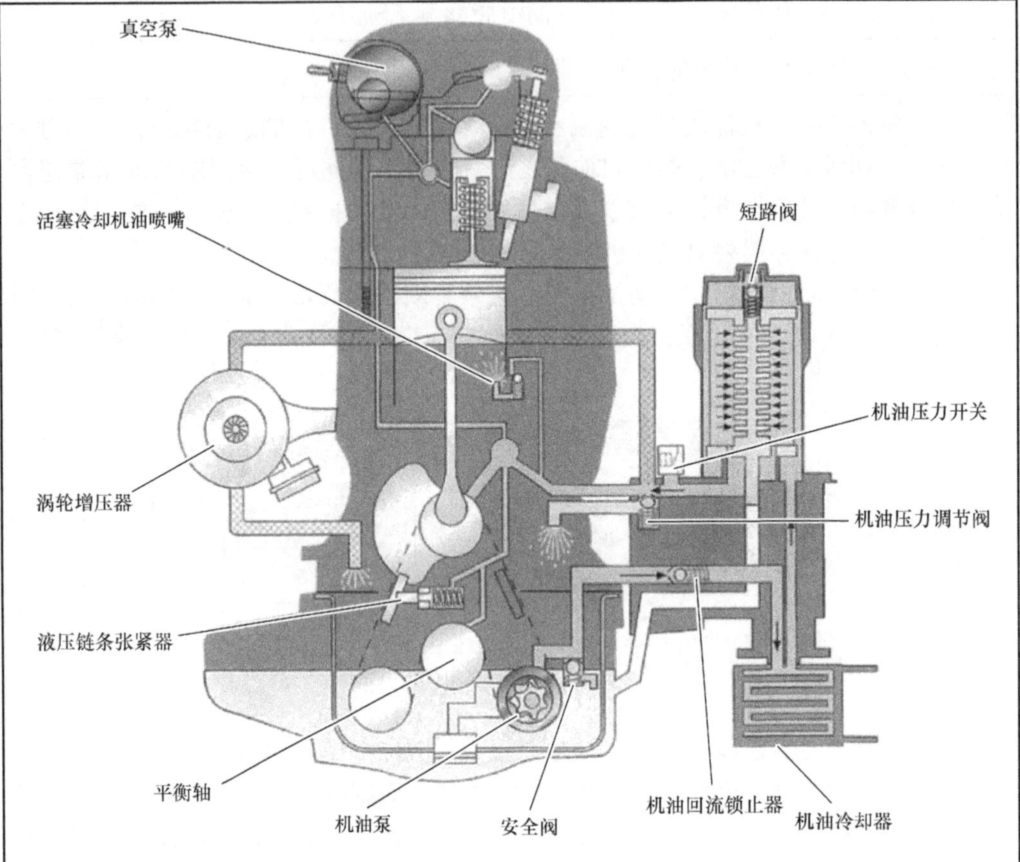

图 5-4　压力循环润滑系统

端盖中的旁通阀负责即使机油滤清器在堵塞的情况下也可以可靠地供油。

在发动机静止时机油回流锁止器可以防止机油滤清器空转。机油压力开关通过机油压力显示信号告知驾驶人机油压力是否已建立（机油指示灯熄灭）及是否低于最小机油压力（机油指示灯亮起）。

机油滤清器将过滤后的机油输送至主油道中。通过压力油或喷射机油对各个运动部件进行润滑：

- 压力油

气缸盖中的主油道通过油孔进行分流：机油主油道通过油孔通向曲轴的主轴承。曲轴中的油孔将机油导向连杆轴承。

机油通过一条垂直油道通向液压挺柱和凸轮轴轴承。机油经过一条纵向内嵌于凸轮轴中的油道流向所有凸轮轴轴承，并由此回流到油底壳中。机油通过一个油孔输送至正时链条、链条张紧器和涡轮增压器。

- 喷射机油

从机油喷嘴喷出且甩到活塞顶上的机油向下滴落并通过连杆头中的油孔流向活塞销。这些机油同时对活塞进行冷却。此外，从曲轴抛上来的喷射油还可以润滑气缸工作面。

2. 飞溅润滑

气缸壁、配气机构的凸轮、挺柱等均采用飞溅润滑，如图 5-5 所示。

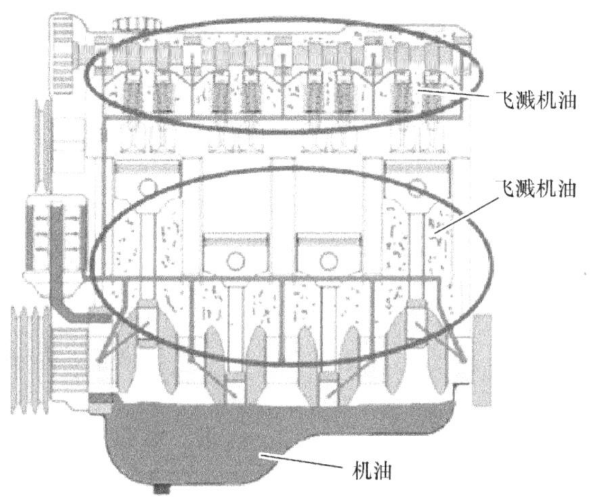

图 5-5　飞溅润滑

3. 润滑脂润滑

这种方法是靠人工将润滑脂填充在机壳中来实现润滑的，主要用于转速不超过 3000r/min、温度不超过 115℃ 的滚动轴承及圆周速度在 4.5m/s 以下的摩擦副、重载荷的齿轮、蜗轮副及链、钢丝绳等，如图 5-6所示。

图 5-6　润滑脂润滑

4. 润滑系统的功能

润滑系统将具有一定压力的、温度适宜的机油送至发动机各摩擦表面进行润滑，并将各摩擦表面流出的机油回收，经冷却和滤清后循环使用。润滑系统有润滑、冷却、清洁、密封、防锈、传递动力等作用，如图 5-7 所示。

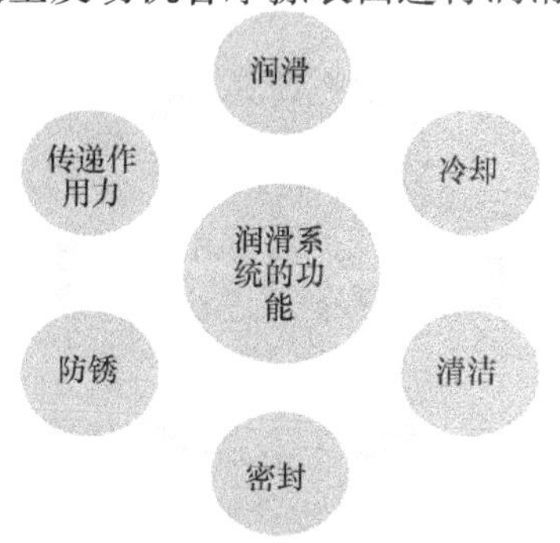

图 5-7　润滑系统的功能

（1）润滑

活塞和气缸之间，主轴和轴瓦之间均存在着快速的相对滑动，要防止零件过快的磨损，则需要在两个滑动表面间建立油膜。有足够厚度的油膜将相对滑动的零件表面隔开，从而达到减少磨损的目的，如图 5-8 所示。

（2）冷却

能够将热量带回油底壳再散发至空气中帮助散热器冷却发动机，如图 5-9 所示。

（3）清洁

能够将发动机零件上的积炭、油泥、磨损金属颗粒通过循环带回油底壳，通过机油的流动，冲洗了零件工作面上产生的污物，如图 5-10 所示。

图 5-8　润滑　　图 5-9　冷却　　图 5-10　清洁

（4）密封

机油可以在活塞环之间形成一个“密封圈”，减少气体的泄漏，防止外界的污染物进入，如图 5-11 所示。

（5）防锈

机油能吸附在零件表面，防止水、空气、酸性物质及有害气体与零件接触，如图 5-12 所示。

图 5-11　密封　　图 5-12　防锈

（6）传递作用力

机油还可传递作用力。例如，凸轮轴调整装置就是通过机油压力进行调整的，通过改变凸轮轴的角度提前或延时关闭气门。液压气门间隙补偿器内也充有机油，其桶状挺柱内的机油将作用力从凸轮轴处传至气门处。

5. 典型发动机润滑油路

典型发动机润滑油路如图 5-13 所示。

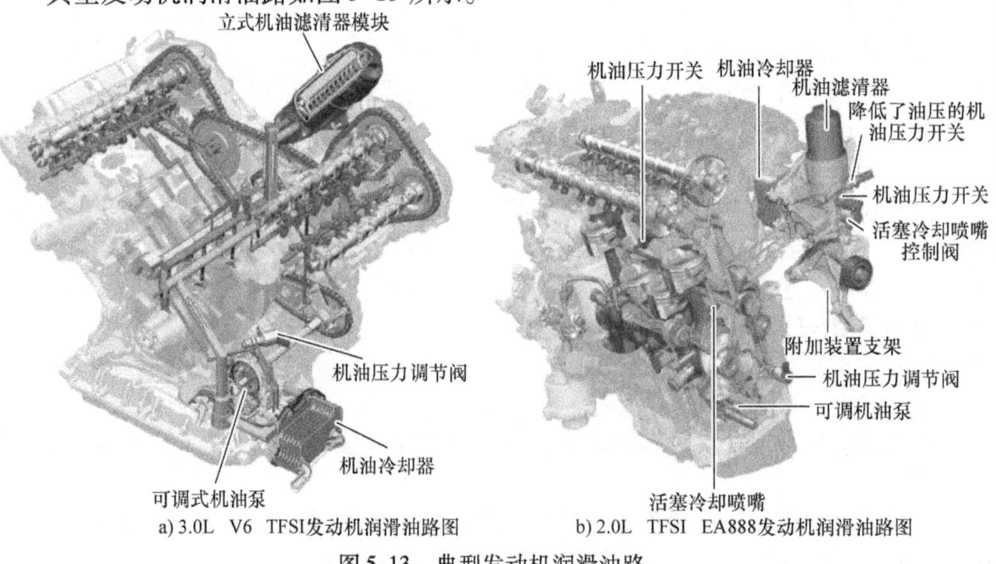

a) 3.0L　V6　TFSI发动机润滑油路图　　b) 2.0L　TFSI　EA888发动机润滑油路图

图 5-13　典型发动机润滑油路

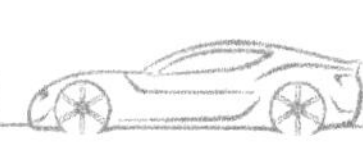

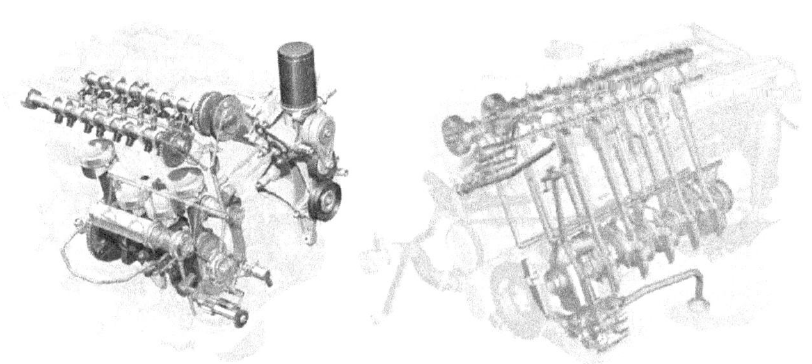

c) 1.8L 4V TFSI链条 发动机润滑油路图　　d) N52发动机润滑油路图

图 5-13 典型发动机润滑油路（续）

（二）润滑系统的主要零部件

1. 机油泵

机油泵将一定量的机油从油底壳中抽出经机油泵加压后，源源不断地送至各零件表面进行润滑，维持机油在润滑系统中的循环。机油泵大多装于曲轴箱内，有些柴油机将机油泵装于曲轴箱外面。机油泵都采用齿轮驱动方式，通过凸轮轴、曲轴、链条或正时齿轮来驱动，如图 5-14 所示。

图 5-14 机油泵

机油泵分为齿轮机油泵、转子机油泵、往复式滑阀机油泵和月形齿轮泵。

（1）齿轮机油泵

在这种机油泵中，两个外啮合齿轮相互啮合在一起，其中一个是驱动齿轮，如图 5-15 所示。发动机带动齿轮机油泵旋转时将机油从抽吸室输送至压力室。其效率为 80% ~90% 。

（2）转子机油泵

转子泵由一个内啮合外转子和一个外啮合内转子组成。内转子为被驱动部件。外转子在内转子齿轮上滚动，并以这种方式在机油泵壳体内旋转。

内转子比外转子少一个轮齿，因此转动一圈时液体由一个外转子齿隙输送至下一个齿隙。转动时，吸油侧空间增大，同时压力侧空间相应减小。这种结构可在输送量较大的情况下产生较高的压力，如图 5-16 所示。

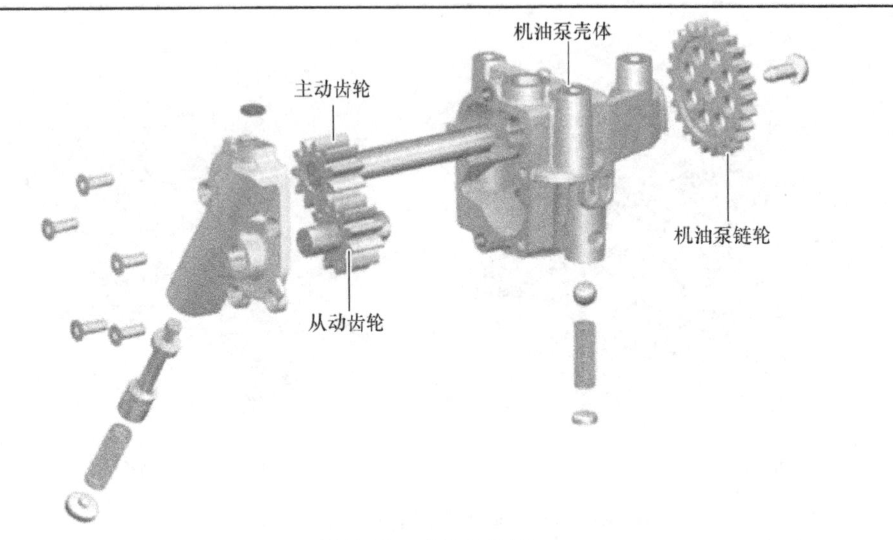

图 5-15　齿轮机油泵

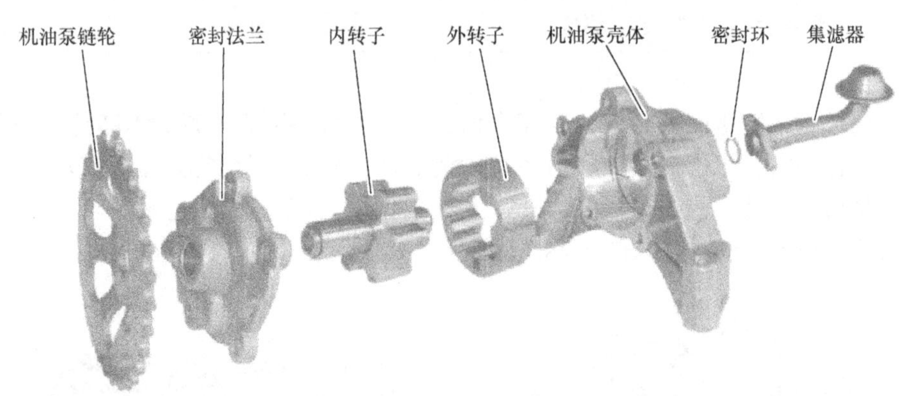

图 5-16　转子机油泵

有的发动机采用转子式机油泵安装在前端盖上。由主动齿轮（内转子，8 个齿）、从动齿轮（外转子，9 个齿）组成，如图 5-17 所示。无论何种类型的机油泵，从动齿轮要比主动齿轮多 1 个齿。

图 5-17　机油泵安装在前端盖上

（3）往复式滑阀机油泵

往复式滑阀机油泵由一个泵轴和一个转子组成，转子通过滑阀与外转子连接在一起，如图 5-18 所示。

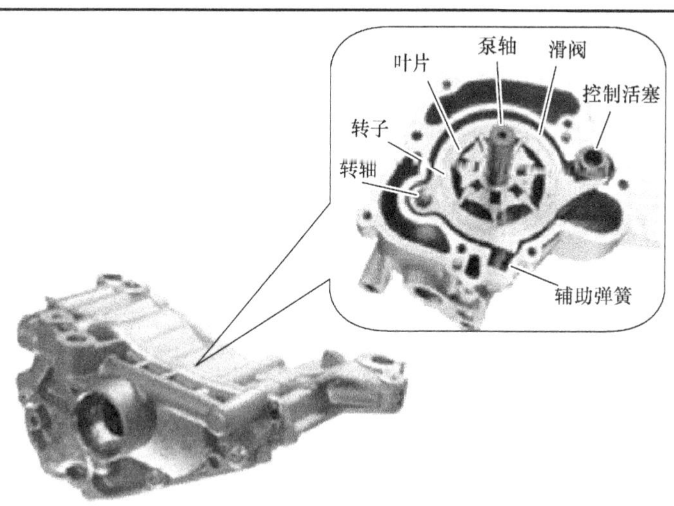

图 5-18 往复式滑阀机油泵

(4) 月形齿轮泵

月形齿轮泵有一个内齿轮和一个偏心安装的外齿轮。

一个新月形隔板将吸油室和高压油室隔开，由曲轴驱动其内齿轮。机油通过沿新月形隔板的上、下边的齿隙进行输送，如图 5-19 所示。

内、外齿轮的啮合阻止机油从高压油室流入到吸油室中，当发动机低转速运转时可以高效地输送机油。

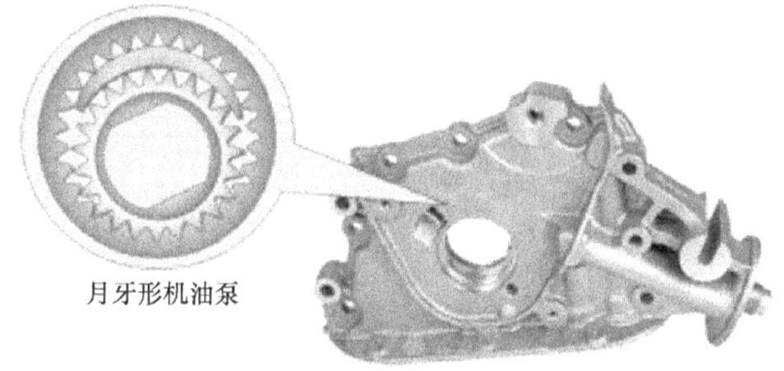

图 5-19 月形齿轮泵

检查转子式机油泵时，先将泵壳和泵盖分开，检查内、外转子之间的径向间隙。标准间隙为 0.02～0.16mm，维修极限为 0.20mm。如果间隙测量值超过使用极限，则应更换内、外转子。

2. 机油滤清器

发动机工作过程中，金属磨屑、尘土、高温下被氧化的积炭和胶状沉淀物、水等不断混入机油。机油滤清器的作用就是滤掉这些机械杂质和胶质，保持机油的清洁，延长其使用期限。机油滤清器应具有滤清能力强，流通阻力小，使用寿命长等性能。

现代轿车发动机一般只设有集滤器和一个全流式机油滤清器。汽车每行驶约5km，机油会被细滤器滤清一遍，如图5-20所示。

与主油道串联的叫全流式机油滤清器，发动机工作时机油全部经滤清器滤清。机油从纸滤芯的外围进入滤清器中心，然后经出油口流进机体主油道。机油流过滤芯时，杂质被截留在滤芯上。如果滤清器使用时间达到更换周期，则应把整个滤清器拆下并换上新滤清器。

图5-20　机油滤清器

（1）机油滤清器的类型

机油滤清器分为分离式和整体式两种，如图5-21所示。

（2）机油滤清器的结构

机油滤清器的结构如图5-22所示。汽油发动机一般采用整体式机油滤清器，滤芯大都使用纸质材料，当使用一定里程后应将整个滤清器更新。机油滤清器一般每使用7000～10000km即应换新，机油应一并更换。

图5-21　机油滤清器的类型

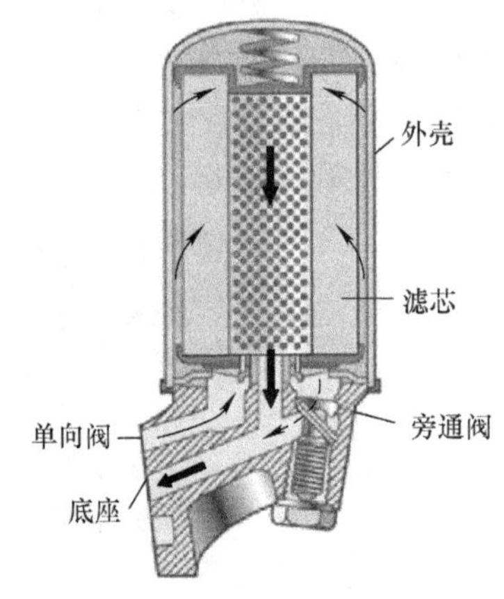

图5-22　机油滤清器的结构

（3）工作原理

发动机工作时，机油泵将油底壳中的机油经集滤器过滤出较大杂质后吸入，形成一定压力后输送到机油滤清器中，如图5-23所示。

如果机油压力太高或流量过大，则机油经机油泵上的溢流阀返回机油入口；如果从机油泵出口出来的机油压力超过预定压力时，机油压力克服限压阀弹簧作用力后顶开阀门，一部分机油从侧面通道流入油底壳内，使油道内的油压降至设定的正常值。如果机油滤清器堵塞，油压升高，则机油不经过机油滤清器，由机油滤清器盖上的旁通阀直接进入主油道，如图5-24所示。

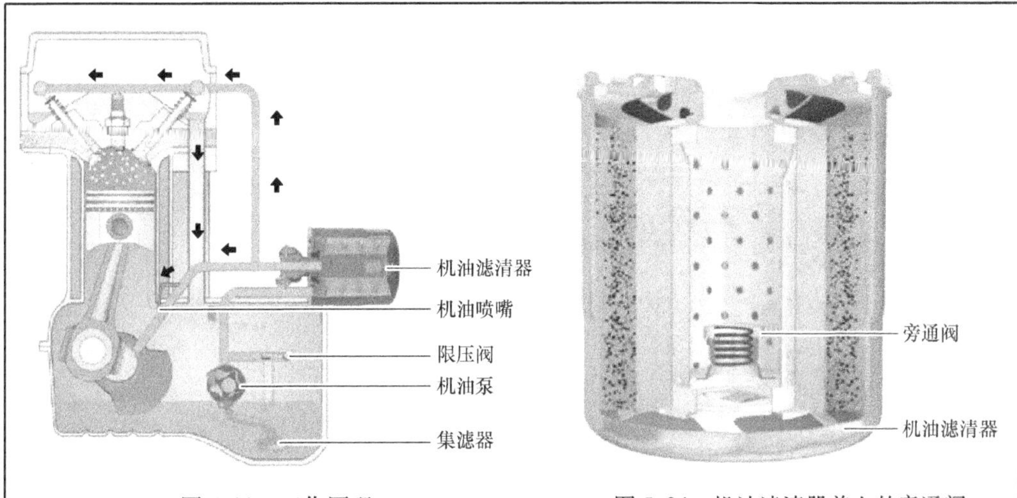

图 5-23 工作原理　　图 5-24 机油滤清器盖上的旁通阀

3. 机油冷却器

机油冷却器可使机油温度控制在合理的范围之内，延长机油的使用寿命。冷车发动时，冷却液温度的升高速度高于机油温度的升高速度，机油冷却器可以依靠水对机油加热。随着发动机转速的提高，摩擦产生热量越来越多，会造成机油过热，影响发动机润滑效果，所以现代发动机大都安装机油冷却器来降低机油的温度。

在高性能大功率的强化发动机上，由于热负荷大，必须装设机油散热器。机油散热器布置在机油油路中，其工作原理与发动机冷却液散热器工作原理相同（图 5-25）。机油散热器分为风冷式和水冷式两类。

图 5-25 机油散热器

1）风冷式机油散热器：很像一个小型散热器，利用汽车行驶时的迎面来风对机油进行冷却。这种机油散热器散热能力大，多用于赛车及热负荷大的增压汽车上。但是风冷式机油散热器在发动机起动后，需要很长的暖机时间才能使机油达到正常的工作温度，所以普通轿车上很少采用，如图 5-26 所示。

2）水冷式机油散热器：外形尺寸小，布置方便，机油温度稳定且不会使机油冷却过度，在轿车上使用广泛，如图 5-27 所示。

机油冷却器和机油滤清器都安装在机油冷却器—机油滤清器支架上。支架上还安装了散热器的进水管和出水管。支架和散热器上有对应的进水孔、出水孔，科鲁兹轿车机油冷却器如图 5-28 所示，大众轿车机油冷却器如图 5-29 所示。

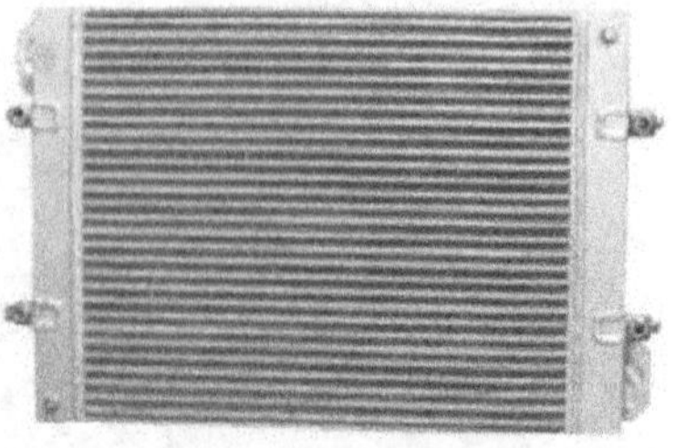

图 5-26　风冷式机油散热器 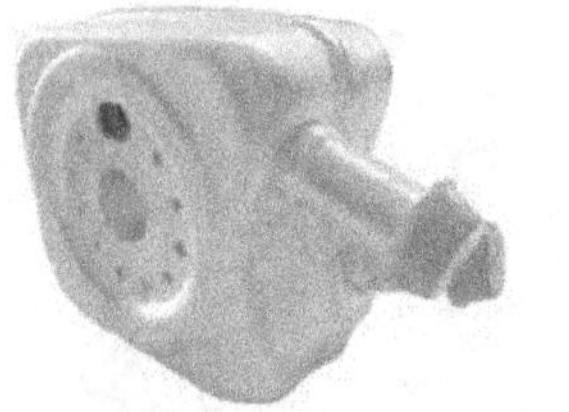　　图 5-27　水冷式机油散热器

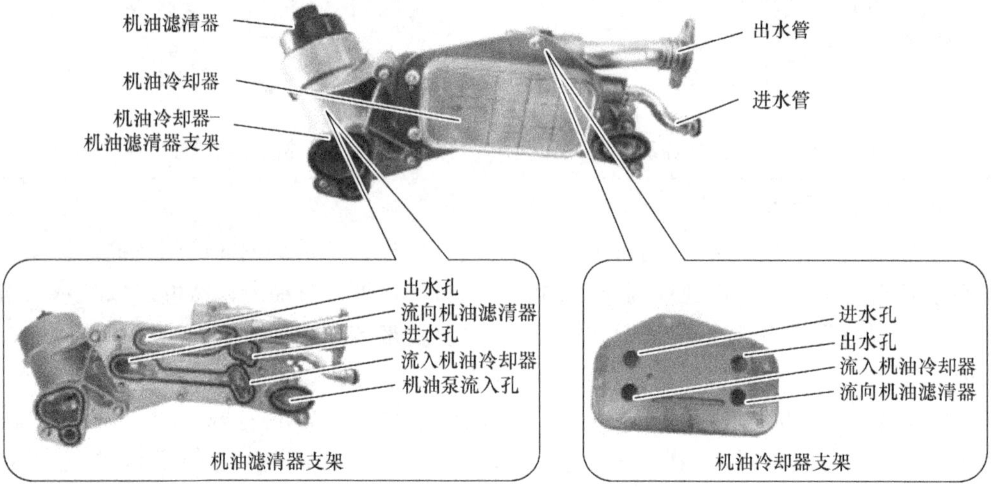

图 5-28　科鲁兹轿车机油冷却器

如果机油温度未升至 100℃ 以上，这是最优状态。但是，如果机油温度升至 125℃ 以上，则发动机润滑性能将急剧下降，为了保持润滑性能，有些发动机上装备了机油冷却器。正常状态下，全部机油都应流入机油冷却器，经冷却后再流向发动机各个部分，如图 5-30 所示。

在较低温度时，机油黏度较高，易于产生较高的油压。当机油冷却器流入侧和流出侧的压差上升并超过规定值时，单向阀打开。来自机油泵的机油将从机油冷却器旁通油路直接流至发动机的其他部分，从而防止烧损故障。

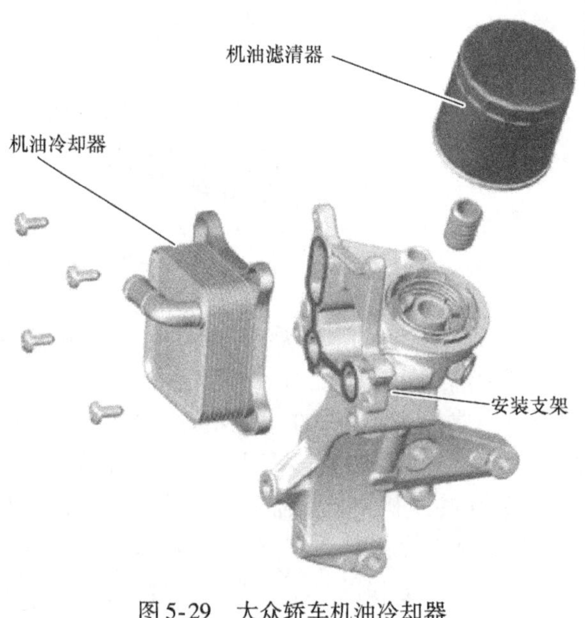

图 5-29　大众轿车机油冷却器

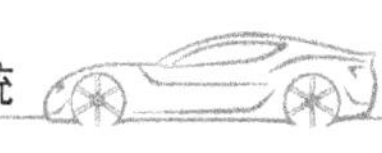

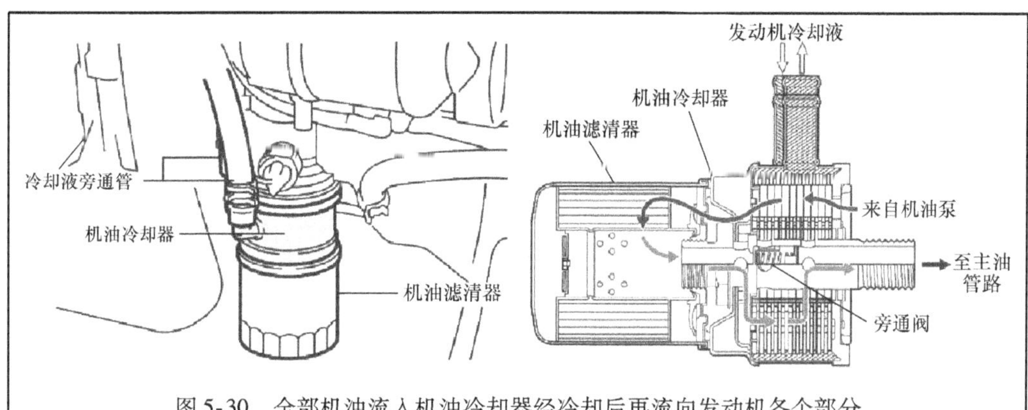

图 5-30　全部机油流入机油冷却器经冷却后再流向发动机各个部分

（三）可调式润滑系统

1. 结构和功能

可调式润滑系统是指润滑系统可以根据发动机转速和工况自动调节润滑系统的机油供给量，低速低负荷工况下机油泵以低功率运行，以降低消耗；高速高负荷工况下机油泵以高功率运行提高供油量，以保证发动机润滑良好。EA837 发动机可调式润滑系统如图 5-31 所示。

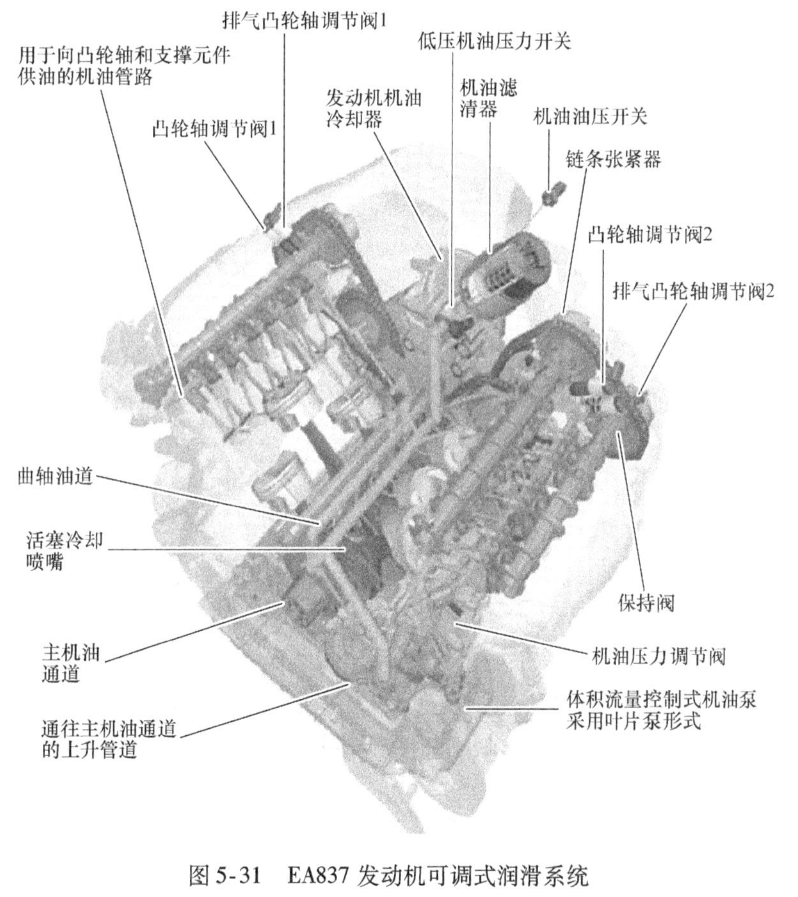

图 5-31　EA837 发动机可调式润滑系统

2. 工作原理

（1）机油泵

机油泵采用带有调节滑块的两档式叶片泵，如图 5-32 所示。

图 5-32　机油泵

（2）低压工况

机油压力调节阀由发动机控制单元进行控制，由此打开通往控制面的通道。机油泵产生的机油压力作用到两个控制面上，并将调整环进一步扭转，泵腔变小，由此减少输油量，油压下降，机油泵以较低的驱动功率运行，从而降低了消耗，如图 5-33 所示。

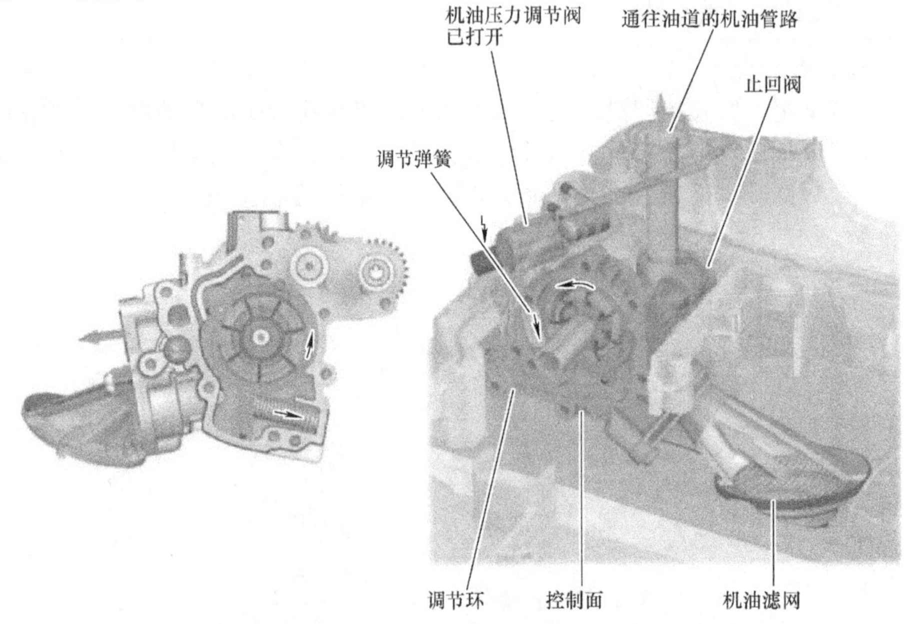

图 5-33　低压工况

在低压工况下，机油压力约为 1.5bar。如果机油压力调节阀的电动控制功能失效，机油泵便会持续以高压力进行输送。

（3）高压工况

当发动机转速逐渐提高后，将切换到高压档。此时，机油压力调节阀被关闭。这样，调节环控制面上的机油流便被中断。此时，调节弹簧将调节环推回，机油泵的内室因此扩大，机油泵的输送功率上升，油压被调节到高压力水平，从控制面被压回的机油通过机油压力调节阀排入油底壳，如图 5-34 所示。

当发动机转速降低后，油压在延迟 5s 后被重新转换到低压力水平。

在高压工况下，机油压力约为 3.3bar。为防止系统油压过高（例如当机油温度很低时，机油非常黏稠的情况下），在泵中集成了一个安全阀，它在大约 11bar（相对）时打开。

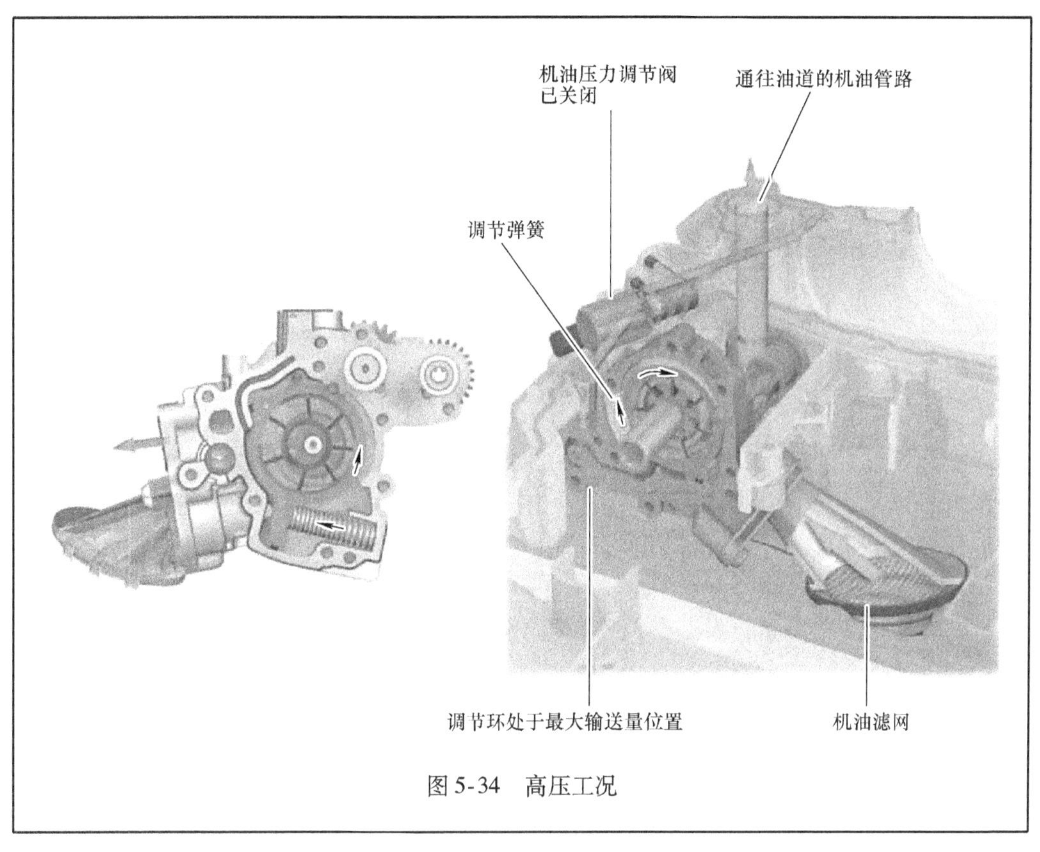

图 5-34 高压工况

任务二 机 油

机油的全称是发动机润滑油，英文名称为 Engine Oil，密度约为 0.91kg/L，能对发动机起到润滑减磨、辅助冷却降温、密封防漏、防锈防蚀、减振缓冲等作用，被比作汽车的“血液”。发动机是汽车的心脏，发动机内有许多相互摩擦运动的金属表面，这些部件运动速度快、环境差，工作温度可达 600℃。在这样恶劣的工况下，只有合格的机油才能降低发动机零件的磨损，延长发动机的使用寿命。

机油是一种技术密集型产品，是复杂的碳氢化合物的混合物，而其真正的使用性能又是复杂的物理或化学变化过程的综合效应。发动机机油的基本作用是机器润滑与减少摩擦。发动机机油的基本性能包括一般理化性能、特殊理化性能和模拟台架试验。对发动机机油来说，一般理化性能就能表明该产品的内在质量。

机油由基础油、黏度指数改进剂和功能添加剂组成，如图 5-35 所示。

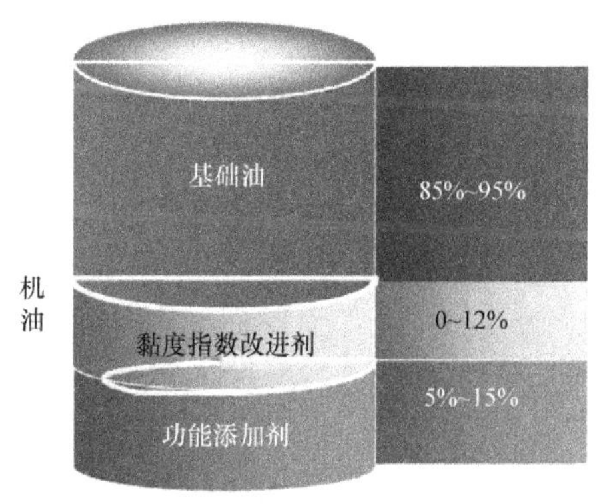

图 5-35 机油组成

（一）机油

机油如图 5-36 所示。

1. 发动机的润滑条件

图 5-36　机油

机油在工作工程中，曲轴箱油温在 80～120℃之间，机油要不断流过 100～200℃的缸套表面和 150～250℃的活塞环区，少量窜到 2500℃以上的燃烧室。在这些温度下，机油与氧气、燃料燃烧的气体产物如氮氧化物及硫氧化物、水蒸气等接触，在金属的催化作用下，会产生燃烧、氧化、分解、聚合等反应，这些反应使机油降解变质，失去润滑性能，机油变稠会腐蚀金属并加剧磨损，在各部位生成的沉积物如积炭、漆膜、油泥等，轻则使功率下降，发动机使用寿命缩短，重则发生粘环拉缸，油路或滤清器堵塞等事故。这就要求机油有好的氧化稳定性，减慢降解过程；有好的清净分散性，减少沉积物的生成，生成后不会附在金属表面或不会结成大颗粒。

发动机在持续高温高功率下运转，积炭和漆膜生成的趋势大，若经常在开开停停下工作，发动机经常处于较低的工作温度，也易于生成大量的油泥；同时发动机机油氧化后产生相对分子质量大小不一的酸性氧化产物，使机油生成沉积物，性能降解，腐蚀金属表面。燃料中的硫燃烧后生成硫的氧化物气体，它与燃料燃烧生成的水蒸气混合生成液体硫酸、亚硫酸等强腐蚀性酸。这就要求机油要有一定的碱性，其实因为机油中添加了大比例的清净分散剂，这些添加剂中含有碱金属盐类，都带有强碱性（一般柴油机机油的总碱性比汽油机机油要高，船用机油总碱性更高），中和上述酸性化合物，减少对发动机的危害及降低降解速度。发动机的润滑条件很恶劣，各运动部件如活塞—缸套、轴承、凸轮—挺柱等的温度、负荷、速度都不同，尤其在做功行程瞬间负荷极大，同时存在各类摩擦状态，易发生拉伤、抛光、烧轴等现象，因此要求发动机机油要有好的极压抗磨性。在工业润滑油中，很多极压抗磨剂由于分解温度低而不能用于内燃机机油，这增大了添加配方研究的难度。

机油在使用中受到不断地激烈搅动，易产生泡沫，内燃机机油中所含的大量的清净分散剂是表面活性剂，会促使泡沫的生成，机油中的泡沫使供油不连续，形成假油面，还加快了机油的氧化速度，这就要求机油有好的抗泡性。在北方冬天的室外，机油温度很低，机油黏度很大，造成泵送不畅，起动阻力很大。这要求机油在低温下流动性好，使汽车在不需要任何辅助手段下起动成功。既要在高温下有一定的黏度，又要在低温下有好的流动性，这就是研发机油的困难之一。

2. 对机油的要求

发动机对于机油的要求同一般机械相比有其共同的一面，如要求有适当的黏度，一定的抗氧化、抗磨损、抗腐蚀与黏温等性能要求。但发动机又是一种特殊的机械，它对机油的要求又有其特殊的一面，其特殊性主要有：

1）对发动机总的要求是体积小，重量轻，机构紧凑，输出功率大，因此单位摩擦面积上承受的负荷很大。

2）除了摩擦热之外，还受到燃烧热的影响，所以摩擦面的温度很高，使机油黏度下降，油膜形成较困难。

3）燃烧室内高温高压的燃烧气体会通过活塞、活塞环和缸套之间的间隙，泄漏到曲轴箱，这些燃烧气体是燃油和少量机油的完全燃烧和未完全燃烧产生的气体和某些颗粒物（烟炱），通常成为曲轴箱窜气的主要成分，它会污染机油，并在一定条件下更会促使其氧化。

4）燃烧室周围需要的机油是通过活塞和缸套间的间隙以及气门杆和气门导管间的间隙进入的，因此供油较为困难。

5）活塞和气门等零件在工作时作往复运动，故在上、下止点处相对速度为零，使油膜难以形成。活塞销和衬套呈摆动运动，油膜难以形成。

6）发动机在停车时和长时间运转时，温度相差很大，又因零件的热膨胀和热变形，使一些摩擦副不变的间隙很难控制，可能因间隙过小产生粘着烧结，也可能因间隙过大而产生冲击和振动造成损坏。这些情况下，油膜难以附着。

7）发动机中有多种摩擦副，如活塞和缸套、曲轴轴颈和轴承、凸轮和随动件、齿轮等，尽管它们对机油的润滑性能要求是不同的，但在一台发动机中只能用一种机油（大型船用柴油机除外），因此选用机油时要照顾到多种润滑状态。

8）车用发动机的使用环境复杂，同时由于机油中往往含有硫、铅等元素，会促使某个零件腐蚀磨损。

3. 机油的作用

发动机工作时，很多传动零件都是在很小的间隙下作高速运动的，如曲轴主轴颈与主轴承，曲柄销与连杆轴承、凸轮轴颈与凸轮轴承、活塞和活塞环与气缸壁面、配气机构各运动副及传动齿轮副等。

各个机件的金属表面之间发生强烈的摩擦，不仅增加发动机的功率消耗，加速零件工作表面的磨损，而且可能由于摩擦产生的热将零件工作表面烧损，致使发动机无法运转。这时发动机需要对各个机件进行润滑，简单地说，润滑就是使相互摩擦的表面分离。

发动机工作时，润滑系统连续不断地把数量足够、温度适当的洁净机油输送到全部传动件的摩擦表面，并在摩擦表面之间形成油膜，实现液体摩擦，从而减小摩擦阻力、降低功率消耗、减轻机件磨损，循环流动的机油将摩擦脱落的金属屑带走，使之不能加剧磨损，同时，流动的机油将摩擦产生的热量带走，使运动机件不因温度过高而烧损；黏性的机油还能在活塞环与气缸壁之间构成油膜，起到密封作用，增强气缸压力。

发动机内有许多相互摩擦运动的金属表面，这些部件运动速度快、环境差，工作温度可达1800℃。

润滑系统将具有一定压力的、温度适宜的机油送至发动机各摩擦表面进行润滑，并将各摩擦表面流出的机油回收，经冷却和滤清后循环使用。润滑系统有润滑、冷却、清洁、密封、防锈、传递动力、降噪、节能、传递发动机工作信息等作用。

机油还具有传递作用力的功能。例如，凸轮轴调整装置就是通过机油压力进行调整的，通过改变凸轮轴的角度提前或延时关闭气门。液压气门间隙补偿器内也充有发动机机油。HVA 桶状挺柱内的机油将作用力从凸轮轴处传至气门处，如图 5-37 所示。

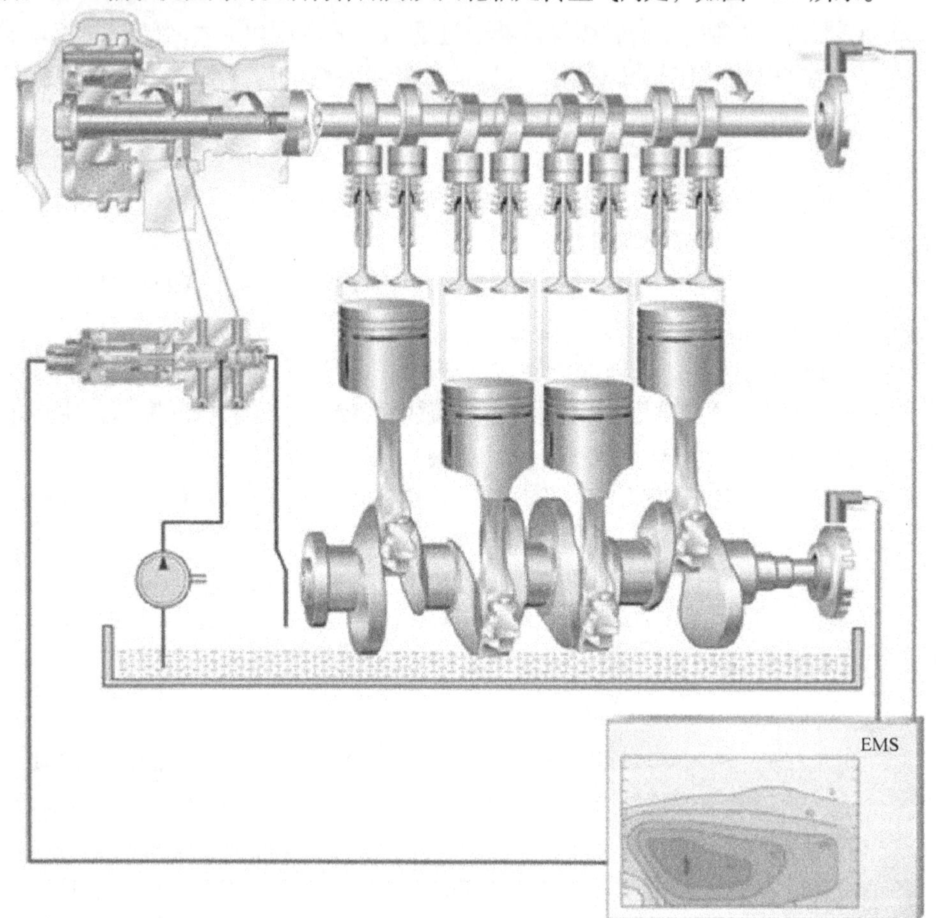

图 5-37　机油具有传递作用力的功能

机油可降低发动机噪声，使发动机工作更平稳，如图 5-38 所示。

图 5-38　降低发动机噪声

节能机油采用优质添加剂与高品质基础油，经最新技术研制、科学配方、特殊热激活工艺合成。改变传统润滑方式，由滑动摩擦变成滚动摩擦。在无任何改变发动机装置的前提下，将严重磨损的旧车辆修复如新，恢复旧车的动力，降低噪声、节省燃油；让新车减少磨损，延长发动机使用寿命。轻松地达到了节能减排、绿色交通的效果。

通过分析机油油液性质的变化和携带的磨

损微粒的情况，获得汽车发动机润滑和磨损状态的信息，评价汽车发动机的技术状态和预测故障部位，并确定故障原因、类型，如图 5-39 所示。

图 5-39 分析机油

（二）机油的种类

机油分为矿物油与合成油两种，合成油又分为半合成机油和全合成机油。

合成机油是一种人工制造的机油，通过对天然材料的分解，将其与其他物质合成生产而得。合成机油是现代化学技术进步的产物，是人类科技发展的里程碑。润滑性比植物机油高、摩擦阻力小、不容易氧化、清净性强。

为了得到性能更好的机油，人类利用化学方法合成了各种机油，这就是化学合成机油，简称合成机油。合成机油是一种人工制造的机油，在制作过程中，选用了各种天然物质进行化学分解，然后又与其他各种物质进行合成，最后才生产出合成机油。合成机油生产厂家根据用户要求生产各类合成机油。换言之，根据使用目的不同，合成机油可以改变成分。

合成机油的研制工作始于 20 世纪 30 年代。当时由于飞机用机油使用条件严苛，要求一种性能更高的机油，一些化学工厂开始研制和生产合成机油。随着现代化学技术的飞跃进步，最近 20 年，合成机油的性能有了很大的提高。在汽车和摩托车等行业，最早使用合成机油的是赛车，到目前为止，赛车大都不用植物机油而用合成机油。合成机油性能良好，现在普通车辆也在使用合成机油。其缺点是价格高。最近几年由于批量生产技术的进步，价格开始下降，但价格还是高于普通机油。最近，随着对汽车排放的要求越来越严，合成机油也应采取措施，以避免对自然环境造成污染。

1. 全合成油

全合成油在机油中属于高等级油品。全合成机油是通过化学合成精炼加工的方法获得的（是在第四类或第五类基础油的背景下添加配制而成的），其工艺复杂，炼制成本高昂，全合成油分子排列整齐，抵抗外来变数的能力很强，其热稳定、抗氧化反应、抗黏度变化的能力自然要比矿物油和半合成油强得多，如图 5-40 所示。

图 5-40 全合成油

合成机油的桶上都会标注“synthetic”字样。从严格意义上讲，全合成机油是 100% 用 PAO（聚 α 烯烃）或者人工合成的酯类经过精心调配后出来高质量油品，稳定性好，持久性好。

全合成机油品质较好，冷起动更加顺畅，更加节省燃油，换油周期更长，相当于普通机油的1.5倍或更长，延长发动机使用寿命，减少故障率，由于全合成机油的清净性优越，发动机缸体更加清洁。

2. 半合成油

半合成油是使用半合成基础油，即国际三类基础油调制而成的机油，是在矿物油的基础上经过加氢裂变技术提纯后的产物，是由矿物机油、全合成机油以4∶6的关系混合而成，半合成油的纯度非常接近全合成油，但其成本较矿物油略高，是矿物油向全合成油的理想过渡产品，如图5-41所示。

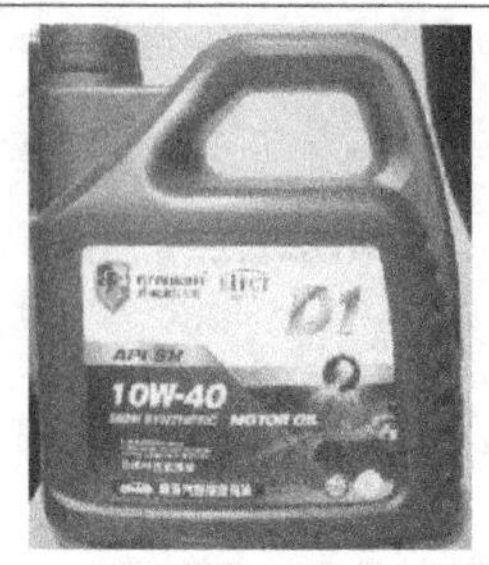

图5-41　半合成油

3. 矿物油

矿物油是市面上比较常用的机油。是在石油提炼过程中分馏出有用的物质，例如汽油和航空用油，之后再把剩留下来的底油再进行加工提取。它是原油中较差的成分。矿物油价格低廉，使用寿命及润滑性能都不如全合成油，同时还对环境有较大的污染。另外，矿物油在提炼过程中因无法将所含的杂质完全除去，因此流动性较差，不适合低温地区使用，如图5-42所示。

图5-42　矿物油

矿物油基是从原油提炼而得，也就是原油提出了油气、汽油、柴油、煤油、重油之后，接着提炼出矿物油基，最后留底的是沥青。矿物油基颜色透明微带浅琥珀色。矿物机油成本很低，但因矿物油基较容易氧化，虽然现今矿物油都有添加各种添加剂，但使用寿命约为6个月。

机油由基础油和添加剂组成。基础油通常约占90%，剩下的是添加剂。基础油质量对于润滑油性能至关重要，它提供了机油最基础的润滑、冷却、抗氧化、抗腐蚀等性能。但为了提高机油的性能，在机油中还包含了提高其综合性能的添加剂。发动机机油的添加剂主要有：抗氧化添加剂、防锈添加剂、防腐蚀添加剂、抗泡添加剂、黏度指数改进剂、降凝剂、清洁添加剂、分散剂、抗磨损添加剂等。上述添加剂并不是多加就好，多项性能需要综合平衡。因此，机油才需要进行台架试验以根据其在发动机内的综合表现确定或评定配方的性能优劣。

基础油的性能对成品机油的性能至关重要。依据习惯，把通过物理蒸馏方法从石油中提炼出的基础油称为矿物油（部分非深度加氢基础油也应称为矿物油）；合成油，顾名思义就是通过化学合成获得的基础油（其成分多数并不直接存在于石油中）。API（美国石油协会）将基础油共分五类，通常将第三类和第四类基础油称为合成油。

通常合成油通常分为：PAO类、XHVI类、酯类。此外，VHVI类基础油性能介于合成油和矿物油之间，虽有人称其为合成油，但其性能（如黏温特性和抗氧化性等）较PAO、XHVI和酯类有较大差距。PAO和XHVI是最广泛用作发动机机油的基

础油，其中，XHVI 是壳牌专利技术的合成型基础油，美孚合成机油主要以 PAO 为原料，嘉实多合成油多以酯类为基础油。XHVI 与 PAO 性能相近，但酯类发动机机油在抗氧化性上与前两种有一定差距。

（三）机油的分类

机油一般由基础油和添加剂两部分组成。基础油是机油的主要成分，决定着机油的基本性质，添加剂则可弥补和改善基础油性能方面的不足，赋予某些新的性能，是机油的重要组成部分。机油基础油主要分矿物基础油、合成基础油以及生物基础油三大类。矿物基础油应用广泛，用量很大，但有些应用场合则必须使用合成基础油和生物基础油调配的产品，因而使这两种基础油得到迅速发展。

矿物基础油由原油提炼而成。机油基础油主要生产过程有：常减压蒸馏、溶剂脱沥青、溶剂精制、溶剂脱蜡、白土或加氢补充精制。1995 年机油基础油标准主要修改了分类方法，并增加了低凝和深度精制两类专用基础油标准。矿物基础油的生产，最重要的是选用最佳的原油。

矿物基础油的化学成分包括高沸点、高分子量烃类和非烃类混合物。其组成一般为烷烃（直链、支链、多支链）、环烷烃（单环、双环、多环）、芳烃（单环芳烃、多环芳烃）、环烷基芳烃以及含氧、含氮、含硫有机化合物和胶质、沥青质等非烃类化合物。

生物基础油（植物油）可以生物降解并迅速地降低环境污染这种“天然”机油正拥有这个特点，虽然植物油成本高，但所增加的费用足以抵消使用其他矿物油、合成机油所带来的环境治理费用。

1. 机油的国际分类方法

（1）API（美国石油学会）分类

汽油机油以 S 打头，柴油机油以 C 打头，后面跟字母 A、B、C……档次依次提高。

（2）ACEA（欧洲汽车制造商协会）、JASO（日本汽车标准协会）分类

汽油机油以 A 打头，A1、A2、A3、A5。轻负荷柴油机油以 B 打头，B1、B2、B3、B4、B5。重负荷柴油机油以 E 打头，E2、E3、E4、E5。

（3）ILSAC（国际机油标准和批准委员会）分类

国际机油标准和批准委员会分类分别是：GF－1、GF－2、GF－3、GF－4、GF－5。

该组织成立于 20 世纪 90 年代初，由美国汽车制造商协会（AAMA）和日本汽车制造商协会（JAMA）共同发起。

ILSAC 于 1990 年 10 月颁布了对于汽油车发动机用内燃机机油的测试规格 GF－1。目前 ILSAC 制订了汽油机油的规格为 GF－1、GF－2、GF－3、GF－4 和 GF－5。GF－1、GF－2、GF－3、GF－4、GF－5 除了分别满足 API SH、SJ、SL、SM、SN 的所有要求外，还要通过 ILSAC 规定的 EC 节能要求。简单地说，GF 规格就是 API 规格＋节能要求。

GF－1 相当于 SH＋节能要求；GF－2 相当于 SJ＋节能要求；GF－3 相当于 SL＋

节能要求；GF-4 相当于 SM+节能要求；GF-5 相当于 SN+节能要求。

ILSAC GF-5 是目前市场执行的机油级别最高规格标准，最初由日本和美国汽车生产商代表 GM（通用汽车）、Ford（福特）、Chrysler（克莱斯勒）、JAMA（日本汽车制造商协会）联合形成的国际机油标准及认可委员会提出，ILSAC GF-5 于 2009 年 12 月 22 日发布，并在美国于 2010 年开始普遍施行。2011 年，美国生产下线的乘用车都已经使用符合 GF-5 规格的机油进行保养。

GF-5 规格机油减少沉淀物。越来越多的轿车制造商采用了涡轮增压技术，发动机工作时温度进一步提高，性能不好的发动机机油极易在涡轮增压器上焦化，产生沉积物。ILSAC GF-5 标准要求的机油要针对涡轮增压发动机技术的发展进行性能调整与配方更新，减少沉淀物的形成。

GF-5 规格机油更加环保。为了保证排放的达标和排放系统的良好工作，GF-5 除对轿车发动机机油的硫含量要求更加苛刻外，还增加了磷保持性项目要求，要求在用的发动机机油要有良好的磷含量保持能力，不应因磷的挥发造成尾气处理装置的中毒和失效。

例如：SN+GF-5 含义是 SN+机油略高于 SN 级别的机油，满足 ILSAC GF-5 机油规格。GF 规格就是 API 规格+节能，GF-5 规格=API SN 级别+EC 节能认证。

2. 我国的机油分类方法

我国机油的质量分类方法采用 API（美国石油学会）分类方法。

各国机油行业采用标准逐步一致或相互等同，我国也不例外，首先分类与 ISO（国标标准化组织）一致：共十三大类，主要的几大类油品如内燃机机油、齿轮油、液压油等均采用了国标最新的标准分类，就标准而去，我国的水平与国标同步。

3. 机油质量等级的分类

（1）汽油发动机机油分类

美国石油协会（American Petroleum Institute）是按机油质量等级将机油划分为不同的级别，即 API 级别，该标准以字母“S”代表汽油发动机用油，规格有：API SA、SB、SC、SD、SE、SF、SG、SH、SJ、SL、SM、SN、SM。从“SA”一直到“SM”，每递增一个字母，机油的性能都会优于前一种，机油中会有更多用来保护发动机的添加剂。字母越靠后，质量等级越高，国际品牌中机油级别多是 SF 级别以上的。

（2）柴油发动机机油分类

我国按照 API 标准来分类：以 C 开头，后面跟上字母 A、B、C、D……顺序越往后，质量等级越高，使用性能越好。若“S”和“C”两个字母同时存在，则表示此机油为汽柴通用型。

（3）机油黏度分类

机油黏度多使用 SAE 等级标识。例如：SAE15W-40、SAE5W-40，“W”表示 winter（冬季），其前面的数字越小说明机油的低温流动性越好，代表可供使用的环境温度越低，在冷起动时对发动机的保护能力越好；“W”后面的数字则是机油耐高温性的指标，数值越大说明机油在高温下的保护性能越好，见表 5-1。

表 5-1 机油黏度分类

SAE 黏度等级	低温动力黏度 /(mPa·s)	边界泵送黏度 /(mPa·s)	最大 100℃运动黏度 /(mm²/s)		高温高剪切黏度 /(mPa·s)
	最大	最大	最小	最大	最小
0W	6200（-35℃）	60000（-40℃）	3.8	—	—
5W	6600（-30℃）	60000（-35℃）	3.8	—	—
10W	7000（-25℃）	60000（-30℃）	4.1	—	—
15W	7000（-20℃）	60000（-25℃）	5.6	—	—
20W	9500（-15℃）	60000（-20℃）	5.6	—	—
25W	13000（-10℃）	60000（-15℃）	9.3	—	—
20	—	—	5.6	<9.3	2.6
30	—	—	9.3	<12.5	2.9
40	—	—	12.5	<16.3	2.9（0W-40，5W-40，10W-40）
40	—	—	12.5	<16.3	3.7（15W-40，20W-40，25W-40，40）
50	—	—	16.3	<21.9	3.7
60	—	—	21.9	—	—

GB/T 14906—2018《内燃机油黏度分类》，采用国际通用的 SAE 黏度分类法，将机油分为冬季用油（W 级）和非冬季用油。冬季用油按低温黏度、低温泵送性划分，共有 0W、5W、10W、15W、20W 和 25W 六个等级，其级号越小适应的温度越低；非冬季用油按 100℃时的运动黏度分级，共有 20、30、40、50 和 60 五个等级，其级号越大，适应的温度越高。

为扩大机油对季节和气温的适应范围，国家标准还规定了多级油的黏度级号，如 5W-30、5W-40、10W-30、20W-40 等多级油，其分子表示低温黏度等级，分母表示 100℃时的运动黏度等级。多级油在油中添加了黏度指数改进剂，能同时满足某 W 级油和非 W 级油的黏度要求，有较宽的温度使用范围：例如，5W-40 既符合 5W 级油黏度要求，又符合 40 级油黏度要求，在全国冬夏季均可通用。

（四）怎样选择机油

选择什么样的机油最适合，要根据车辆本身的情况和所在环境来决定。

一般车主在选择机油时，经常只考虑价格，而忽略其性能，认为机油都具有相似的品质。造成这种误解的原因是大家对机油的分类及各类机油的不同特性了解较少。

在机油的外包装上，我们都经常会看到 SAE 和 API。其中 SAE 是美国汽车工程师协会的简称，API 是美国石油协会的简称。

1. 根据黏度级别的选择

四冲程机油的黏度等级分类适用 API 的分类及 SAE 分类。

SAE 机油黏度分类的冬季用油牌号分别为：0W、5W、10W、15W、20W、25W，符号 W 代表冬季，W 前的数字越小，其低温黏度越小，低温流动性越好，适用的最低气温。

机油 SAE 机油黏度分类的夏季用油牌号分别为：20、30、40、50，数字越大，其黏度越大，适用的最高气温。

SAE 机油黏度分类的冬夏通用油牌号分别为：5W－20、5W－30、5W－40、5W－50、10W－20、10W－30、10W－40、10W－50、15W－20、15W－30、15W－40、15W－50、20W－20、20W－30、20W－40、20W－50，代表冬用部分的数字越小（适用最低气温越低），代表夏季部分的数字越大（适用的最高气温越大），适用的气温范围越大。

5W 耐外部低温－30℃；10W 耐外部低温－25℃；15W 耐外部低温－20℃；20W 耐外部低温－15℃；30 耐外部高温 30℃；40 耐外部高温 40℃；50 耐外部高温 50℃。因而，5W－40 机油的适用外部温度范围从－30～40℃；而 10W－30 机油适用外部温度范围是－25～30℃。如果温度低于－18℃，建议用 5W－30；但 5W－30 有高温限制，适用在 40℃以下。10W－30 和 10W－40 都能适用－18℃以上的温度，但在－5～10℃以下，确实已能感觉 10W－40 比 10W－30 要明显的“稠”些。10W－40 比较适合夏天用油，在温带气候为主的城市中通常在夏天换 10W－40，而在冬天换 10W－30。

2. 根据机油质量选择

根据机油的性能和使用场合的不同，机油分为 S 系列（汽油机油系列）和 C 系列（柴油机油系列）。S 系列有 SE、SF、SG、SH、SJ、SL、SM、SN 等级别；C 系列有 CD、CE、CF、CF－4、CG－4、CH－4、CI－4 等质量级别的机油。

在 S 或 C 后面的字母表示的意义是；从“SA”一直到“SM”，每递增一个字母，机油的性能都会优于前一种，机油中会有更多用来保护发动机的添加剂。字母越靠后，质量等级越高，国际品牌中机油级别多是 SF 级别以上的。

3. 根据机油的特性选择

在机油的特性中，最重要的是它的黏度。对于那些低温时黏度小，高温时黏度大，能保证发动机在任何温度下都能正常润滑的机油。

一般高档车都选择合成机油。合成油比一般的矿物油具有较高的黏度指数，随温度转变而产生的黏度变化很少，因此在高温及严寒情况下，仍能维持适当的黏度，而提供合适的保护。另外，合成油因氧化而产生酸质、油泥的趋势小，在各种恶劣操作条件下，对发动机都能提供适当的润滑和有效的保护，因而具有更长的使用寿命。

任务三 机油超滑技术

发动机是汽车动力源，也是一个最重要的部件，广泛应用在各种车辆装备中。然而，随着全球能源问题和环境问题的日益严峻，对汽车发动机节能与环保的要求也越来越高，而造成发动机热效率和机械效率低下、排放增加的原因之一就是发动机运动副的摩擦和磨损。

研究发动机摩擦学问题的目的是让发动机所有的运动部件实现有效润滑，以降低发动机摩擦和磨损，使发动机节能减排。

改善发动机摩擦学性能可以带来以下好处：

1）减少燃油消耗。

2）增加发动机动力输出。

3）减少机油的消耗。

4）减少有害气体排放。

5）改善发动机耐久性、可靠性和使用寿命。

6）降低发动机维修费用和延长发动机服务间隔。

全世界有数量巨大的发动机处在运转，从这个意义上说，哪怕在发动机的效率、排放和耐久性方面有一点点改善，就能给世界的能源节约和环境保护带来重要的影响。

（一）发动机能量损失

发动机为使用某种燃料产生动力的机械装置，即将燃料经化学能变成热能，最后转变为机械能的机器。发动机分为活塞式和燃气涡轮式；按照活塞运动方式，分为往复式和旋转式；按照用途，又可分为汽车用、工程机械用、船用、农用和摩托车用等。

发动机的性能指标一般分为两类：一类是以活塞上获得的功率为计算基础的指标，称为指示指标；另一类是以曲轴输出功率为计算基础的指标，称为有效指标。发动机的指示指标包括动力性和经济性。动力性主要指功率、转矩和转速，经济性主要指燃料和机油消耗率及热效率，以及运转性能指标（冷起动性、噪声和排气品质）等。发动机的各项性能指标是相互影响、相互制约的，不同用途的发动机对性能的要求重点不同。

在发动机中，效率表示输入与输出的关系，发动机的效率等于发动机的输出功率和燃料燃烧时所能获得的功率之比。发动机的效率有机械效率和热效率两个指标。机械效率是有效功率与指示功率之比。汽油机的机械效率一般为0.8～0.9。热效率是燃料燃烧后用于做功的那部分热量与所能产生的总热量之比。燃料完全燃烧产生的热量，一部分被发动机冷却系带走，另一部分随废气排出，只有少部分热量用于做功。因此，内燃机的热效率很低，一般四冲程汽油机为20%～25%，即使是高性能的发动机，其热效率也不到30%。也就是说，燃料燃烧产生的有用能量，只有不到1/3被有效利用，那么还有超过2/3的热量究竟到哪儿去了呢？为了弄清楚这个问题，我们有必要了解一下发动机的各种能量损失。

混合气在燃烧时产生大量的热，同时压力也大幅度上升。那么气体在一个工作循环中对活塞所做的功（即指示功）是否能全部地由发动机的曲轴输出变为有用功呢？答案是否定的。这是因为发动机在进排气、燃烧时间、运动机件的摩擦（主要是活塞环与气缸壁的摩擦）、机油黏度等方面都要消耗一部分功。发动机燃烧时的热能没有全部转化为有用功，只有少部分热能参与推动活塞、带动曲轴旋转，其中一部分以排气方式排到大气中去了，这一部分能量损失叫作排气损失，排气损失约占总能量的40%。通常情况下，当活塞到达下止点之前，排气门必须提前打开，如果排气门不提前开启，缸内废气压力仍能推动活塞下行。由于排气门提前打开，使发动机损失了一部分能量，这部分损失和泵气损失加在一起叫作换气损失。

下一个能量损失是冷却损失。燃料燃烧后，一部分热量传递给了机油。金属零件温度过高将产生一系列问题，机油温度过高将降低机油的润滑能力。为此必须对上述部分进行冷却，这就需要布置冷却风扇、散热器和机油冷却器，利用上述冷却装置冷却发动机，并最终把热能散发到大气中去。一般情况下，冷却损失约占总能量的20%。

以上这些损失，都是在发动机燃烧室产生的，摩擦损失约占总能量的10.2%～15%。实际上，由于各种摩擦损失，将使发动机实际输出的功率进一步减小，主要包括以下几方面：

1）活塞环与气缸壁间的摩擦。活塞环是依靠本身的弹力与气缸壁保持密封作用的。因此，在环的外圆和安装圈内壁之间存在着摩擦阻力，即当活塞环产生变形时，活塞环外圆必然要移动，因而存在着阻碍移动的摩擦，于是就增大了活塞环变形所需要的负荷，这种摩擦损失与活塞环的弹力、厚度和根数成正比。

2）各轴承和曲轴的滑动摩擦损失。

3）曲轴驱动配气机构和各种辅机（如机油泵、水泵、风扇）产生的动力损失等。

4）机油黏度及黏温特性带来的摩擦损失。提高机油黏度可以增加机油膜厚度，即增加其承受载荷的能力，增加润滑的可靠性。但是，同时会增加摩擦损失，因为发动机内摩擦机件的摩擦面积很大，一般都在0.5m^2以上。在这些面上盖满一层机油，当机件运动速度很快时，即使机油的黏度稍有增加，摩擦功的损失便增大很多，使发动机可利用的功率相应减少，燃料消耗增多。再加上部分用户为了减轻发动机的运动噪声，有意使用高黏度的机油。由于机油的黏度大，机件间的摩擦阻力增大，这样不但增大机件的磨损，而且燃料燃烧后发出的热能，就要多消耗一些变为摩擦功，以克服增加了的摩擦力，因而也就降低了发动机的有效功率。据试验证明，使用SAE 20W50机油比使用SAE 10W30机油消耗的功要高约10%。不仅如此，黏度大的机油，其冷却作用相对差一些。这是因为黏度大的机油循环速度慢，其冷却散热效果自然就差。

（二）超滑技术对降低摩擦系数的影响

摩擦损失是发动机能量损耗的主要原因之一，降低发动机摩擦损失对于汽车节能减排具有重要意义。如何有效降低汽车发动机摩擦损失，已经成为各大汽车企业及

研究机构的重要研究方向。

在发动机能量消耗中，摩擦损耗的能量占了相当比例，美国 Andersson 的研究表明，对于一辆运行于城市的一辆轿车，燃油所产生的能量仅有 12% 是用来驱动车辆行驶的，而 15% 的燃油能量在摩擦中消耗掉。根据研究数据，如果减少 10% 的摩擦损耗，将可以减少 1.5% 的能量消耗。日本学者 Nakasa 的调查表明，在发动机能量消耗中，摩擦损耗份额高达 48%，在总的摩擦功率消耗中，活塞环、活塞裙部的摩擦功率消耗所占的比例很大（达 44%），其中活塞环由于摩擦而造成的能量消耗可达 19%。

活塞环和缸套是发动机中的最重要部件，也是关键的运动副，是运行在高速、高温、超负荷、恶劣工作环境中的典型运动副。活塞环与缸套、润滑磨损性能对提高发动机的可靠性和耐久性，保证发动机燃油经济性、可靠地工作具有决定性的作用。其摩擦学问题的研究一直是人们关注的热点之一。然而，由于活塞环与缸套摩擦学问题的复杂性，许多研究还存在一定程度的局限性，许多问题至今仍未弄清；而且，随着对发动机的性能要求越来越严格，发动机活塞环与缸套摩擦学问题的研究变得更加突出和迫切。

当发动机在高速、超负荷或外部工作环境不清洁条件下工作时，机油中存在许多各种尺寸的磨损颗粒及外来污染杂质，摩擦副不能始终完全处于纯净机油状态，致使摩擦副表现出不同的摩擦、润滑、磨损特性。这些由各种尺寸的磨损颗粒及外来污染杂质形成的固体颗粒杂质，对活塞环和缸套摩擦副的摩擦、润滑、磨损有着重要的影响，因而深入研究固体颗粒杂质引发的活塞环与缸套摩擦学问题十分重要。

活塞环与缸套摩擦副中的固体颗粒杂质的来源主要有：

一方面，在风沙严重、环境恶劣的地区。空中沙粒、粉尘的含量很高，由于受滤清及密封条件的限制，固体颗粒进入运动副的配合面问题。

另一方面，随着活塞环与缸套摩擦副工作时间地延长，磨损产生的磨屑从摩擦副表面脱落，形成了固定颗粒，存在于运动副表面之间。这些固体颗粒杂质将对活塞环与缸套摩擦副的润滑、磨损产生影响，从而直接影响发动机的动力性、可靠性和耐久性，带来能源消耗增大和环境污染加重等问题。

因此，需要深入研究机油摩擦系数是影响发动机关键摩擦副润滑、磨损的理论。通过研究，进一步丰富和完善发动机活塞环与缸套运动副的摩擦理论，并提供相关实验数据，为解决发动机关键摩擦副的摩擦学问题提供基础理论和科学依据。

研究机油摩擦系数对发动机关键运动副润滑与摩擦的影响，其意义如下：

1）丰富和完善活塞环与缸套摩擦副润滑、摩擦理论。摩擦系数对发动机关键摩擦副的摩擦学性能影响进行系统全面研究，包括理论研究、实验装备技术研究和理论研究的实验验证。通过研究，进一步丰富和完善发动机活塞环与缸套摩擦副摩擦学理论，并提供相关实验数据，为解决发动机关键摩擦副的摩擦学问题提供基础理论指导和科学依据。

2）掌握摩擦系数对活塞环与缸套摩擦副元件润滑、磨损的影响规律、作用机制，为提高发动机关键摩擦副的摩擦学性能提供理论方法和指导，也为高温及高速极端工况条件下摩擦副元件的润滑、磨损性能提供基础理论。同时，从润滑技术和机油监控技术角度来看，掌握了摩擦系数对活塞环与缸套摩擦副元件润滑、磨损的影响规律，可以为发动机的前瞻性保养、维修维护提供定量依据，变被动事后维修为主动的、预见性的维修维护；可以更好地为合理更换润滑油提供科学依据，避免盲目与浪费；可以更好地把握和监测发动机活塞环与缸套的工作状况。

3）工程应用意义方面，有助力发动机生产企业提高产品质量，促进技术进步，对增强市场竞争力有重要意义。

4）对建设资源节约型和环境友好型社会也具有重要意义。随着目前国内车辆拥有量的大幅增加，其引起的能源与环境污染问题也变得日益突出，如果发动机活塞环与缸套等关键摩擦副的摩擦学性能降低，将严重影响发动机的动力性、经济性和可靠性，造成油耗高、环境污染重等问题，甚至造成损伤事故。因此，对发动机活塞环与缸套等关键摩擦副摩擦学性能进行研究具有现实的经济效益和社会效益。

（三）颗粒杂质对机油和磨损的影响

现代汽车发动机对机油的要求是具有良好的润滑性能，优良的清净分散性，抗氧化腐蚀磨损性能和低温起动性能。而这些性能的实现除了与机油的品质有关外，还与使用过程中机油是否变质有关。如果机油中的固体颗粒杂质水分氧化物等污染物的含量过多，则将直接影响机油的润滑性能，使油膜不易形成或保持，从而使机件面直接接触，导致机件磨损加剧。据美国有关统计，发动机轴承损坏的原因，约43.1%是由于机油中的固体颗粒杂质嵌入轴颈与轴承之间所致。因此，防止发动机机油变质，已成为延长发动机寿命的一项重要技术措施。所谓机油变质，是指机油在使用中由于外界因素和内部条件的影响，使机油的成分发生变化，包括混杂在工作介质中对零件面寿命有害的各种物质，如固体颗粒杂质水分及氧化产物等。

对机油造成污染及危害的固体颗粒杂质主要是尘土、添加剂、金属腐蚀剥落物、机油氧化分解产生的有机沉淀物及炭渣等。这些固体颗粒杂质，部分以细末的形式处于悬浮状态，部分从机油中沉淀到油泥中。

机油中的固体颗粒机械杂质的来源主要有以下几个方面：系统内原来残留的，指制造和工作初期磨损所留下的污染物，包括没有彻底清理的砂粒；在发动机装配和修理时落入的金属肩毛刺。空气滤清器性能不良或网眼太粗，然后混入润滑系统；发动机在工作时产生的炭颗粒；在加注或更换新机油时，使用的容器不干净，加油口没有滤网，就会在机油中混入灰尘细砂等杂质。

1. 颗粒物危害

1）对于直径大于膜厚的颗粒，如果其硬度小于运动副表面硬度时会发生下列情况：对脆性颗粒在载荷的作用下碎裂成若干小颗粒，这种“微爆炸”现象会导致温升和油膜破裂。

2）对塑性颗粒，变形承担部分载荷，导致局部温升，这些磨粒的热效应更显著，使油膜迅速破裂。如果颗粒硬度大于运动副表面硬度，则会通过磨粒的变形、卡嵌、犁屑及堆积，同时产生机械效应和热效应，引起严重的磨粒磨损或胶合。

3）对于直径小于膜厚的颗粒，虽然不大可能产生直接的机械和热效应，但是这些小颗粒可通过改变机油的流变效应而影响润滑性能。

2. 机油中混入水

机油中混入水后，会与水发生亲和作用而使油液乳化生成乳浊液，降低润滑性能；同时水与机油中的硫、氯离子作用生成硫酸和盐酸，将加速机油的劣化，使机油失去润滑作用。

1）燃烧废气中的蒸汽凝结：燃烧室中的废气不断窜入曲轴箱，如果曲轴箱通风装置工作不正常，从燃烧室进入曲轴箱内的水蒸气不能及时排出，当温度低于100℃时，水蒸气与机件接触凝结成水，流入曲轴箱与机油混合变成乳状液体。

2）机油中混入水分后易产泡沫堵塞油道，还会提高机油的凝点，不利于低温流动性能，同时也会减弱油膜的强度，降低润滑功能，导致机件磨损。

3）机油中的水分还会吸收燃烧室废气中的含硫氧化物和低分子有机酸，加剧对金属的腐蚀，产生固体颗粒杂质。

3. 积炭的危害

机油在发动机工作过程中受到温度各种介质金属的催化作用，逐渐变质而产生对内燃机工作有害的各种物质，它们就是积炭、漆膜和油泥。由于它们分别在发动机的不同温度部位生成，因而也称为高温、中温和低温沉积物（也称为积炭）。

积炭是一种坚硬的黑色或灰白的炭状物。积炭是窜到燃烧室的机油。发动机高温工作时，机油发生非常剧烈的氧化作用形成有机酸和树脂状胶质粘附在金属零件的表面。随着温度的升高和时间的延长，粘附在金属表面的胶质进一步缩聚，生成不溶于油的积炭。积炭一般生成于内燃机的高温部位。

积炭对机件寿命的直接危害主要有以下 3 个方面：

1）积炭脱落形成的磨料颗粒，会造成发动机摩擦副等部位产生磨粒效应，加速机件的磨损，这种情况常发生在活塞、活塞环、缸套、曲轴颈及轴瓦等部位。

2）积炭形成的高温固体颗粒杂质会导致汽油发动机点火过早，使发动机功率下降2% ~15% 。

3）近年来发现，在高速增压柴油机中出现了气缸表面的珩磨纹被磨光，起储油作用的粗糙表面被磨掉，造成机油消耗大增的现象。研究表明，主要原因是活塞环积炭作用于缸套。

4. 漆膜的危害

漆膜是一种坚硬的、有光泽的漆状薄膜，它主要是烃类在高温和金属的催化作用下经氧化、聚合生成的胶质、沥青质等高分子聚合物，其生成部位的温度比积炭低，但一般也在 120℃以上。用示踪原子在发动机中试验，证明漆膜中有 90% 来自机油，10% 来自燃料。

漆膜对发动机的危害主要有以下 3 个方面：

1）漆膜在热状态下是一种黏性物质，能把大量的烟炱、炭粒粘在活塞上，使环槽间隙减小，降低了活塞环的灵活性，甚至会发生粘环现象，造成密封不良，从而导致燃烧气体大量漏入曲轴箱，导致发动机功率下降和机油的污染。

2）漆膜的导热性很差，使活塞的高温热量不能及时通过缸套传到冷却液中，导致活塞过热，造成膨胀以致拉缸。

3）漆膜沉积物混在机油中，会堵塞供油系统使供油量降低，影响润滑效果。

5. 油泥的危害

油泥是一种棕黑色稀泥状物质，在温度稍高处较为干燥，像烟炱状物质，在温度稍低处则较稀。油泥一般分散在机油中或沉淀在油底壳底部，也可能沉积在发动机部件上。一般认为，发动机经常处于开开停停、空转或低载荷，发动机的温度较低，缸套表面温度在水蒸气的露点以下，而发动机在低工况时燃烧不够完全，这些燃烧产物如水蒸气、CO、CO_2 及炭末、烟炱和燃料重馏分等会通过活塞而落到曲轴箱的机油中，使机油变质、污染、乳化和氧化，生成不溶于油的油泥。油泥对机件寿命的影响有以下 3 个方面：

1）低温起动时，由于燃烧不好，易产生大量的亚硫酸，亚硫酸侵蚀缸壁生成固体颗粒杂质，造成发动机磨损。

2）会使油膜破裂，有微量的水滴和酸性物质等沿缸壁沉入油底壳中，会引起机油的污染，使机油老化变质、润滑性能变坏。

3）将使机油中的一些添加剂失效。为了提高机油的性能，在机油中添加了抗氧化剂、清净分散剂等添加剂，而油泥正好能导致这些添加剂早期失效。

有人认为，未用过的新机油一定很干净，然而通过检验发现，未经过滤净化的新机油，其污染程度往往超过规定要求。新油污染的原因是多方面的，包括从炼制、分装、运输和储存等过程中造成的污染，特别是长期储存的机油，其中的颗粒污染物有聚结成团的趋势。研究表明，用 10μm 过滤器过滤后的油液存放在密封的油桶内，经过一段时间后油液内会出现 20 ~ 50μm 的大颗粒污染物，即油液中颗粒有长大的趋势。因此，新油购进后，应对其主要的物理化学性能（包括油液的清洁度）进行检测，对清洁度不符合要求的机油在使用前必须清洁。另外，向润滑系统补充新的机油时，必须按照使用说明书的要求，添加符合质量要求并且型号相同的机油，新注入的机油在加入前应充分地沉淀过滤，加注机油的工具必须清洁。加油口应放置滤网，同时，应选择在干净的环境中进行加油，以防止灰尘、细砂和水分等污染物混入机油中。

做好发动机装配和维修后的清洁工作。润滑系统的零件在加工装配和维修过程中都可能残留有污染物。因此必须采取下列有效措施：

1）在检修润滑系统时，必须注意每道工序的清洁净化工作。各零部件经过清洗后应立即进行装配，以防止零件的锈蚀或外界的污染，暂不进行装配的零件应妥善保存。零件装配时应在干净的环境中进行，装配后的零件应及时用压缩空气吹干净，并且所有连接面和孔口都要用布擦干净，以防止杂质进入润滑系统。

2）加强对机油滤清器的定期保养工作，滤清器可以有效地清除机油中的磨屑、尘土、机械杂质和胶状沉淀物等，从而减少零件磨损，延长机油使用时间，防止油道堵塞。滤清器技术状态的好坏决定了发动机工作的可靠性和使用寿命，因此必须做好滤清器的定期清洗和保养工作，集滤器在保养时应根据规定及时进行清洗或更换。

3）要掌握正确的操作方法，为了防止废气和燃油混入机油中，曲轴箱通风口要畅通。

（四）发动机关键运动副活塞环—缸套的润滑与磨损

内燃机中缸套—活塞环摩擦副对内燃机工作性能（动力性、经济性以及稳定性等）和使用寿命有着举足轻重的影响。由于缸套—活塞环摩擦副的工作条件十分苛刻，经常处于高温、高压和高冲击负荷工作状态。为了解决好这对摩擦副的润滑和抗磨问题，国内外许多汽车工程技术人员，长期以来孜孜以求地投入了大量的研究工作，至今仍在探索。

1. 摩擦副材料的合理选配

正确选择摩擦副的材料是提高缸套—活塞环耐磨性的关键。根据不同的磨损类型来具体考虑不同的配合副材料，一般选用互溶性小的材料，以防止粘着磨损；选用高硬度材料以防止其磨料磨损。就缸套来说，由于缸壁承受高压气体和活塞的侧推力引起的应力，以及由于高温气体引起的热应力，要求缸套材料必须具有很高的结构强度和疲劳强度，否则会造成缸套变形或材料过早疲劳破坏。此外，还必须具有良好的摩擦学性能，例如，耐磨性和抗咬合性，但是在单一的材料中往往不具备所需上述各种性能。因此，在根据使用要求选择合适的缸套材料时必须考虑力学性能与摩擦学性能之间的协调。缸套大多数用灰铸铁或奥氏体铸铁制成。为了提高缸套的力学性能，需要添加镍、铬、铜和钼等元素，以形成多相金属。为了改善耐磨性，相当普通的做法是至少添加 0. 39%（按质量计）的铬，而一般认为同时要加 0. 65% 的钼。就活塞环来讲，国外通常选灰铸铁为母体，表层镀铬、钼或镍。随着燃烧室最高燃气压力、压力递升率和发动机转速的不断提高，需要用抗拉强度和疲劳强度高的材料。特别是顶环，因为它处于极为残酷的工况下工作。目前已研制了如球墨铸铁和碳化可锻铸铁之类的材料，一般认为碳化可锻铸铁是近期生产的车用内燃机中顶环的最合适材料。因为其强度足以经受内燃机各种工况，而且比球墨铸铁不易发生咬合，此外，球墨铸铁虽有很高的抗拉强度和疲劳强度，但其成本较高且耐磨性较差。国内车用内燃机的缸套—活塞环常用的材料，一般为合金铸铁材料。

2. 引入超滑技术润滑理论

缸套—活塞环工作条件恶劣，润滑条件差。为了减小磨损，有意识地引入超滑技术理论到内燃机的零部件设计中去。应用超滑技术来改善发动机缸套—活塞环润滑条件。

使用超滑技术使热膨胀变形后的活塞裙部外形与缸壁间形成某一恰当的超滑离子膜，以获得最佳的润滑效果和活塞稳定导向的条件，从而改善活塞环的工作。同时，由于高速运动而产生超滑离子膜效应，使发动机摩擦副表面间油膜压力升高，从而达到使两个摩擦面分开，降低其摩擦和减少磨损的目的。

3. 合理选择缸套表面粗糙度

发动机缸套表面粗糙度对耗油量影响很大，也是影响发动机的抗咬合性、耐磨性和使用寿命的最重要因素之一。一般说来需要有光滑、无毛刺、均匀平稳的表面粗糙度。这样会形成良好的超滑离子膜分布，适于支撑作往复运动的活塞和活塞环迅速磨合，改善抗咬合性和耐磨性。

（五）新型超滑技术机油

利用系统摩擦学优化设计超滑技术，实现发动机降低摩擦损失及燃油消耗。首先，基于超滑技术理论与多体系统动力学，建立发动机最重要摩擦副活塞—缸筒系统、活塞环—缸筒系统、曲轴—轴承系统摩擦学仿真分析模型，并在此基础上，开发发动机曲柄连杆机构摩擦学工程应用分析软件，分析摩擦副间油膜压力、最小油膜厚度、摩擦力及摩擦损失等摩擦性能参数。利用摩擦学分析软件分析曲柄连杆机构及缸体结构参数对摩擦学性能的影响，分析结果如下：

传统机油是油膜润滑，在极端情况下油膜会破裂，如冷车起动时的干摩擦，发动机高速运转，负荷较大，瞬间功率加大等情况都会造成油膜破裂，变为乏油润滑，这是发动机磨损、费油、变旧的主要原因。

发动机的加工精度为微米级，而实验证实，引起发动机摩擦的主要原因是加工过程中 20 ~ 400nm 的加工痕迹，这是形成摩擦的主要原因，如图 5-43 所示。

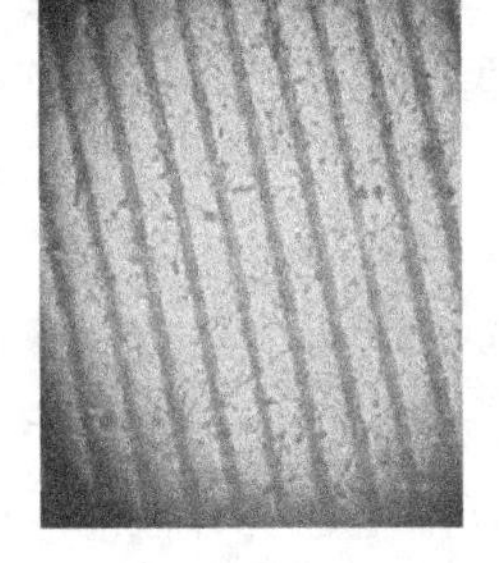

图 5-43　加工痕迹

现有加工精度无法有效降低摩擦。基于此种磨损的传统机油的油膜润滑无法有效改善金属表面光洁度，摩擦的本质无法有效改善。

随着纳米材料技术的进步，超滑技术逐渐成熟，含纳米高分子聚合物的超滑油添加剂在提高气缸的密封性、改善发动机的动力性能方面有明显的改善。能够同时实现对不同材质、不同运动形式和不同载荷下的摩擦副的润滑，能有效地提高摩擦副之间的抗磨能力，而在试验范围内，主轴瓦、铜套、连杆轴颈等部位的磨损接近于零。表面分析显示，在摩擦磨损过程中，超滑油添加剂与固体表面相结合，形成一个超光滑的保护层，同时填塞微划痕，使磨损达到一定补偿，在磨损表面形成修复膜，从而具有一定的修复作用，如图 5-44 所示。

图 5-44　在磨损表面形成修复膜

传统机油中加入高分子聚合物，可以在摩擦表面形成的凹痕中形成一层非晶态镀膜层，有效填补 20 ~ 400nm 的凹痕，有效改善发动机摩擦表面的光洁度，从摩擦学本质降低了摩擦和磨损。通过一系列实验证实了超滑油技术在汽车发动机上使用效果显著。

燕山大学极端条件下机械结构和材料科学国防重点学科实验室对超滑技术使用超滑油添加剂进行对比试验。

对不含发动机保护剂以及含 3% 比例的益飞特超滑技术机油添加剂和含有 3% 比例的其他三种品牌发动机保护剂（A 品牌、3M 品牌和 1B 品牌）的机油，在同等试验条件下进行摩擦磨损性能评价，对比四种品牌发动机保护剂对汽车发动机机油的摩擦系数改善状况。

试验结果：不含发动机保护剂和含有发动机保护剂的机油在试验过程中的摩擦系数如图 5-45 所示。

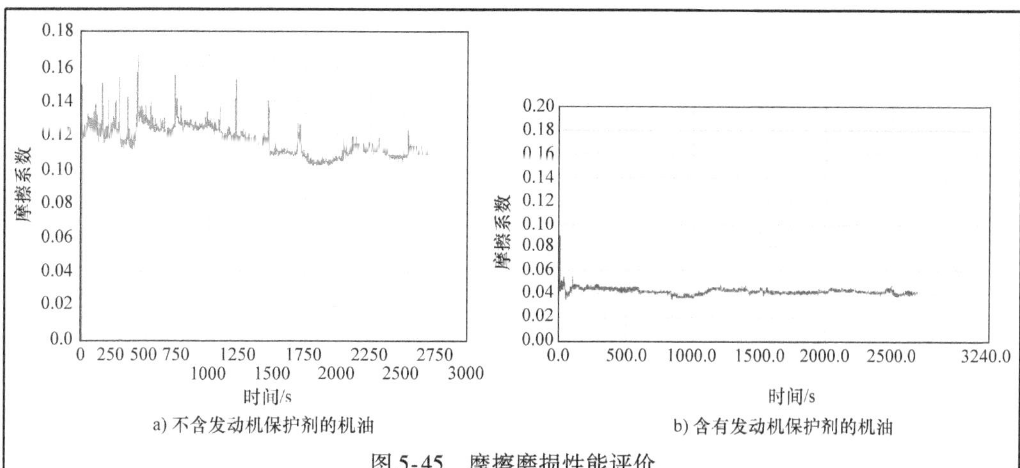

a) 不含发动机保护剂的机油　　b) 含有发动机保护剂的机油

图 5-45　摩擦磨损性能评价

从上述试验结果中可以看出，4 种发动机保护剂均能改善汽车机油的摩擦学性能，与其他 3 种品牌发动机保护剂相比，益飞特超滑油添加剂对发动机机油摩擦系数改善效果显著。

在摩擦学实验取得良好的降低摩擦力及摩擦系数效果后做了一系列的发动机台架实验及路试，如图 5-46 所示。

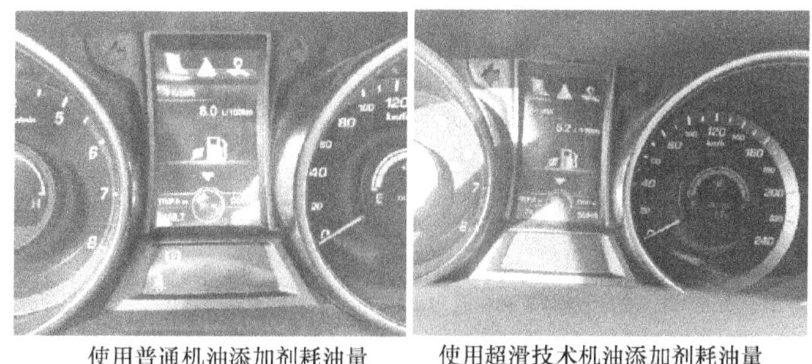

使用普通机油添加剂耗油量　　使用超滑技术机油添加剂耗油量

图 5-46　降低摩擦力及摩擦系数效果对比

六、任务实施

对技术员要求：

- 接收/检查修理单。
- 接收用于修理的订购零件。
- 在允许的时间内进行工作。
- 向技师领队确认工作完成。

技师领队：

- 对技术难度高的工作向技术员提供指导和帮助。

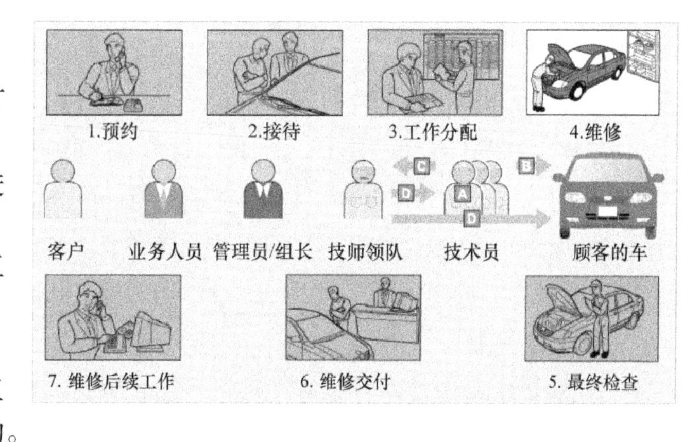

（一）更换机油泵

图 5-47　松开油底壳螺栓

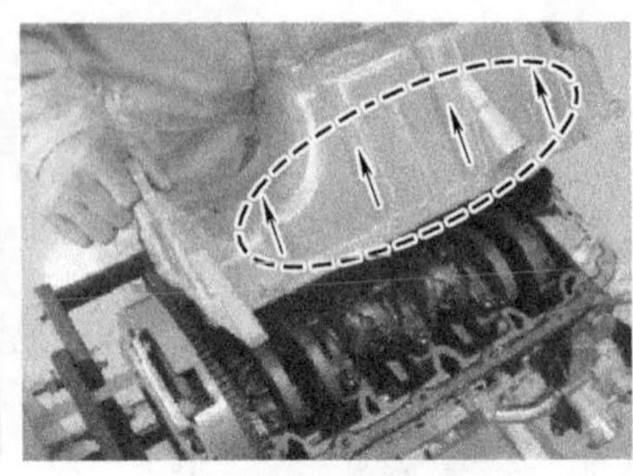
图 5-48　拆卸油底壳

1. 拆卸机油泵

1）拆卸气缸盖，参见气缸盖的拆卸。

2）翻转发动机，松开油底壳螺栓（图 5-47），拆卸油底壳（图 5-48）。

图 5-49　拆卸正时带张紧轮

图 5-50　拆卸曲轴正时带轮

图 5-51　拆卸发动机前端盖

图 5-52　拆卸发动机前端盖衬垫

3）拆卸正时带张紧轮（图 5-49）和曲轴正时带轮（图 5-50）。拆卸发动机前端盖（图 5-51）及其衬垫（图 5-52）。

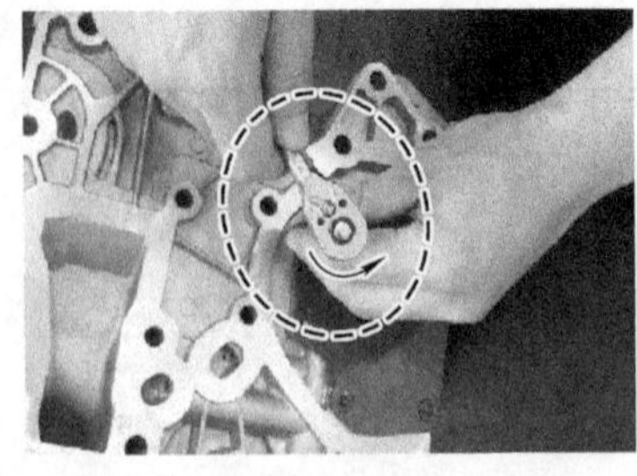
图 5-53　松开机油泵固定螺栓

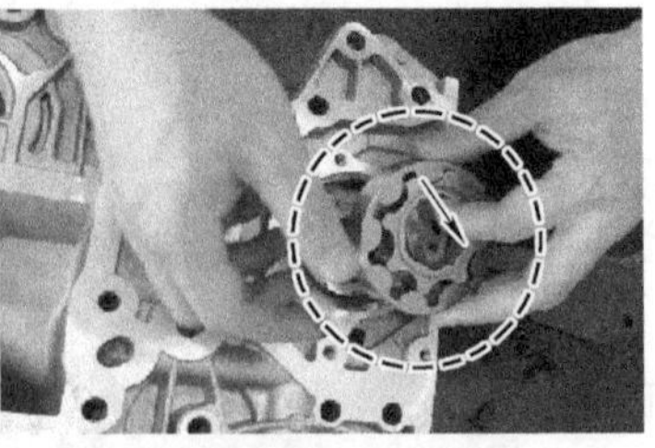
图 5-54　取下机油泵主动齿轮和从动齿轮

4）从前端盖上松开机油泵固定螺栓（图 5-53），取下机油泵主动齿轮和从动齿轮（图 5-54）。

2. 安装机油泵

1）安装机油泵主动齿轮和从动齿轮，拧紧螺钉。**注意：**安装时，齿轮上要涂上专用润滑脂。

2）清洁发动机前端盖衬垫，安装发动机前端盖及其衬垫，拧紧至20N·m。安装正时带张紧轮和曲轴正时带轮。

3）翻转发动机，清洁密封面。将约3.5mm厚的油底壳密封胶涂抹在连接处和油底壳上，拧紧至10N·m。

4）安装气缸盖、参见气缸盖的安装。

（二）检查发动机烧机油的方法

第一步：检查汽车发动机故障灯

1. 汽车发动机电控系统故障灯亮

这一故障是伴随着汽车电子技术的发展应运而生的，现在的汽车都会配备ECU，通过ECU内部的程序管理，汽车各电器部件才开始有条不紊地工作，而一旦系统内某处出现异常，ECU就会报警，报警的形式就是亮起故障灯，是汽车人性化、智能化的一种特点。发动机故障灯亮并不意味着发动机就不能工作了，只是说明发动机电控系统出现了故障，如图5-55所示。

图5-55 检查汽车发动机故障灯

发动机故障信号是由发动机电脑发出的，发动机电脑控制整个发动机所有的电子设备，像电子节气门、喷油器、发电机、燃油泵等等，涵盖了进气、排气、燃油、点火、正时等各个系统。那么如果发动机故障灯亮了，仅仅说明发动机的某一系统存在异常，至于具体是什么故障，还需要借助于故障检测仪进行解读，每个品牌的车都有自己独有的故障码。

发动机燃烧状态不好是发动机故障灯亮的主要原因。在汽车设计上，为了确保发动机处于良好的工作状态，确保发动机的正常工作寿命，在发动机上设计安装了氧传感器，用于监测发动机燃烧状态，一旦发动机燃烧状态不好，不仅会造成污染环境，也会导致燃油浪费和发动机过度磨损。

1）发动机对于燃油的质量指标是有要求的，尤其是随着各处规范对发动机的要求越来越高，那么对燃油的质量指标的要求也就越来越高。

在实际生活上，毕竟有一些加油站并不能完全按规范提供满足高性能发动机的燃油，这就导致了发动机故障灯亮的现象时有发生。

在排气管通道上安装一个氧传感器，其功能就是检查排出去的废气中的氧气含量，混合气在气缸燃烧得越充分，含氧就越少，相反就越多，氧传感器就利用这个工作原理检测转化为ECU能识别的电信号给ECU，ECU再根据设定的软件程序，通过发动机上的各个传感器采集发动机工作状态的参数经修正计算后发给点火系统、喷油系统工作指令，这些系统接到这些工作指令后修正工作参数来完成点火和喷油，此时发动机已进入再次点火燃烧的工作，这样进行反复的工作调整。当ECU接收氧传感器的参数确定尾气排放严重超过国家法定标准后，ECU内部程序无法修正到标准范围之内，此时 ECU 就会通过让发动机故障灯亮，用以提醒车辆到维修站去检查发动机。

2）发动机气缸内部不干净、有积炭。经过一定使用时间的发动机内部必须会积聚一些积炭，这些积炭本身会导致发动机设计参数发生变化，同时其性质不稳定、积存热量，这些热量会导致发动机无序点火，从而引起发动机爆燃。这种情况下，发动机故障灯也就亮起来了。

2. 油压警告灯

此装置警告驾驶人油泵产生的油压是否正常，是否正常地输送到了发动机的各个部分。油路中的油压开关（传感器）监控油压状态，并且若发动机起动后如油压不增加，在组合仪表上对驾驶人发出警告，如图 5-56 所示。

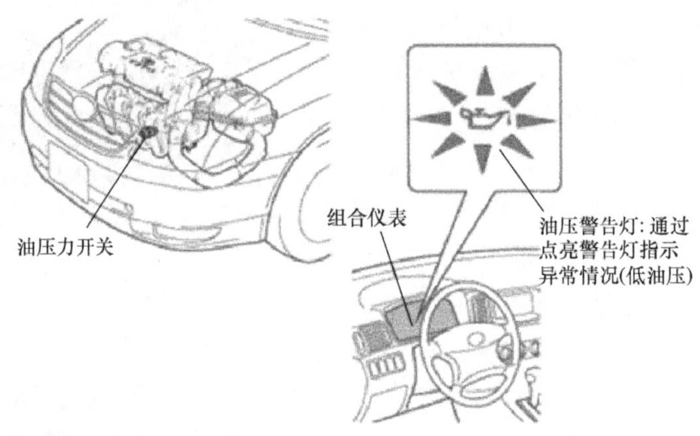

图 5-56　油压警告灯

第二步：检查发动机舱内部

检查发动机舱内部时要小心一些，这里可以发现许多隐藏的问题，如图 5-57 所示。

要查看发动机的外表是否有维修痕迹，并且识别发动机是否漏机油、漏水，如图 5-58 所示。

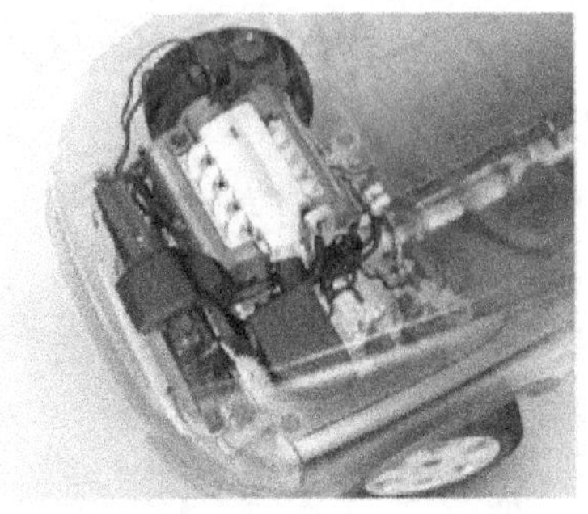

图 5-57　对发动机舱内部进行检查

图 5-58　识别发动机是否漏机油、漏水

第三步：观察排气管排出气体的颜色

起动发动机，观察排出气体的颜色，若是半透明的淡灰色，说明发动机状况良好，如果排出的气体是黑色的，则说明发动机没有调校好，如果排出蓝色的烟，说明发动机烧机油。如果发动机有异响，如有低沉的“隆隆”声，可能是发动机的轴承坏了。再提高发动机的转速，若有“咯咯”声，可能活塞有问题，如图 5-59 所示。

图 5-59 观察排气管排出气体的颜色

第四步：检查机油质量

不同等级的机油在使用过程中油质都会发生变化。车辆行驶一定里程之后，性能就会变化，可能会给发动机带来种种问题，一般以机油标尺上下限之间为好。机油从机油滤芯的细孔通过时，把油中的固体颗粒和黏稠物积存在滤清器中。如果滤清器堵塞，机油不能顺畅通过滤芯时，会胀破滤芯或打开安全阀，从旁通阀通过，仍把脏物带回润滑部位，促使发动机磨损加快，内部污染加聚。检查机油质量如图 5-60 所示。

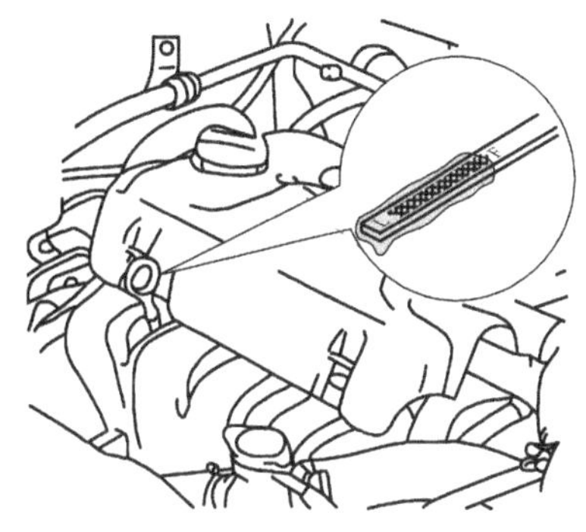

图 5-60 检查机油质量

检查机油所在的位置也是很重要的，发动机在正常工作时，机油会不断地被正常损耗，一般都必须保持在刻度线之间，如果过低则说明此车可能烧机油，要结合尾气进行科学判断。如果过高，有可能是不正常补充，必须要参考机油的颜色进行判断。如果颜色、尾气我们都看不出来状况。那我们就直接打开机油盖，一看究竟。

第五步：检查进气管道有无机油或是否脏污

进气管道对于发动机的正常工作非常重要，如果进气管道有机油或太脏，会导致充气效率下降，从而使发动机不能在正常的输出功率范围内运转，加剧发动机的磨损和老化，如图 5-61 所示。

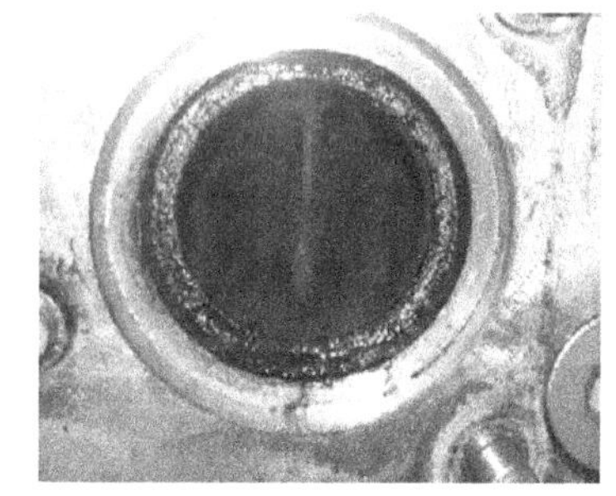

图 5-61 进气管道脏污

第六步：检查发动机加机油盖、气门盖罩和曲轴箱油是否脏污

发动机在运转过程中，燃烧室内的高压未燃烧气体、酸、水分、硫和氮氧化物经过活塞环与缸壁之间的间隙进入曲轴箱中，使其与零件磨损产生的金属粉末混在一起，形成油泥。少量的油泥可在机油中悬浮，当油泥量大时会从油中析出，堵塞机油滤清器和油孔，造成发动机润滑困难，从而加剧发动机的磨损。此外，机油在高温时氧化会生成漆膜和积炭粘结在活塞上，使发动机油耗增大、功率下降，甚至使活塞环卡死、拉缸。

发动机加注机油盖上可能有胶状的油泥，如果有白色的乳状物，那么说明机油里含有水分，必须警惕。再观察机油加注口里面的色泽，如果是铝的表面有些淡淡黄色，那么就属于正常的颜色，如果有红褐色的油泥，那就说明保养状况不佳。检查冷却液也是打开散热器盖，检查冷却液的液面上是否漂浮其他的异物，如果有油污漂浮，则表明可能有机油渗入；如果漂浮物中发现了锈蚀的粉屑，说明散热器内的锈蚀情况非常严重，这对发动机的影响是很大的，如图 5-62 所示。

图 5-62　检查发动机加注机油盖

第七步：发动机积炭检查（观察发动机气缸、气门和进气歧管处有无积炭）

检测燃烧室积炭时，在拆开火花塞后，将蓝牙高清视频内窥镜探头伸入燃烧室内，通过转动线缆，观测活塞顶部或气门口积炭情况。同时注意观测是否有油渍以及各缸的均匀程度，通过对比分析，找准故障部位。再将探头伸入进气管道中检查节气门，如图 5-63 所示。

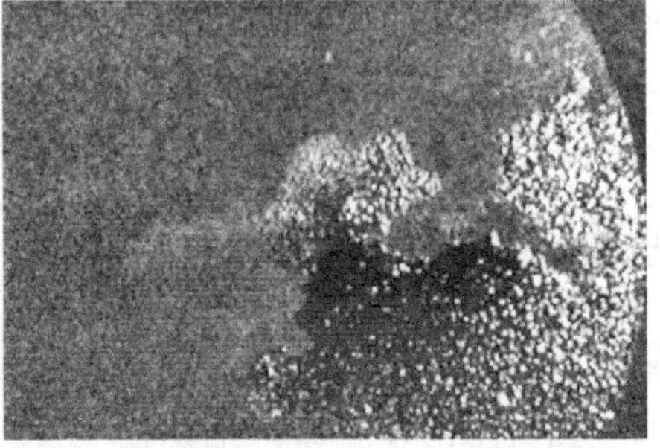

图 5-63　发动机积炭检查

气门积炭的检测需要曲轴转动，利用不同角度的专用探头，对开启的气门工作情况进行检测，如图 5-64 所示。

燃烧室需要在常温下检测，并进行必要拆检以更快找到车辆隐患和故障原因。如果是有故障的车辆，要配合问诊开展配套检测。发动机气缸内部、气门口积炭过多时，说明发动机烧机油。要检查活塞环、气门油封、气门导管、缸壁间隙等项目。

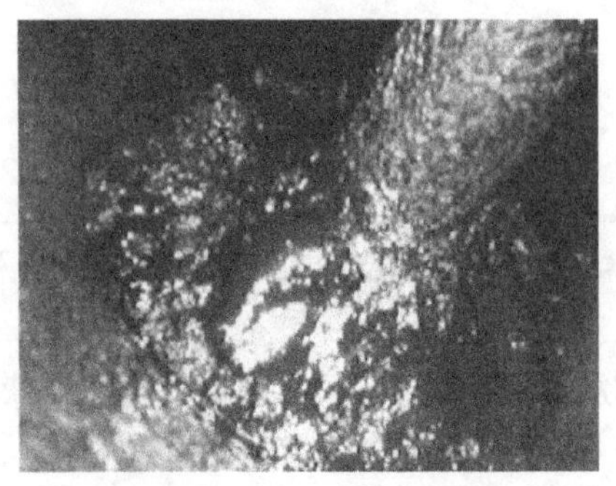

图 5-64　气门积炭的检测

七、拓展阅读

（一）汽车产业

1）方便了人们的生活：有了汽车，不管你住在哪里，距离大型超市有多远，只要开上车，瞬间就可将你最需要的物品带回家，让有车族有了新的生活半径、生活圈；有了汽车，让各个城市之间的旅客和货物运输更为快速和便捷，也让不易保鲜的物品的跨地区运输成为可能。

2）提高了工作效率：汽车作为代步工具，缩短了世界的距离，以前用一个月的时间才能到达的目的地，如今只用几天，几小时就可以完成；有了汽车，人类可以以更快的速度往返于各个地点，提高了人类的工作效率，同时让城市的扩大成为可能。

3）促进了国民经济发展。汽车产业是国民经济重要的支柱产业，产业链长、关联度高、就业面广、消费拉动大，在国民经济和社会发展中发挥着重要作用。

4）促进劳动就业。有专家预测，到2030年，我国汽车相关产业从业人数将达1亿人。

5）推动科学技术的发展。汽车高科技产品，也是世界上唯一的一种零件以万计、产量以千万计、保有量以亿计、售价以万元计的商品。

（二）汽车文化

汽车文化能带动了与汽车有关的行业的进步。汽车艺术、广告、模特、展会、比赛、旅游、改装、越野、电影等已渗透到人们的日常生活中，改变着人们的生活方式、社会关系、沟通方式、活动节奏、知识结构以及文化习俗。汽车的使用是个性权利的延伸和个人主动性的象征，汽车创造了崭新的价值观念和生活内容，整个社会的文化理念、心理素质、道德因素都发生了巨大变化。

中国汽车工业起步晚，经历了五十多年的发展，近几年发展速度加快，一大批自主品牌企业正迅速崛起，伴随而来的独具特色的中国汽车文化正悄然形成。

八、维修车辆交付

1. 业务人员

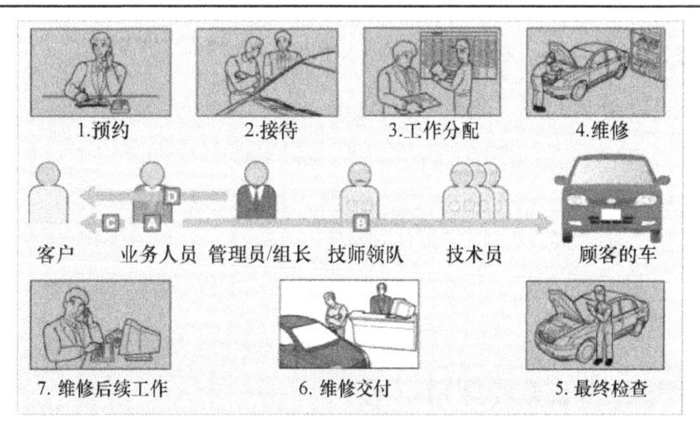

- 准备将更换的零部件给客户查看。
- 准备为所有的费用开出发票。
- 检查车辆是否清洁，进行维修质量检查，检查是否已经取下了座椅垫、地板垫、转向盘罩、翼子板布等。
- 电话通知客户，以便确认车辆准备交付。
- 向客户说明工作。

■ 确认工作已经顺利地完成。

■ 将更换的零部件展示给客户看。

■ 说明完成的工作以及益处。

■ 提供详细的发票说明：零部件、人工和润滑剂的费用。

2. 管理员/领队

• 业务人员/客户要求时，要提供技术说明或建议。

步骤一　资料准备

1）书面确认每项维护保养工作是否已经完成。

2）检查工单上客户提出的所有项目是否已达到客户的要求。

3）核对维修费用，原始估价与实际是否相符。

步骤二　车辆清洗

1）洗车。

2）清洁车内饰物。

步骤三　内部交车

告知服务顾问车辆停放处，将车辆和钥匙交给服务顾问。

步骤四　交车

若客户不在休息区等候，服务顾问接到车辆后要立即与客户取得联系，约定交车的时间、方式及结账事宜等。如果联系不到客户，服务顾问需发短信通知，并在随后的半小时或一小时内再次尝试联系客户，告知客户具体情况。

若客户在休息区等候，服务顾问需将打印出的结算单放在书写夹板上，找到在客户休息室的客户，通知客户在其方便的时间进行交车，并确认付款方式。

服务顾问需引导客户前往交车区，拆除车罩与防护套，以便客户验车。与客户一同验车，确认其满意度。

步骤五　结算和费用说明

1. 结算准备

在客户验车完毕并表示对作业质量满意后，服务顾问需打印费用结算清单，将所发生的材料费和工时费逐项列出，如图所示。

2. 费用说明

1）服务顾问需向客户说明每项费用，并回答客户提出的问题，消除客户的疑问。

2）如果客户对费用不满或有不理解的内容，服务顾问可以及时请服务经理协助向客户解释。

3）确认没有问题后，请客户在“车辆维修结算单”上签字确认。

步骤六　完成结账

1）完成结账手续。

2）当面回访调查客户满意度。

步骤七　交车与送别

1. 交车

需向客户说明有关下次保养里程及今后车辆使用方面的建议。

2. 送别客户

服务顾问送客户到汽车旁，引导客户驶出停车位，目送客户车辆驶出店面。

九、任务评价

试着完成下面的练习题，而后将自己的答案与课本对照，将错误答案改正过来并仔细复习相关内容，直到能够正确完成所有练习为止。

（一）填空题

1. 汽车发动机的润滑系统有润滑、________、________、________和冷却等作用。

2. 发动机润滑系统一般由________、机油泵、________（三者安装在前端盖总成上）、机油滤清器和________等组成。

（二）判断题

1. 发动机的润滑系统的作用以冷却作用为主。（　　）
2. 科鲁兹发动机从机油泵流出的机油直接流入机油滤清器。（　　）
3. 科鲁兹发动机润滑系统中安装机油喷射器。（　　）
4. 科鲁兹发动机润滑系统油路不流入凸轮轴执行器。（　　）

（三）问答题

1. 润滑系统在工作时，其油膜状态可分哪3种？
2. 机油的功能有哪些？
3. 二冲程汽油发动机润滑为何采用掺杂法？
4. 检查机油量时应注意的事项有哪些？

（四）看图识物

根据下图所示润滑系统的组成，填入对应的字母。

A. 机油喷射器　B. 限压阀　C. 前端盖　D. 集滤器　E. 机油冷却器　F. 机油泵　G. 机油滤清器

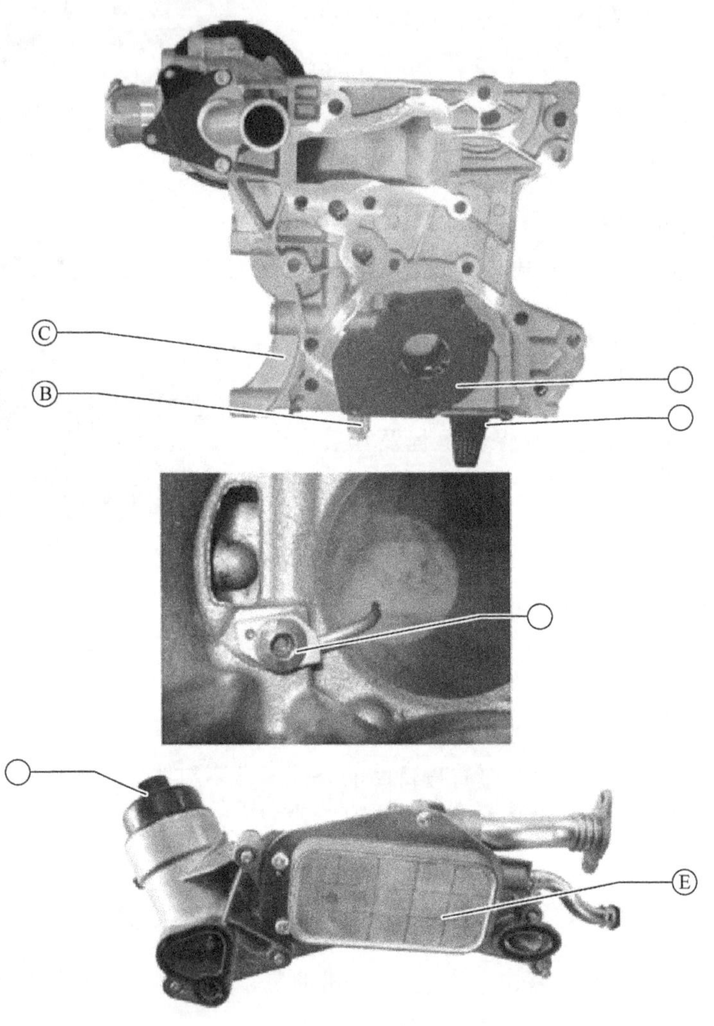

（五）选择题

1. 两相对运动的物体间没有机油存在的润滑工作属于以下哪一种工作状态？（　　）

A. 未润滑　B. 边界润滑　C. 完全润滑　D. 油膜润滑

2. 以下所述哪个不是机油的功能？（　　）

A. 冷却　B. 密封　C. 传动　D. 减振

3. 二冲程汽油发动机的主要润滑方式为（　　）。

A. 不用润滑　B. 将机油掺杂于燃烧

C. 利用燃料润滑　D. 机油泵将机油送各工作地点润滑

4. 润滑系统中用来储存机油的组件为（　　）。

A. 油底壳　　B. 机油泵　　C. 机油滤清器　　D. 释压阀

5. 润滑系统的释压阀当压力超过多少 kPa 时阀门即将开启？（　　）

A. 2～3.5　　B. 20～35　　C. 200～350　　D. 2000～3500

6. 使用机油量尺量测机油量时，以下所述是否正确？（　　）

A. 汽车必须停放在平坦路面上

B. 发动机必须起动热车后方可量测

C. 不同形式的发动机，机油量尺不可互换

D. 必须发动机熄火后等机油全部都流回油底壳后测量

项目六

燃油供给与喷射系统及点火系统

汽车售后服务顾问和维修技师是汽车 4S 店的门面，总会给车主留下深刻的第一印象和难忘的最后印象。车主在车辆维修预约、进店维修、离开汽车 4S 店阶段，对汽车 4S 店需求心理预期各不相同。汽车 4S 店的工作人员只有把握客人的需求心理，依据需求心理的变化跟进服务，才能主动超前地提供恰当的服务，使车主产生惊喜的消费体验，从而留下良好的印象。

一、场景描述

一辆奥迪 A5 行驶里程 25000km，行驶过程中黄色发动机警告灯突然亮起并报警，如图所示。

发动机出现排气管冒黑烟现象。车主李先生把车开到 4S 店进行检查维修。

小明：“李先生，您好，欢迎光临。我是服务顾问小明，这是我的名片，很高兴为您服务。”小明按要求对车辆进行了环车检查。

小明：“李先生，发动机故障报警是燃油喷射系统出现问题，我让专业技师为您的发动机燃油喷射系统做仔细的检查。”

根据李先生反映的仪表板上显示发动机报警的情况，专业技师对该车进行了检查。车辆起动后，发动机冒黑烟。

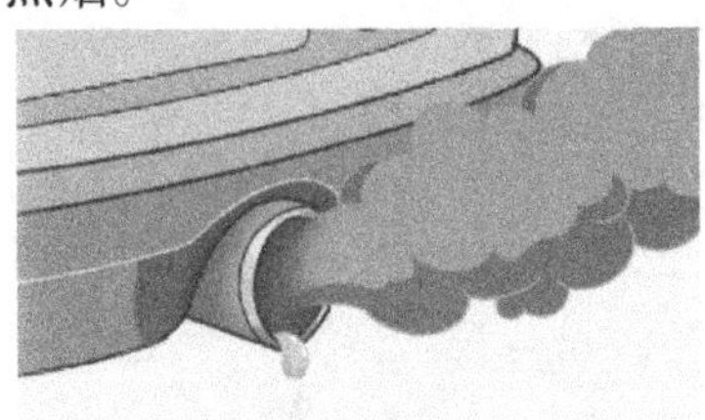

二、场景分析

冒黑烟是指过多的燃油通过一定的途径进入发动机燃烧室，与空气一起参与燃烧。使用尾气分析仪对发动机进行尾气检测。

1. 尾气测量标准值

发动机尾气分析标准值	
HC	0004～0018
NO	0002～0006
CO	0.01～0.04
CO_2	12%～16%
O_2	0.1%～0.3%

2. HC、NO 的读数偏高的原因

1）混合气过稀：气缸压力不足、发动机温度过低、混合气由燃烧室向曲轴箱泄漏、燃油管泄漏、燃油压力调节器损坏。

2）混合气过浓：油箱中油气蒸发、燃油回油管堵塞、燃油压力调节器损坏。点火正时不准确、点火间歇性不跳火、冷却液温度传感器不良、喷油器漏油或堵塞、油压过高或过低等因素都将导致 HC 读数过高。

3. 使用故障检测仪检测

在一定工作环境下查明导致系统某种功能失调的原因或性质，判断劣化状态发生的部位或零部件，以及预测状态劣化的发展趋势等，包括故障检测、故障定位和故障预测。

1）连接检测仪。

2）选择测量数据值。

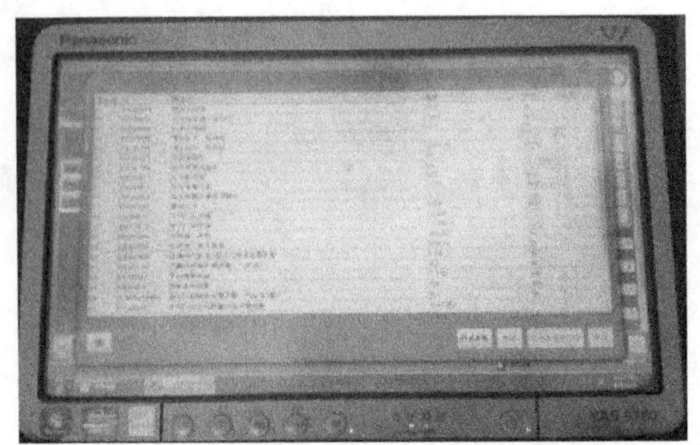

3）显示屏显示数据：标准负荷值 10.6%、平均喷油时间 21.17ms，超出标准数据范围内。

通过对尾气和故障检测数据进行综合分析，发动机燃油喷射系统有故障。

4. 拆卸火花塞

火花塞工具专用于拆卸及更换火花塞。有大小两种尺寸的火花塞，型号分为 16mm 和 21mm，拆卸奥迪 A5 火花塞时应选择 16mm 火花塞套管头。

（1）检查拆卸下来的火花塞

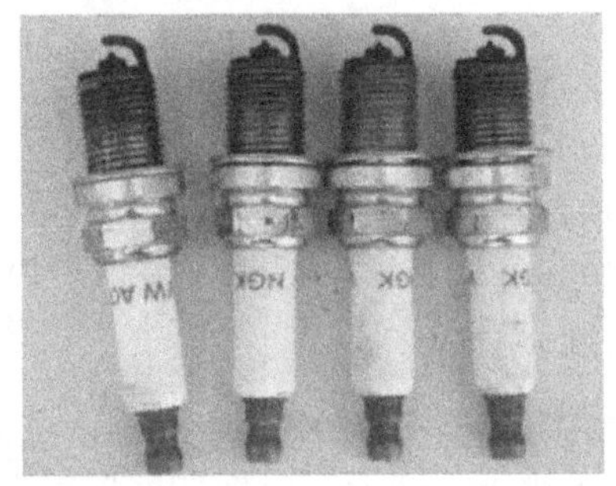

（2）分析拆卸下来的火花塞

歧管喷射发动机火花塞电极颜色为浅棕色，分层喷射发动机火花塞的颜色为灰白色，缸内喷射发动机火花塞的颜色为棕色。如果电极烧黑并附有积炭，则说明存在故障。

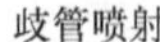
歧管喷射

分层喷射

缸内喷射

对拆卸下来的火花塞进行检查，发现发动机混合气过浓现象。火花塞有积炭，说明有过多的混合气流到了燃烧室，俗称冒黑烟。

火花塞有积炭的原因有：空气流量传感器故障、活塞环积炭卡死、活塞环对口、活塞烧蚀、气缸磨损、冷却液温度传感器故障、进气温度传感器故障、氧传感器故障、节气门故障、汽油压力过高等。

根据对发动机燃油供给系统的检查分析，要对发动机燃油供给系统进行维修。按照实际维修项目的要求，结合职业院校学生实际的学习特点，按照由简单到复杂，层层递进的知识走向，最终将该项目划分成以下两个任务来完成，每个任务的具体需求如下：

任务一　燃油供给与喷射系统

任务二　点火系统

三、学习目标

知识目标

1. 掌握燃油喷射系统的分类。
2. 掌握燃油供给系统的构造。
3. 掌握燃油供给系统的工作原理。
4. 了解发动机缸内喷射系统技术。
5. 掌握燃油喷射系统故障诊断的基本方法。
6. 掌握燃油喷射系统故障诊断的基本流程。
7. 了解点火系统的总体构成。
8. 掌握点火线圈的工作原理。

技能目标

1. 能正确对发动机燃油喷射系统进行分类。
2. 能独立进行燃油喷射系统的分解和组装。
3. 能区分燃油喷射系统的人为故障和自然故障。
4. 掌握燃油喷射系统故障诊断的基本测量技能。
5. 掌握汽车不同类型发动机燃油喷射系统故障诊断流程的方法和排除技巧。
6. 会检查点火线圈和火花塞。

素养目标

1. 严格执行汽车故障诊断规范，养成严谨科学的工作态度。
2. 养成总结故障诊断任务结果的习惯，为完成下次汽车故障诊断任务积累经验。
3. 养成团队协作精神。
4. 能够养成劳动光荣、创造伟大的思维和创新意识。
5. 养成主动思考、自主学习的习惯。
6. 提升发现问题、分析问题、解决问题的能力。
7. 培养知识总结、综合运用、语言表达的能力。

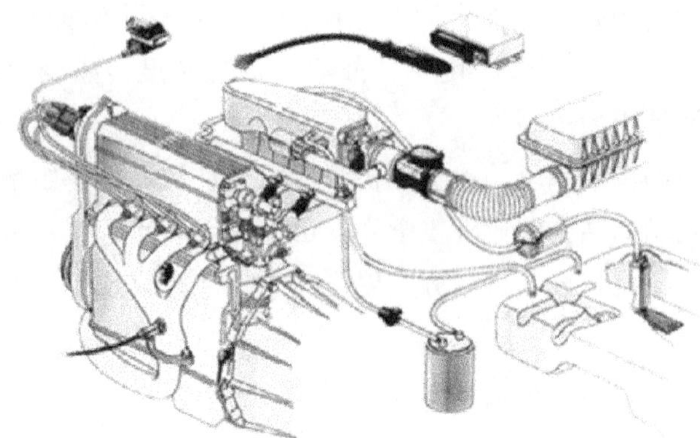

发动机电控系统，是一个以电子控制单元（简称 ECU，俗称电脑）为中心，利用安装在发动机不同部位上的各种传感器测得发动机的各种工作参数，按照在电脑中设定的控制程序，通过控制喷油器精确地控制喷油量，使发动机在各种工况下都能获得最佳浓度的混合气。它通过电脑中的控制程序，能实现起动加浓、暖机加浓、加速加浓、全负荷加浓、减速调稀、强制断油、自动怠速控制等功能，满足发动机特殊工况对混合气的要求，使发动机获得良好的燃油经济性和排放性，也提高了汽车的使用性能。

四、知识引导

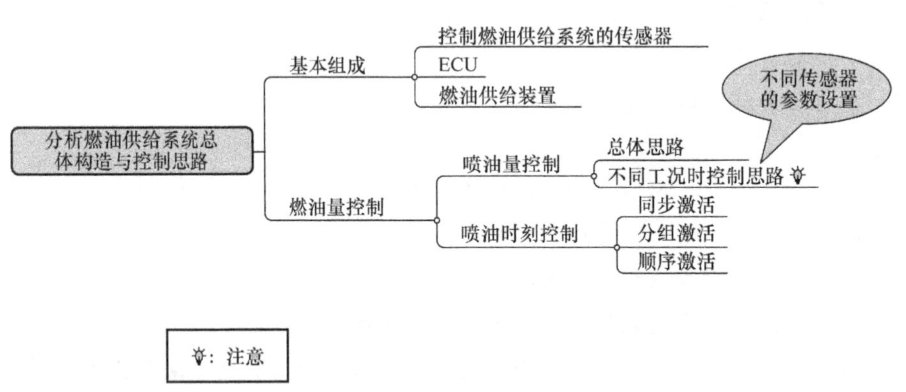

五、相关知识

任务一　燃油供给与喷射系统

燃油供给与喷射系统的功用是根据发动机工况的不同要求，准确地计量空气与燃油的混合比，并将一定数量和压力的燃油喷射到进气歧管或直接喷射到气缸中。燃油供给与喷射系统主要由燃油箱、电动燃油泵、燃油滤清器、燃油管、燃油分配轨和喷油器等组成，如图 6-1 所示。

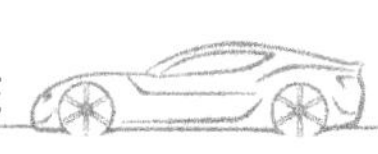

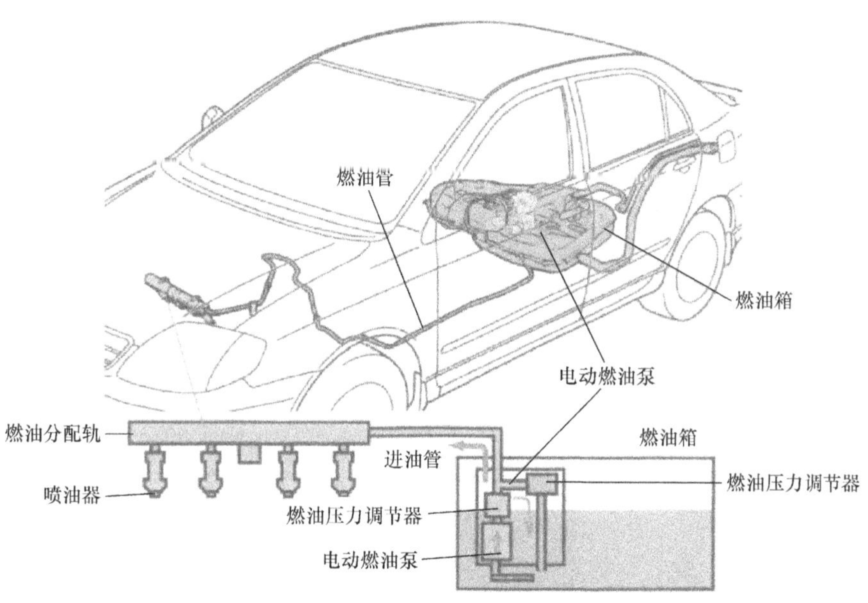

图 6-1　燃油供给与喷射系统的组成

（一）电子燃油喷射系统的总体构成

电子燃油喷射系统是以电控单元为控制中心，利用安装在发动机上的各种传感器测出发动机的各种运行参数，再按照电控单元中预存的控制程序精确地控制喷油器的喷油量，使发动机在各种工况下都能获得最佳空燃比的可燃混合气。电子燃油喷射系统的组成如图 6-2 所示。

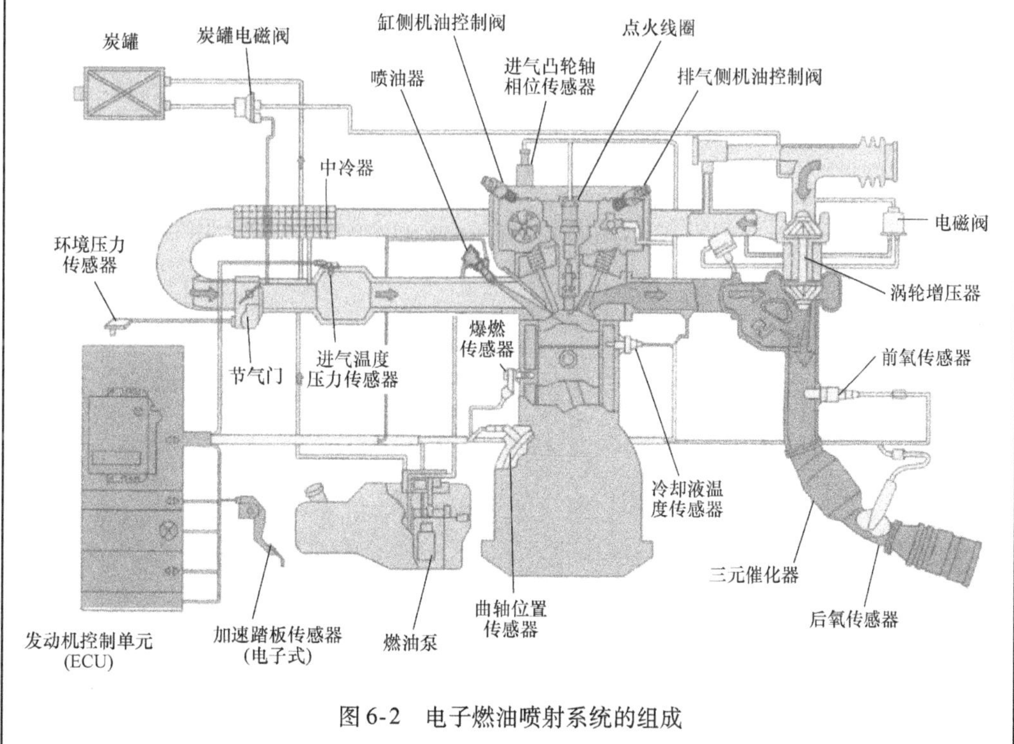

图 6-2　电子燃油喷射系统的组成

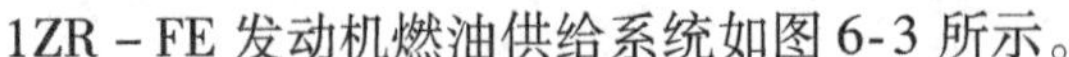

1ZR－FE 发动机燃油供给系统如图 6-3 所示。

图 6-3　1ZR－FE 发动机燃油供给系统

汽油机燃油供给系统主要由燃油箱、电动燃油泵、燃油滤清器、燃油分配管、油压调节器、喷油器和输油管等组成，有的还设有油压脉动缓冲器。

汽油机燃油供给系统的功用是：

- 根据发动机各工况的不同要求，准确配置合适的空气与燃油的混合比。
- 为汽车储存行驶一定里程的汽油。
- 将燃烧做功后的废气排出。

（二）燃油供给系统的零部件

燃油供给系统的零部件如图 6-4 所示。

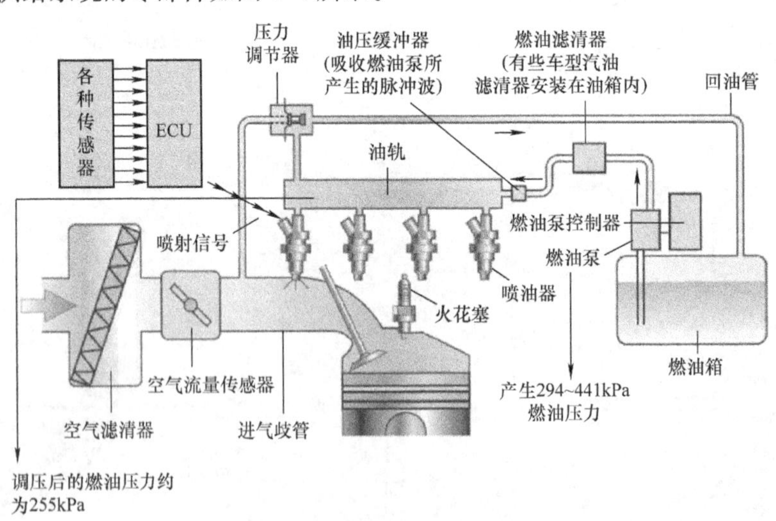

图 6-4　燃油供给系统的零部件

燃油供给系统将油箱的燃油经过燃油泵的作用，将燃油产生 294～441kPa 的液压油，经燃油滤清器滤清后，将具有脉冲波的液压油送到油压缓冲器减缓液压油的脉冲波。

经油压缓冲器减缓脉冲波的燃油，送压力调整器进行压力调节后，储存在油轨中。各缸的喷油器进油口在油轨的储油室中取得稳压的燃油送往喷油器的出油孔待命。喷油器一旦接获 ECU 的指令，开启喷油器的针阀，喷油器便开始喷油，针阀关闭则停止喷油。以喷油器针阀开启时间的长短来控制每一个工作循环的喷油量。

1. 燃油箱

燃油箱是用来储存燃油的，其容量大小与车型、发动机排量有关，如图 6-5 所示。

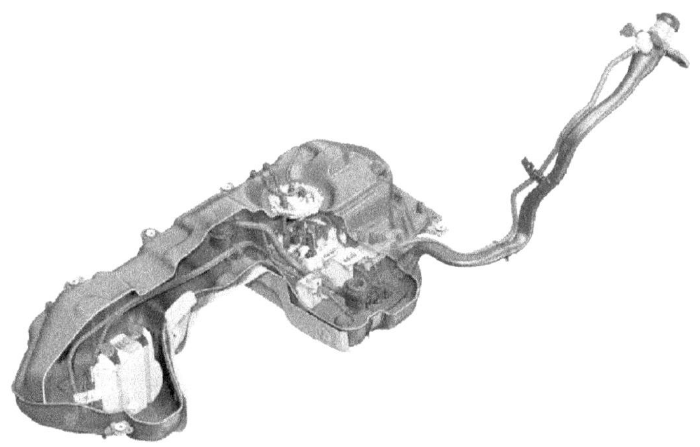

图 6-5　燃油箱

燃油箱内部有一个油井用来安装电子燃油泵，保证能吸到液体的燃油。燃油液位计也安装在燃油箱内。

燃油箱是用塑料或金属制成的矩形空箱，大多数燃油箱内部装有隔板。油箱隔板可防止汽车在转弯和制动时，燃油在油箱内的摇动。燃油箱内部结构如图 6-6 所示。

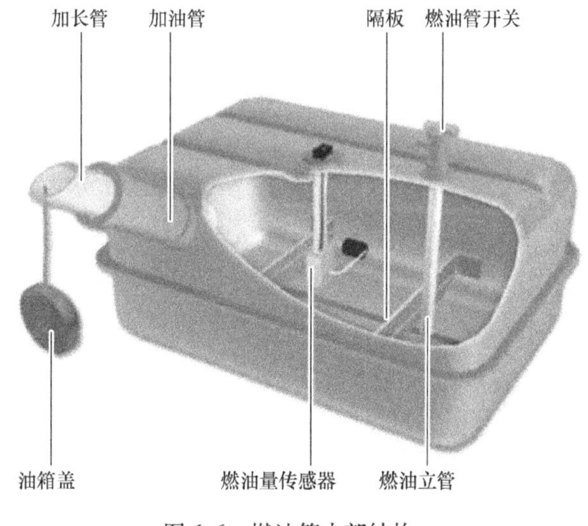

图 6-6　燃油箱内部结构

燃油箱加油盖上有一个压力/真空阀。当燃油箱内部压力很高时，压力阀被打开，燃油蒸气排放到大气中去。当燃油箱内形成一定真空时，真空阀就打开。

目前，为了达到环境保护的要求，燃油箱都有一条与炭罐相连的通道。炭罐的作用是将可能蒸发到大气中的燃油蒸气储存在炭罐内，然后当发动机工作时，再将炭罐内燃油蒸气送到发动机燃烧，如图 6-7 所示。

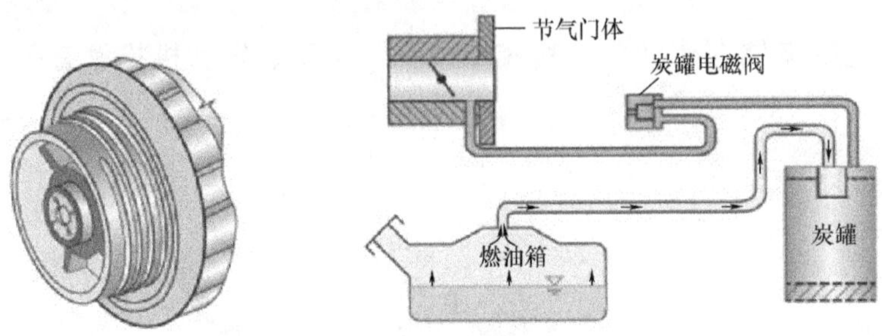

图 6-7　压力/真空阀和炭罐

2. 燃油滤清器

燃油从炼制、运输、出售到加注于油箱储存，其间，燃油中总会有水分及杂质掺杂其中。燃油滤清器是为了防止燃油中的水分、杂质堵塞喷油器，造成喷油器的阻塞或损坏。这些杂质进入气缸，也容易刮伤气缸壁，影响发动机寿命。

燃油滤清器安装在电动燃油泵出口侧的油路中。它主要由进出油管、滤芯、内孔管、座圈等组成，如图 6-8 所示。滤芯采用菊花形结构，其特点是单位体积内过滤面积大。滤清器内经常承受 200～300kPa 的燃油压力，因此，要求滤清器壳体及油管的耐压强度应在 500kPa 以上。

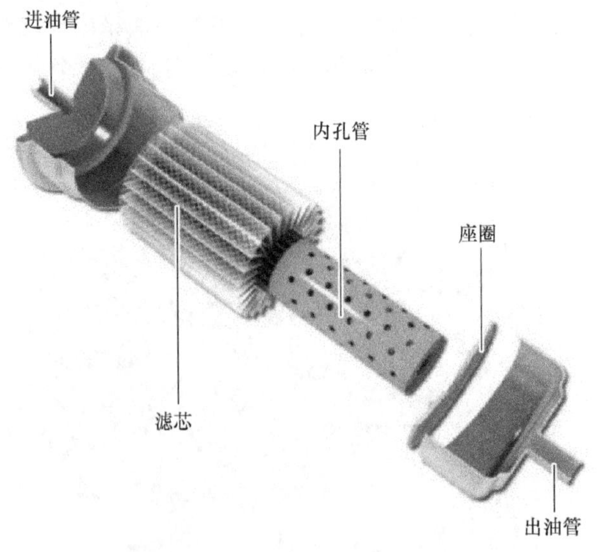

图 6-8　燃油滤清器的组成

燃油滤清器的作用是清除燃油中的粉尘、铁锈等固体杂质，防止阻塞供油系统，减少机械磨损，提高发动机的可靠性。

发动机工作时，燃油从滤清器的进口进入滤芯外围，把带有杂质的燃油通过滤芯过滤后从出口出去，如图 6-9 所示。如果滤清器阻塞，将使油压降低，输油量减少，发动机无法正常工作。因此，燃油滤清器应按照规定周期进行更换。

燃油滤清器中通常使用带有褶皱的滤纸进行滤清。燃油滤清器是一个带有进油口和出油口的密闭容器，燃油从进油口进入，通过滤清材料的外部，再从滤清材料的中心、出油口流出，如图 6-10 所示。很多汽车都在出油口处并联回油口。回油口处安装限压阀，当出油口的需求量较大时，回油口的压力较小，限压阀关闭。当出油口的需求量较小时，回油口的压力较大，限压阀打开，多余的燃油流回燃油箱。

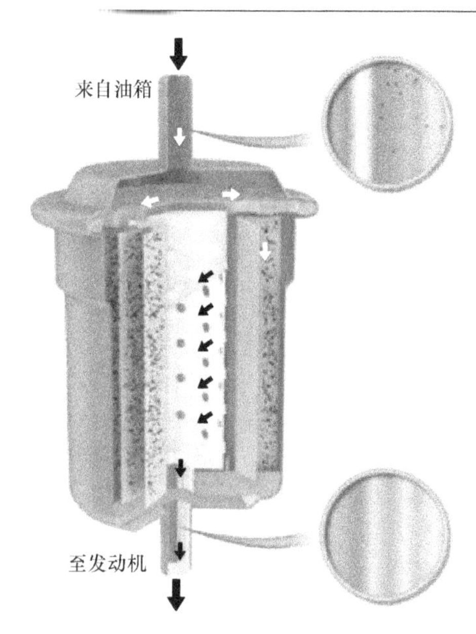

图 6-9　燃油从滤清器的工作原理

燃油滤清器一般使用金属外壳，此外壳必须能承受 450kPa 以上的油压。滤芯则采用纸质滤芯，可过滤直径 10μm 以上的杂质，如图 6-11 所示。

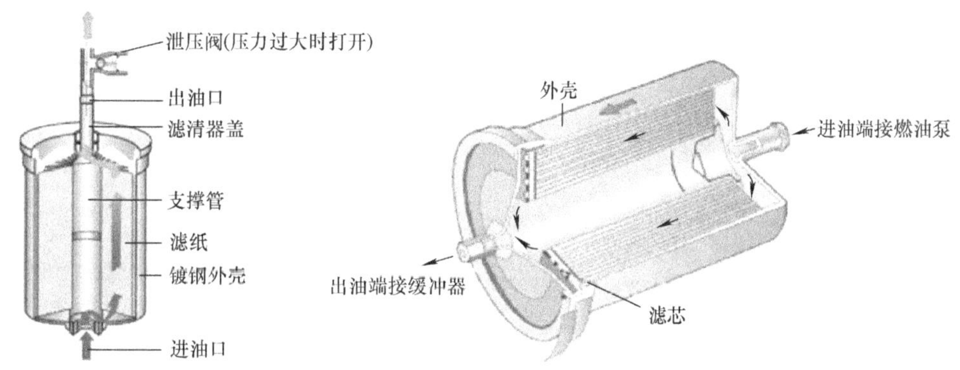

图 6-10　燃油滤清器的结构

燃油滤清器通常安装于油箱出口处，或发动机室燃油管路径上的适当位置。有些汽车采用免保养式燃油滤清器，将燃油滤清器安装于油箱内，并将燃油泵包覆于燃油滤清器内。在正常使用的情况下，此式燃油滤清器可保用 10 万 km 以上。图 6-12 所示为包含燃油滤清器的燃油泵总成。

图 6-11　金属外壳式燃油滤清器

滤清器的使用寿命都是有限的，应根据车辆行驶里程，视燃油质量情况及时更换，以保证发动机稳定行驶。

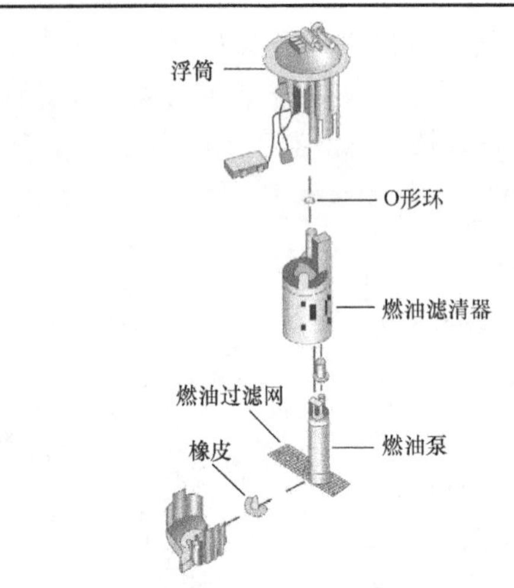

图 6-12　燃油滤清器的安装位置

3. 电动燃油泵

电动燃油泵的功用是将燃油从油箱中吸出，并通过喷油器供给各气缸，如图 6-13所示。

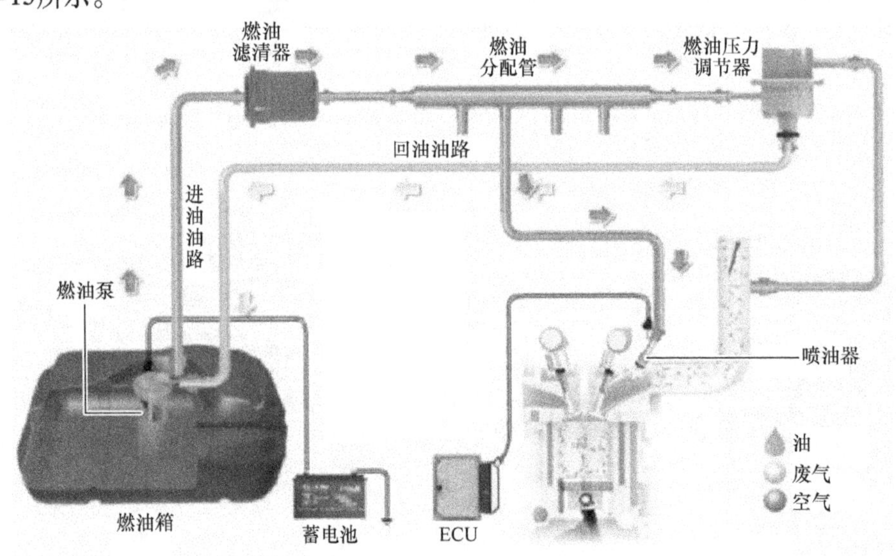

图 6-13　电动燃油泵的功用

电动燃油泵一般安装在油箱内，浸在汽油中，分为滚柱式和叶片式。图 6-14 所示为叶片式电动燃油泵，运转噪声小，油压脉动小，泵油压力高，涡轮磨损小，使用寿命长。部分车型的电动燃油泵还内置了燃油滤清器。

叶片式和滚柱式电动燃油泵对比如图 6-15 所示。内置式电动燃油泵多采用叶片式，外置式电动燃油泵则多数为滚柱式。外装式是将燃油泵安装在燃油箱外面的输油管中，而内装式是将燃油泵安装在燃油箱内。

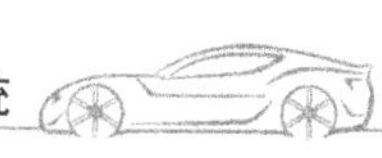

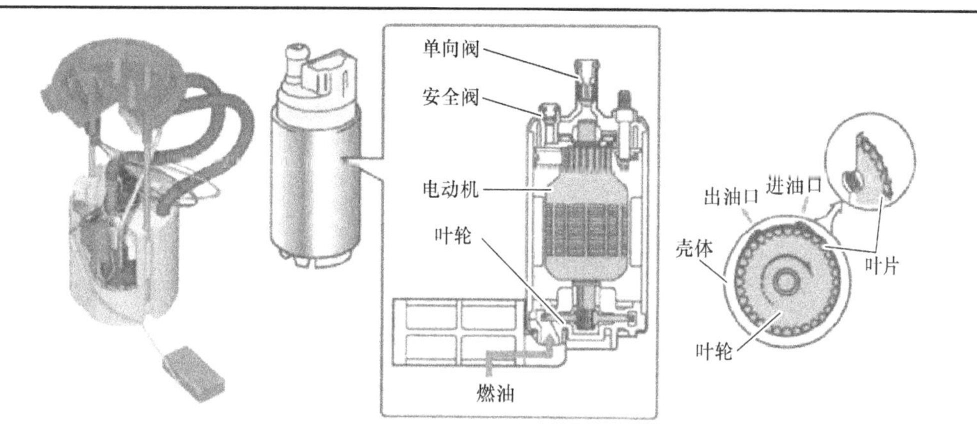

图 6-14　叶片式电动燃油泵

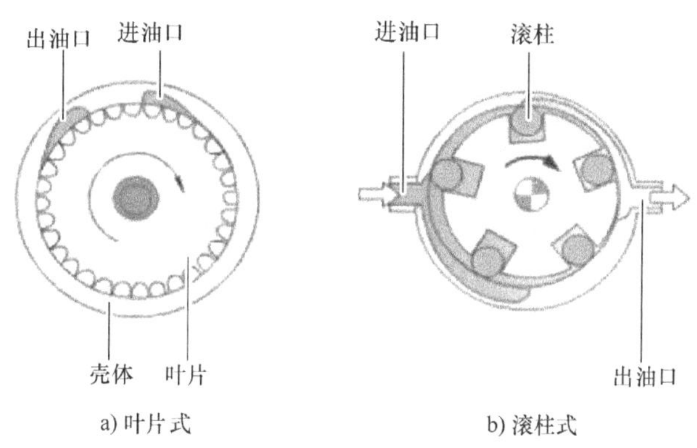

图 6-15　叶片式和滚柱式电动燃油泵对比

（1）滚柱式燃油泵

当转子旋转时，位于转子槽内的滚柱在离心力的作用下，紧压在泵体内表面上，对周围起密封作用，在相邻两个滚柱之间形成工作腔。在燃油泵运转过程中，工作腔转过出油口后，其容积不断增大，形成一定的真空度，当转到与进油口连通时，将燃油吸入；当吸满燃油的工作腔转过进油口后，容积不断减小，使燃油压力提高，受压燃油流过电动机，从出油口输出，如图 6-16 所示。

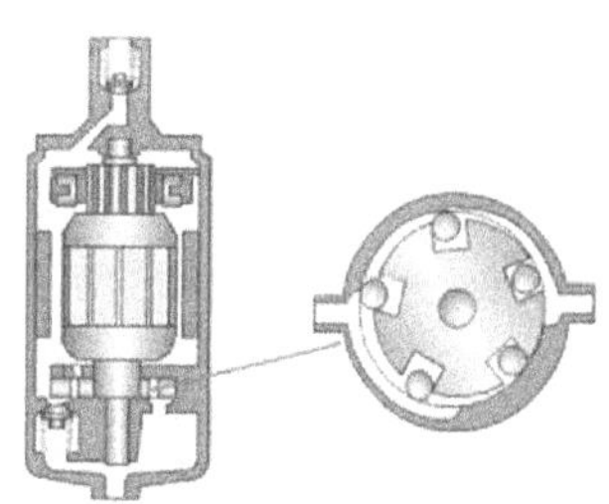

图 6-16　滚子式燃油泵

（2）叶片式燃油泵

转子旋转时，叶片在离心力和压力油的作用下，尖部紧贴在定子内表面上。这样两个叶片与转子、定子内表面所构成的工作容积，先由小到大吸油后再由大到小排油，叶片旋转一周时，完成两次吸油与排油，如图 6-17 所示。

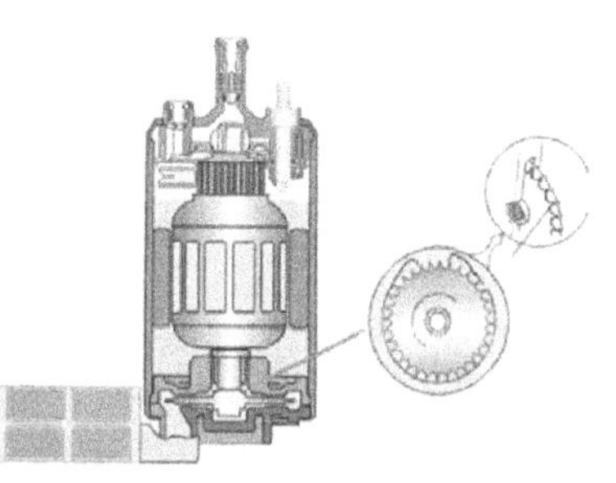

图 6-17　叶片式燃油泵

（3）电动燃油泵的工作原理

油泵电动机通电时，燃油泵电动机驱动涡轮泵叶轮旋转，由于离心力的作用，使叶轮周围小槽内的涡轮贴紧泵壳，将燃油从进油室带往出油室，如图6-18所示。

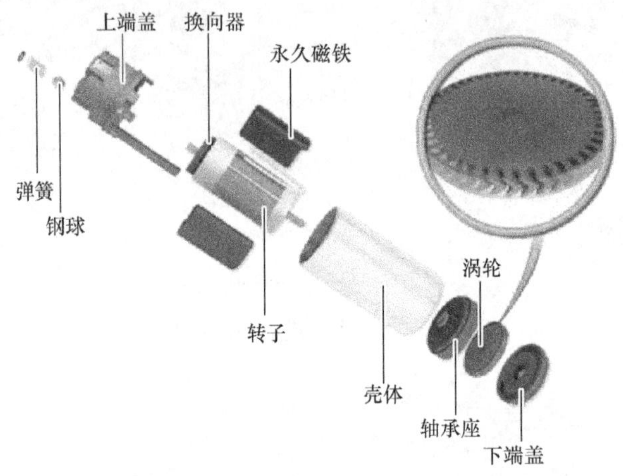

图6-18　电动燃油泵的构造

电动燃油泵工作时，永磁电动机通电带动泵体旋转，将燃油从进油口吸入，燃油经电动燃油泵内部，再从出油口压出，给燃油系统供油，如图6-19所示。电动燃油泵的转速和泵油量由外加电压决定，通常情况下为恒定值。

在电动燃油泵的出油口处有一个限压阀，可以在发动机熄火后，防止燃油倒流，以保持燃油供给系统有一定的残余压力，便于下次起动。

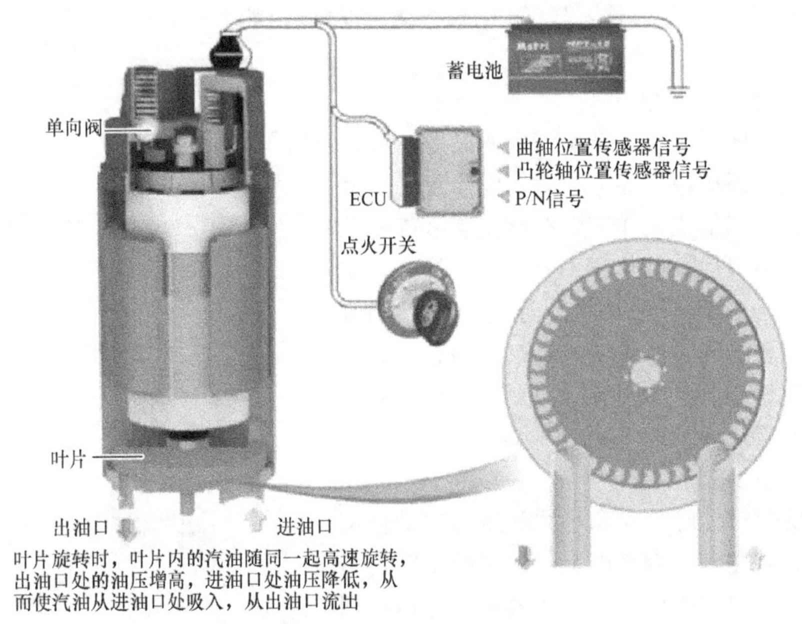

图6-19　电动燃油泵的控制原理

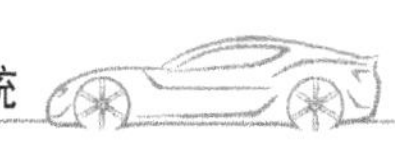

进油室的燃油不断被带走，形成一定的真空度，将燃油从进油口吸入；而出油室燃油不断增多，燃油压力升高，当达到一定值时，则顶开单向阀经出油口输出。单向阀还可在油泵不工作时阻止燃油流回油箱，保持油路中有一定的残余压力，便于下次起动，如图 6-20 所示。

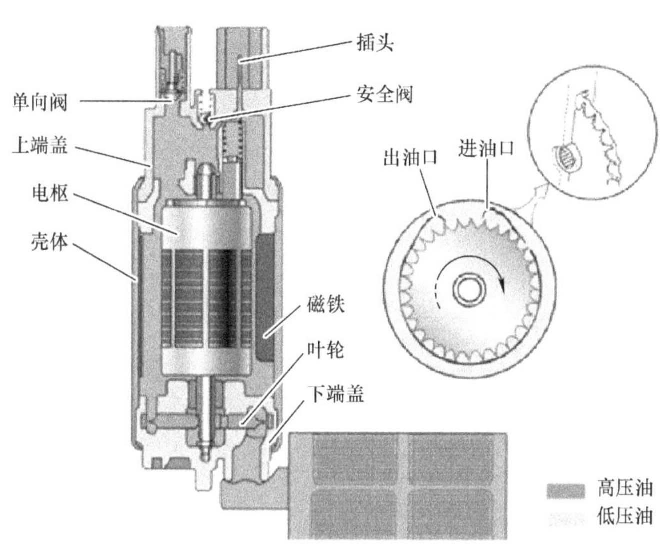

图 6-20　电动燃油泵低油压时的工作状态

当油路出现堵塞，燃油工作压力升至 400kPa 时，安全阀打开，与高压汽油泵的吸入侧连通，汽油在泵和电动机内部循环，这样可以防止燃油压力上升到高于设定的燃油压力，如图 6-21 所示。

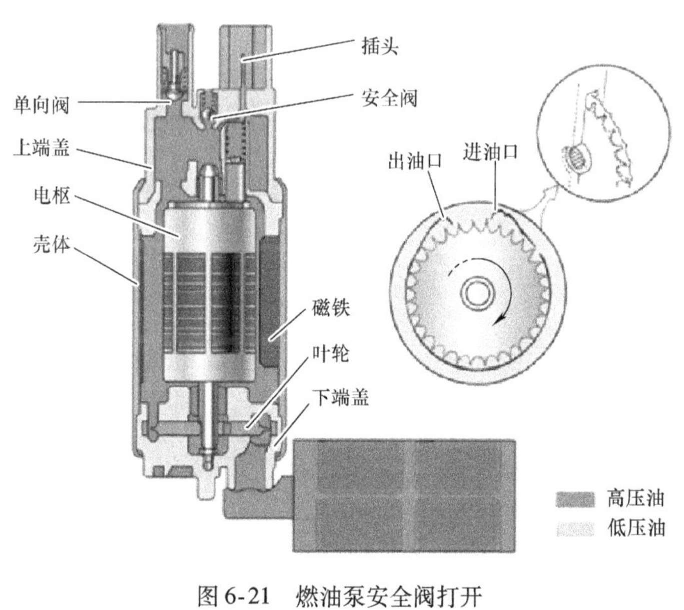

图 6-21　燃油泵安全阀打开

（4）高压共轨系统中的高压泵

燃油系统由低压系统和高压系统两部分构成，如图 6-22 所示。

在低压系统中，电动燃油泵将约 6bar 的燃油经滤清器供应给高压泵。从高压泵来的回油直接进入燃油箱。

在高压系统中，单活塞高压泵将 40 ~ 110bar（取决于发动机负荷和转速）的燃油送入燃油分配管，分配管再将燃油分配给四个高压喷油阀。过压阀用于保护工作在高压下的部件，当压力高于 120bar 时过压阀会打开。过压阀打开时，流出的燃油会进入高压泵的供油管内。

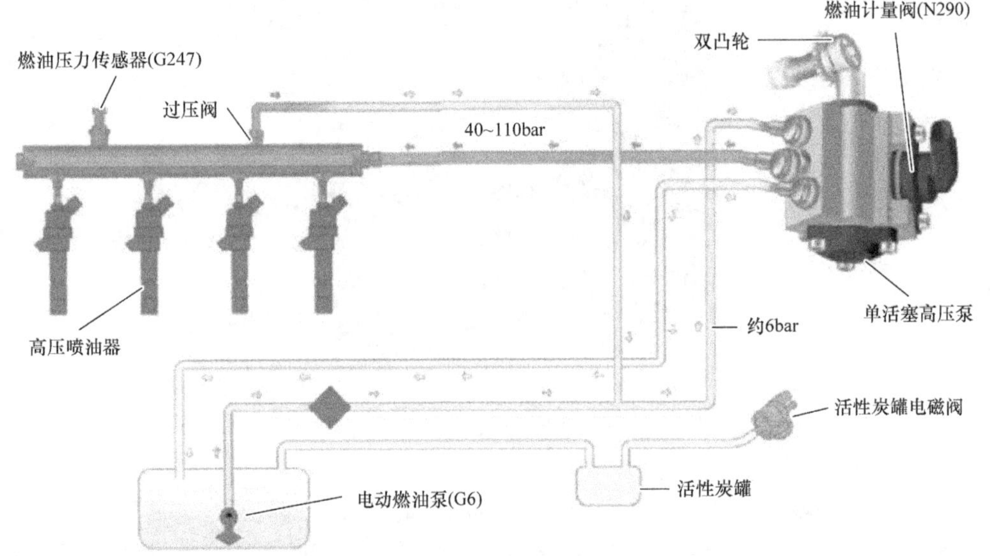

图 6-22　低压系统和高压系统

高压共轨系统一般采用单活塞高压泵，如图 6-23 所示。

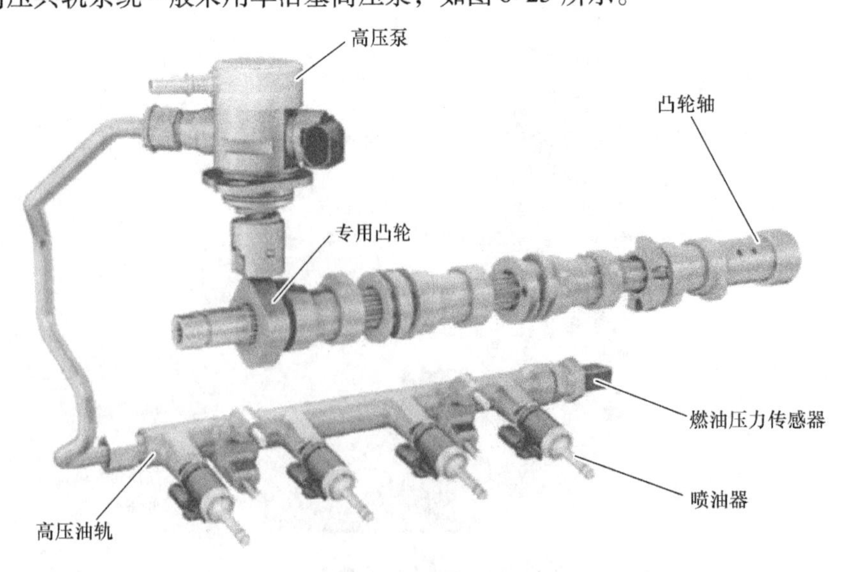

图 6-23　单活塞高压泵

单活塞高压泵的供油量是可调的，单活塞高压泵由凸轮轴经双凸轮来机械式驱动。电动燃油泵给高压泵供应最高为6bar 的预压力。高压泵会产生供油轨内所需要的高压。

当活塞向下运动时，压力约为6bar 的燃油从油箱内的泵中经进油阀流入泵腔内，如图6-24 所示。

当活塞向上运动时，燃油就被压缩了，在压力超过油轨内压力时，燃油就被送入燃油分配管。燃油计量阀（可控阀）位于泵腔和燃油入口之间，如图6-25 所示。

如果燃油计量阀在供油行程结束前打开，那么泵腔内的压力就会卸掉，燃油就流会到燃油进入口内。在泵腔和燃油分配管之间有一个单向阀，它在燃油计量阀打开时可阻止油轨内的压力下降，如图6-26 所示。

为了调节供油量，燃油计量阀从油泵凸轮的下止点到某一行程之间是关闭的。当油轨内达到所需要的压力时，燃油计量阀就打开，这样就可防止油轨内的压力继续升高。

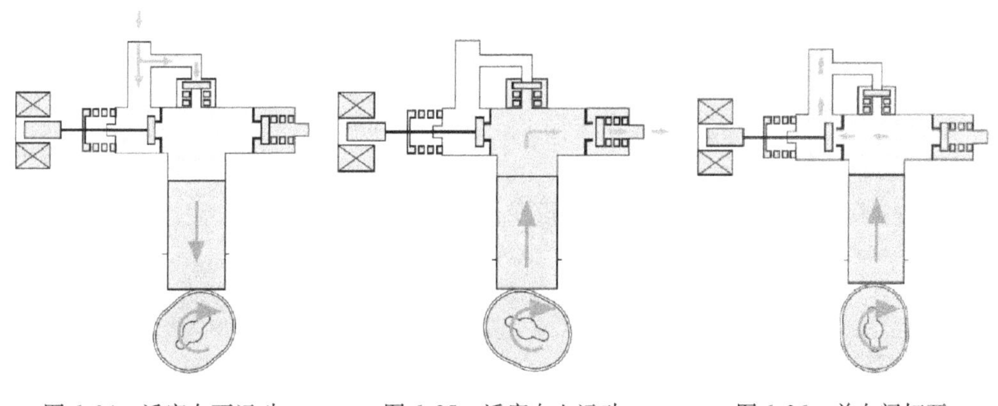

图6-24　活塞向下运动　　图6-25　活塞向上运动　　图6-26　单向阀打开

4. 燃油压力调节器

燃油压力调节器（图6-27）一般安装在燃油分配轨上，其功用是根据进气歧管

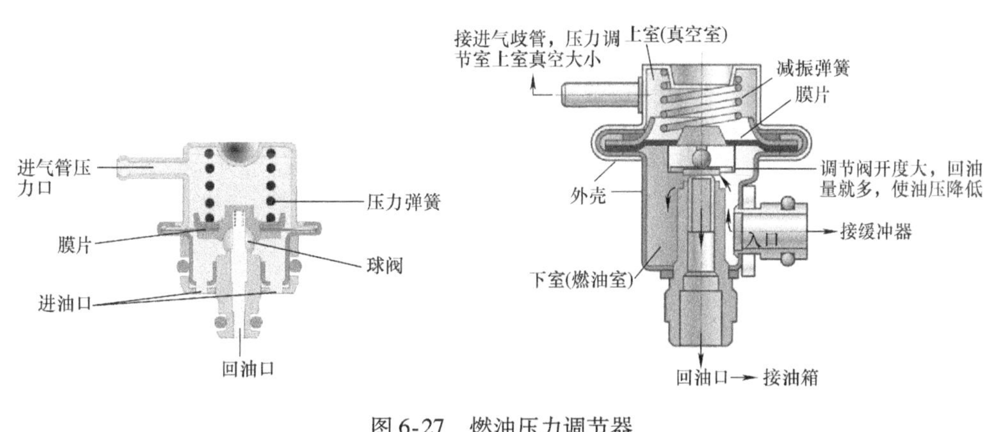

图6-27　燃油压力调节器

内绝对压力的变化来调节系统油压，保持喷油器的喷油绝对压力恒定，使喷油器的喷油量只取决于喷油器的开启时间。

当系统油压超过规定值时，燃油压力克服弹簧压力，将膜片向下压，打开阀门，与回油通道接通，系统压力降低，回到规定值。

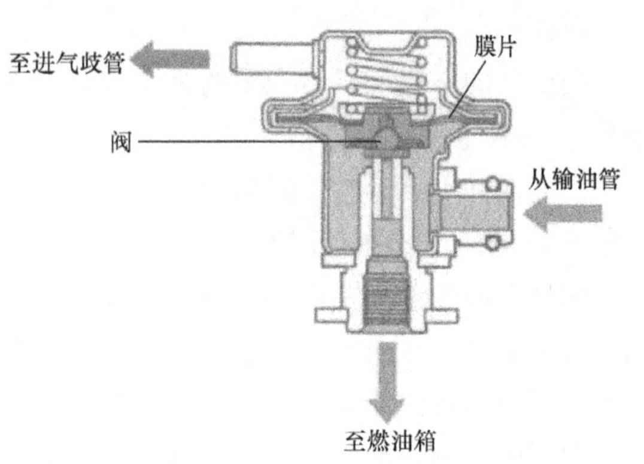

图 6-28　燃油压力调节器的工作原理

如果进气歧管真空度变大，为了维持燃油导轨内部与进气歧管内部的压力差恒定，就必须降低系统油压。把进气歧管真空度引入弹簧室，能够减小膜片上方螺旋弹簧的作用力，进而减小打开阀门的压力，使系统油压下降到规定值，如图 6-28 所示，反之亦然。

当电动燃油泵停止工作时，在膜片和螺旋弹簧力的作用下使阀门关闭，保持油路中的残余压力。

5. 燃油分配轨

燃油分配轨将燃油均匀、等压地分配给各喷油器，同时还具有储油续压的作用，如图 6-29 所示。

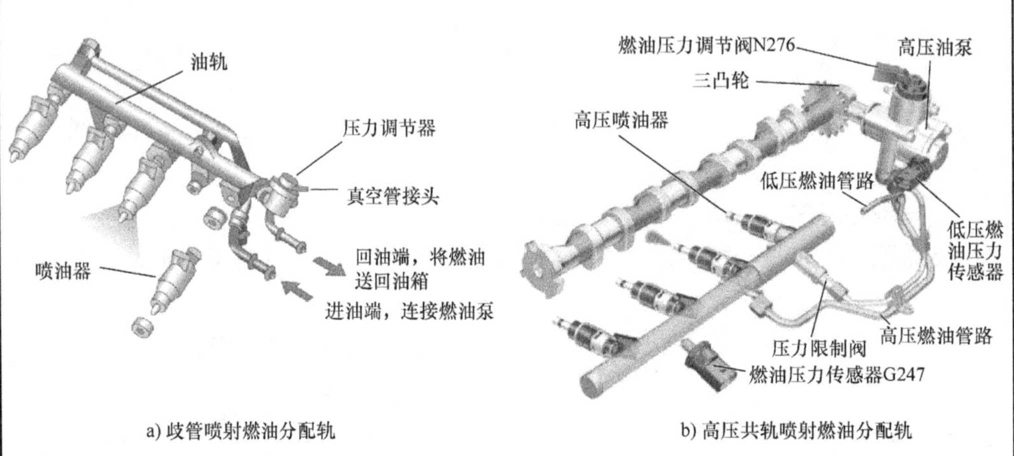

a) 歧管喷射燃油分配轨　b) 高压共轨喷射燃油分配轨

图 6-29　燃油分配轨

燃油从燃油泵泵出，经滤清器后流入燃油分配轨。燃油分配轨用螺栓安装在进气歧管下部的固定座上，其上安装有喷油器，如图 6-30 所示。

燃油压力调节器用于保持正常的系统压力，压力过高，多余的燃油经燃油压力调节器的回油口流回燃油箱。

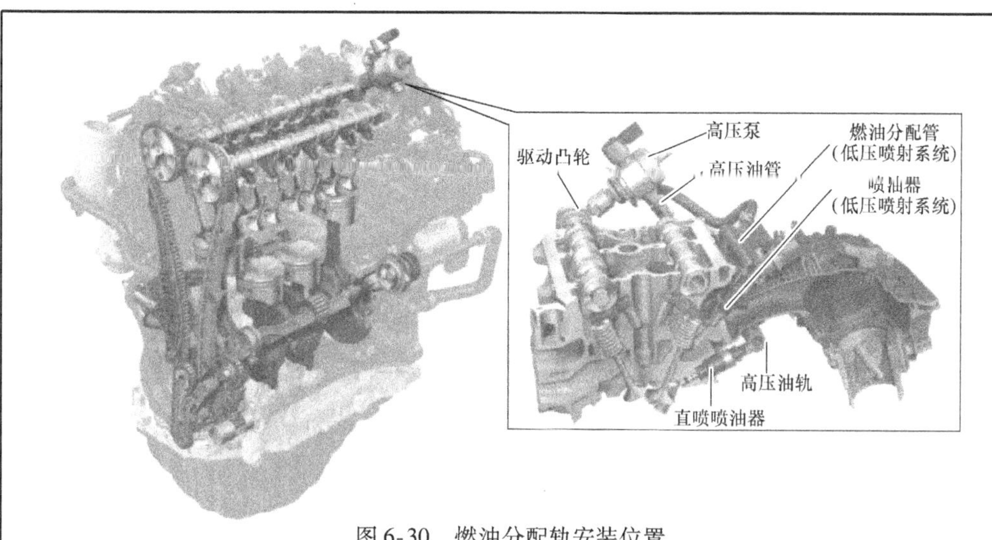

图 6-30　燃油分配轨安装位置

6. 喷油器

喷油器又称喷射嘴，根据计算机提供的脉冲宽度，喷油器根据发动机不同工况的需要，定时、定量地向气缸内喷射燃油，如图 6-31 所示。

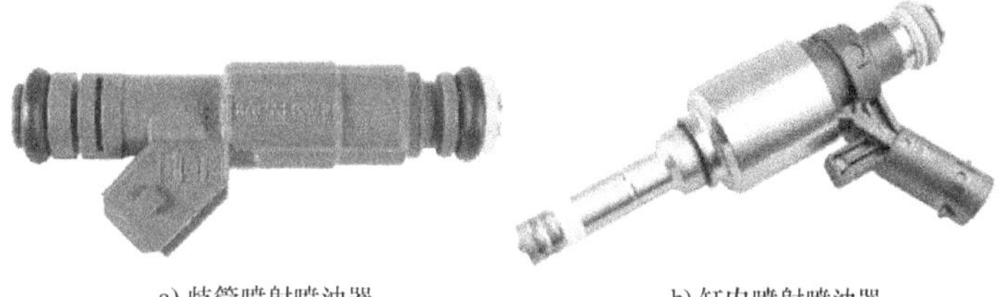

图 6-31　喷油器

喷油器由线圈、柱塞、滤网及针阀等组成，如图 6-32 所示。

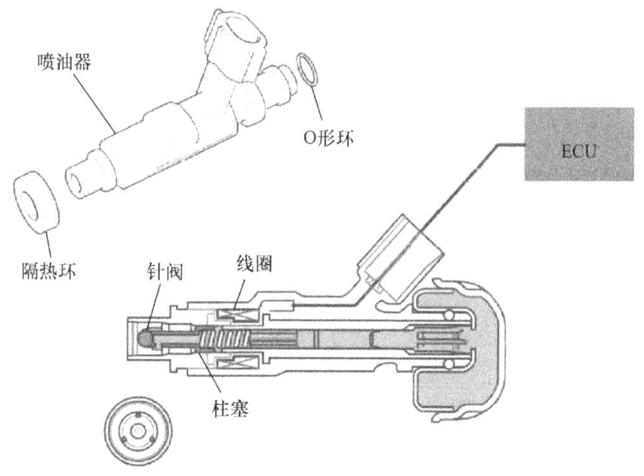

图 6-32　喷油器结构

提示：

O 形环的处理：O 形环不可重复使用，安装 O 形环时，先将其涂上汽油。把喷油器往输油管上安装时，小心不要损坏 O 形环。当喷油器安装到输油管上后，用手转动喷油器。若喷油器旋转不平滑，则说明 O 形环已损坏。

发动机工作时，电控单元的喷油控制信号将喷油器的电磁线圈与电源回路接通。电磁线圈有电流通过便产生磁场，磁芯被吸引，同磁芯为一体的针阀向上移动碰到调整垫时，针阀全开，燃油从喷口喷出。当没有电流通过电磁线圈时，在弹簧的作用下，使针阀下移压在阀座上并起密封作用，如图6-33所示。

喷油器的喷油量与针阀行程、喷口面积、喷油环境压力及燃油压力等因素有关，但这些因素一旦确定后，喷油量就由针阀的开启时间，即电磁线圈的通电时间来决定。各喷油器的喷油持续时间由电控单元控制，当某缸活塞处于进气行程时，电控单元指令喷油器喷油。

由于针阀行程是固定的，燃油喷油量是由流入电磁线圈的时间来控制的。

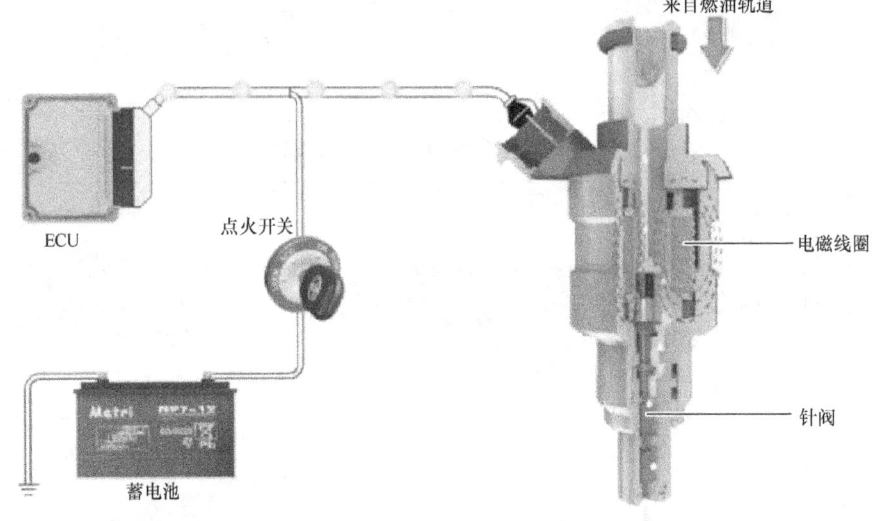

电磁线圈中无电流通过时，喷油器针阀在弹簧力作用下紧压在锥形密封阀座上。电磁线圈通电时，线圈处产生磁场将衔铁连同针阀向上吸起，喷油口打开，汽油喷出

图6-33　喷油控制信号将喷油器的电磁线圈与电源回路接通

（1）喷油器类型及特点（见表6-1）

表6-1　喷油器类型及特点

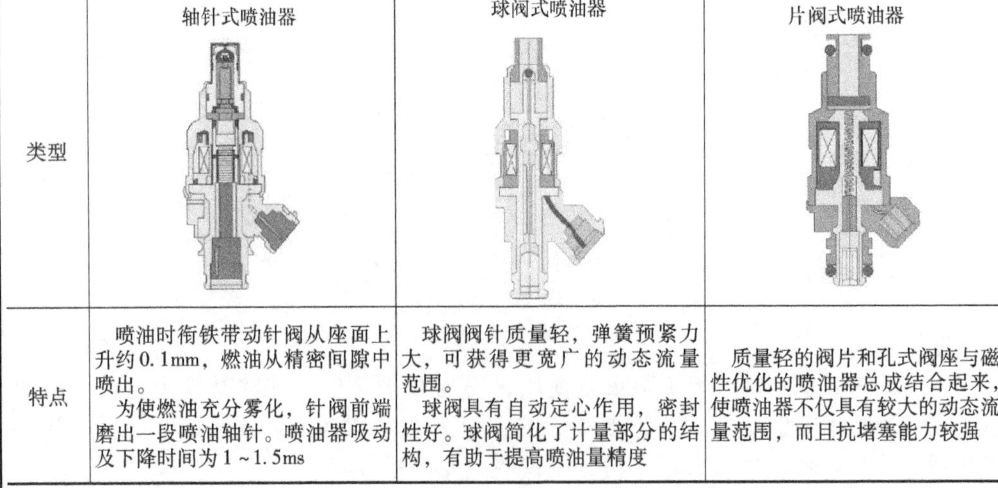

类型	轴针式喷油器	球阀式喷油器	片阀式喷油器
特点	喷油时衔铁带动针阀从座面上升约0.1mm，燃油从精密间隙中喷出。 为使燃油充分雾化，针阀前端磨出一段喷油轴针。喷油器吸动及下降时间为1～1.5ms	球阀阀针质量轻，弹簧预紧力大，可获得更宽广的动态流量范围。 球阀具有自动定心作用，密封性好。球阀简化了计量部分的结构，有助于提高喷油量精度	质量轻的阀片和孔式阀座与磁性优化的喷油器总成结合起来，使喷油器不仅具有较大的动态流量范围，而且抗堵塞能力较强

（2）检修喷油器标准（见表6-2）

表6-2　检修喷油器标准

项目	标准
喷油器电阻	11.6～12.4Ω
喷油器喷射量	2.9～3.5g/s
各喷油器之间喷射量差值	≤0.63g/s
喷油器泄漏量	1滴/12min或更少

（3）喷油器常见故障形式及主要原因（见表6-3）

表6-3　喷油器常见故障形式及主要原因

故障形式	不喷油、滴漏、各缸喷油量不一
主要原因	• 喷油器脏堵 发动机工作时，持续的高温会使汽油中所含的树脂、树胶、烯烃等物质逐渐呈胶状，附着在喷油器末端细小的喷孔和内部的针阀上，造成喷油器堵塞而喷油不畅。汽油中所含的水分会使喷油器针阀发生锈蚀，导致喷油器卡滞，造成喷油器滴漏或不喷油。 • 喷油器电路故障 接线销藏有污垢，使线路接触不良；电磁线圈短路、断路或烧坏；各插接器内部接触不良或松动；外围线路断路等都会使喷油器的电磁线圈磁力不足而致针阀升程很小，从而造成喷油很少。 • 喷油器机械故障 喷油器内的针阀折断；针阀与阀座的磨损致密封不良；回位弹簧变软或断裂；喷油器壳体裂纹等导致喷油器不喷油或是滴漏

（4）喷油控制

缸内喷射是通过安装在气缸盖上的喷油器，将汽油直接喷入气缸内，这种喷射系统需要较高的喷射压力（3～5MPa），因而喷油器的结构和布置都比较复杂。歧管喷射系统是将喷油器安装在进气管或进气歧管上，以0.20～0.35MPa的喷射压力将汽油喷入进气管或进气道内，如图6-34所示。

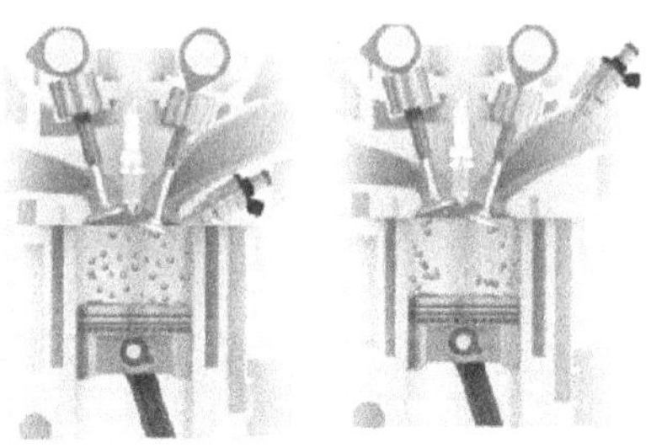

图6-34　喷油控制

按喷射连续性将汽油喷射系统分为连续喷射式和间歇喷射式。连续喷射是指在发动机工作期间，喷油器连续不断地向进气道内喷油，且大部分汽油是在进气门关闭时喷射的。这种喷射方式大多用于机械控制式或机电混合控制式汽油喷射系统。间歇式喷射是指在发动机工作期间，汽油被间歇地喷入进气道内。电控汽油喷射系统都采用间歇喷射方式，间歇式喷射可以分为同时喷射、分组喷射和顺序喷射，如图6-35所示。

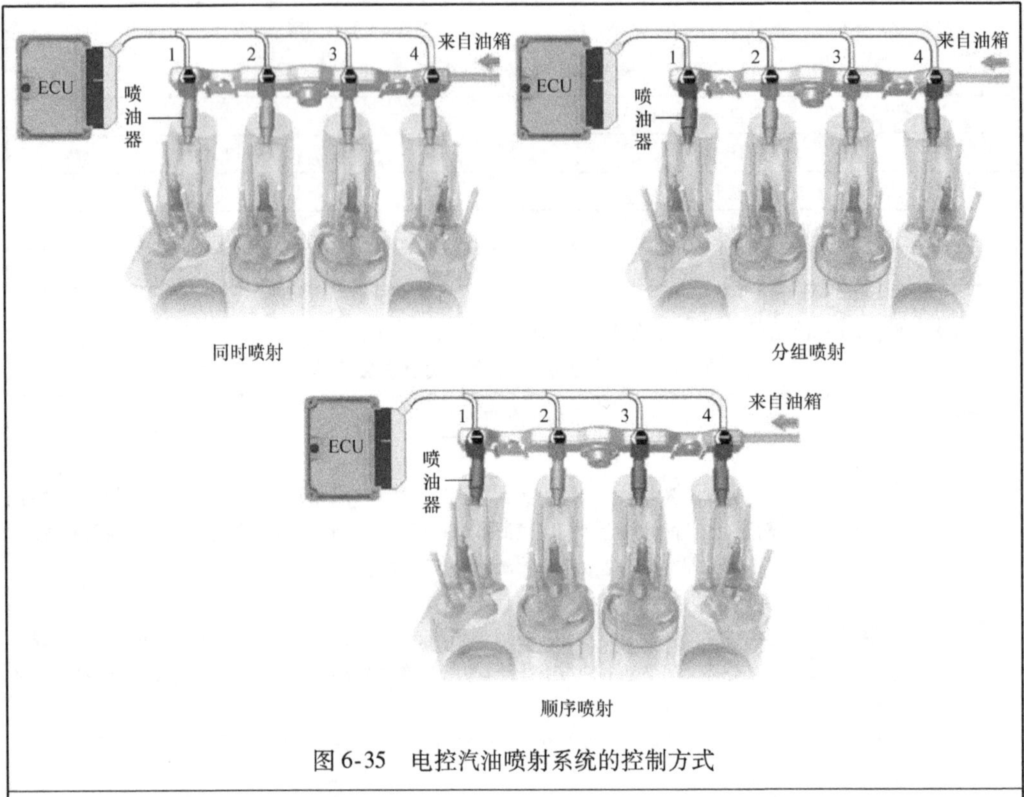

图 6-35　电控汽油喷射系统的控制方式

（三）电子燃油喷射系统的零部件

1. 空气流量传感器

空气流量传感器用于测量发动机进气量，进气量是用来确定基本喷油量的主要依据之一。

它一般设置在空气滤清器与节气门体之间，也有的安装在空气滤清器上，还有的将空气流量传感器与节气门体制成一体安装在发动机上。目前，常用的是热线式空气流量传感器与热膜式空气流量传感器，如图 6-36 所示。

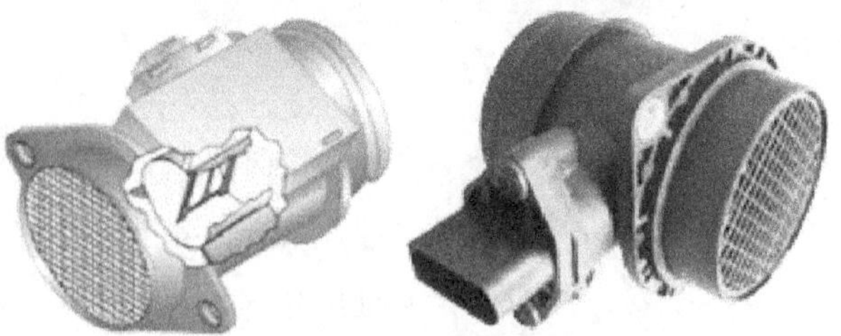

图 6-36　空气流量传感器

带有回流识别功能的热膜式空气流量传感器通过打开和关闭节气门，在进气管内产生进气质量的回流。带有回流识别功能的热膜式空气流量传感器识别回流的空气质量并将其作为信号传输给发动机控制单元。

空气流量传感器的信号用于计算所有与转速和负荷有关的功能，例如，喷射时间、点火时刻或燃油箱通风系统。

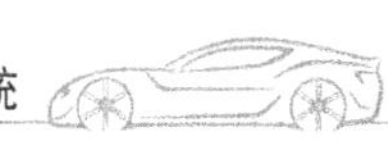

带有回流识别功能的热膜式空气流量传感器在壳体下端有一个测量通道，传感器元件伸入该通道内。整个空气流中有一部分空气流过传感器元件。传感元件在该部分空气流中测量吸入和回流的空气质量，如图6-37所示。

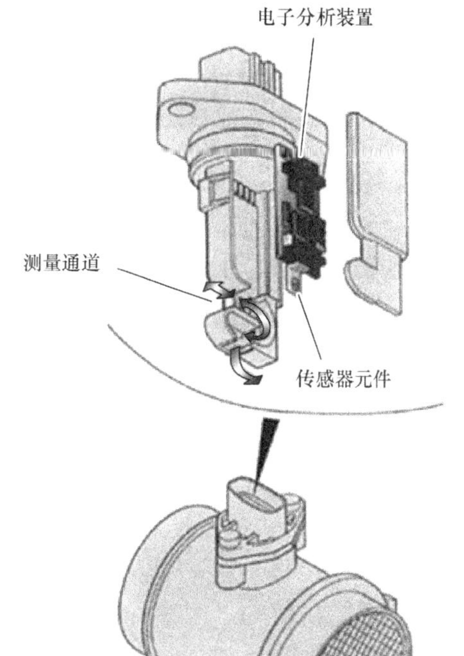

图6-37　带有回流识别功能的热膜式空气流量传感器

（1）热膜式空气流量传感器的工作原理

热膜式空气流量传感器采用热平衡原理来检测空气流量，如图6-38所示。根据热平衡原理，当热膜表面温度与空气温度差值恒定时，空气的质量流量与热膜电流大小成单值关系，因此，只要测出热膜电流的大小，便可以计算出空气流量。当空气流量变化时，控制电路通过惠斯通电桥平衡原理，控制热膜电流大小来保持恒定温差。

空气流量传感器中有两个热敏电阻器。一个用于测量空气流量（R_s），另一个用于测量空气温度（R_t）。

电阻器R_s和R_t与R_1和R_2一起构成一个桥接电路。设计电桥时，通过控制电桥电流，对照R_t所测量的进气温度，使R_s受热至130℃的恒定过热温度。

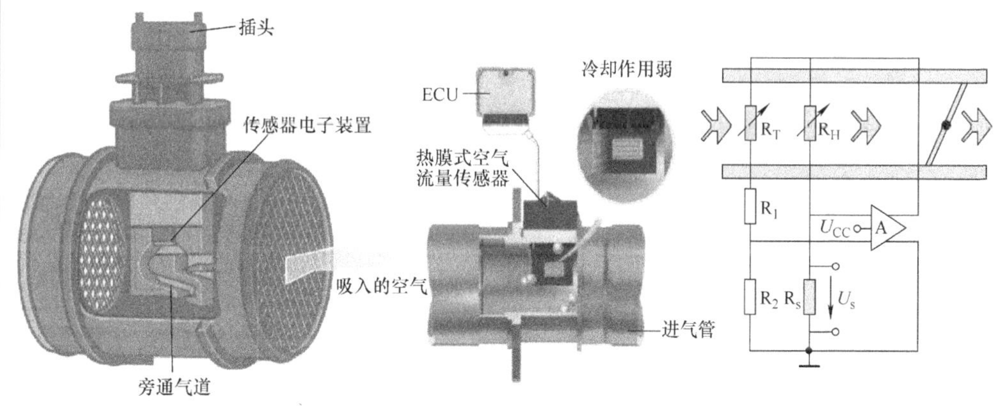

图6-38　热膜式空气流量传感器的工作原理

电阻器R_s通过空气流量传感器进行冷却。因此必须增大加热电流，以保持温差。因而，通过R_s的电流就是空气质量流量率的量度标准。通过测量该电流获得的输出信号反映出空气质量流量的非线性特性。由于 R_t 受温度影响，因此该特性基本上由空气温度决定。

（2）热膜式空气流量传感器的安装位置

热膜式空气流量传感器安装在空气滤清器和节气门之间，如图 6-39 所示。

图 6-39　空气流量传感器安装位置

（3）热线式空气流量传感器

热线式空气流量传感器的构造非常简单，图 6-40 所示的结构紧凑、重量轻的质量型空气流量传感器是安装在进气道上的插入型，它使一部分气流进入检测区域，用作传感器的一条铂热线和热敏电阻被安放在检测区域，通过直接测量进气质量，检测精度可以提高并且几乎没有进气阻力。由于没有使用专门的机械，这种流量传感器有很好的耐久性。

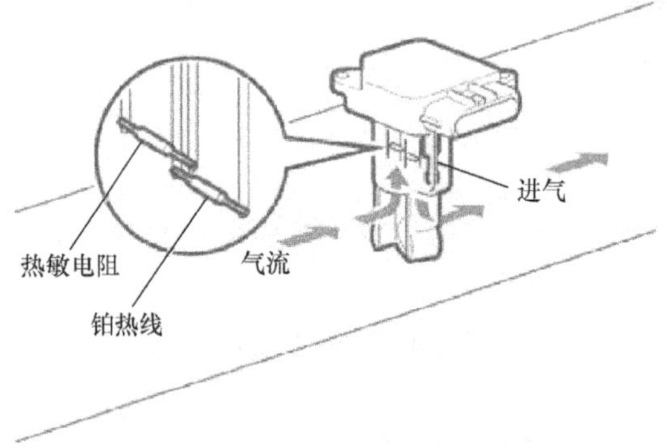

图 6-40　热线式空气流量传感器的构造

1）工作原理和功能。

图 6-41 所示为铂热线（电热丝）通电并产生热量。当气流通过热线时，热线的冷却与进气量相对应。通过控制通过热线的电流来保持热线温度恒定，这样电流与进气量成比例。通过检测通电电流就可以测量进气量。在热线式空气流量传感器，气流改变了来自 VG 端子到发动机 ECU 的电压。

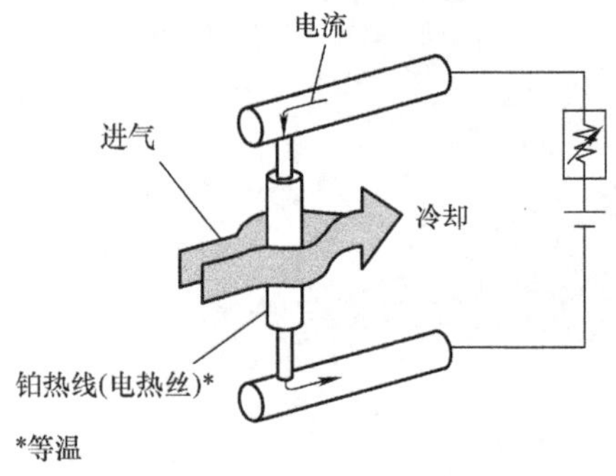

图 6-41　热线式空气流量传感器的工作原理

2）内部电路。

图 6-42 所示为实际空气流量传感器，热线并入桥式电路。

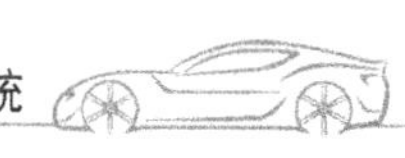

桥式电路具有这样的特性：当沿着对角线的电阻值相等时，A 点和 B 点的电位相等。当热线（R_h）被吸入的空气冷却时，电阻值降低导致 A 点、B 点产生电位差。运算放大器检测到电位差并且施加电压给电路［增加热线（R_h）电流］。这样热线（R_h）温度上升使热线阻值增大，直到 A 点和 B 点的电位相等（A、B 电压升高）。通过利用这种桥式电路的特性，空气流量传感器就可以通过检测 B 点电压来测量进气量。

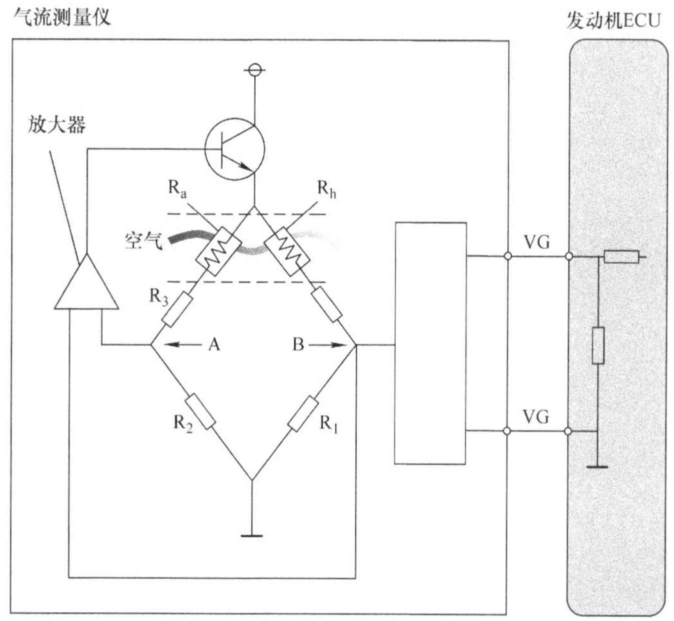

图 6-42　热线式空气流量传感器内部电路

在此系统中，由于使用了热敏电阻（R_a），热线（R_h）的温度可持续地保持在比进气温度更高的恒定温度上。即使进气温度是变化的，也能将进气的质量精确地测量出，所以发动机 ECU 就没有必要为了进气温度来校正燃油喷射时间，如图 6-43 所示。

因处于高海拔处空气密度较小，与处于海平面处、相同容积的空气做比较，则其冷却能力也较小。其结果是热线的冷却量降低。既然检测到的进气质量也将降低，所以不需要采用高海拔补偿校正。

将热线（R_h）的温度从进气温度起提高一个 ΔT 的温度量所需的电压（U）始终保持不变，即使进气温度有变化也是如此。空气的冷却能力永远和进气质量成正比，所以如果进气量保持不变，则即使进气温度有变化，空气流量传感器的输出也将不变。

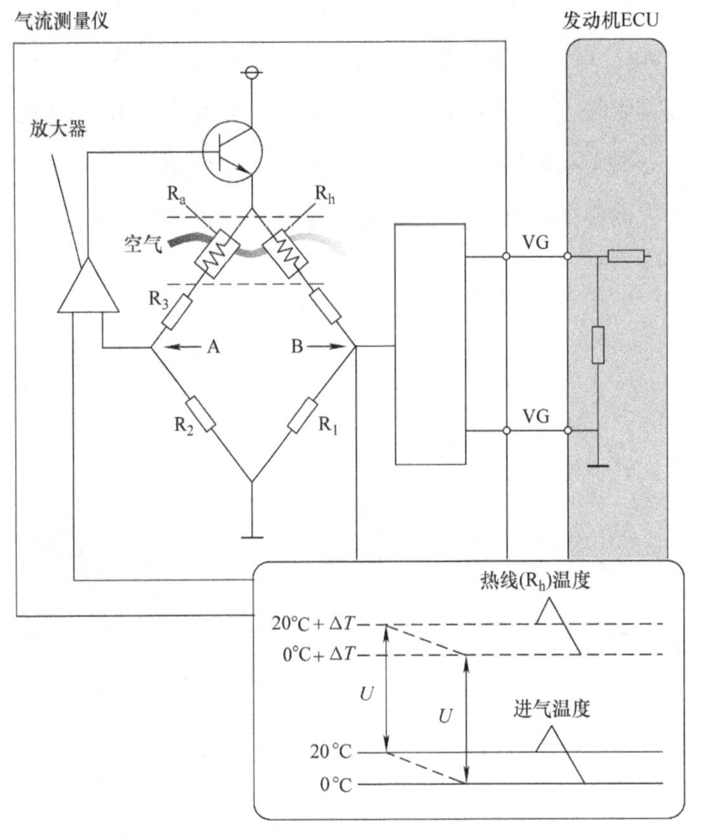

图 6-43　即使进气温度是变化的，也能将进气的质量精确地测量出

2. 燃油压力传感器

在整个系统中，燃油压力传感器的任务是测量燃油分配管（轨）内的燃油压力。

燃油压力作为电压值送往发动机控制单元，用于调节燃油压力。

传感器内集成有分析用的电子装置，这个电子装置的供电电压为5V。压力增大时电阻值变小，于是信号电压升高，如图 6-44 所示。

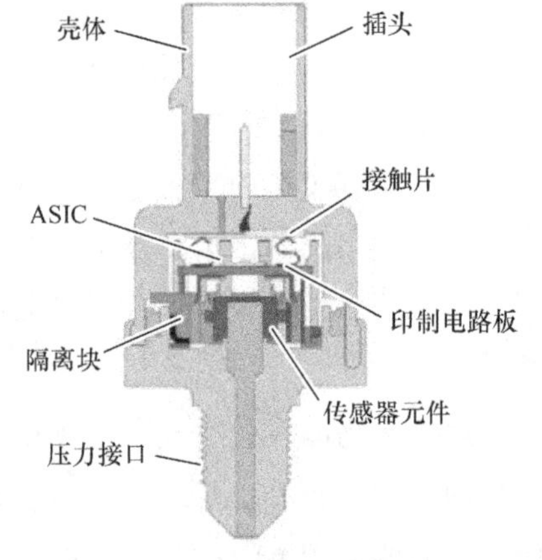

图 6-44　燃油压力传感器

大众 EA888 1.8/2.0T 发动机采用双喷射系统，在高低压燃油油轨上分别安装有高压燃油压力传感器和低压燃油压力传感器，发动机控制单元根据这两个传感器信号分别调节高低压燃油系统的压力。高低压燃油压力传感器安装位置如图 6-45 所示。

（1）低压燃油压力传感器

低压燃油压力传感器安装在通向两个高压燃油泵的进油管路中。它测量低压燃

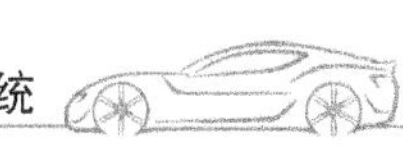

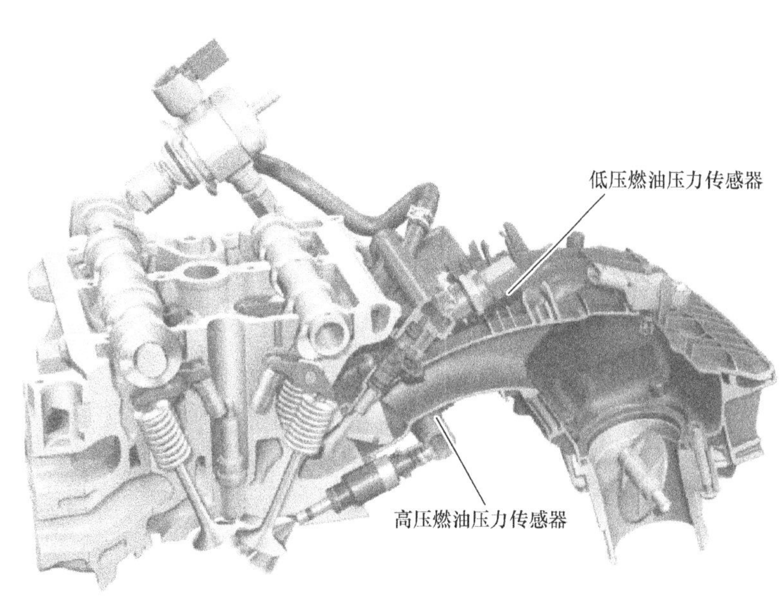

图 6-45　高低压燃油压力传感器安装位置

油系统的燃油压力，并将信号发送到发动机控制单元，发动机控制单元利用这个信号控制低压燃油系统。发动机控制单元按照传感器信号向燃油泵控制单元发送信号，使其根据这个信号按需调节电子燃油泵。

（2）高压燃油压力传感器

高压燃油压力传感器应用于直喷式发动机，它测量高压燃油系统的燃油压力，并将信号发送到发动机控制单元。发动机控制单元对这个信号进行分析，并通过两个燃油计量阀调节燃油分配器管路内的压力。如果燃油压力传感器失灵，则无法建立燃油高压。发动机以燃油低压状态紧急运行，导致功率和转矩下降。

3. 进气压力传感器

进气压力传感器简称 MAP。它以真空管连接进气歧管，随着发动机不同的转速负荷，感应进气歧管内的真空变化，再从感知器内部电阻的改变，转换成电压信号，供 ECU 修正喷油量和点火正时角度，如图 6-46 所示。

图 6-46　进气压力传感器

进气压力传感器测量因发动机负荷和转速变化而导致的进气歧管压力变化。

它将这些变化转换为电压输出。例如，汽车减速滑行时节气门关闭，将产生一个相对较低的进气歧管绝对压力信号。这个信号是发动机 ECU 计算喷油时间和点火时间的主要依据。

如图 6-47 所示，传感器单元内装有一个硅芯片，并结合一个保持在预定真空度的真空室。硅芯片的一侧暴露于歧管进气压力，另一侧则暴露于内部真空管。因为即使海拔高度有变化，进气歧管压力也能精确测量，所以不需要采用高海拔补偿校正。

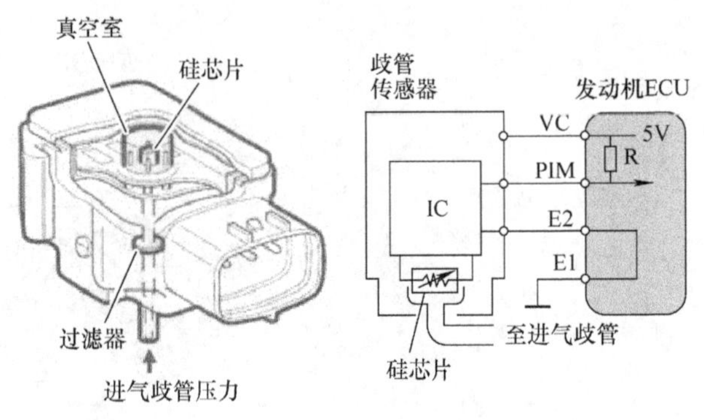

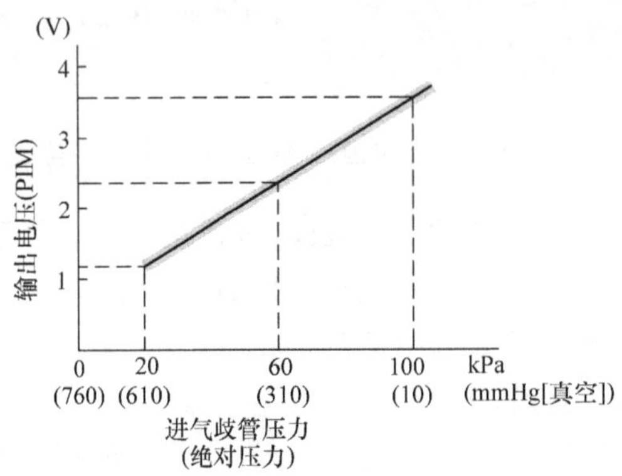

图 6-47　传感器单元内装有一个硅芯片

进气歧管压力的变化会造成硅芯片形状的变化，硅芯片的电阻也会根据变形程度而变化。此电阻的变动经 IC 变换后所得的电压信号就是 PIM 信号。

如果连接传感器的真空软管脱掉，喷油量将达到最高值，发动机将不能正常运转。如果传感器的插头脱落，则发动机 ECU 将转换至失效保护模式。

（1）进气压力传感器的工作原理图

进气压力传感器有半导体薄片覆盖在腔体上，连接着四个串联、并联的电阻。1、2、3 号接口分别是进气压力传感器的 5V 电源线、搭铁线、信号线，3 个接口分别与计算机的接口连接，如图 6-48 所示。

1）压敏电阻式。

它由压力转换元件和对输出信号进行放大的混合集成电路等组成，包括硅片、IC 放大器、绝对真空泵等零部件。

压力转换元件是利用半导体压阻效应制成的硅膜片。硅膜片表面有 4 个应变电阻，以惠斯通电桥方式连接，如图 6-49 所示。

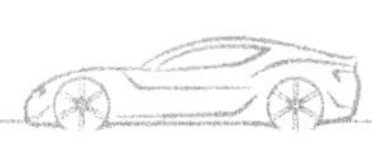

应变电阻 R_1、R_2、R_3、R_4 构成惠斯通电桥并与硅膜片粘接在一起。硅膜片在歧管内的绝对压力作用下可以变形，从而引起应变电阻的变化，歧管内的绝对压力越高，硅膜片的变形越大，从而应变电阻的变化也越大，即硅膜片受力变形导致电信号变化，再由集成电路放大后输出至电子控制装置（ECU）。

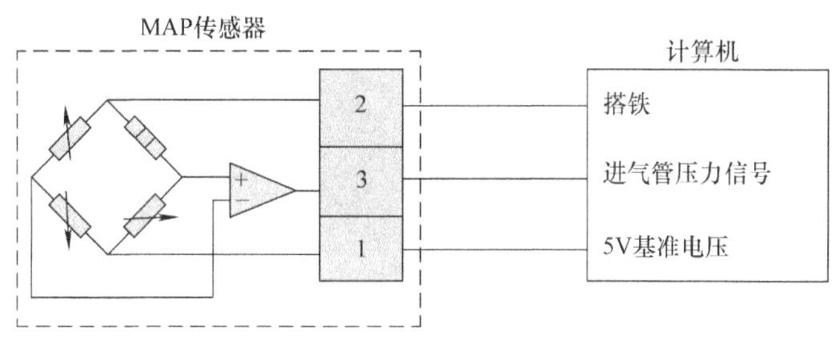

图 6-48　进气压力传感器的工作原理图

2）电容式。

位于传感器壳体内腔的弹性膜片由金属制成，弹性膜片上、下两个凹玻璃表面也均有金属涂层，这样在弹性膜片与两个金属涂层之间形成两个串联的电容，如图 6-50所示。

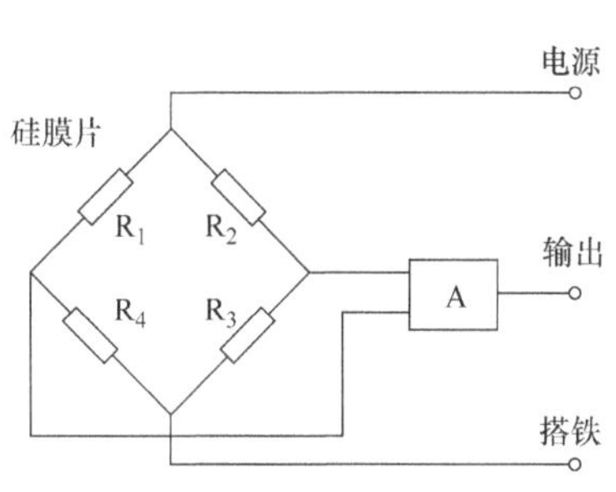

图 6-49　压敏电阻式（以惠斯通电桥方式连接）

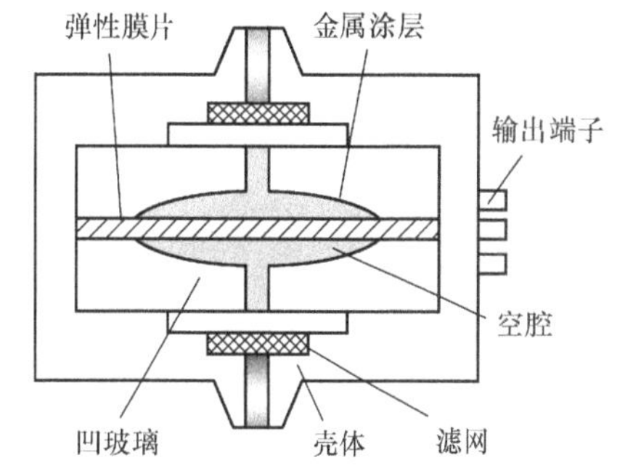

图 6-50　电容式

发动机工作时，随着节气门开度的变化，进气歧管内的真空度、绝对压力以及输出信号特性曲线均在变化。

D 型喷射系统检测的是节气门后方的进气歧管内的绝对压力。发动机工作时，节气门开度越小，进气歧管的真空度越大，歧管内的绝对压力就越小，输出信号电压也越小。节气门开度越大，进气歧管的真空度越小，歧管内的绝对压力就越大，输出信号电压也越大。输出信号电压与歧管内真空度的大小成反比（负特性），与歧管内绝对压力的大小成正比（正特性）。

（2）安装位置

大众 EA888 发动机进气压力传感器的安装位置如图 6-51 所示。

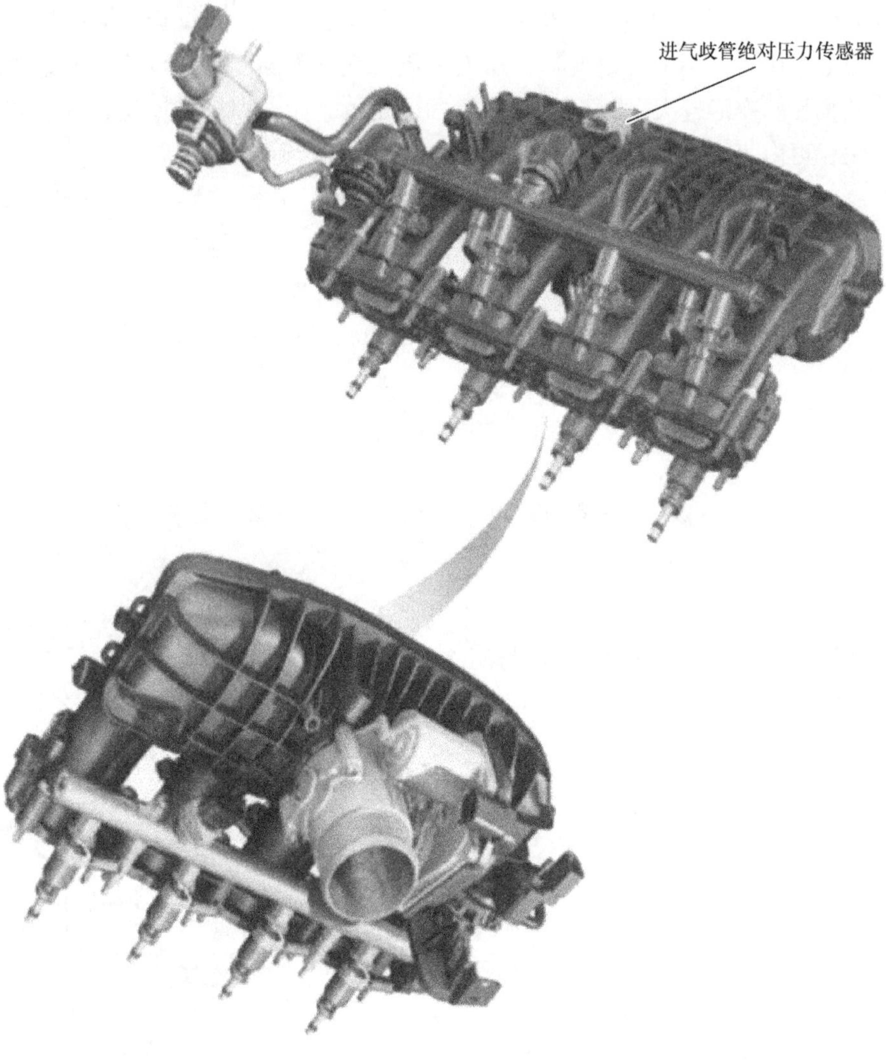

进气歧管绝对压力传感器

图 6-51　进气压力传感器的安装位置

4. 节气门位置传感器

节气门位置传感器如图 6-52 所示，通常装在节气门体上。

它将节气门的位置信号传给 ECU，然后将它转变为节气门的角度，如图 6-53 所示，计算机根据此参数进行如下控制：

1）决定发动机的开环和闭环运行。

2）怠速时，ECU 控制怠速转速，并且控制炭罐和 EGR 阀的开闭。

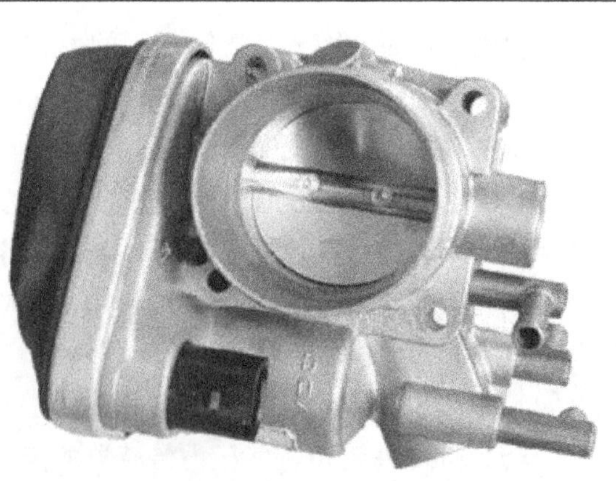

图 6-52　节气门位置传感器

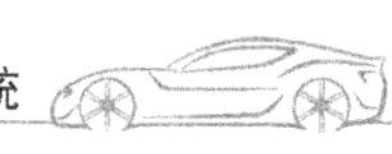

3）节气门全开时，ECU 会使发动机在开环的情况下供给最多的燃油。

4）加速时，ECU 监视节气门位置的变化，额外地供给燃油。

5）减速时，ECU 监视节气门位置的变化，切断燃油的供给，减少 HC 和 CO 的排放，提高燃油的经济性。

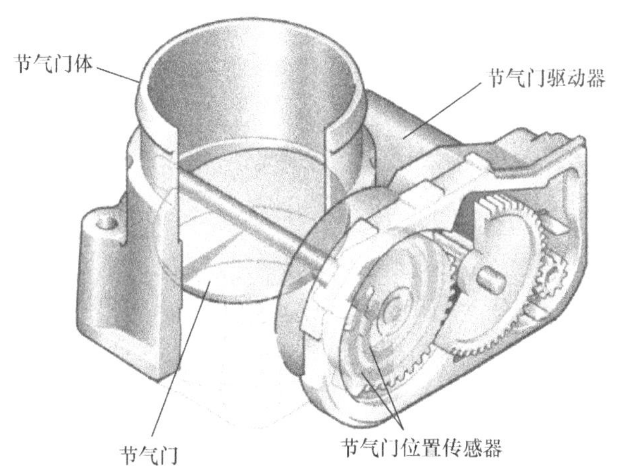

图 6-53　节气门构造

（1）节气门控制单元部件组成

节气门控制单元由以下部件组成：

1）节气门壳体及节气门。

2）节气门传动装置。

3）节气门传动装置角度传感器。

节气门传动装置由控制单元控制该传动装置调节节气门，以便提供满足转矩要求所需要的空气，如图 6-54 所示。

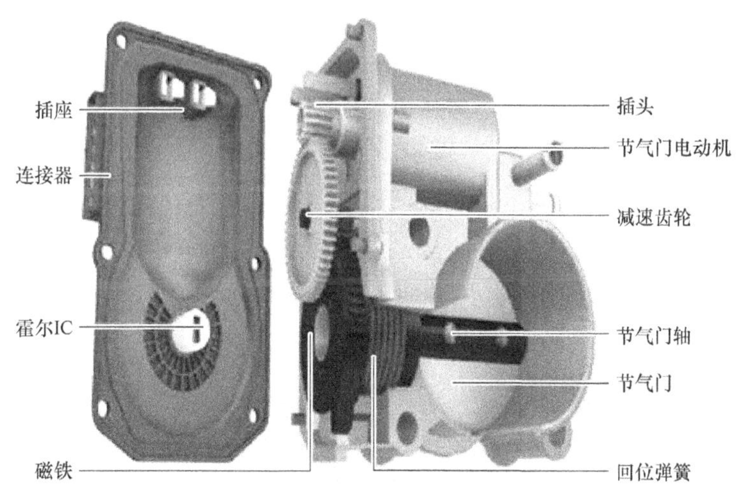

图 6-54　节气门控制单元部件组成

（2）节气门位置传感器安装位置

电子节气门体总成安装在进气总管上，如图 6-55 所示。它包含一个节气门执行器电动机和两个节气门体位置传感器——节气门位置传感器 1（TPS1）和节气门位置传感器 2（TPS2）。

图 6-55　节气门位置传感器安装位置

5. *冷却液温度传感器*

冷却液温度传感器主要功用为检测发动机冷却液出水口的温度。发动机温度和发动机点火正时控制、喷射浓度修正、怠速控制及冷却系统风扇控制等关系都极为密切。冷却液温度传感器便是将冷却液温度信号转换成电压信号送至 ECU，如图 6-56 所示。

图 6-56　冷却液温度传感器

冷却液温度传感器通常是一个热敏电阻。随着温度的升高，电阻值降低的热敏电阻叫作 NTC 热敏电阻。目前汽车上使用最多的就是 NTC 热敏电阻，随着温度的升高，电阻降低，使得当温度升高时，流过电阻的电压下降，消耗的能量减少，如图 6-57所示。

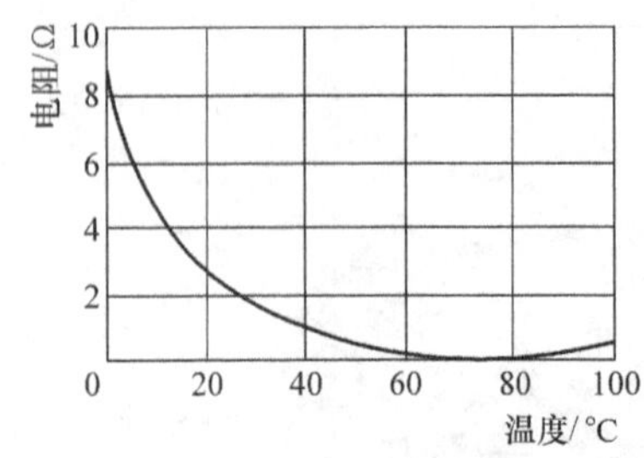

温度	↓	↑
电阻值	↑	↓
信号电压	↑	↓

图 6-57　冷却液温度传感器变化曲线

当冷却液温度改变时，传感器向电控单元输送的信号电压发生改变。冷却液温度传感器安装在冷却水套中，如图 6-58 所示。

图 6-58　冷却液温度传感器安装位置

6. 曲轴位置传感器

曲轴位置传感器（发动机转速传感器）可提供发动机的曲轴转角位置、气缸行程的位置信号及转速信号，以确定发动机的基本喷油量、喷油正时、点火提前角及点火顺序，如图 6-59 所示。

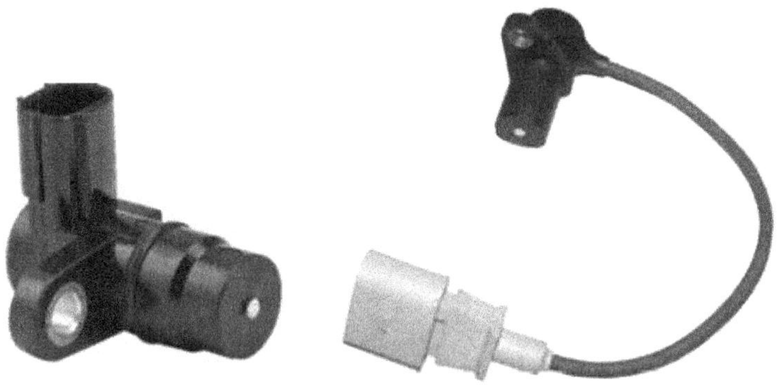

图 6-59　曲轴位置传感器

（1）电磁式传感器（可变磁阻传感器）

电磁式传感器（可变磁阻传感器）由磁感应收集器和磁阻轮组成，如图 6-60 所示。

磁感应收集器中心处有一块永久磁铁，磁铁末端有线圈围绕。磁阻轮的四周有轮齿和特定间隙的沟槽，如图 6-60 所示。

（2）霍尔式传感器

曲轴位置传感器向电子控制单元（ECU）发送曲轴位置信号。曲轴上装有 1 个铁磁增量轮（60 齿），去掉了 2 个轮齿，扫描 58 个轮齿的轮齿顺序。曲轴位置传感器依据霍尔原理工作，ECU 为传感器提供 5 ~ 12V 供电和搭铁连接。

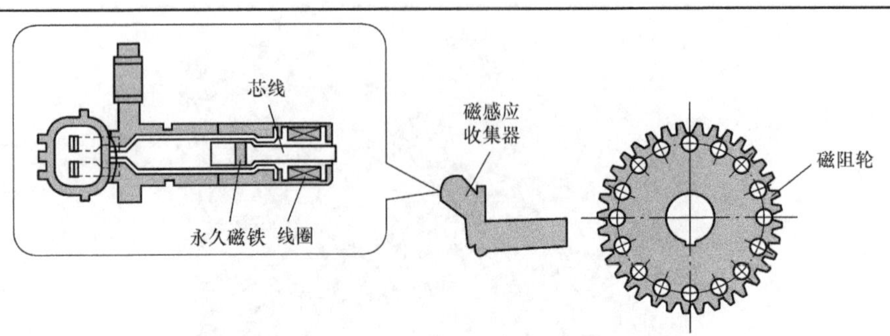

图 6-60 电磁式传感器

传感器通过信号导线向 ECU 发送一个数字信号。转速达到 20r/min 后就会发送一个可进行分析的有效信号。如果控制单元测量到某个齿间距离是前后齿间距离的 2 倍以上，就会将其识别为齿隙。该齿隙被分配给 1 缸的某个特定曲轴位置。此时 ECU 使曲轴位置同步化，之后每接收一个低电平信号，曲轴就会继续转动 6°。为使 ECU 能够根据需要调节点火系统和燃油喷射系统，必须进行准确分配。因此将两次电平变化（例如高电平变为低电平）之间的时间间隔分为较小的时间单位，如图 6-61所示。

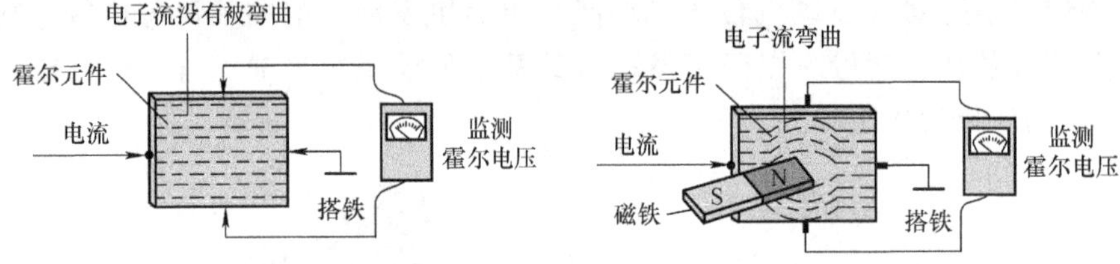

图 6-61 霍尔式传感器

曲轴位置传感器一般安装于曲轴前端、中部或变速器壳体靠近飞轮的位置，如图 6-62 所示。

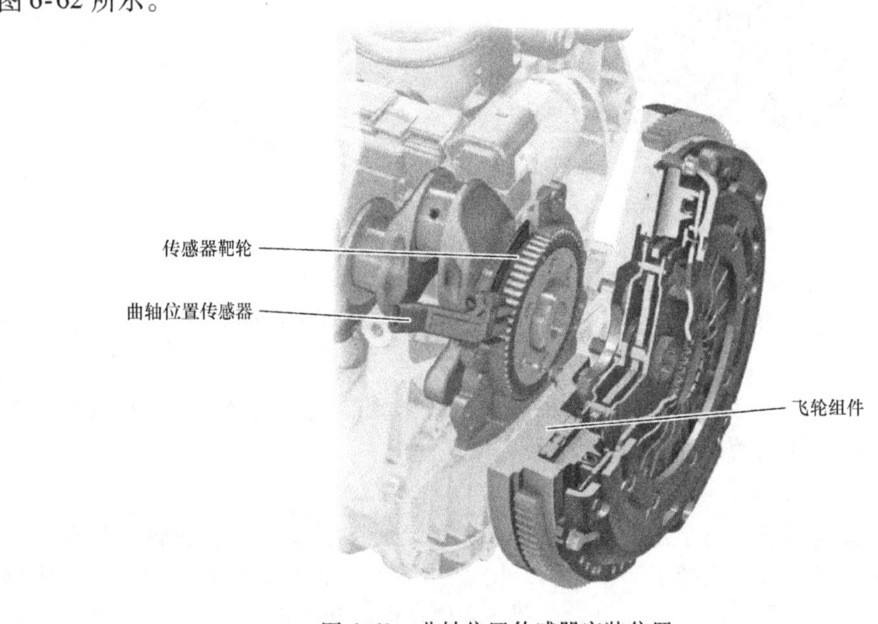

图 6-62 曲轴位置传感器安装位置

大众车型曲轴位置传感器安装在发动机缸体4缸位置上，如图6-63所示。

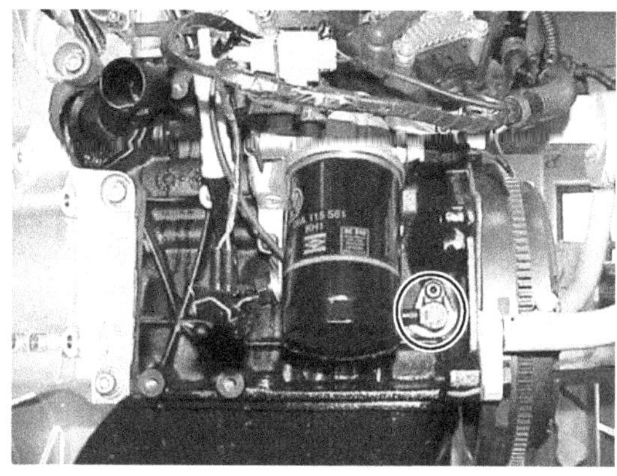

图6-63　大众车型曲轴位置传感器安装位置

7. 凸轮轴位置传感器

凸轮轴位置传感器采集配气凸轮轴的位置信号，并输入ECU，以便ECU识别1缸压缩上止点，从而进行顺序喷油控制、点火时刻控制和爆燃控制。此外，凸轮轴位置信号还用于发动机起动时识别出第一次点火时刻。因为凸轮轴位置传感器能够识别哪一个气缸活塞即将到达上止点，所以称为气缸识别传感器，如图6-64所示。

图6-64　凸轮轴位置传感器

（1）凸轮轴位置传感器的作用

发动机控制模块使用凸轮轴位置传感器的信号来确定凸轮轴的角度位置，如图6-65所示。凸轮轴为四齿齿轮，由凸轮轴位置传感器进行检测。由于轮齿的宽度不等，发动机控制模块可确定检测的是哪个轮齿，从而确定凸轮轴处于哪个操作周期。

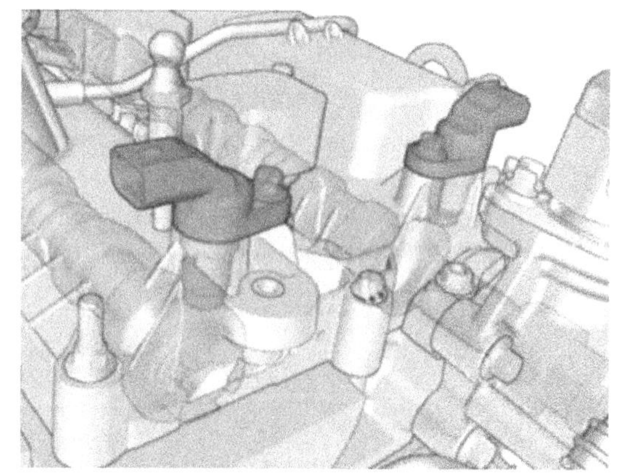

图6-65　凸轮轴位置传感器的作用

一旦识别了凸轮轴的操作周期，发动机控制模块即可确定应在哪个气缸点火。如果发动机发生熄火或爆燃，发动机控制模块还可确定是哪个气缸出现了问题。凸轮轴位置的信息也用于调整凸轮轴CVVT装置。

（2）凸轮轴位置传感器的安装位置

双可变气门正时系统的进、排气凸轮轴各有一个凸轮轴位置传感器，如图6-66所示。凸轮轴位置传感器通常是霍尔式，安装在气门室盖后部，传感器头部对应凸轮轴末端的信号转子。

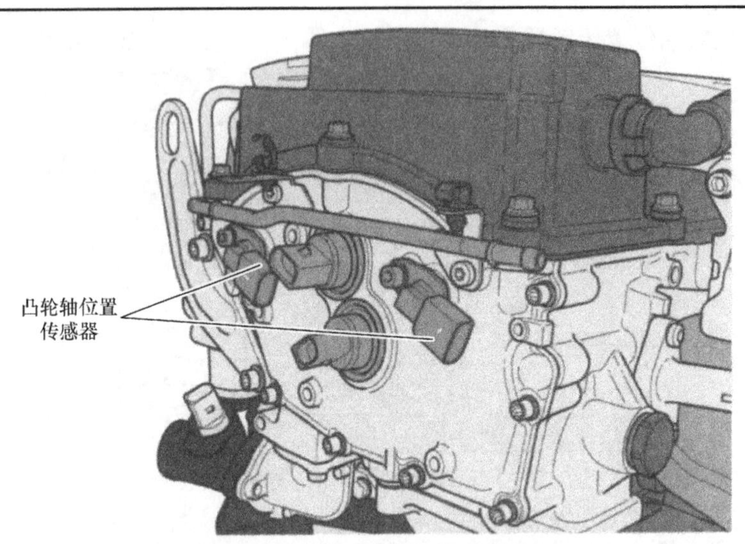

图 6-66　凸轮轴位置传感器的安装位置

大众车型凸轮轴位置传感器安装在凸轮轴正时带轮上，如图 6-67 所示。

图 6-67　大众车型凸轮轴位置传感器的安装位置

8. 爆燃传感器

爆燃传感器安装在发动机缸体上，如果是四缸直列式发动机，它装在 1 缸、2 缸之间和 3 缸、4 缸之间；对 V 型发动机，每侧至少有一两个爆燃传感器。目前，应用最多的是宽频带共振型压电式传感器，如图 6-68 所示。

图 6-68　爆燃传感器

当探测到发动机爆燃时，爆燃传感器就向发动机 ECU 发出爆燃信号。发动机 ECU 收到爆燃信号后，就延迟点火正时，抑制爆燃。

（1）爆燃控制

发动机工作条件变化后可能会出现爆燃或敲缸现象。如果燃油混合气除通过点

火火花燃烧外还自行点燃且两个火焰前锋互相撞击，就会形成爆燃。低辛烷值燃油、高压缩比、燃烧室内有沉积物、满负荷和冷却不足时都会加剧爆燃趋势。导致发动机迅速升温、发动机功率降低、耗油量增加。

为了识别爆燃，在发动机缸体上装有爆燃传感器。

由爆燃引起的振动在爆燃传感器内转化为电压信号并传输给发动机管理系统，如图 6-69 所示。

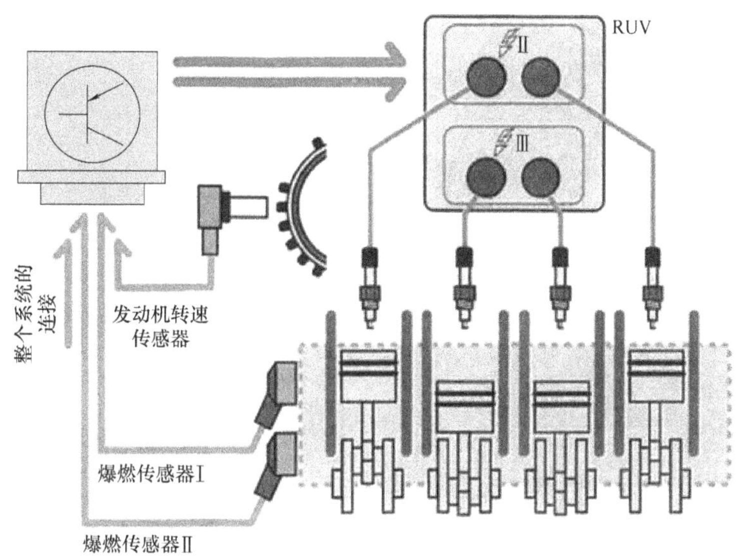

图 6-69　自适应爆燃调节

（2）爆燃原因

爆燃是指燃烧过程中，混合气受到温度、压力的影响而自行燃烧，此自行燃烧点又自成一个新的火焰烽，致使火焰的速度和形状发生突变，产生极高的压力波，此压力波与火花塞点燃的火焰波所形成的压力波相互撞击，此突变的压力波又拍击到气缸壁，产生类似金属敲击的声音，此现象称为爆燃。发动机一旦发生爆燃，对其性能及寿命影响很大。严重的爆燃造成气缸、气缸盖破裂、活塞损坏、活塞环断裂。轻微的爆燃则会导致发动机无力、耗油、发动机过热等故障，如图 6-70 所示。

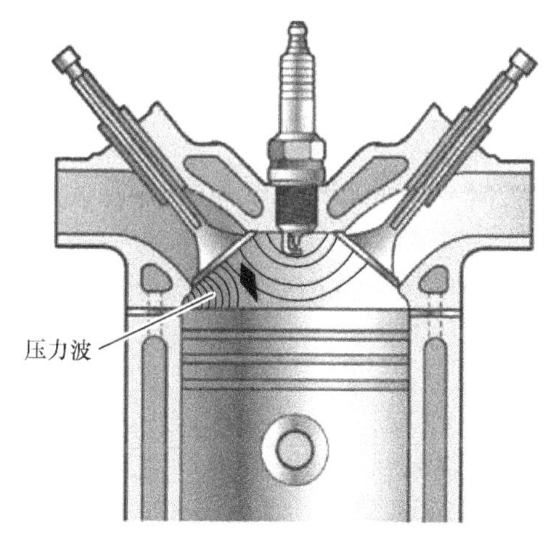

图 6-70　爆燃发生

造成发动机爆燃的主要原因有：

- 汽油辛烷值太低。

- 点火时间太早。
- 混合气太稀。
- 发动机压缩比太高。
- 发生预燃（局部热点）。

（3）爆燃传感器的工作原理

爆燃传感器通常是压电装置，能感知机械压力或振动（例如发动机起爆燃时能产生交流电压），如图6-71所示。

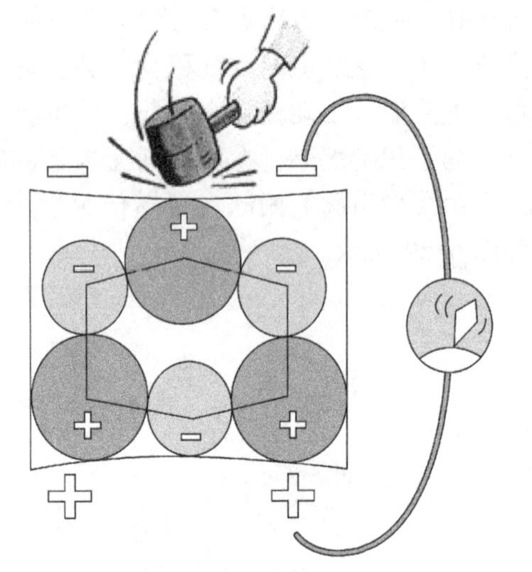

图6-71 检测缸体表面的振动信号

通过检测缸体表面的振动信号，以判断发动机是否产生爆燃。当发动机产生爆燃时，给电子控制单元（ECU）爆燃信号，ECU调整点火时间。

发动机在工作中，一旦发生爆燃，因发动机爆燃本身为高频振动波，如果此高频振动波与爆燃传感器内部的压电组件产生共振效果（其共振频率为25kHz），压电组件产生一个高电压信号送ECU，如图6-72所示。

爆燃传感器反馈控制电路图如图6-73所示。当爆燃传感器因振动波而产生反馈电压信号送回ECU时，ECU便下达将点火时间延迟的指令，防止发动机发生爆燃，点火时间从标准点火时间以每秒延迟1°的速度，连续延迟到爆燃不再发生为止。每一厂家对爆燃传感器所延迟的最大角度都有规定。

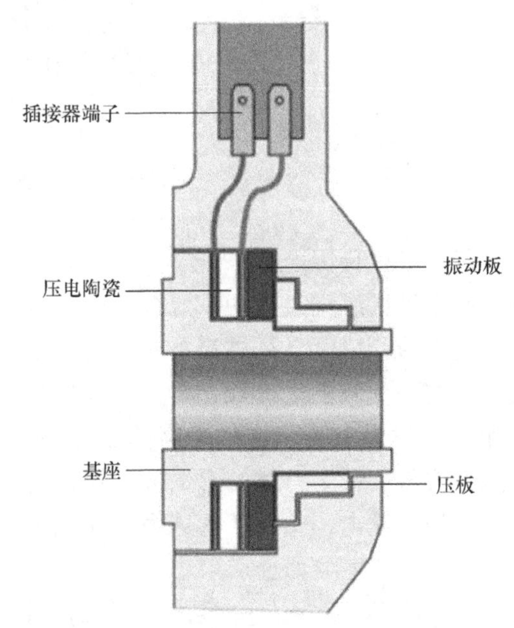

图6-72 压电组件产生一个高电压信号送ECU

点火过早、排气再循环不良、低标号燃油等原因引起的发动机爆燃会造成发动机损坏。爆燃传感器向电控单元（有的通过点火控制模块）提供爆燃信号，使得电控单元能重新调整点火正时以阻止进一步爆燃。它们实际上是充当点火正时反馈控制循环的“氧传感器”角色。

爆燃传感器安放在发动机体或气缸的不同位置。当振动或敲缸发生时，它产生一个小电压峰值，敲缸或振动越大。爆燃传感器产生的峰值就越大。一定高的频率表明是爆燃或敲缸，爆燃传感器通常设计成测量5～15kHz范围的频率。电控单元接收到这些频率时会重修正点火正时，以阻止继续爆燃，爆燃传感器通常十分耐用，所以传感器只会因本身失效而损坏。

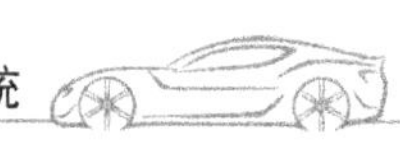

发动机爆燃时产生压力波，其频率为1～10kHz，压力波传给缸体，使其金属质点产生振动加速度，加速度计爆燃传感器通过测量缸体表面的振动加速度来检测爆燃压力的强弱。点火时间过早是产生爆燃的一个主要原因。由于要求发动机能发出最大功率，为了不损失发动机功率而又不产生爆燃，安装爆燃传感器，使电控单元自动调节点火时间。

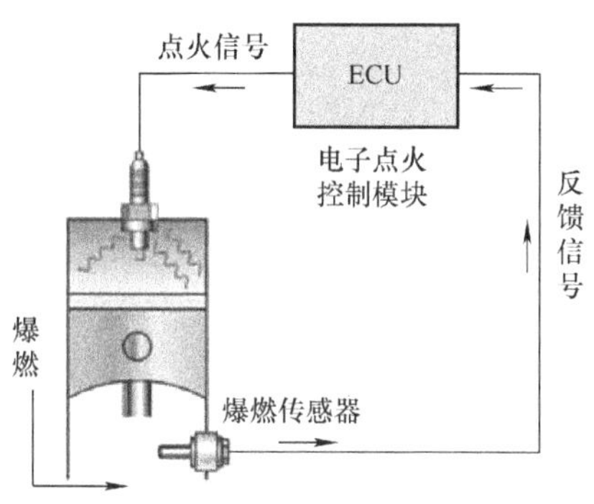

图6-73　爆燃传感器反馈控制电路图

大众车型发动机爆燃传感器安装在发动机缸体上，如图6-74所示。

图6-74　大众车型发动机爆燃传感器的安装位置

任务二　点 火 系 统

汽油机工作时，气缸内的可燃混合气是由电火花点燃的。点火系统的作用就是根据发动机的工作状态，按照发动机的工作顺序，在合适的时刻供给火花塞足够能量的高压电，使其电极间产生火花，确保能点燃混合气，使其燃烧后释放强大的能量，推动活塞运动，使发动机做功。点火系统如图6-75所示。

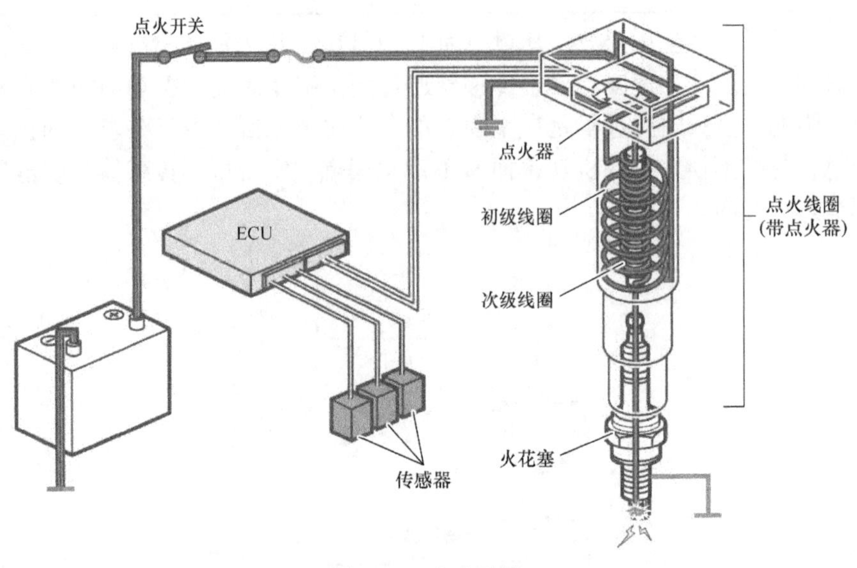

图 6-75　点火系统

（一）点火系统的总体构成

计算机点火控制系统主要由各类传感器、发动机 ECU 和点火执行器 3 部分组成，如图 6-76 所示。计算机点火控制系统是由 ECU 根据各传感器提供的信号，确定点火时刻，并发出点火控制信号，点火器根据 ECU 的指令，控制点火线圈初级回路的导通和截止。

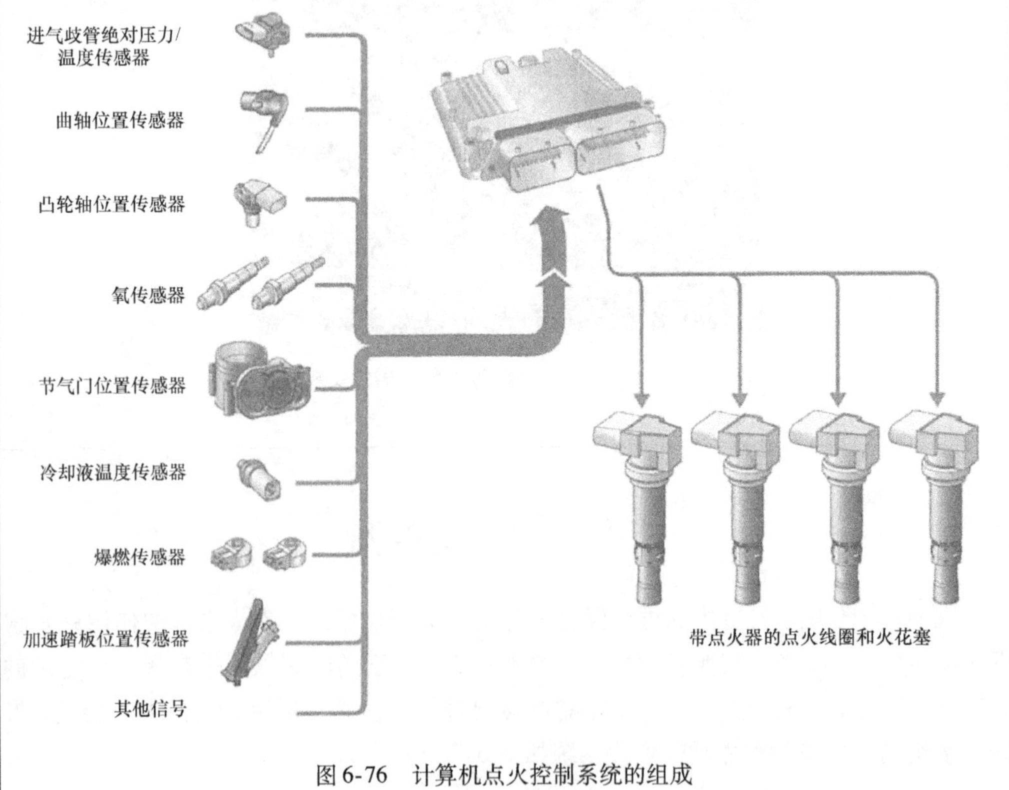

图 6-76　计算机点火控制系统的组成

无分电器计算机控制点火系统具有电子配电功能，根据高压配电方式的不同分为独立点火方式和同时点火方式两种，其工作原理也各不相同。

1. 同时点火

同时点火一般采用一个点火线圈同时对两个气缸进行点火，即双缸点火方式。这种点火方式利用一个点火线圈对活塞接近压缩行程上止点和排气行程上止点的两个气缸同时点火，如图6-77所示。这种方式可减少点火线圈的数量，但如果一个气缸的火花塞或高压线出现故障，则会同时影响两个气缸的工作。

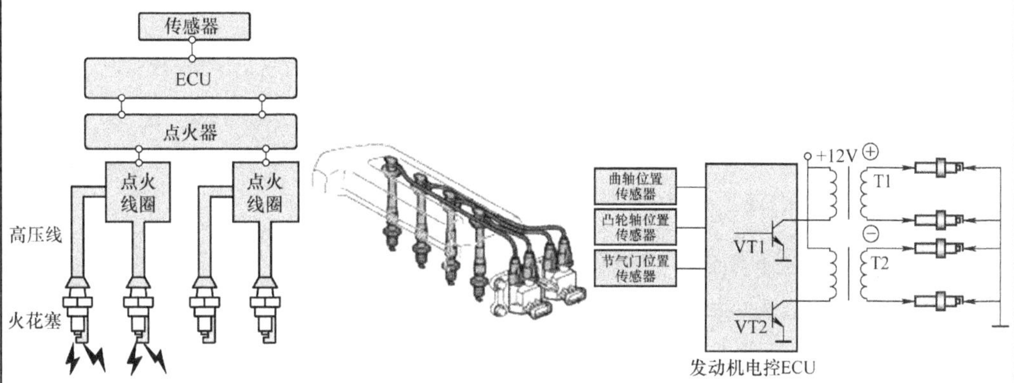

图6-77　同时点火

2. 独立点火

独立点火方式是一个气缸的火花塞配一个点火线圈，各点火线圈直接安装在火花塞上，独立向火花塞提供高压电，各缸直接点火，如图6-78所示。此结构去掉了高压线，可以使高压电能的传递损失和对无线电的干扰降低到最低水平。ECU可单独对每个气缸的点火正时进行调整，提高燃烧效率。例如，如果爆燃传感器检测到3缸点火后产生爆燃，则ECU会单独减小3缸的点火提前角。

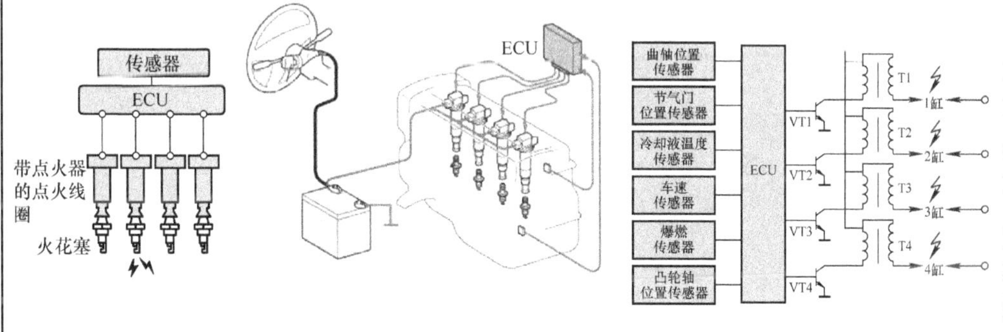

图6-78　独立点火

（二）点火系统的主要零部件

1. 点火线圈

点火线圈是点火系统的心脏。它的目的是建立一个由近似12.6V的低蓄电池电压到一个足够高到跳过火花塞间隙并点燃混合气的电压。该线圈能产生近似 30000 ~ 60000V 的电压，用此高压电来点燃气缸中的混合气，如图 6-79 所示。

图 6-79　点火线圈

(1) 点火线圈工作原理

初级和次级绕组都环绕在铁心上。次级绕组的匝数大约是初级绕组的 100 倍。初级绕组的一端连接在点火器上，次级绕组的一端连接在火花塞上。两个绕组各自的另一端则连接在蓄电池上，如图 6-80 所示。

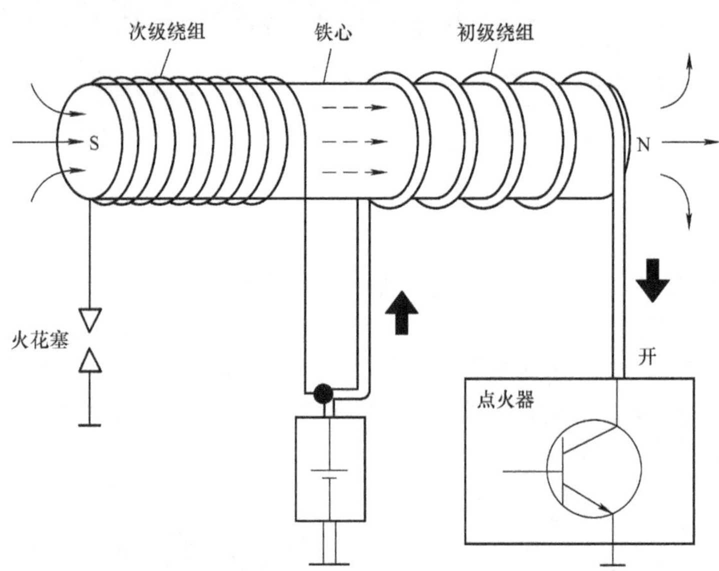

图 6-80　点火线圈工作原理

流往初级绕组的电流：

当发动机运转时，根据 ECU 输出的点火正时信号，蓄电池的电流通过点火器流到初级绕组。结果，在绕组周围产生磁力线，此绕组在中心包含一个磁芯，如图 6-81所示。

电流停止流往初级绕组：

当发动机继续运转时，点火器按发动机 ECU 输出的点火正时信号（IGT）快速地停止流往初级绕组的电流。其结果是初级绕组的磁通量开始减小。

因此，通过初级绕组的自感和次级绕组的互感，在阻止现存磁通量衰减的方向上产生电动势。

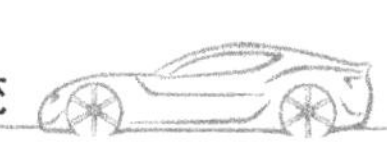

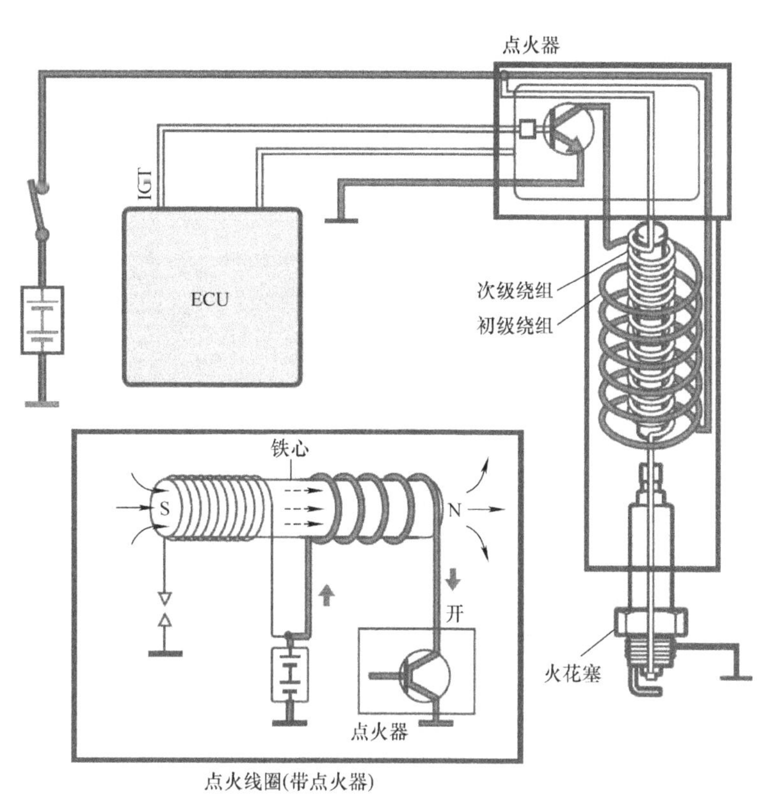

图 6-81 流往初级绕组的电流

自感效应产生约 500V 的电动势，而与其相伴的次级绕组互感效应产生约为 30kV 高压电动势。这样火花塞就产生火花放电。初级电流切断越迅速，初级电流值越大，则相应的次级电压越高，如图 6-82 所示。

（2）点火线圈的检查

1）电阻检查。使用万用表的电阻档测量点火线圈初级绕组和次级绕组的电阻，并与标准值比较，以此来判断点火线圈是否短路或断路。为使测量更准确，测量前断开点火线圈线束插接器，具体操作步骤如下：

测量初级绕组电阻：将万用表置于“Ω”档，测量初级绕组的电阻。大多数初级绕组的电阻为 1～30Ω，有些初级绕组的电阻值可能低于 1Ω。标准电阻参见相应车型的维修手册。

测量次级绕组的电阻：将万用表置于“kΩ”档，测量点火线圈的两个高压输出端子或初级绕组正极与次级绕组输出端子之间的电阻，多数次级绕组的电阻为 6～300Ω。标准电阻参见相应车型的维修手册。

2）绝缘检查。使用万用表的电阻档测量点火线圈任一接线柱与外壳之间的电阻，电阻应不小于 50MΩ，否则说明点火线圈绝缘不良，应更换点火线圈。

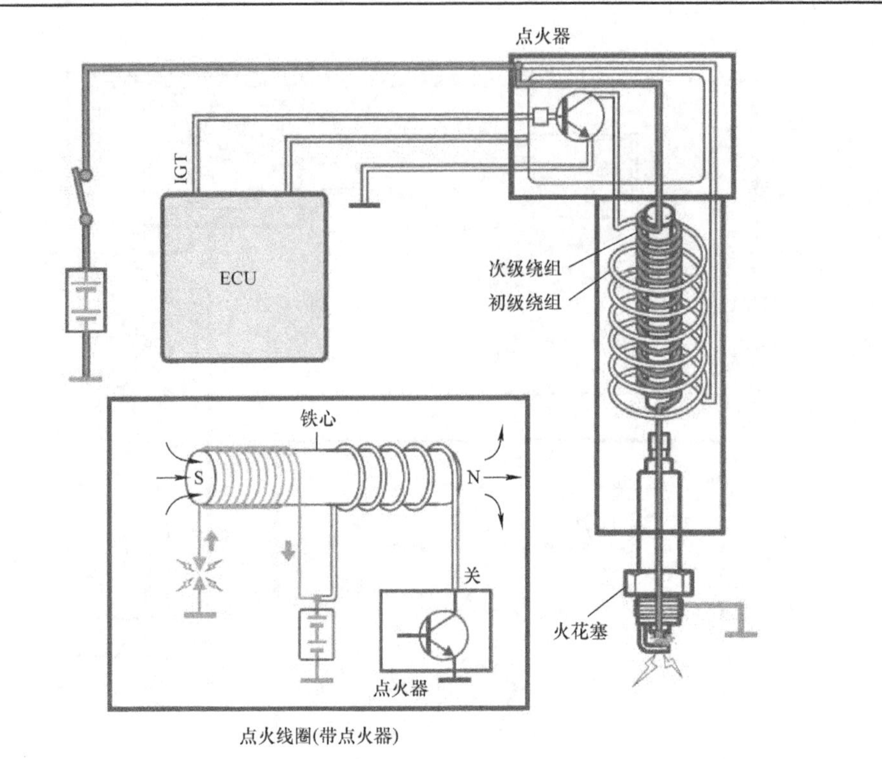

图 6-82　电流停止流往初级绕组

2. 火花塞

火花塞将点火线圈产生的高压电引入发动机的燃烧室内，在其电极间隙中形成电火花，点燃混合气，工作原理如图 6-83 所示。

火花塞由金属壳体、中心电极、搭铁电极、中心电极导体、绝缘体等组成。火花塞分热型和冷型两种。与气缸盖的接触面积大的火花塞，称热型火花塞；与气缸盖的接触面积小的火花塞，称冷型火花塞。火花塞的结构如图 6-84所示。

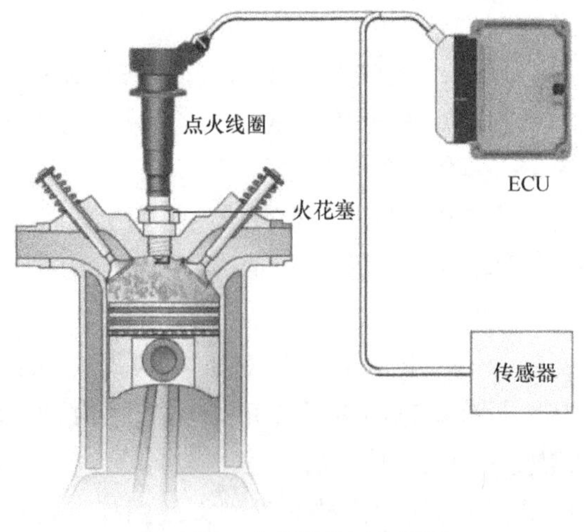

图 6-83　火花塞的工作原理

(1) 火花塞的作用

点火线圈产生的高压电（1 万 V 以上）引入发动机气缸内后，在火花塞电极的间隙之间产生火花点燃混合气。火花塞的工作环境极为恶劣，以一台普通四冲程汽油机的火花塞为例，在进气行程时温度只有 60℃，压力为 90kPa；而在点火燃烧时，温度会瞬间上升至3000℃，压力达到4000kPa；这种急冷急热的交替频率很高，不是一般材料所能应付得了的，还要保证绝缘性能，因此对火花塞的材料要求也就很苛刻了。

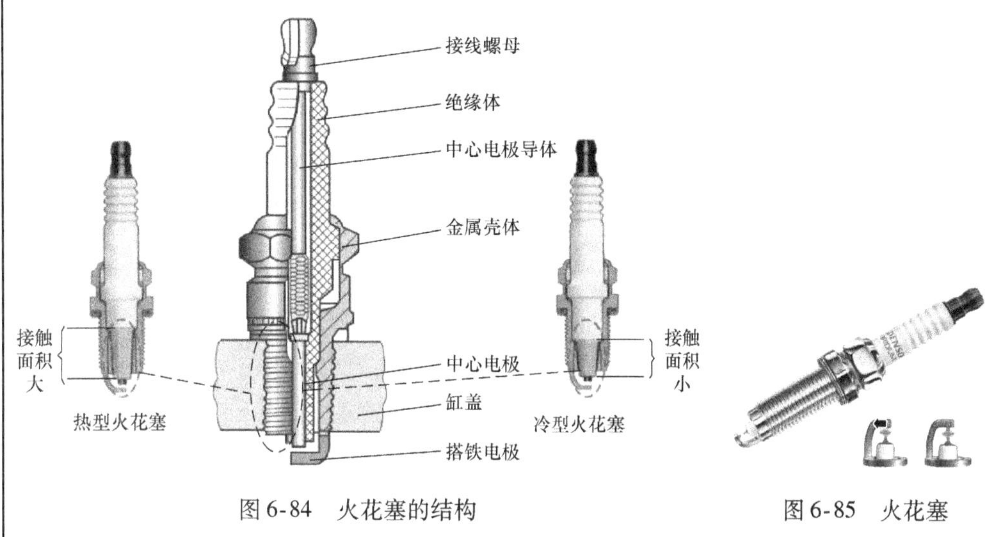

图 6-84　火花塞的结构　　图 6-85　火花塞

(2) 火花塞类型

电火花会产生电磁干扰，将使电子设备失灵，因此普通火花塞通常含有陶瓷电阻以防止这一现象发生。

在白金火花塞或铱金火花塞上，如图 6-85 所示。中心电极和与其相对的搭铁电极都覆盖着白金或铱的薄层，所以这样的火花塞的使用寿命较常规火花塞更长。

由于白金和铱金都耐磨，所以这些火花塞的中心电极可以制作得很小，即使这样仍能具有优良的引燃火花的性能，如图 6-86 所示。

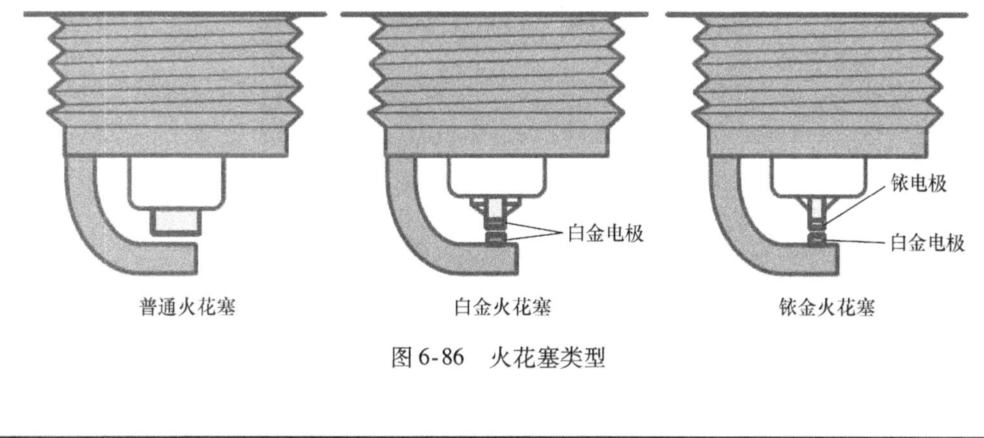

图 6-86　火花塞类型

白金火花塞上，白金焊在中心电极和搭铁电极的顶端的。中心电极的直径比普通火花塞的要小。

铱金火花塞上，铱（有更高的耐磨能力）焊在中心电极顶端，但焊在搭铁电极上的仍是白金。中心电极的直径比白金火花塞的更小。此类火花塞中有些并未在其搭铁电极焊上白金。

（3）火花塞热值

火花塞热值实际上是指火花塞受热和散热能力的一个指标，其自身所受热量的散发量，称为热值，如图6-87所示。

能够大量散热的称为冷型火花塞，也就是高热值火花塞。冷型火花塞（高热值）的绝缘体裙部相对较短，由于散热途径比较短，散热相对较多，所以不易造成中心电极温度的上升。

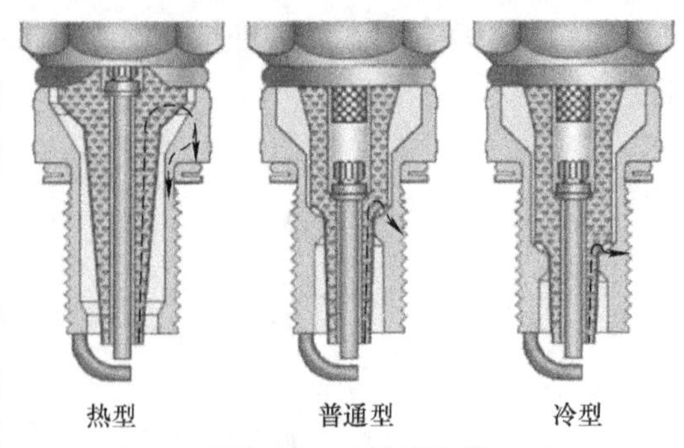

图6-87　火花塞热值

相对散热量较小的叫作热型火花塞，也就是低热值火花塞。热型火花塞（低热值）的绝缘体裙部较长，当气缸内温度布置均匀时，火花塞裙部越长，受热面积就越大，传导热量的距离就越长，所以散热少，中心电极温度上升较高。

选择火花塞需要考虑的因素较多，例如发动机型号、冷却方式、冲程数、燃油标号、使用环境温度及常用工况等。一般汽车出厂时已将火花塞型号确定，在安装尺寸相符的情况下，用户可根据环境温度、道路条件、机器新旧对火花塞的热值作选择。国产火花塞标准条件下一般采用的热值型号为6，当气温低于5℃时，就应选用热值再低一级的火花塞以保证火花塞裙部的工作温度。对于旧发动机而言，选用热值低一级的火花塞，可抵制因机件磨损窜油对火花塞的污染。

有时汽车会出现发动机冷/热机起动都较困难，有时要起动多次，发动机才能着车。着车后，怠速不稳、抖动、加速不良、动力不足，频繁出现怠速自行熄火现象，油、气消耗量增大。这是由于火花塞的损坏导致的。

（三）根据火花塞的颜色判断发动机的工作状态

1. 火花塞颜色检查

火花塞电极正常的颜色为浅棕色，如果电极烧黑并附有积炭，则说明存在故障。检查时，可将火花塞与缸体导通，用中央高压线触接火花塞的接线柱，然后打开点火开关，观察高压电跳位置。如果跳火位置在火花塞间隙，则说明火花塞作用良好，否则需换新，见表6-4。

表6-4　根据火花塞的颜色判断发动机工作是否正常

	1. 正常的火花塞 正常的火花塞是浅棕色的

（续）

	2. 有故障的火花塞 （1）发动机烧机油 火花塞有严重积炭是因为机油流到了燃烧室，俗称烧机油。这种车的排气管会冒出滚滚蓝烟
	（2）火花塞太湿 火花塞的热值太低或者电控系统有故障
	（3）火花塞上有玻璃一样的东西 这种情况说明这辆车的空气滤清器的密封有问题，结果沙子进入燃烧室，在燃烧高温的作用下融化在了火花塞上
	（4）火花塞上有熔化的铝球 火花塞上粘了很多小的熔化的铝球是因为点火角提前太多，点火的高温来不及散发，结果活塞熔化的铝粘到了火花塞上
	（5）火花塞发白 这是由于混合气太稀造成发动机过热。如果不及时处理，会使发动机出现严重故障
	（6）火花塞上有黑色绒状积炭 产生此类故障的原因有：空滤太脏、汽油压力过高、油压调节器真空管断裂、氧传感器损坏、电控系统故障等
	（7）火花塞电极短路 发动机内部积炭太多，结果松脱后掉在火花塞上。这时需要解体发动机清理内部积炭

（续）

	（8）火花塞烧蚀 产生此类故障的原因有：火花塞热值匹配有误、点火角提前太多、混合气稀、冷却系统温度过高、润滑系统缺机油等
	（9）火花塞中心电极变短 原因是上次保养时没有更换火花塞
	（10）火花塞中心电极变圆 火花塞使用的时间太长，点火时耗电量很大，而且会使发动机工作不良
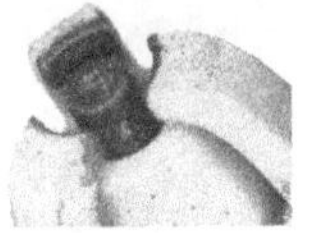	3. 三极式火花塞 （1）正常三极火花塞
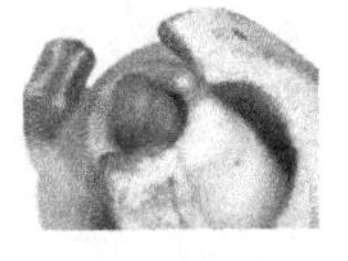	（2）三极火花塞间隙过大 原因是上次保养时没有更换火花塞
	（3）三极火花塞磁芯断裂
	（4）火花塞中心电极变短 原因是上次保养时没有更换火花塞

2. 火花塞的检查

1）目视检查。火花塞在高温、高压环境中工作，同时受到燃油中化学添加剂的腐蚀，因此故障率较高，应及时更换。正常工作的火花塞绝缘体裙部呈浅棕色，轻微的积炭和电极烧蚀属正常现象。目视检查火花塞的电极和绝缘体外观是否出现以下现象：

- 火花塞烧损，例如火花塞绝缘体起皱、破裂及电极烧蚀、熔化等。
- 火花塞上有沉积物，例如积炭等。

- 火花塞电极间隙过大或过小，使点火性能下降。

2）电极间隙检查。使用塞尺检查火花塞电极间隙，间隙应符合规定。火花塞电极间隙一般为0.6～1.2mm，具体数据参见相应车型的维修手册。测量时，用规定厚度的塞尺插入火花塞电极间隙中，感觉稍有阻力即为合适，否则需用专用工具通过弯曲火花塞侧电极来调整电极间隙。

3）火花塞跳火检查。断开全部喷油器插头，使其不能喷油。取出带点火器的点火线圈和火花塞。重新将火花塞安装到点火线圈内，连接点火器插接器。将火花塞搭铁，然后起动起动机带动曲轴和凸轮轴转动，检查火花塞的跳火情况。如果跳火位置在火花塞间隙中，说明火花塞作用良好，如图6-88所示。

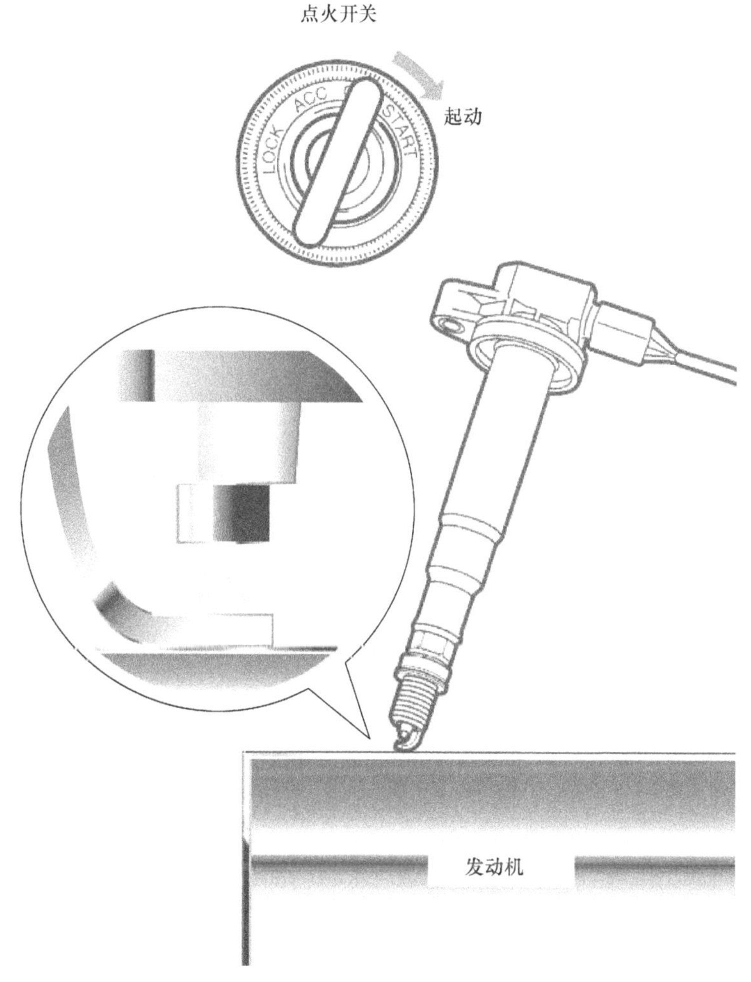

图6-88　火花塞跳火检查

注意：火花试验时，转动曲轴不得超过5～10s。

六、任务实施

对技术员要求：

- 接收/检查修理单。
- 接收用于修理的订购零件。
- 在允许的时间内进行工作。
- 向技师领队确认工作完成。

技师领队：

- 对技术难度高的工作向技术员提供指导和帮助。

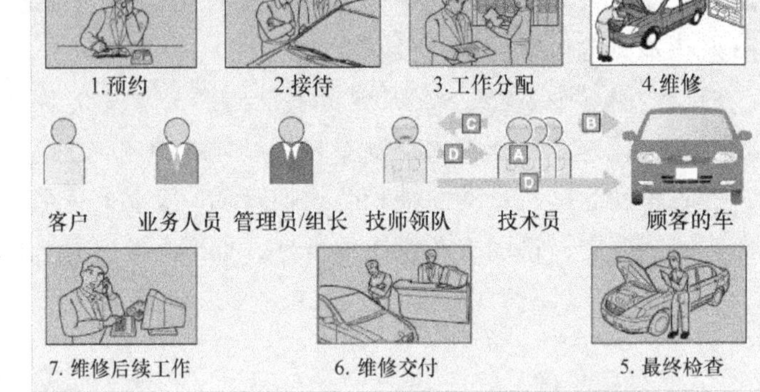

（一）拆装加速踏板位置传感器

1. 拆卸加速踏板位置传感器

1）断开蓄电池负极导线（图6-89）。

2）断开加速踏板位置传感器线束（图6-90），松开加速踏板位置传感器固定螺栓（图6-91），取下加速踏板位置传感器（图6-92）。

2. 安装加速踏板位置传感器

1）安装加速踏板位置传感器，螺栓拧紧至10N · m。连接加速踏板位置传感器线束。

2）连接蓄电池负极导线。

图6-89　断开蓄电池负极导线

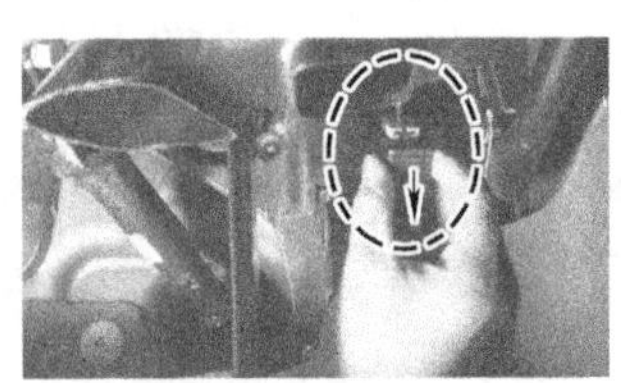

图6-90　断开加速踏板位置传感器线束

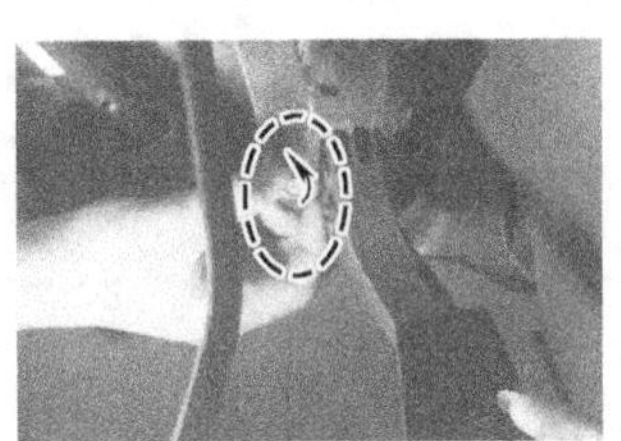

图6-91　松开加速踏板位置传感器固定螺栓

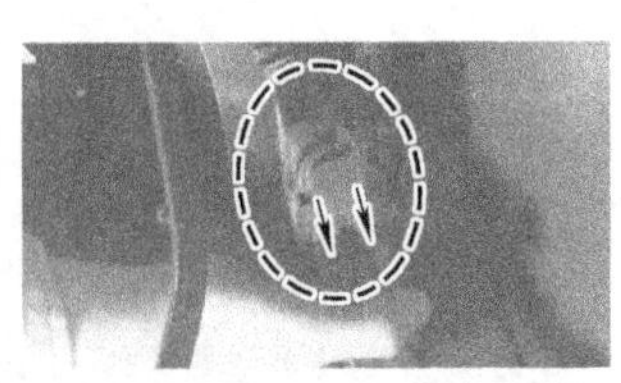

图6-92　取下加速踏板位置传感器

（二）拆装空气流量传感器

1. 拆卸空气流量传感器

1）断开蓄电池负极导线。

2）断开空气流量传感器线束（图6-93）。

3）用十字螺丝刀拆卸空气流量传感器螺钉（图6-94）。

4）拆卸空气流量传感器（图6-95）。

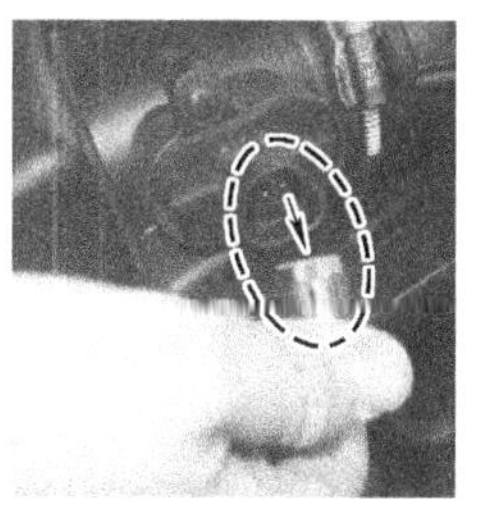

图 6-93 断开空气流量传感器线束

图 6-94 拆卸空气流量传感器螺钉

图 6-95 拆卸空气流量传感器

2. 安装空气流量传感器

1）安装空气流量传感器。

2）用十字螺丝刀安装空气流量传感器螺钉。

3）连接空气流量传感器线束。

4）连接蓄电池负极接线柱。

（三）拆装节气门位置传感器

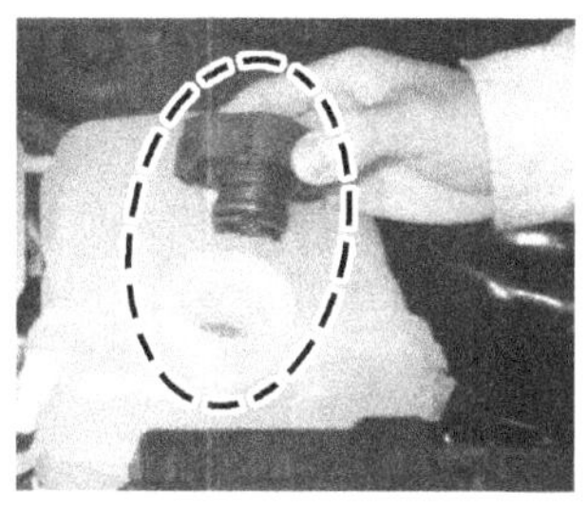

图 6-96 打开冷却液加注盖

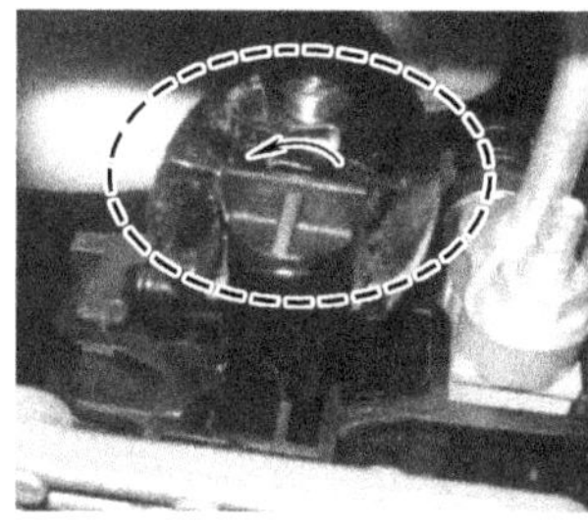

图 6-97 拧松冷却液排放塞

1. 拆卸节气门体

1）等待车辆冷却后，断开蓄电池负极导线。

2）打开冷却液加注盖（图 6-96）。将车辆举升到合适高度，在发动机冷却液排放口下方放置一个容器，用鲤鱼钳拧松冷却液排放塞（图 6-97），排放冷却液。

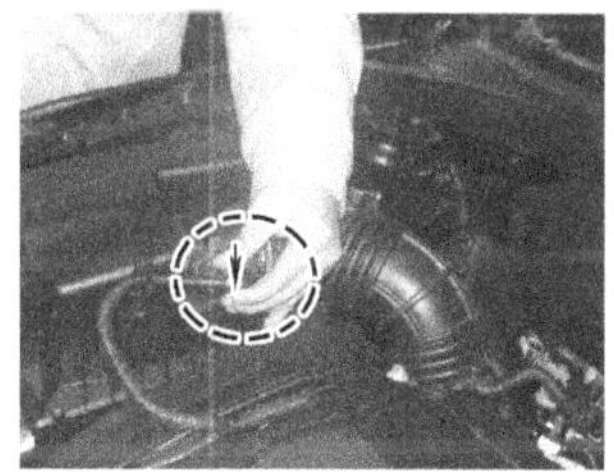

图 6-98 断开空气流量传感器线束

图 6-99 取下空气滤清器总成

3）下降车辆，断开空气流量传感器线束（图 6-98）。用螺丝刀松开空气滤清器与节气门体之间的夹箍，取下空气滤清器总成（图 6-99）。

4）拆卸节气门体。断开炭罐真空管（图 6-100）和节气门体线束。在节温器总成上断开节气门体进水管接口（图 6-101），在节气门体上断开进水管接口（图 6-102）。在节气门体上断开出水管接口（图 6-103），在膨胀水箱上断开节气门体出水管接口（图 6-104）。拧松节气门体固定螺栓（图 6-105），拆卸节气门体。

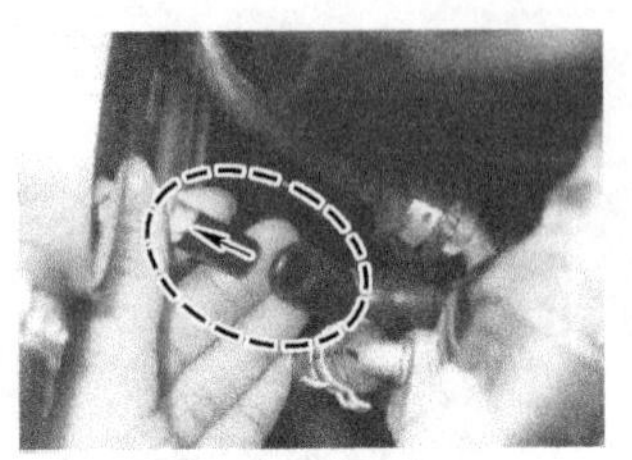
图 6-100　断开炭罐真空管

图 6-101　断开节气门体进水管的接口

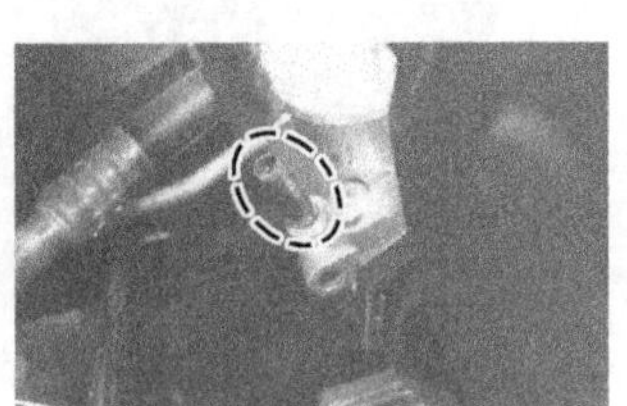
图 6-102　断开进水管接口

图 6-103　断开出水管接口

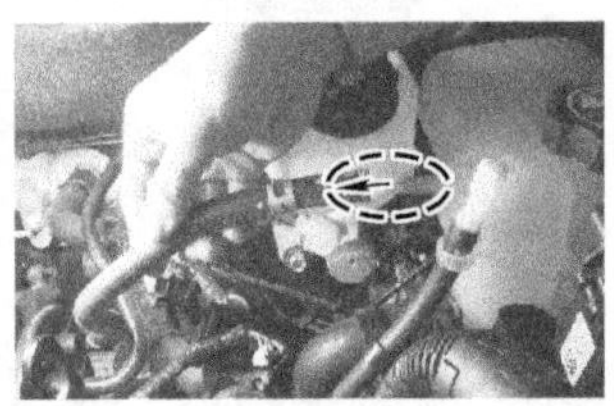
图 6-104　断开节气门体出水管接口

图 6-105　拧松节气门体固定螺栓

2. 安装节气门体

1）安装节气门体，拧紧至 8N · m。在节温器总成上连接节气门体进水管接口，在节气门体上连接进水管接口。在节气门体上连接出水管接口，在膨胀水箱上连接节气门体出水管接口。连接节气门体线束和炭罐真空管。

2）安装空气滤清器总成。连接空气流量传感器线束。

3）将节气门体上部的节气门体散热水管拔出，加注冷却液直至小孔内溢出冷却液。

4）连接蓄电池负极。起动发动机，以怠速转速最高为 2500r/min 预热发动机，直到第一个散热器风扇设置开关接通。先以 2000～2500r/min 的转速，运行发动机 1min。然后关闭发动机并使之冷却，检查冷却液液位，同时将冷却液加注至 COLD（冷态）标记处。

（四）拆装冷却液温度传感器

图 6-106　断开蓄电池负极导线

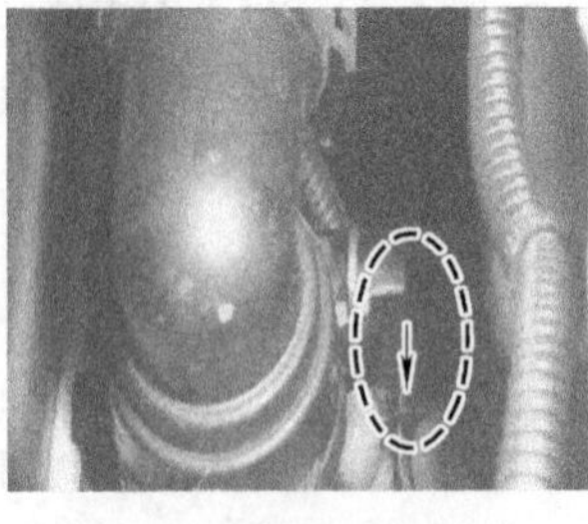
图 6-107　断开冷却液温度传感器线束

1. 拆卸冷却液温度传感器

1）等待车辆完全冷却后，断开蓄电池负极接线（图 6-106）。

2）断开冷却液温度传感器线束（图 6-107）。

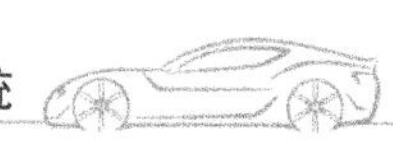

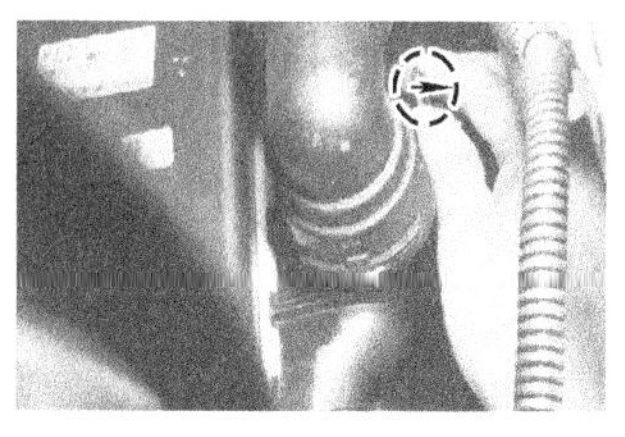

图6-108　拆卸冷却液温度传感器固定卡箍

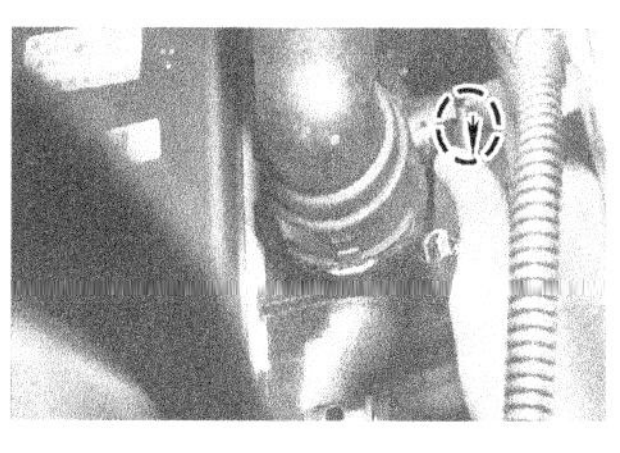

图6-109　拆卸冷却液温度传感器

3）拆卸冷却液温度传感器固定卡箍（图6-108）。

4）拆卸冷却液温度传感器（图6-109）。

2. 安装冷却液温度传感器

1）安装冷却液温度传感器。

2）安装冷却液温度传感器固定卡箍。

3）连接冷却液温度传感器线束。

4）将节气门体上部的节气门体散热水管拔出，加注冷却液直至小孔内溢出冷却液。

5）连接蓄电池负极导线。起动发动机，以怠速转速最高为2500r/min预热发动机，直到第一个散热器风扇设置开关接通。先以2000～2500r/min的转速，运行发动机1min。然后关闭发动机并使之冷却，检查冷却液液位，同时将冷却液加注至COLD（冷态）标记处。

（五）拆卸炭罐电磁阀

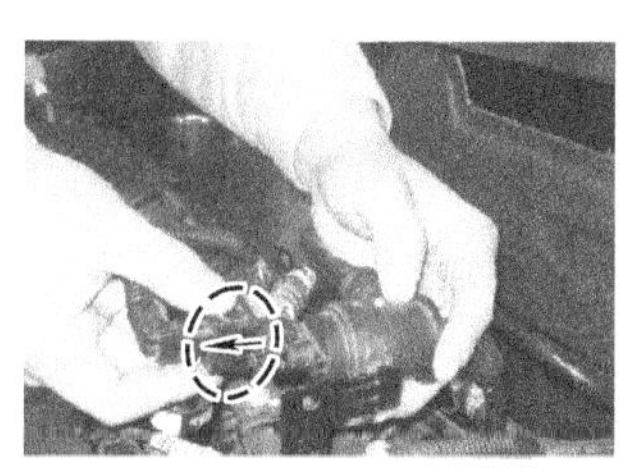

图6-110　断开炭罐线束

图6-111　断开炭罐吹洗管

图6-112　断开炭罐真空管

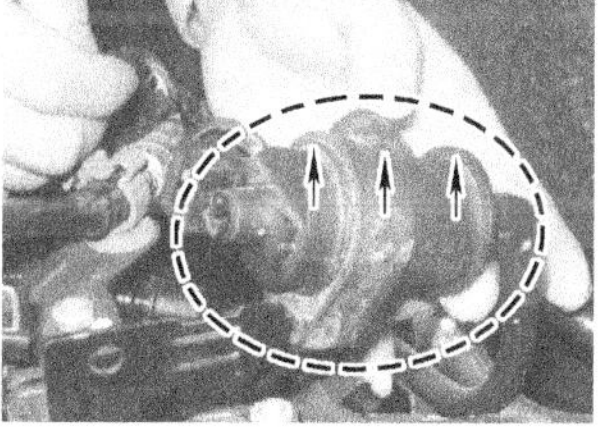

图6-113　拆卸炭罐电磁阀

1. 拆卸炭罐电磁阀

1）断开蓄电池负极导线。断开炭罐线束（图6-110），断开炭罐吹洗管（图6-111），断开炭罐真空管（图6-112），拆卸炭罐电磁阀（图6-113）。

2）断开进气歧管传感器线束（图6-114），拧松进气歧管传感器螺钉（图6-115），拆卸进气歧管传感器（图6-116）。

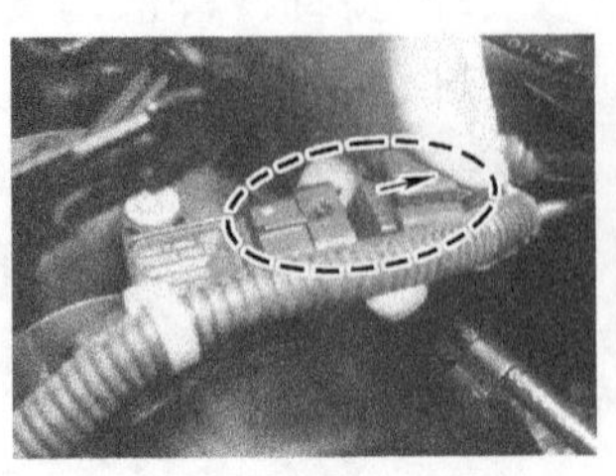
图6-114　断开进气歧管传感器线束

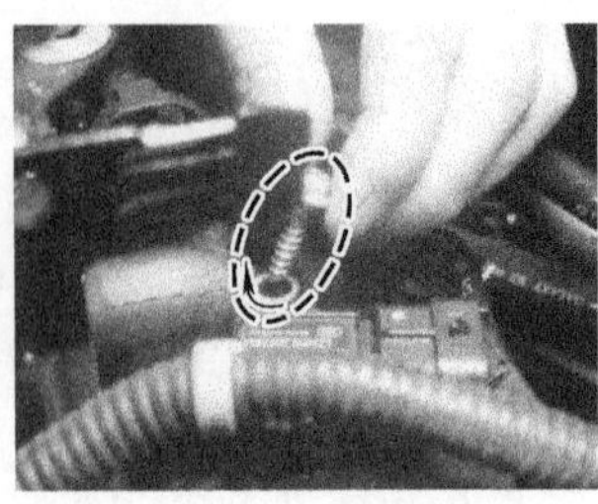
图6-115　拧松进气歧管传感器螺钉

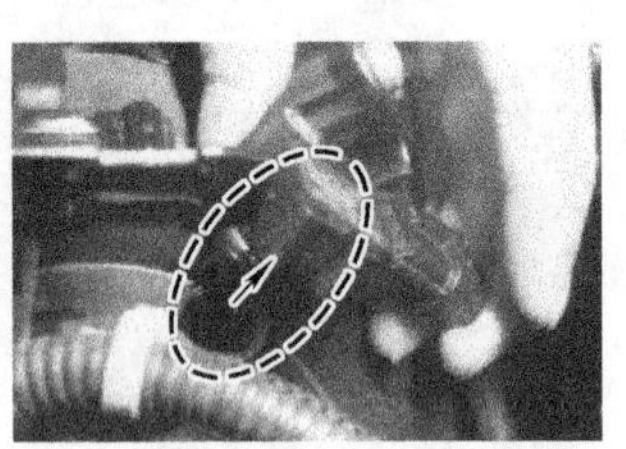
图6-116　拆卸进气歧管传感器

2. 安装进气歧管压力传感器

1）安装进气歧管传感器，拧紧进气歧管传感器螺钉，连接进气歧管传感器线束。

2）安装炭罐电磁阀，连接炭罐真空管，连接炭罐吹洗管，连接炭罐线束。

3）连接蓄电池负极导线。

（六）拆卸凸轮轴位置传感器

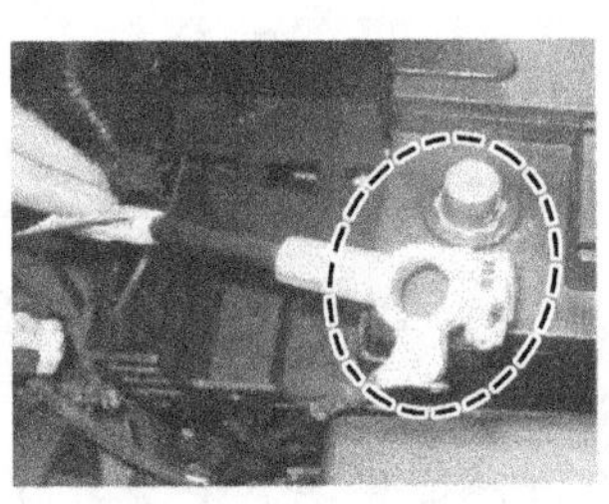
图6-117　断开蓄电池负极导线

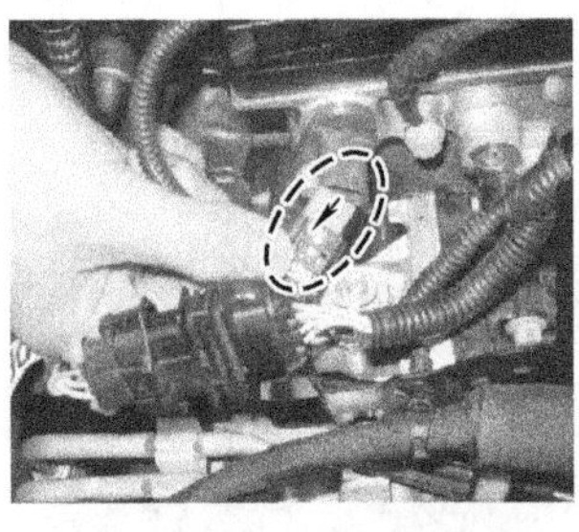
图6-118　断开排气凸轮轴位置传感器线束

图6-119　拧松排气凸轮轴位置传感器螺钉

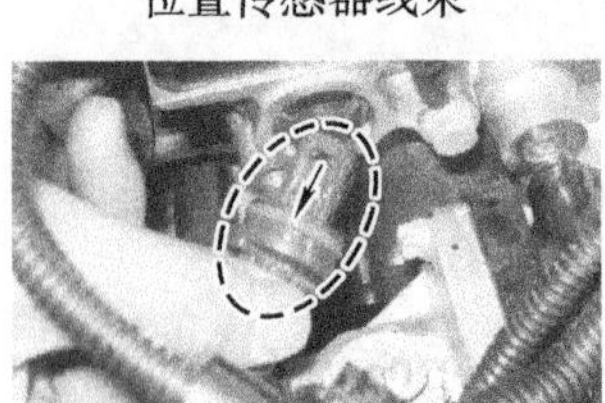
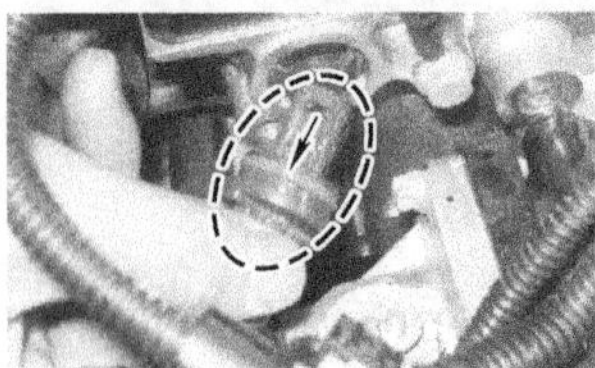
图6-120　拆卸排气凸轮轴位置传感器

1. 拆卸排气凸轮轴位置传感器

1）断开蓄电池负极导线（图6-117），断开排气凸轮轴位置传感器线束（图6-118）。

2）拧松排气凸轮轴位置传感器螺钉（图6-119）。

3）拆卸排气凸轮轴位置传感器（图6-120）。

2. 拆卸进气凸轮轴位置传感器

1）断开进气凸轮轴位置传感器线束（图6-121）。

2）拧松进气凸轮轴位置传感器螺钉（图6-122）。

3）拆卸进气凸轮轴位置传感器（图6-123）。

图 6-121　断开进气凸轮轴位置传感器线束

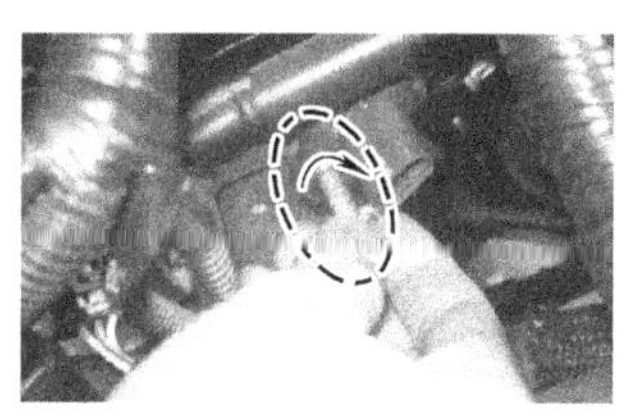

图 6-122　拧松进气凸轮轴位置传感器螺钉

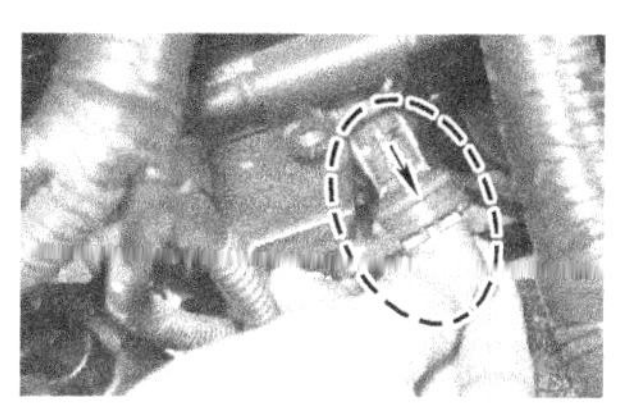

图 6-123　拆卸进气凸轮轴位置传感器

3. 安装排气凸轮轴位置传感器

1）安装排气凸轮轴位置传感器。

2）拧紧排气凸轮轴位置传感器螺钉，拧紧至 6N·m。

3）连接排气凸轮轴位置传感器线束。

4. 安装进气凸轮轴位置传感器

1）安装进气凸轮轴位置传感器。

2）拧紧进气凸轮轴位置传感器螺钉，拧紧至 6N·m。

3）连接进气凸轮轴位置传感器线束。

5. 连接蓄电池负极导线

（七）燃油喷射系统泄压和压力测试

打开发动机盖，泄压和测量部位在燃油总管维修端口（图 6-124）。

1）松开燃油加注口盖，释放燃油箱蒸气压力。

2）拆下燃油总管维修端口盖，在燃油总管维修端口周围包一块抹布，并且使用小平刃工具按压（打开）燃油总管测试端口的阀门，将燃油流入汽油容器内（图 6-125）。

图 6-124　压力释放点和测试端口

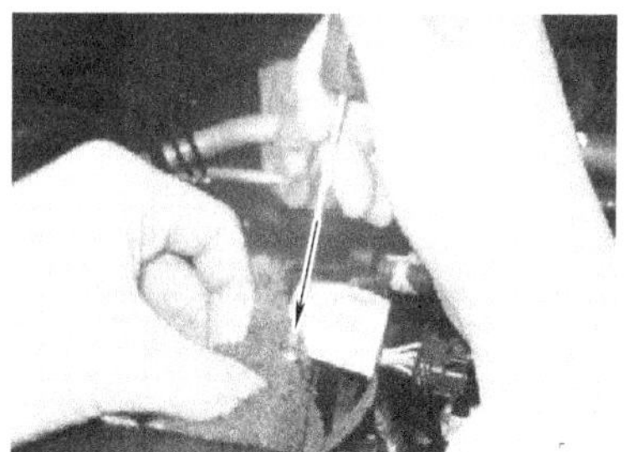

图 6-125　燃油系统泄压

3）连接 EN－34730－91 测试仪（图 6-126），拧紧燃油加注口盖。

4）起动发动机，怠速时放出压力测试仪中的空气。将流出的燃油收集到合适的容器中。从压力表上读取燃油压力，标准压力是 380kPa。

5）将压力表 EN－34730－91 测试仪从测试连接处断开。

图 6-126　连接 EN－34730－91 测试仪

（八）拆装燃油箱和燃油泵

1. 拆卸燃油箱和燃油泵

1）打开发动机舱盖，断开蓄电池负极导线（图6-127）。

拆卸部位位于车辆底盘、后排乘客座位下方（图6-128）。先拆卸燃油箱，然后拆卸油箱上部的燃油泵。

图6-127　断开蓄电池负极

图6-128　拆卸燃油箱部位

2）卡箍的安装位置如图6-129所示，拆下卡箍（图6-130），将燃油箱加注软管从燃油箱加注管上拆下。将立式千斤顶置于燃油箱下（图6-131）。

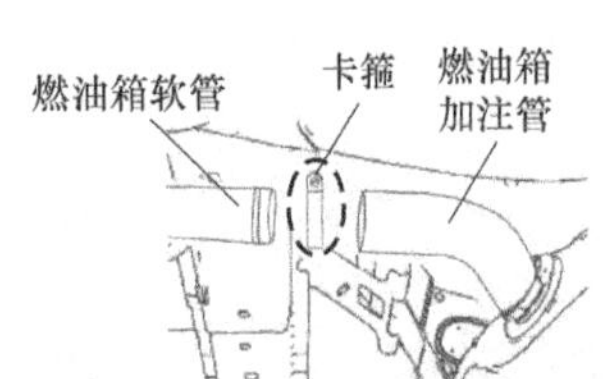

图6-129　卡箍的安装位置

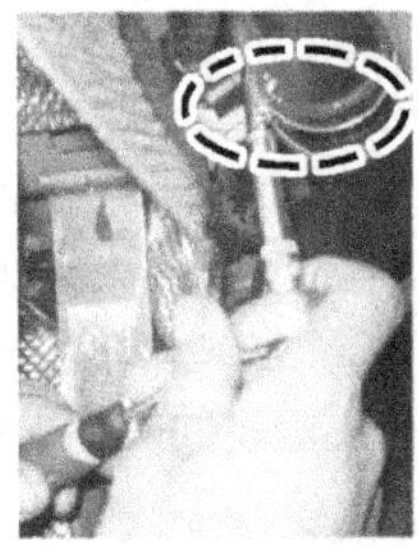

图6-130　拆下卡箍

图6-131　顶起燃油箱

3）燃油箱箍带螺栓及箍带安装位置，如图6-132b所示，拆下2个燃油箱箍带螺栓和2个燃油箱箍带，如图6-132a、c所示，并将燃油箱降低至能方便地拆下炭罐的高度。

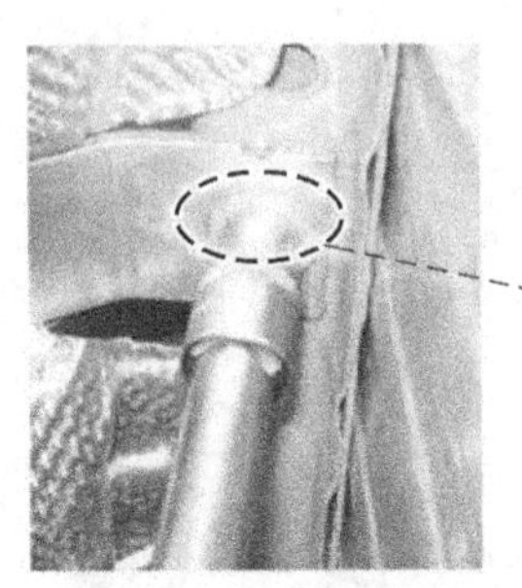

a) 拆下燃油箱箍带螺栓

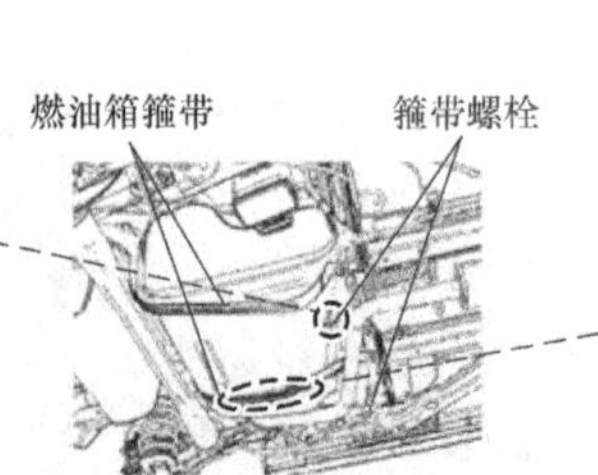

b) 燃油箱箍带及箍带螺栓安装位置

c) 拆下燃油箱箍带

图6-132　燃油箱箍带

4）断开燃油箱通风管（图 6-133）、炭罐吹洗管（图 6-134）和炭罐燃油供油管连接器（图 6-135）。

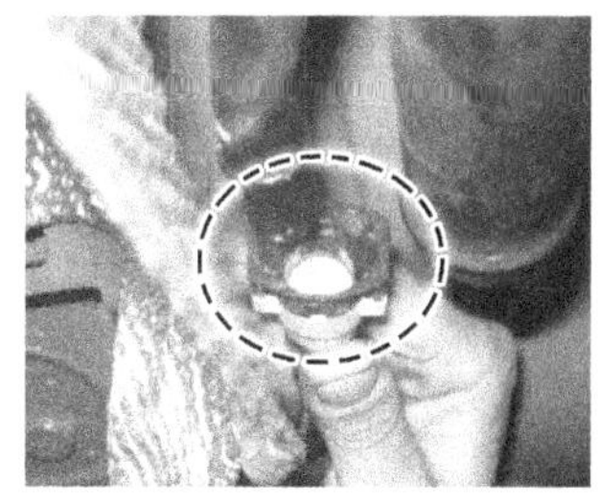

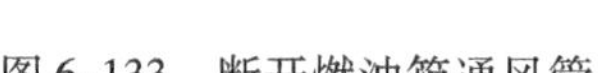

图 6-133　断开燃油箱通风管

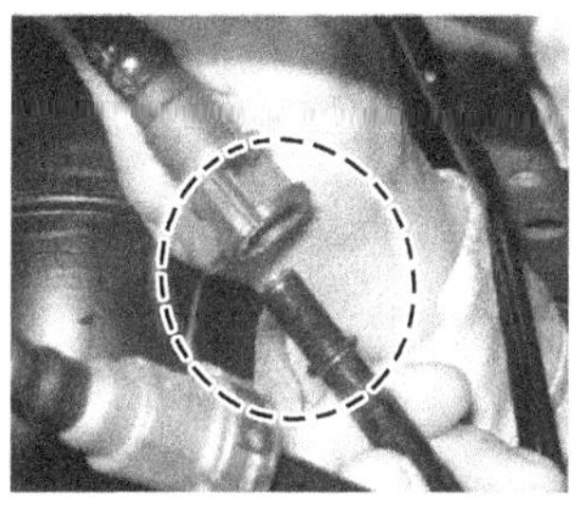

图 6-134　断开炭罐吹洗管

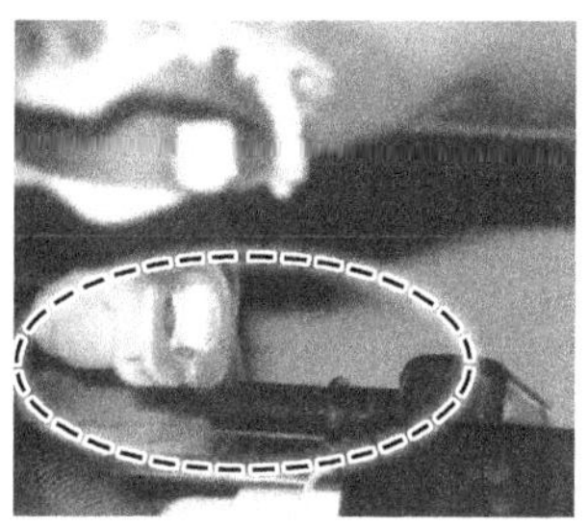

图 6-135　断开炭罐燃油供油管

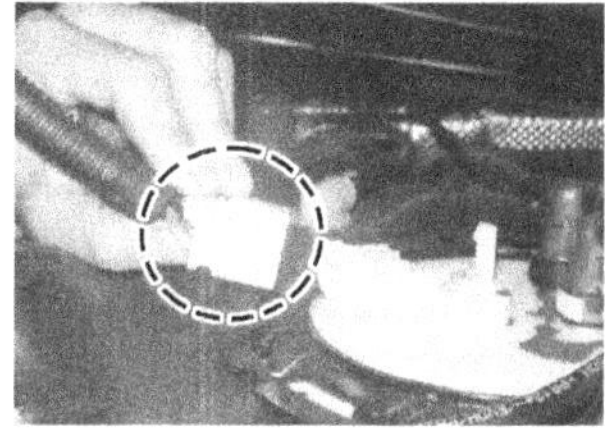

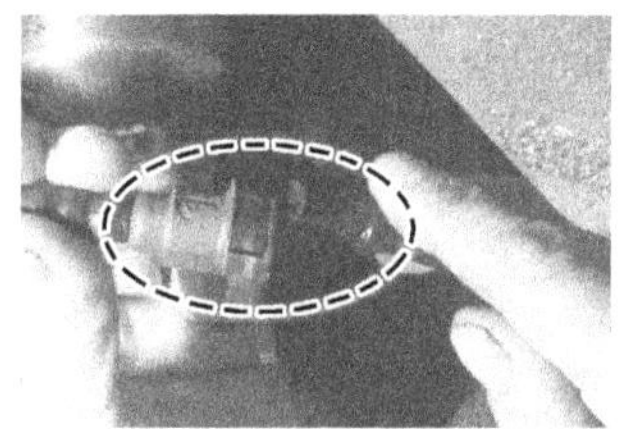

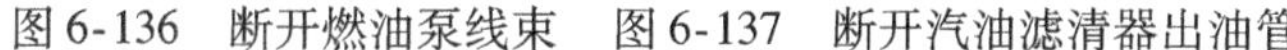

图 6-136　断开燃油泵线束　图 6-137　断开汽油滤清器出油管

5）断开燃油泵线束（图 6-136）。

6）断开汽油滤清器出油管（图 6-137）。

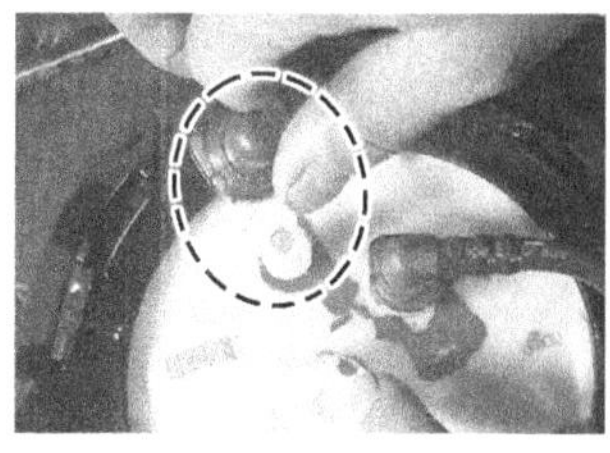

图 6-138　拆卸燃油箱回油管

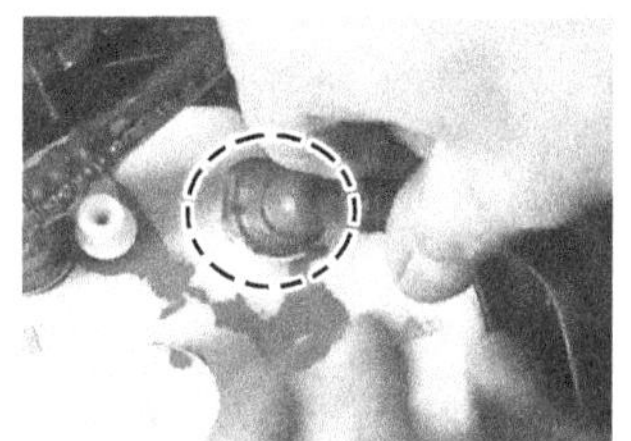

图 6-139　拆卸燃油箱出油管

7）先拆卸燃油箱回油管（图 6-138），再拆卸燃油箱出油管（图 6-139）。

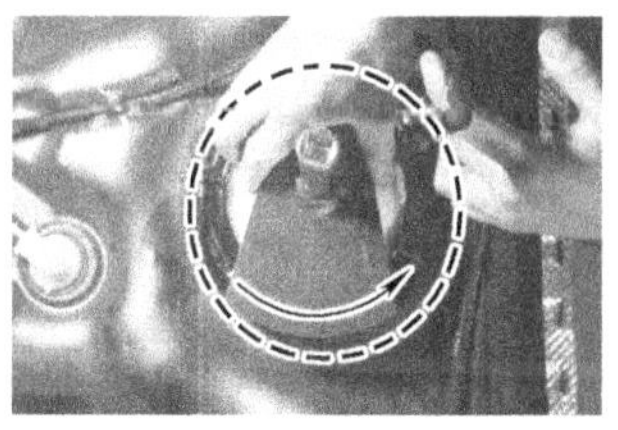

图 6-140　将 EN－48253 工具安装至燃油泵锁环

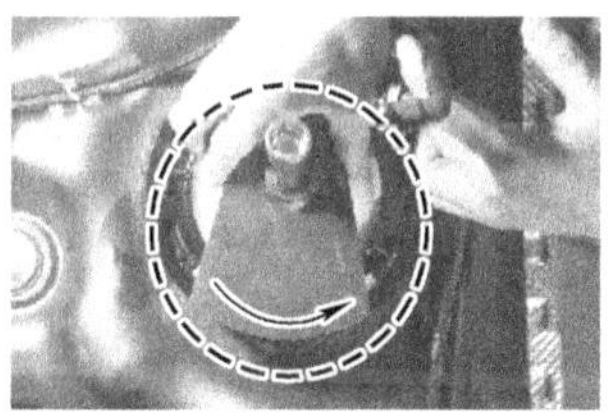

图 6-141　逆时针转动锁环到解锁位置

8）将 EN－48253 工具安装至燃油泵锁环（图 6-140）。

9）使用 EN－48253 工具和长活动扳杆，逆时针转动锁环到解锁位置（图 6-141）。

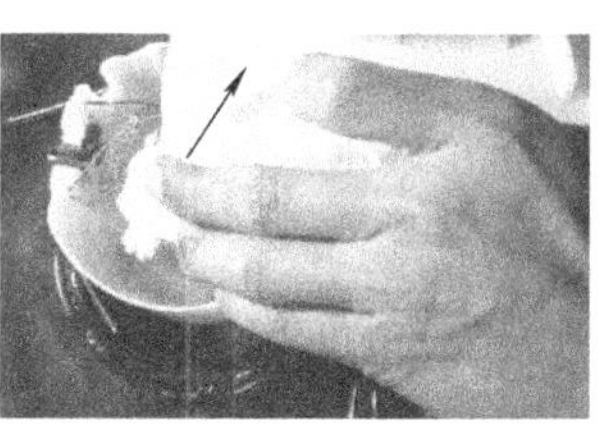

图 6-142　拿出燃油泵

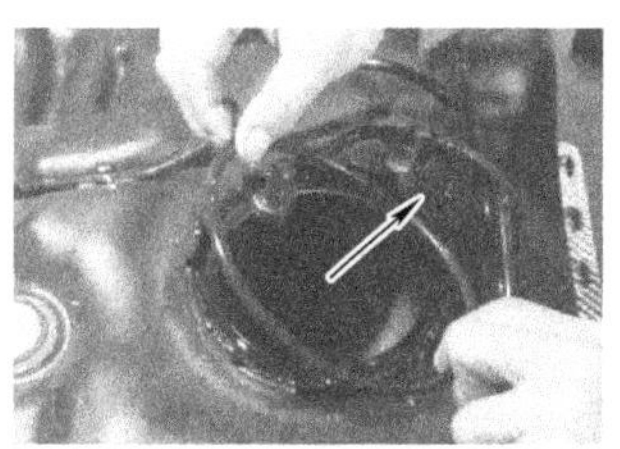

图 6-143　拿出燃油泵密封圈

10）小心拿出燃油泵（图 6-142）和燃油泵密封圈（图 6-143）。

2. 安装燃油箱和燃油泵

1）安装燃油泵和燃油泵密封圈（一次性配件，每拆卸一次就要更换）。

2）使用 EN－48253 工具和长活动扳杆，顺时针转动锁环，转到锁止位置。

3）安装燃油箱回油管和燃油箱出油管。

4）举升燃油箱，并移动到安装位置。

5）连接汽油滤清器出油管。

6）连接燃油泵线束。

7）连接炭罐吹洗管和炭罐燃油供油管连接器。

8）连接燃油箱加注通风管连接器。

9）安装 2 个燃油箱箍带，2 个燃油箱箍带螺栓应紧固至 23N · m。

10）移出千斤顶，将燃油箱加注软管，安装至燃油箱加注管，安装卡箍并紧固至 3N · m。

（九）更换喷油器

1. 拆卸喷油器

1）将负极电缆从蓄电池上断开。拆卸发动机右侧线束支架（图 6-144）。

2）断开炭罐线束（图 6-145）、炭罐吹洗管、炭罐真空管（图 6-146）、取下炭罐电磁阀总成（图 6-147）。

3）用 EN－34730－91 表的测试连接卸去燃油压力。警告：汽油或汽油蒸气易燃，需准备一个干式化学（B 级）灭火器。然后拆卸燃油管接头（图 6-148）。

4）拆卸曲轴箱强制通风管（图 6-149）。

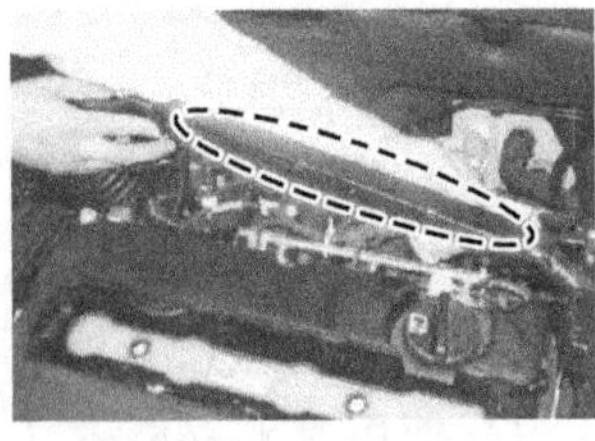

图 6-144　拆卸发动机右侧线束支架

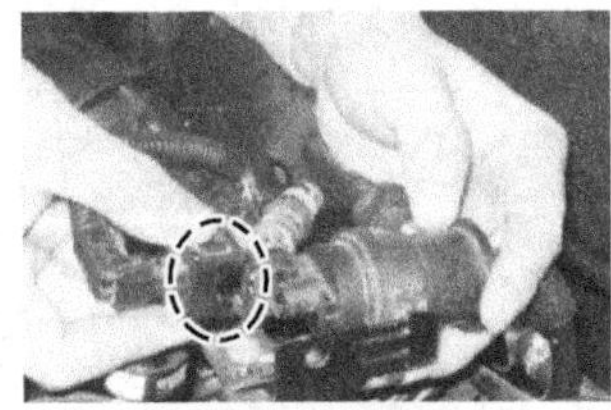

图 6-145　断开炭罐线束

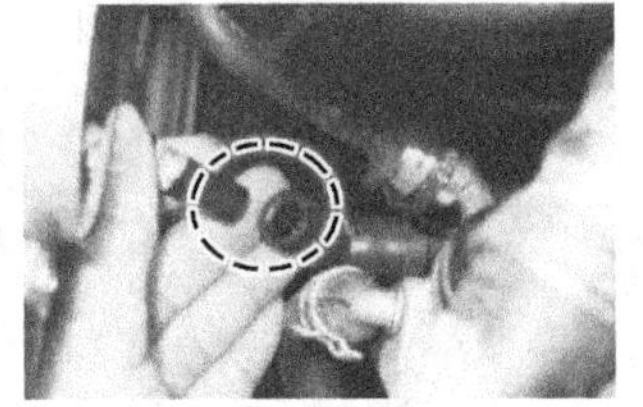

图 6-146　断开炭罐真空管

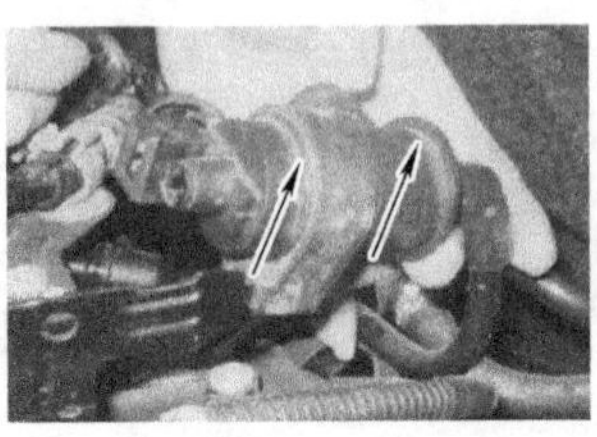

图 6-147　取下炭罐电磁阀总成

图 6-148　拆卸燃油管接头

图 6-149　拆卸曲轴箱强制通风管

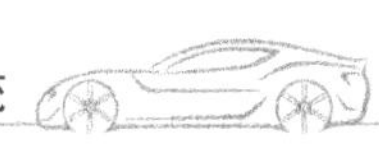

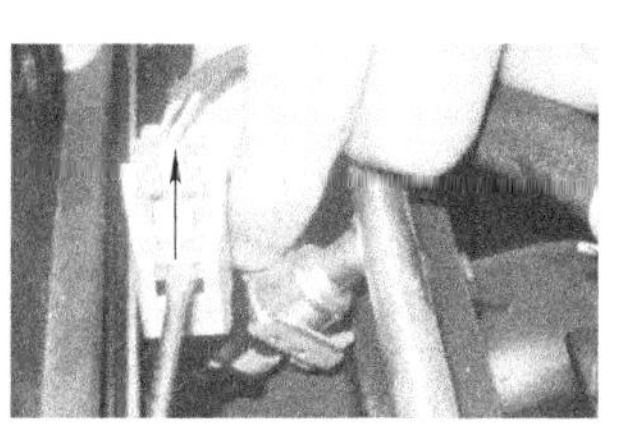

图 6-150　断开各喷油器线束

图 6-151　断开喷油器搭铁线

5）断开各喷油器线束（图 6-150），断开喷油器搭铁线（图 6-151）。

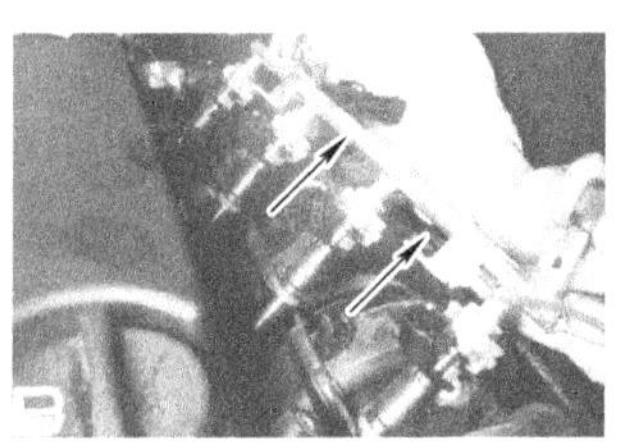

图 6-152　取下喷油器总成

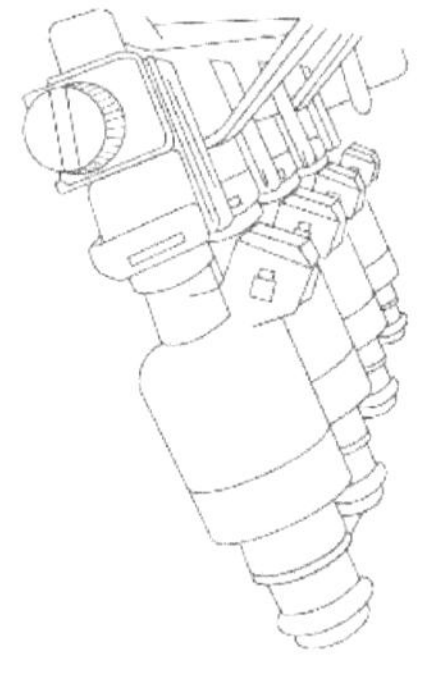

图 6-153　拆卸喷油器

6）松开 2 个燃油分配管螺栓，取下喷油器总成（图 6-152）。

7）拆下喷油器固定件，拆卸喷油器（图 6-153）。

2. 喷油器的安装

1）在喷油器上涂抹润滑脂，安装喷油器。

2）在喷油器密封件上涂抹润滑脂，安装燃油分配管和喷油器总成。拧紧两个燃油分配管螺栓，并紧固至 8N · m。

3）连接各喷油器线束，连接喷油器搭铁线。

4）安装曲轴箱强制通风管。

5）连接燃油管接头。

6）安装炭罐电磁阀总成，连接炭罐线束、炭罐吹洗管、炭罐真空管。

7）安装发动机右侧线束支架。

8）连接蓄电池负极电缆。

七、拓展阅读

匠心追梦，技能报国

当前，我国已进入新发展阶段，建设高素质劳动大军，建设科技强国，推动经济社会高质量发展，必须大力传承和弘扬工匠精神。

社会主义是干出来的，新时代是奋斗出来的。在新时代大力弘扬工匠精神，对于凝心聚力建设社会主义现代化强国、实现中华民族伟大复兴，具有十分重要的意义。

新时代弘扬工匠精神，助力培养高素质的技能人才队伍。劳动者素质对于一个国家、一个民族的发展至关重要。高素质的产业、技术工人队伍是支撑中国制造、中国创造的基础，对推动经济、社会高质量发展具有重要作用。在全社会弘扬工匠精神，有助于激励更多工人尤其是青年一代走技能成才、技能报国之路，培养出更多高技能人才、大国工匠、能工巧匠，建设成一支知识型、技能型、创新型的劳动者大军，为全面建设社会主义现代化国家提供有力的人才保障。

八、维修车辆交付

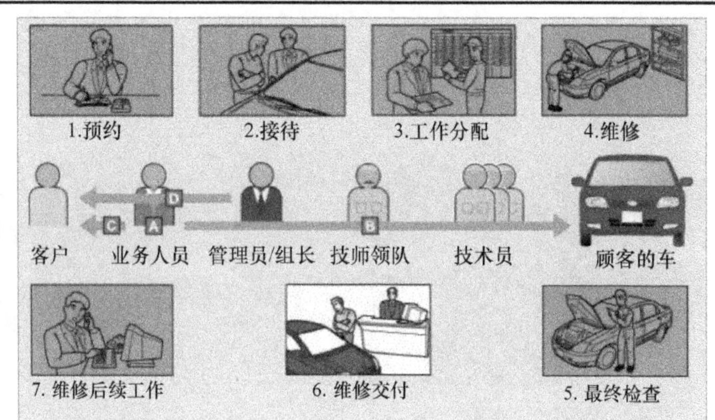

1. 业务人员

- 准备将更换的零部件给客户查看。
- 准备为所有的费用开出发票。
- 检查车辆是否清洁，进行维修质量检查，检查是否已经取下了座椅垫、地板垫、转向盘罩、翼子板布等。
- 电话通知客户，以便确认车辆准备交付。
- 向客户说明工作。

■ 确认工作已经顺利地完成。

■ 将更换的零部件展示给客户看。

■ 说明完成的工作以及益处。

■ 提供详细的发票说明：零部件、人工和润滑剂的费用。

2. 管理员/组长

- 业务人员/客户要求时，要提供技术说明或建议。

步骤一　资料准备

1）书面确认是否每项维护保养工作已经完成。

2）检查工单上客户提出的所有项目是否已达到客户的要求。

3）核对维修费用，原始估价与实际是否相符。

步骤二　车辆清洗

1）洗车。

2）清洁车内饰物。

步骤三　内部交车

告知服务顾问车辆停放处，将车辆和钥匙交给服务顾问。

步骤四　交车

若客户不在休息区等候，服务顾问接到车辆后要立即与客户取得联系，约定交车的时间、方式及结账事宜等。如果联系不到客户，服务顾问需发短信通知，并在随后的半小时或一小时内再次尝试联系客户，告知客户具体情况。

若客户在休息区等候，服务顾问需将打印出的结算单放在书写夹板上，找到在客户休息室的客户，通知客户在其方便的时间进行交车，并确认付款方式。

服务顾问需引导客户前往交车区，拆除车罩与防护套，以便客户验车。与客户一同验车，确认满意。

步骤五　结算和费用说明

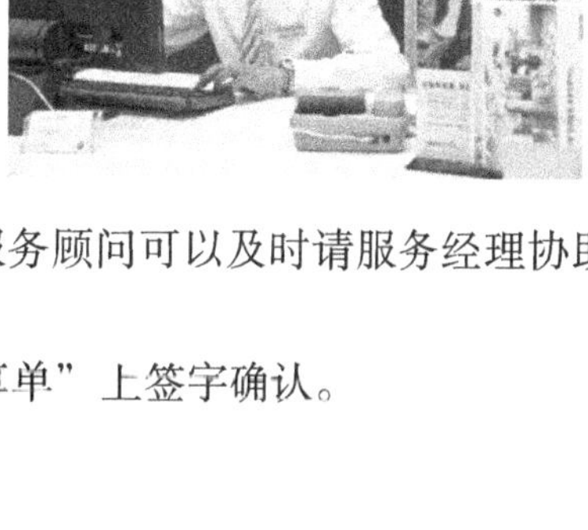

1. 结算准备

在客户验车完毕并表示对作业质量满意后，服务顾问需打印费用结算清单，将所发生的材料费和工时费逐项列出，如图所示。

2. 费用说明

1）服务顾问需向客户说明每项费用，并回答客户提出的问题，消除客户的疑问。

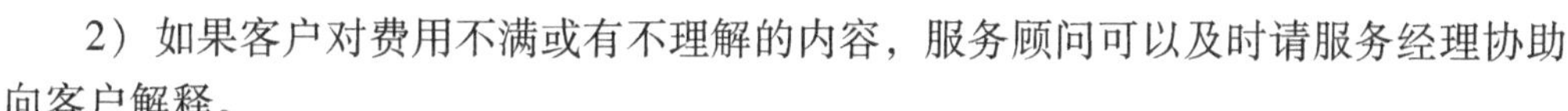

2）如果客户对费用不满或有不理解的内容，服务顾问可以及时请服务经理协助向客户解释。

3）确认没有问题后，请客户在“车辆维修结算单”上签字确认。

步骤六　完成结账

1）完成结账手续。

2）当面回访客户满意度。

步骤七　交车与送别

1. 交车

需向客户说明有关下次保养里程及今后车辆使用方面的建议。

2. 送别客户

服务顾问送客户到汽车旁，引导客户驶出停车位，目送客户车辆驶出店面。

九、任务评价

（一）填空题

1. 发动机工况通常分为中小负荷工况、________、大负荷、加速工况和________等五类。

2. 可燃混合气分为标准可燃混合气、________、过浓可燃混合气、________、过稀可燃混合气五种。

3. 电子燃油供给系统主要由控制燃料供给系统的传感器、________和燃油供给装置组成。

4. 燃油供给与喷射系统包括燃油箱、________、燃油泵、燃油滤清器、________、喷油器等零件。

（二）判断题

1. 空气质量和燃料质量的比值称为空燃比。（　）
2. 标准混合气经济性好。（　）
3. 怠速工况需要配置浓混合气。（　）
4. 加速工况需要配置稍浓混合气。（　）
5. 冷却液温度传感器、氧传感器决定发动机基本脉冲信号。（　）
6. 冷却液温度传感器、节气门位置传感器决定发动机开环或者闭环运行。（　）
7. 发动机闭环运行时，采用氧传感器的信号修正。（　）
8. 发动机开环运行时，采用发动机转速传感器、进气管压力传感器的信号。（　）

（三）总结填空

填写发动机在所列工况下传感器的参数。

	进气压力或空气流量传感器	发动机转速传感器	发动机冷却液温度传感器	节气门位置传感器	进气温度传感器	大气压力	氧传感器	运行模式
中小负荷工况	1~3.5V		95~105℃	1~3.5V	实际温度	实际压力		闭环
怠速工况		850r/min	95~105℃	0.5V	实际温度	实际压力	0.2~0.8V	
大负荷工况	4~4.5V		95~105℃		实际温度	实际压力	不读取	
加速工况	突变信号		95~105℃	突变信号	实际温度	实际压力	不读取	开环

（四）看图填空

结合实物，根据图所示燃油泵各零件名称，填入对应的字母。

A. 压力释放阀　　B. 电动机转子　　C. 转子泵　　D. 单向阀　　E. 壳体

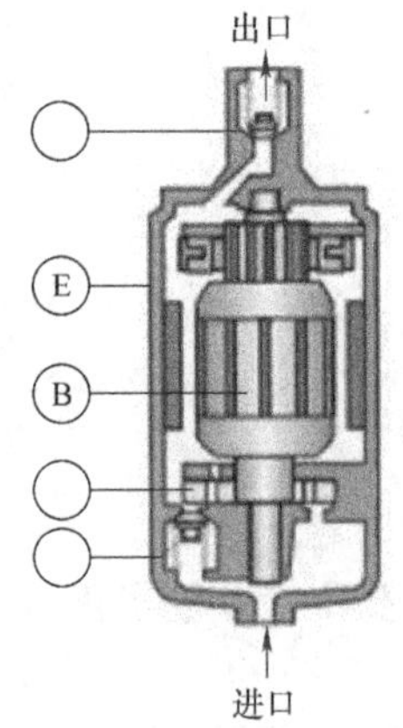

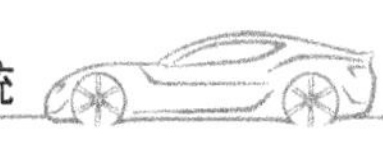

（五）不定项选择题

1. 发动机的空燃比设置为理论空燃比的原因是（　　）。

A. 满足排放要求

B. 满足动力性要求

C. 满足经济性要求

2. 下列哪些是电子式无回油燃油供给系统的特点？（　　）

A. 减小油泵的总功率消耗，降低了燃油消耗

B. 延长油泵的使用寿命

C. 减小油泵噪声

D. 压力可以维持在一个较高的压力

3. 直喷式发动机的高压燃油系统的压力主要受控于下列哪个元件？（　　）

A. CKP　　B. 燃油计量阀

C. 高压油泵　　D. 低压油泵的转速

4. 直喷式发动机的喷射模式包括（　　）。

A. 均质模式　　B. 分层模式

C. 稀薄模式　　D. 三元催化器加热模式

5. 非直喷发动机的喷油量主要取决于（　　）。

A. 发动机的转速　　B. 进气量　　C. 增压压力　　D. 冷却液温度

E. 发动机的转速

6. 下列哪些工况下，发动机的空燃比不是理论空燃比？（　　）

A. 起动工况　　B. 急加速工况　　C. 急减速工况　　D. 匀速行驶工况

E. 三元催化转化器保护工况

7. 发动机控制模块在哪些状态下采用开环控制？（　　）

A. 发动机冷起动　　B. 发动机大负荷

C. 减速或限速　　D. 三元催化器保护模式

8. 当空气流量传感器（MAF）表面受到污染后，将造成（　　）。

A. 发动机控制模块计量进气量比实际进气量偏少

B. 发动机控制模块计量进气量比实际进气量偏多

C. 发动机控制模块不再使用 MAF 信号

D. 设置 MAF 故障码

项目七

发动机的排放控制

汽车售后服务顾问和维修技师是汽车4S店的门面，总会给车主留下深刻的第一印象和难忘的最后印象。车主在车辆维修预约、进店维修、离开汽车4S店阶段，对汽车4S店需求心理预期各不相同。汽车4S店的工作人员只有把握客人的需求心理，依据需求心理的变化跟进服务，才能主动超前地提供恰当的服务，使车主产生惊喜的消费体验，从而留下良好的印象。

一、场景描述

一辆奥迪轿车，行驶里程将近160000km，有一天，车主王先生在加速时发现仪表板上出现发动机故障警告信号，发动机出现加速无力现象，并且排气管冒黑烟。王先生把车开到4S店进行检查维修。

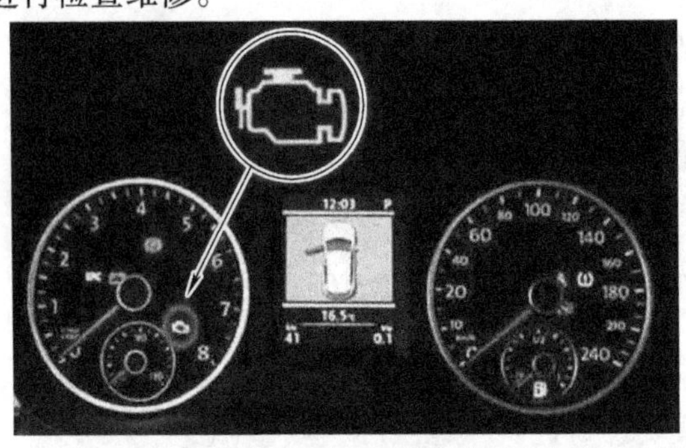

小明："王先生，您好，欢迎光临。我是服务顾问小明，这是我的名片，很高兴为您服务。"小明按要求对车辆进行了环车检查。

小明："王先生，发动机出现故障警告灯亮，我让专业技师为您的车辆做仔细的检查。"

根据王先生反映的仪表板发动机故障灯报警的情况，专业技师对该车进行了检查。车辆起动后，发动机排气管冒黑烟，说明发动机工作异常。

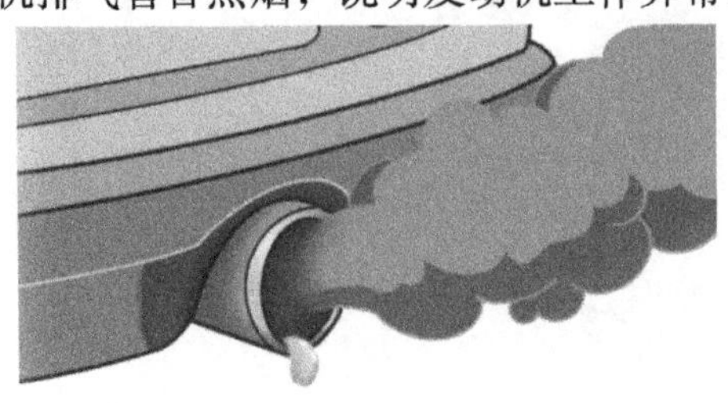

二、场景分析

使用故障检测仪检测：在一定工作环境下查明导致系统某种功能失调的原因或性质，判断劣化状态发生的部位或零部件，以及预测状态劣化的发展趋势等，包括故障检测、故障定位和故障预测。

1）连接故障检测仪。

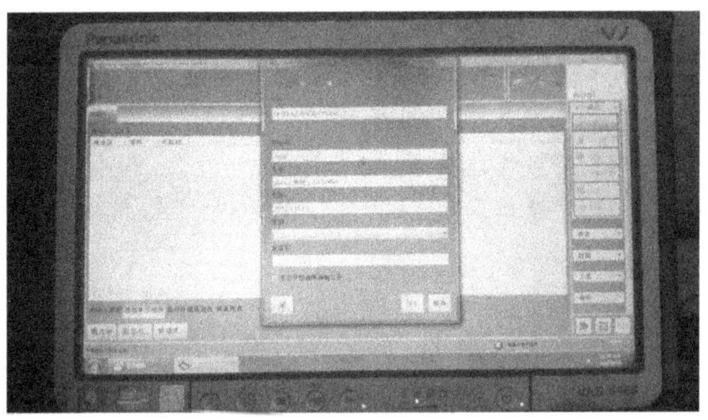

2）选择测量数据值。

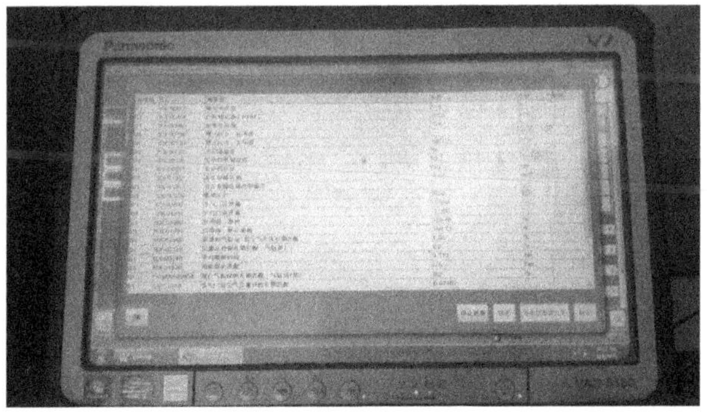

3）显示数据：标准负荷值 10.6%、平均喷油时间 23.170ms，超出标准数据范围。

通过尾气测量数据和故障检测数据对故障进行检查分析，判断是发动机排放系统故障引起的。

根据对发动机排放系统的检查分析，要对发动机排放系统进行维修。按照实际维修项目的要求，结合职业院校学生实际的学习特点，按照由简单到复杂，层层递进的知识走向，最终将该项目划分成以下三个任务来完成，每个任务的具体需求如下：

任务一　排放控制

任务二　进气系统

任务三　排气系统

三、学习目标

知识目标

1. 能掌握发动机排放系统结构的分类。
2. 能掌握排放系统的构造。
3. 能掌握排放系统的工作原理。
4. 能掌握排放系统故障诊断的基本方法。
5. 能掌握排放系统故障诊断的基本流程。

技能目标

1. 能正确对发动机排放系统进行分类。
2. 能独立进行排放系统的分解和组装。
3. 能区分排放系统的人为故障和自然故障。
4. 掌握排放系统故障诊断的基本测量技能。
5. 掌握汽车不同类型排放系统故障诊断流程的方法和技巧。

素养目标

1. 严格执行汽车故障诊断规范，养成严谨科学的工作态度。
2. 尊重他人的劳动，不窃取他人成果。
3. 养成总结故障诊断任务结果的习惯，为下次汽车故障诊断任务积累经验。
4. 养成团队协作精神。
5. 能够养成自觉遵守技术标准和要求规定、规范操作、安全、环保、“6S”作业的好习惯。
6. 能够养成劳动光荣、创造伟大的思维和创新意识。
7. 养成主动思考、自主学习的习惯。
8. 提升发现问题、分析问题、解决问题的能力。
9. 培养知识总结、综合运用、语言表达的能力。
10. 树立目标并制订实现目标的计划。
11. 客观公正地自评和评价他人。
12. 能够与合作伙伴良好地交流和相互理解。
13. 能够养成劳动光荣、创造伟大的思维和创新意识。

雾霾所到之处，天空能见度低，大气污染严重。而雾霾产生的诸多原因中，汽车排放污染物也被列为其中之一。

因此，解决汽车的排放污染成为亟待认真研究的重要课题。下面带领大家在了解汽车发动机燃烧的基础上，分析汽车排放污染物的主要成分以及治理方法，希望大家保护环境，关爱生命健康。

小知识：

1. 什么是排放控制系统？

排放控制系统是用于减少汽车产生的对环境和人有害的大气污染物的装置。

2. 什么是大气污染物？

大气污染物是指燃油箱中的燃油蒸发，从气缸壁和活塞之间的漏气，及从排气管排出的废气。排放的气体对环境和人是有害的，因为它包括有害物质一氧化碳（CO）、碳氢化合物（HC）、氮氧化合物（NO_x）。

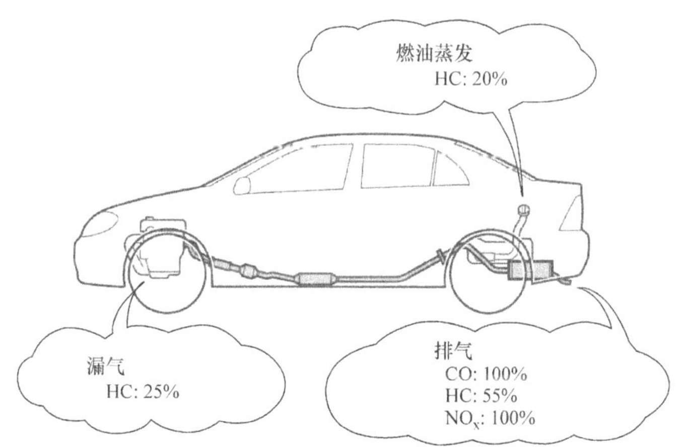

装备柴油发动机的车辆不仅产生一氧化碳（CO）、碳氢化合物（HC）、氮氧化合物（NO_x），而且还有炭烟，对环境和人体同样有不良影响。

（1）一氧化碳（CO）

- 当燃烧室中氧气不足时，就会产生 CO（不完全燃烧）。

$$2C + O_2 \rightarrow 2CO$$

• CO 吸入人体之后，进入血液并妨碍血液的输氧能力，如果吸入大量 CO 会导致死亡。

(2) 碳氢化合物（HC）

• 与 CO 一样，HC 也是不完全燃烧时会产生。同时，在下列情况下也会产生 HC：

① 因“猝熄”使温度过低，未达到燃烧温度时。

② 气门叠开时。

混合气越浓，HC 产生越多。混合气越稀，HC 产生越少。

混合气太稀时，混合气如不能点燃，HC 会激增。

• HC 吸入人体后，会致癌。HC 也会导致光化学烟雾。

(3) 氮氧化合物（NO_x）

• NO_x 是由氮气（N_2）和氧气（O_2）在燃烧室温度达到 1800℃ 时产生的。燃烧室温度越高，其生成量越大。混合气越稀，其生成量越大，因为混合气中氧的比例太高。因此，NO_x 的生成是由燃烧室温度和氧的浓度决定的。

$N_2 + O_2 \rightarrow 2NO$

NO_x 被吸入人体后，会刺激鼻子和喉咙，同时它也会导致光化学烟雾。

四、知识引导

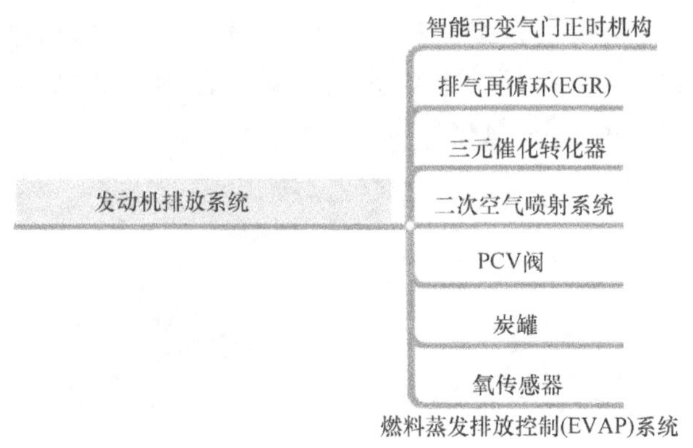

五、相关知识

任务一　排放控制

为了使 CO、HC、NO_x 的排放量符合国家排放标准的要求，需要应用高科技。

对于实际车辆来说，不仅要降低这些物质的排放，而且车辆装置还要求保证其耐用性、可靠性、安全性和耗油率基本符合相关标准。

改进排放的措施和使用的装置如图 7-1 所示，这些措施和装置因国家和地方法规而异。

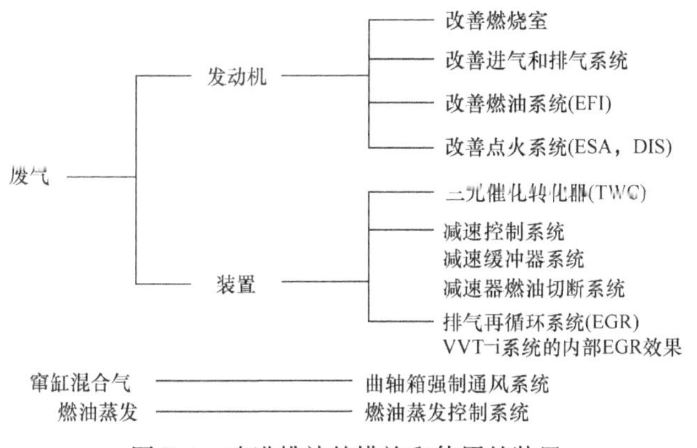

图 7-1　改进排放的措施和使用的装置

（一）向客户交车时提供客户咨询服务

1. 带催化转化器车辆的使用

交车时，应将带有催化转化器车辆的使用注意事项告诉客户：

- 在催化转化器附近，排气装置温度极高，因此不要将车辆停放在干枯的树叶、草地上或杨/柳絮聚集处，这样可能会引发火灾。
- 起动困难时，不要长时间操控起动机。在起动过程中会持续喷射燃油。未燃烧的燃油会进入催化转化器并在点火时导致催化转化器过热甚至损坏。
- 出于同样的原因也不要通过推车来起动发动机。这样也会导致未燃烧的燃油进入催化转化器并将其损坏。
- 加注机油时，切勿超过机油尺上的最高液位标记。过量的机油会由于不完全燃烧进入催化转化器，这样可能会损坏贵金属催化层并影响催化转化器功能。

2. 通过科学和经济的驾驶方式降低耗油量

驾驶人可通过自身驾驶方式来为降低耗油量、排放量和燃油费用：

- 检测胎压并在车辆重载时提高胎压。
- 清理行李舱中不必要的物品。
- 提前换档，即在经过一个车长后换入 2 档，在 2 档和 3 档时加速并至少在 2000r/min 时换入高档。
- 以尽可能高的档位行驶。即使转速低于 2000r/min 也可满负荷行驶。
- 避免高速行驶。汽车制造商在试验中发现，最高车速时的耗油量是低于最高车速三分之一时的两倍。
- 采取防御性驾驶，避免不必要的制动和加速，让车辆跟随车流行驶。
- 在停车时间较长时，应关闭发动机。
- 车顶安装构件（例如车顶行李架）尽量只在需要时使用，而且还要关闭车窗以免形成空气涡流。
- 附加用电器（例如后窗玻璃加热装置、空调系统）只在需要时开启。开启空调系统时，市内行驶耗油量最高可增加 1. 8L/100km。
- 使用低摩擦机油。
- 遵守保养周期。空气滤清器脏污或火花塞烧毁都会显著增加燃油消耗率。
- 充分利用滑行断油功能。

采取上述措施可在日常行车中节省燃油 20% ~30%。

（二）燃烧时的进气和排气成分

1. 能量转换过程中产生的排气

能量转换过程中产生的排气如图7-2所示。

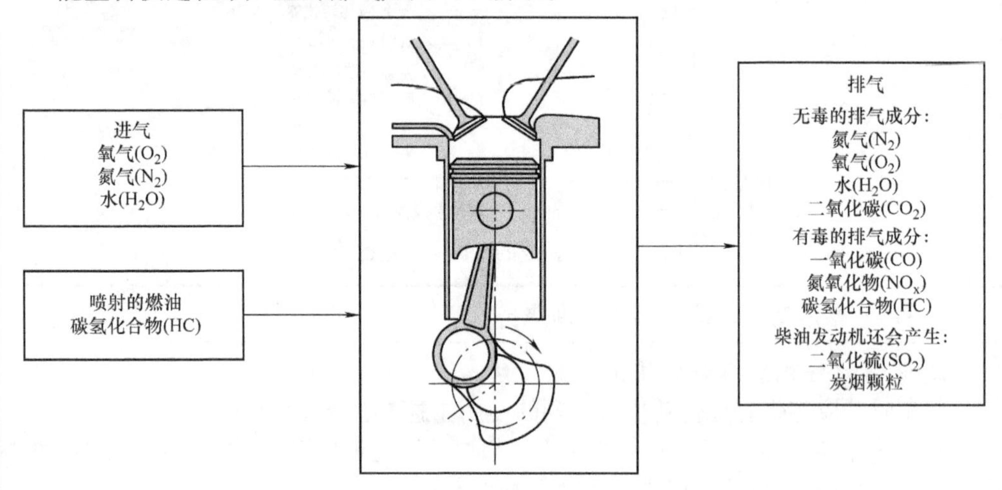

图7-2　能量转换过程中产生的排气

汽车排气由氮气（N_2）、二氧化碳（CO_2）、水（H_2O）、氧气（O_2）和各种有害物质组成。

2. 有害物质

汽油发动机排放的有害物质约占1%～2%（图7-3），柴油发动机排放的有害物质约占0.3%（图7-4）。

（1）一氧化碳（CO）

在空气不足（浓混合气）时，一氧化碳的含量就会增加。当$\lambda=1$且混合气较稀时，其含量则很小。

一氧化碳无色无味，毒性很大，在浓度大于0.3%（体积百分比）时可致人死亡。

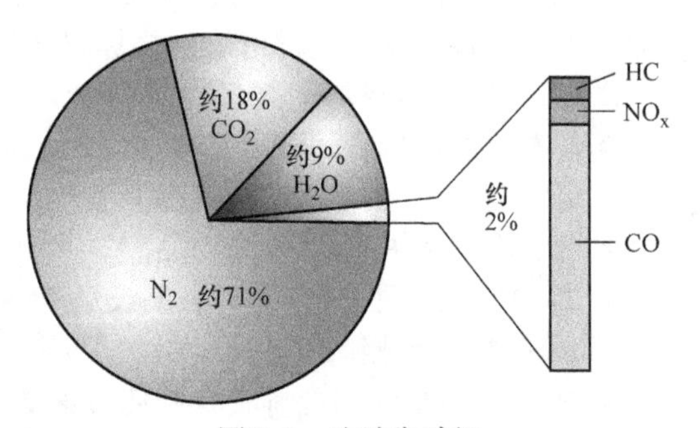

图7-3　汽油发动机

（2）未燃烧的碳氢化合物（HC）

HC是未燃烧的燃油成分，在空气不足（$\lambda<1$）和空气过浓（$\lambda>1.2$）时产生。

在燃烧室内间隙处火焰熄灭时，特别是在火力岸、活塞环和

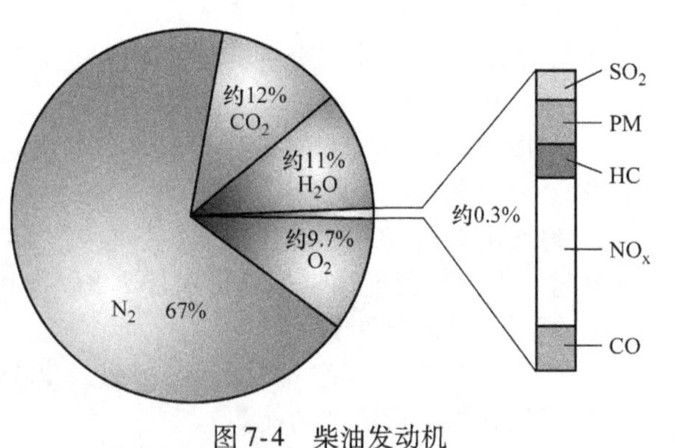

图7-4　柴油发动机

火花塞处也会产生 HC。HC 会产生典型的尾气臭味、刺激感官并可致癌。

（3）氮氧化物（NO_x）

氮气（N_2）和氧气（O_2）在化合时会产生氮氧化物。氮氧化物与过量空气系数 λ 的关系正好和碳氢化合物排放物相反。在空气不足时，氮氧化物就会增至最大值，在 $\lambda=1.05\sim1.1$ 时，在稀混合气范围内就会下降。

氮氧化物是一种无色气体，它能强烈刺激呼吸道并在浓度较高时导致出现麻痹现象。此外，它也是形成臭氧的原因之一。

（4）二氧化硫（SO_2）

二氧化硫在废气中的含量很低，主要在柴油发动机的废气中。它是一种无色、有刺激性气味的不可燃气体，可造成呼吸道疾病。

（5）炭烟颗粒（PM）

在氧气不足的情况下燃烧柴油，特别是在 $\lambda=1$ 时就会产生炭烟颗粒。它可致癌。

（三）车载诊断系统（EOBD）

欧盟在欧 IV、欧 V 和欧 VI 标准减少有害物质规定的基础上要求所有成员国都采用车载诊断系统。所有与废气相关的系统功能和诊断都由 ECU 独立完成而且不会让驾驶人有所觉察。

EOBD 元件包括：

- 废气警告灯。
- 诊断接口。

1. 废气警告灯

用于在驾驶人可见区域内显示与废气有关故障的废气警告灯称为"故障指示灯（MI）"如图 7-5 所示。如果 ECU 识别出与废气有关的部件发生故障，就会启用废气警告灯：

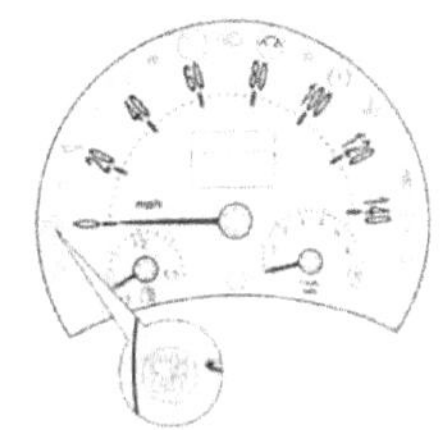

图 7-5　故障指示灯（MI）

- 废气警告灯亮起：

–发动机静止而点火开关接通时。

–如果在两个连续的行驶循环中（包括起动发动机、车辆按规定转速和速度行驶以及发动机滑行阶段）计算得出值超过允许废气值的 1.5 倍。

- 废气指示灯闪烁：

如果出现可能导致催化转化器损坏的燃烧断火。

2. 诊断接口

通过诊断接口可读取存储的 EOBD 数据，如图 7-6 所示。插头布置规定如下：

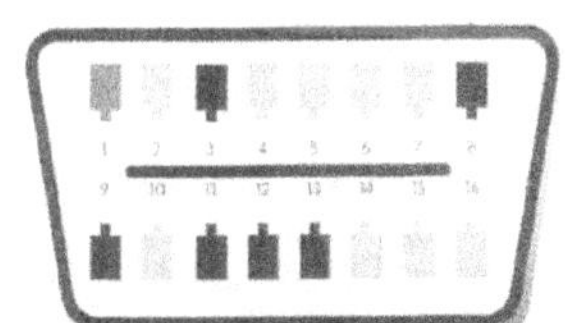

图 7-6　诊断接口

端子 7+15：按照 DIN ISO 9141－2 传输数据。

端子 2+10：按照 SAE J1850 传输数据。

端子 4：车辆搭铁。

端子 5：信号搭铁。

端子 16：蓄电池正极（总线端子 30）。

其他端子可由制造商针对其他诊断功能自由配置。

故障码经过标准化处理，可用任何一种数据显示仪（读取设备）读取。

3. 与废气有关的系统及其诊断方法

（1）全面组件监控（与线路有关的故障）

进行 EOBD 时通过这种诊断方法监控所有与废气有关的传感器、执行机构和输出极的功能。按照以下标准检查这些部件：

- 检查输入和输出信号的可信度。
- 对地短路。
- 对正极短路。
- 导线断路。

（2）过量空气系数控制回路

空气质量和发动机转速是喷射信号的基础。ECU 根据催化转化器前传感器（宽带传感器）信号计算出喷射时间的附加校正系数。通过空气流量传感器、转速传感器、催化转化器前传感器以及各种发动机运行状态过量空气系数特性曲线之间持续的数据交换，可将喷射时间调整到保持空燃比 $\lambda=1$ 的程度，如图 7-7 所示。

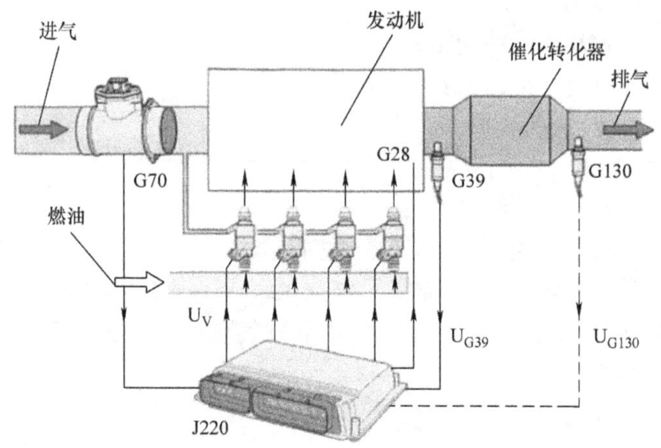

G28—发动机转速传感器
G39—催化转化器前氧传感器
G70—空气流量传感器
G130—催化转化器后氧传感器
U_{G39}—催化转化器前氧传感器电压
U_{G130}—催化转化器后氧传感器电压
U_V—喷射阀控制电压

图 7-7　过量空气系数控制回路

老化和中毒可使催化转化器前氧传感器的电压曲线发生偏移。借助第二个控制回路可在一定范围内（调节）校正电压曲线的偏差情况，从而确保混合气成分长期稳定。

如果通过闭合控制回路使燃油空气混合气始终保持在过量空气系数之内，催化转化器最多可将有害物质减少 90%。

催化转化器后氧传感器用于检测催化转化器的转换率（净化度）。

（3）燃油箱通风系统

在燃油箱内，燃油表面形成的汽油蒸气储存在活性炭罐中。如果活性炭罐已存

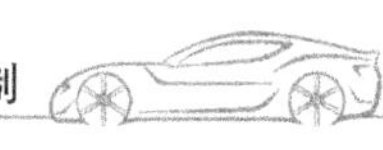

满燃油蒸气，就会在发动机运行期间通过发动机控制单元控制电磁阀。发动机的真空压力把储存的汽油蒸气吸走并通过进气管输送至燃烧室内，如图 7-8 所示。

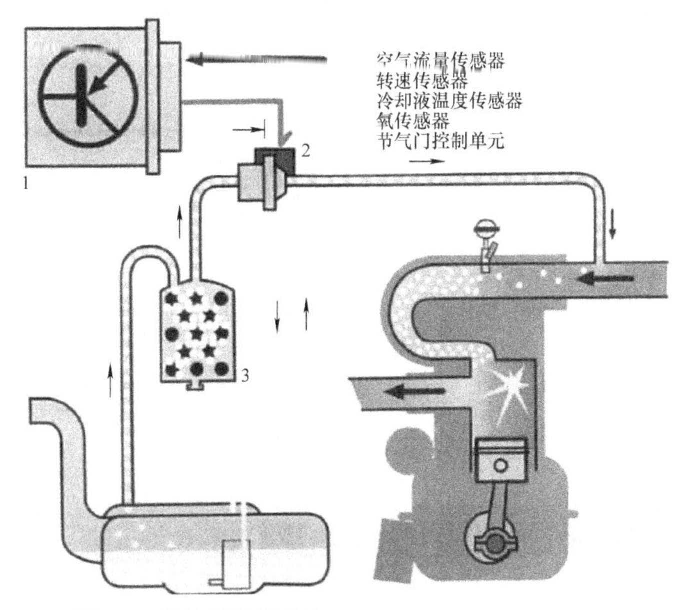

图 7-8　燃油箱通风系统

启用燃油箱通风系统时：

- 如果活性炭罐内充满燃油蒸气，燃油空气混合气就会变浓。
- 如果活性炭罐为空，燃油空气混合气就会变稀。

燃油空气混合气的这种变化通过氧传感器进行探测，它是燃油箱通风系统功能检测的一项标准，如图 7-9 所示。

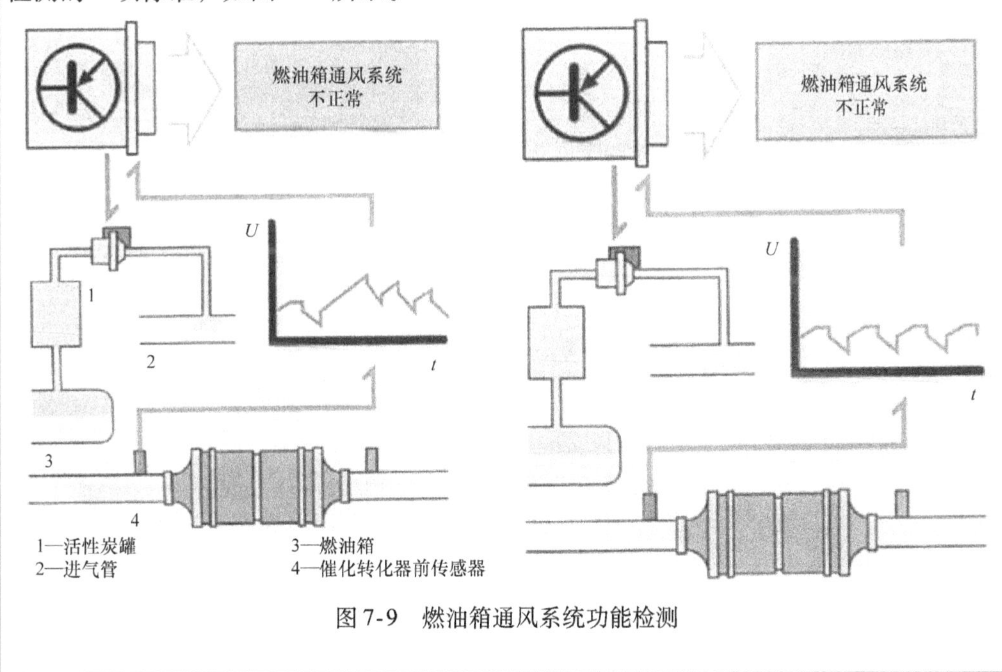

图 7-9　燃油箱通风系统功能检测

任务二 进气系统

进气系统的作用是为发动机可燃混合气的形成提供必要的空气，并计算和控制燃油燃烧时所需要的空气量。空气供给系统如图 7-10 所示，空气经节气门体、空气滤清器、进入进气总管，再分配到各缸进气歧管，在进气歧管内，空气与喷油器喷出的燃油混合后被吸入气缸内燃烧。

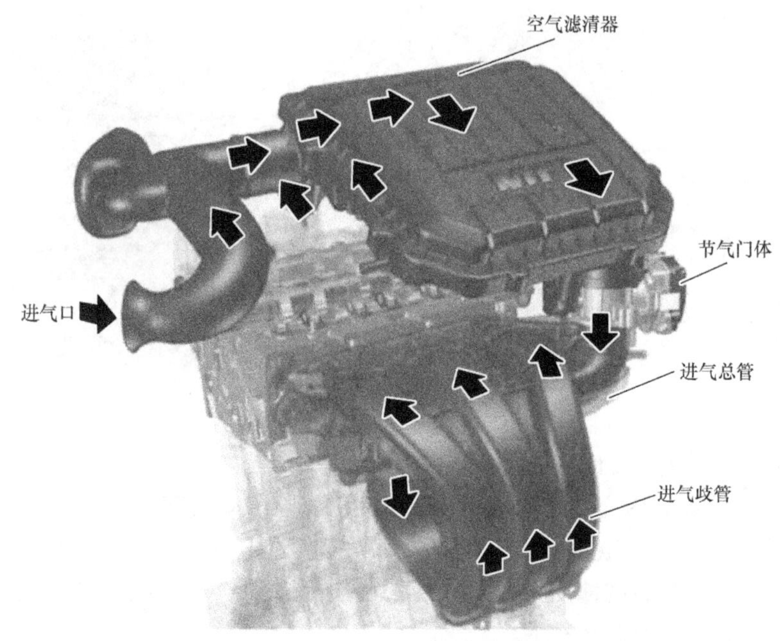

图 7-10　进气系统

（一）进气系统零部件

1. 空气滤清器

空气滤清器用来过滤空气中的尘土，以减少气缸、活塞和活塞环等零件的磨损，延长发动机的使用寿命。汽车常用的空气滤清器有纸质干式空气滤清器和油浴式空气滤清器，如图 7-11 所示。

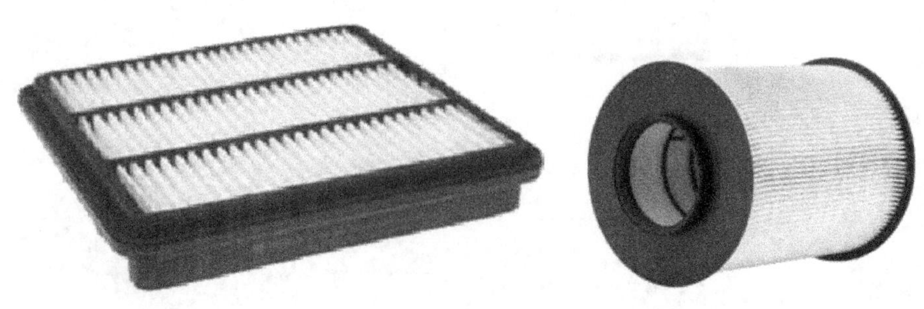

图 7-11　空气滤清器

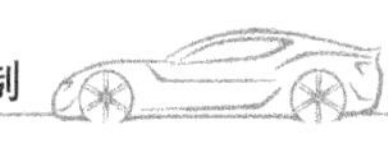

图 7-12 所示为纸质干式空气滤清器，它是通过用树脂处理的纸质滤芯对空气进行过滤。纸质滤芯的寿命取决于纸面大小（通常呈波折状以提高过滤面积）及空气本身的清洁程度。这种滤清器质量轻、结构简单、过滤效果高、安装及维护方便，因此在汽车上得到广泛应用。

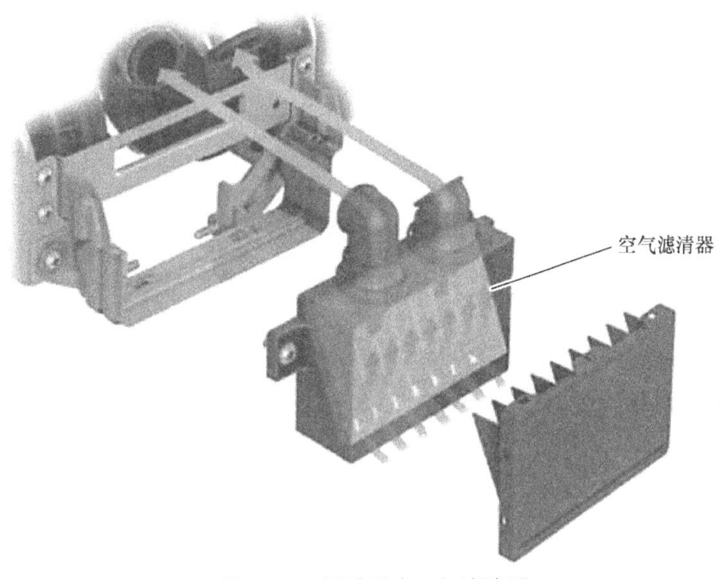

图 7-12　纸质干式空气滤清器

油浴式空气滤清器由金属纤维制成，通过浸于滤清器壳底部储有机油的滤芯来过滤空气，常用于沙漠路况、灰尘大的路况下行驶的汽车，如图 7-13 所示。

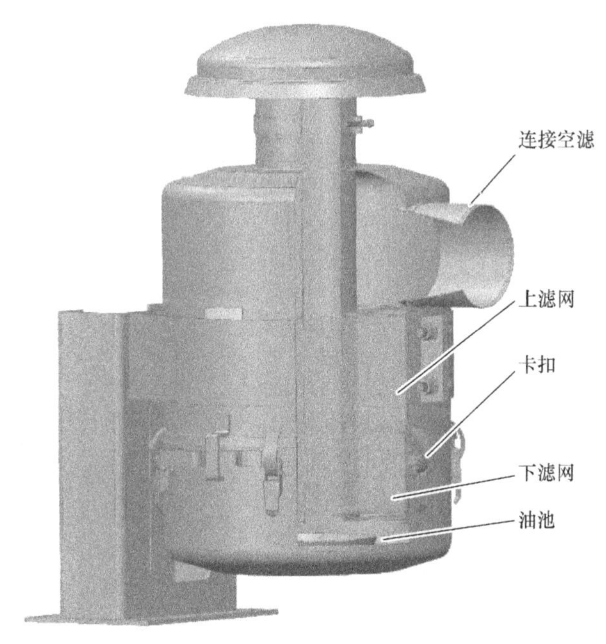

图 7-13　油浴式空气滤清器

空气滤清器使用一段时间后，会被过滤掉的杂质堵塞，将导致发动机进气阻力增大，充气效率降低，出现混合气燃烧不完全等故障现象。在行车过程中，空气中的灰尘、水分、油污被空气滤清器滤芯过滤，当纸质滤芯吸附了过多的污物后就会发生堵塞，进气量就会下降，发动机功率会降低，此时就应更换空气滤清器滤芯。空气滤清器的安装位置如图 7-14 所示。如果空气滤清器堵塞严重，滤清器前后表面的压力差增大，滤纸表面的薄弱部位会因为压力增大而被灰尘颗粒击穿，灰尘颗粒进入发动机后会加速发动机的磨损。

一般汽车的空气滤清器每 15000km（或 1 年）更换一次，如果车辆的行驶环境比较恶劣，则应缩短更换间隔。

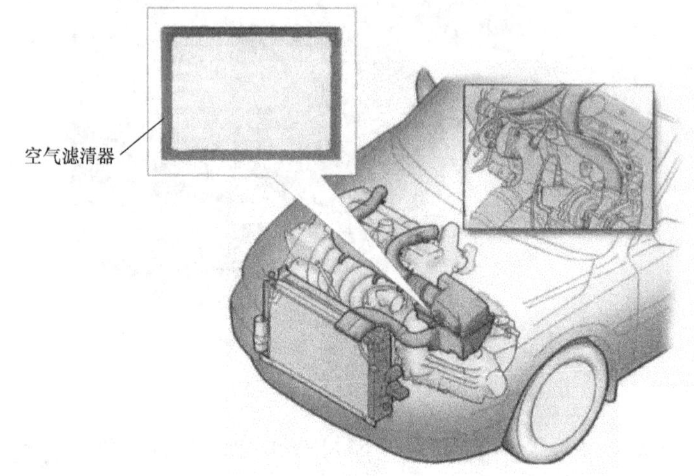

图 7-14　空气滤清器的安装位置

2. 进气歧管

进气歧管的作用是将空气或可燃混合气引入气缸，保证进气充分及各缸进气量均匀、一致。进气歧管多用铝合金或铸铁制造，有些也采用复合塑料制造，如图 7-15所示。

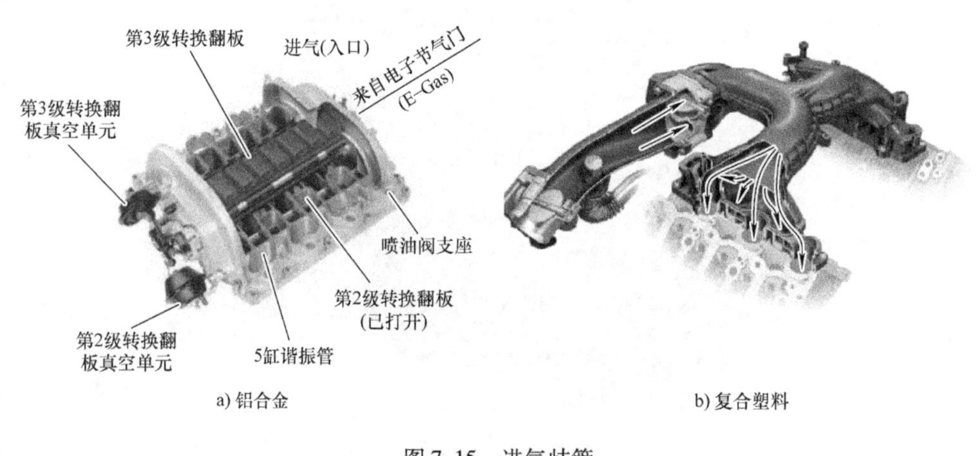

图 7-15　进气歧管

进气歧管的结构如图 7-16 所示。为提高充气效率，进气歧管的形状、容积都进行了专门的设计，充分利用空气的惯性增压作用，增大进气量。

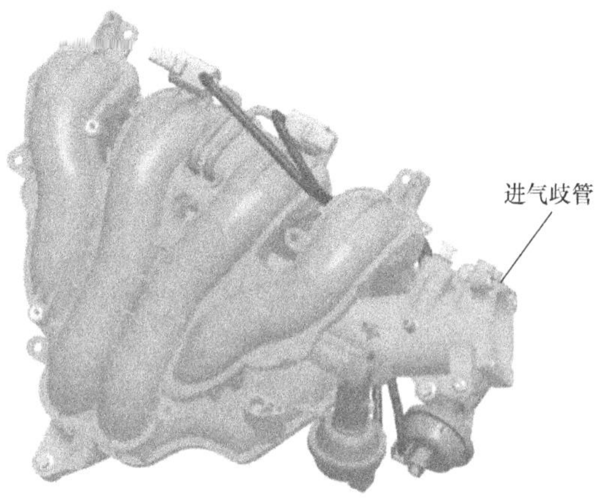

图 7-16　进气歧管的结构

（二）进气增压系统

进气增压系统按其动力源不同可分为废气涡轮增压、机械增压等。涡轮增压系统如图 7-17 所示。

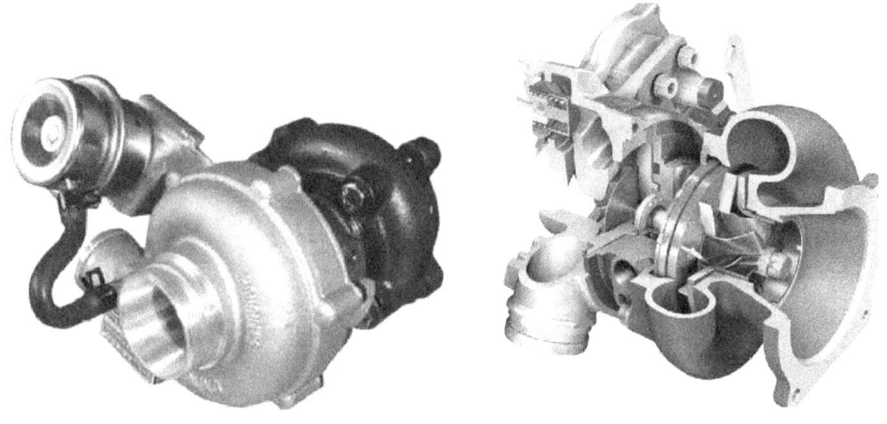

图 7-17　涡轮增压系统

机械增压系统如图 7-18 所示。

1. 涡轮增压系统

涡轮增压是利用发动机排气的动力驱动涡轮做高速旋转，带动涡轮轴上的压气机叶片，对燃烧所需的空气进行预压缩，增大气体密度，如图 7-19 所示。

在发动机排量及转速不变的情况下，增加每个进气行程进入燃烧室的空气量，增加供油量，达到提高燃烧效率

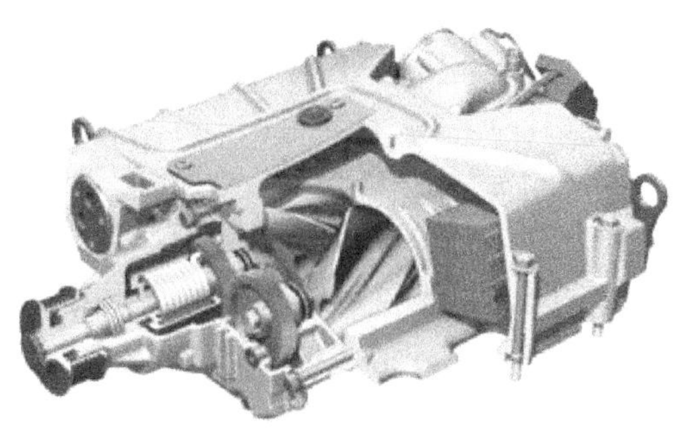

图 7-18　机械增压系统

和燃油经济性的目的。涡轮增压系统工作原理如图 7-20 所示。

涡轮增压器一般安装在进气歧管上，涡轮增压器外观及剖视图如图 7-21 所示。涡轮入口与发动机排气口相连，出口与排气总管连接。压气机入口与空气滤清器后方的进气管连接，出口与进气歧管或进气中冷装置连接。发动机排气驱动涡轮高速旋转，带动压气机叶片旋转，将进气增压后压入发动机。

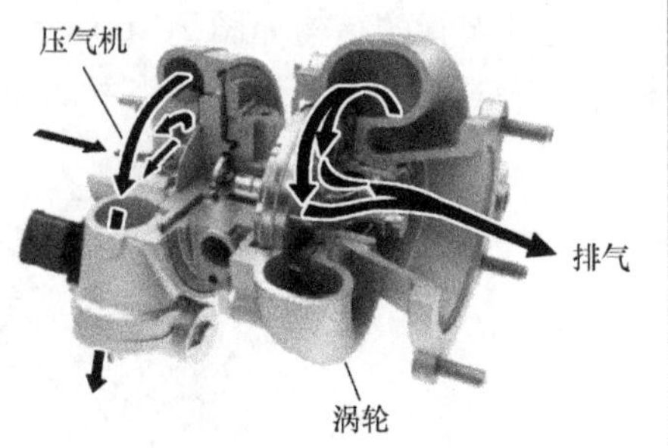

图 7-19　涡轮增压器剖视图

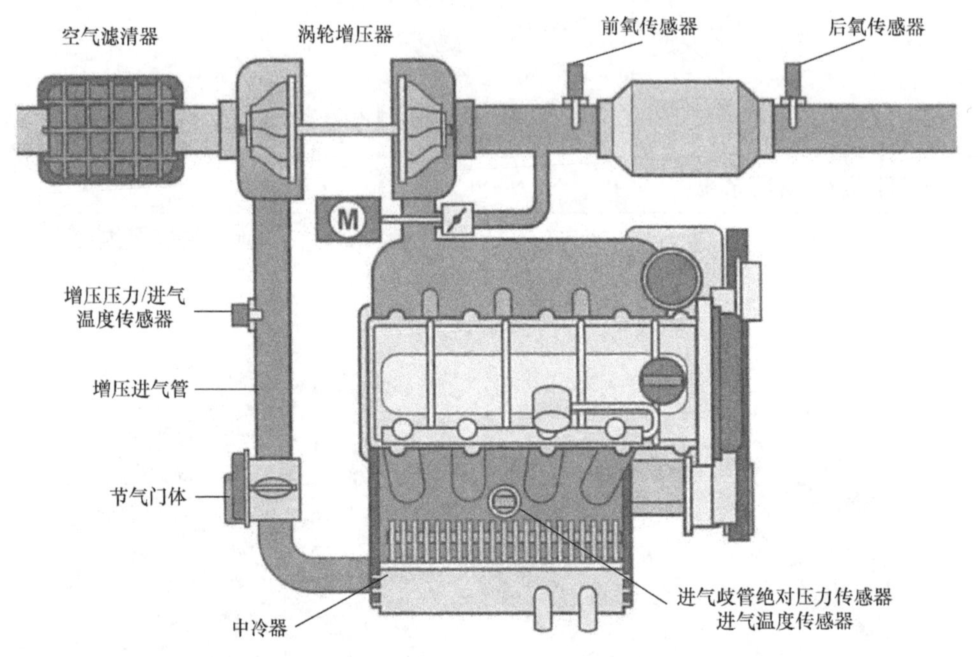

图 7-20　涡轮增压系统工作原理

涡轮增压系统存在下面两个问题：

1）发动机转速很高时，涡轮转速很高（超过 100000r/min），空气进气量超出实际需求。

2）发动机处于怠速或小负荷工况时，涡轮达不到工作转速，空气压缩不足，发动机增压效果迟滞。

可调叶片式涡轮增压系统能够在发动机整个转速范围内调整进气增压的压力。当发动机转速低时，叶片开度减小，排气流通截面减小，流速增加，涡轮转速增大，进气压力升高；当发动机转速高时，叶片开度增大，排气流通截面增大，流速降低，使涡轮转速维持在正常范围内，以稳定进气压力，如图 7-22 所示。

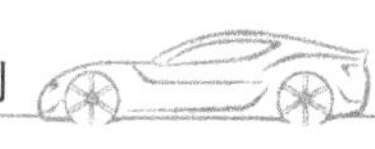

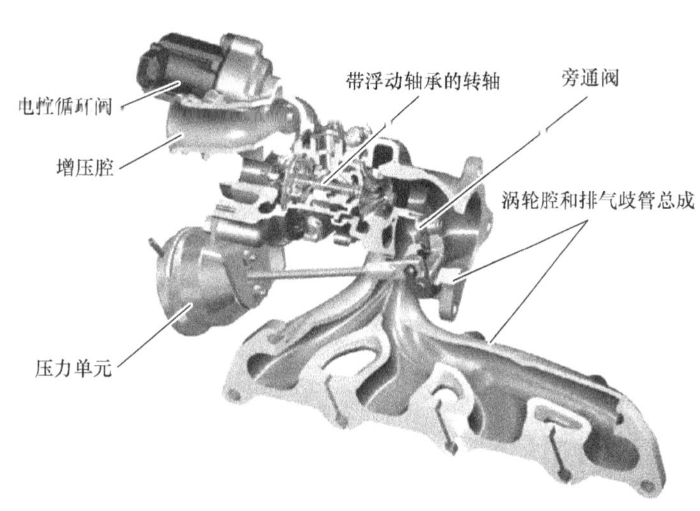

图 7-21　涡轮增压器外观及剖视图

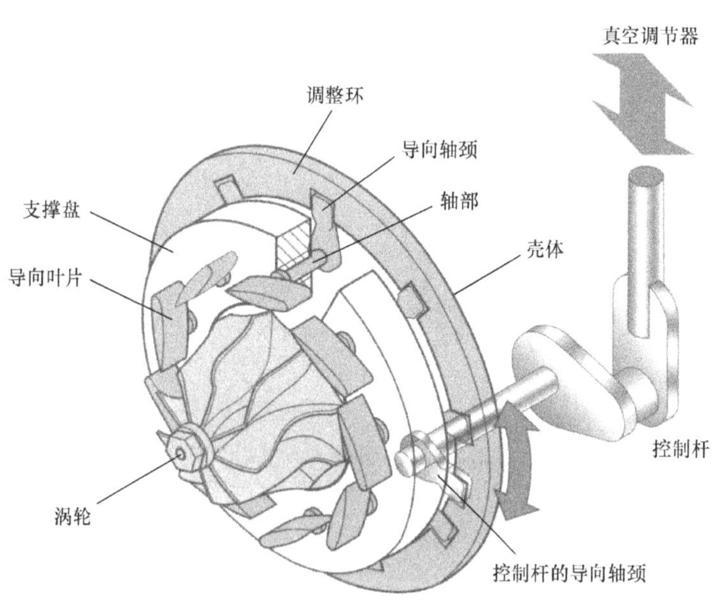

图 7-22　可调叶片式涡轮增压器

2. 机械增压系统

机械增压器采用传动带与曲轴机构连接，如图 7-23 所示，利用发动机转速带动机械增压器内部叶片，以产生增压空气送入发动机进气歧管内。机械增压系统如图 7-24所示。

机械增压系统组成如图 7-25 所示。

机械增压器是一种旋转转子式结构装置，构造如图 7-26 所示。

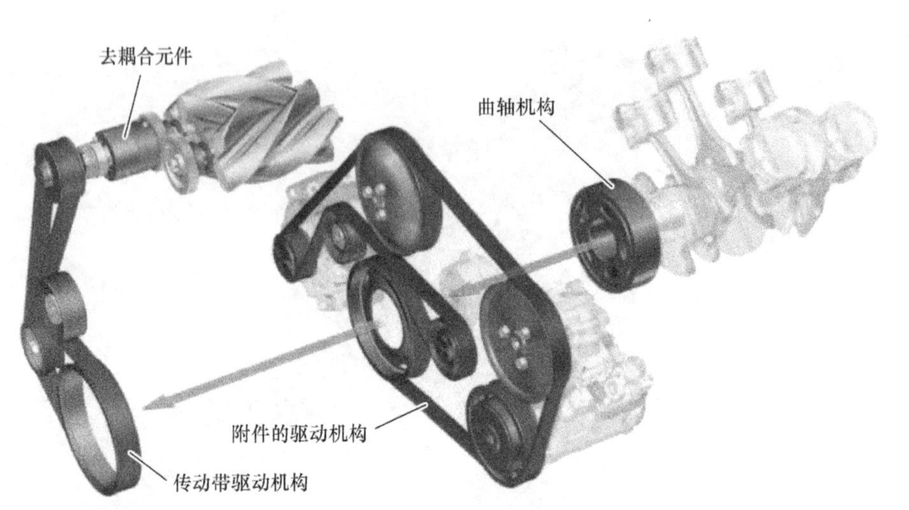

图 7-23 机械增压器采用传动带与曲轴机构连接

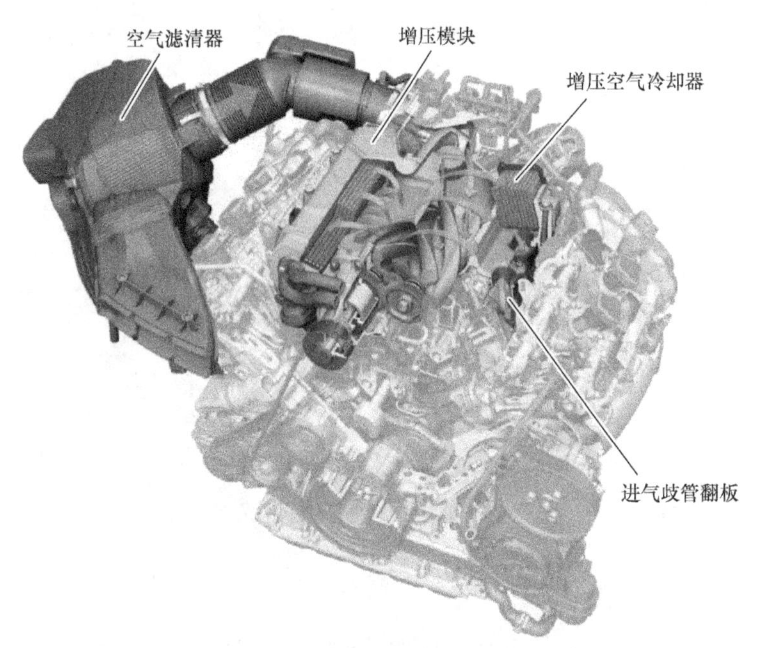

图 7-24 机械增压系统

增压器壳体内有两个转子同步转动，但方向相反，于是两个转子工作起来就像在“彼此咬合”，工作原理如图 7-27 所示，在工作时（转子转动），叶片和外壁之间的空气就被从空气入口（吸入侧）输送到空气出口（压力侧）。

增压器通过电磁离合器（图 7-28）与发动机曲轴连接或断开。部分发动机还带有增压空气冷却器，增压后的空气流经增压冷却器，冷却后被吸入气缸。

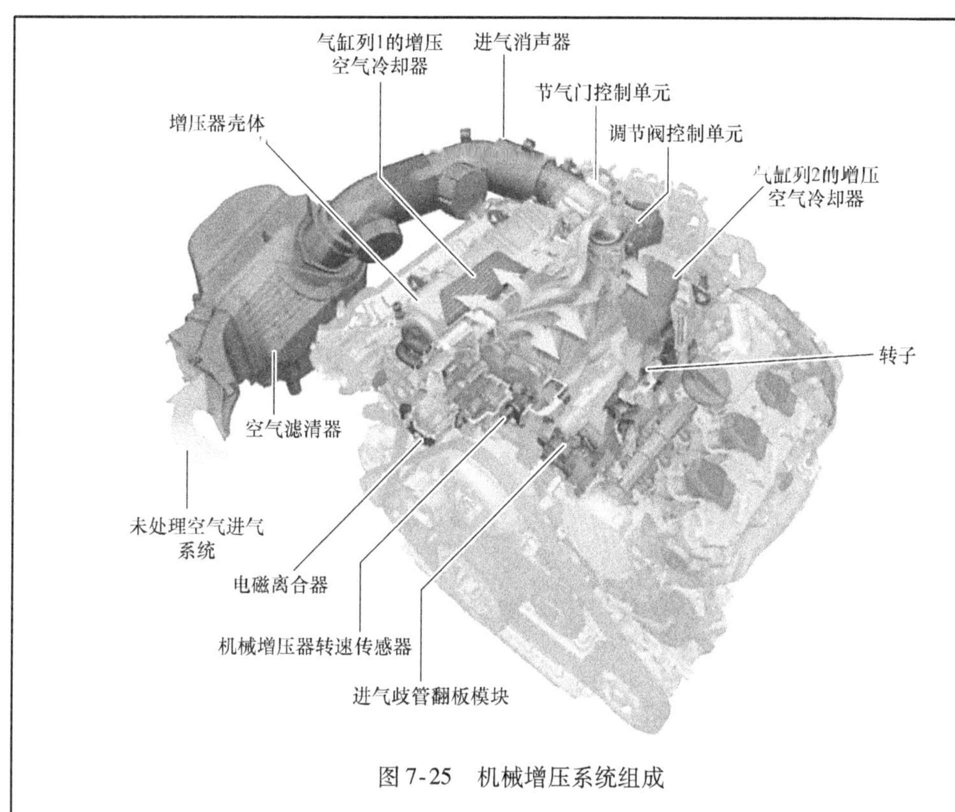

图 7-25　机械增压系统组成

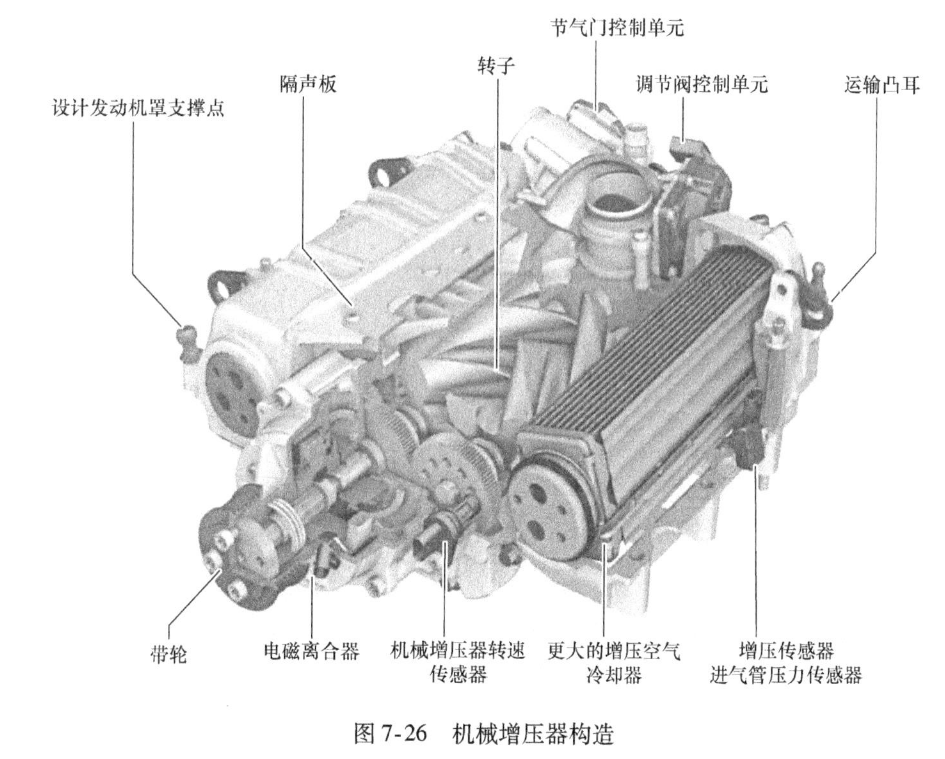

图 7-26　机械增压器构造

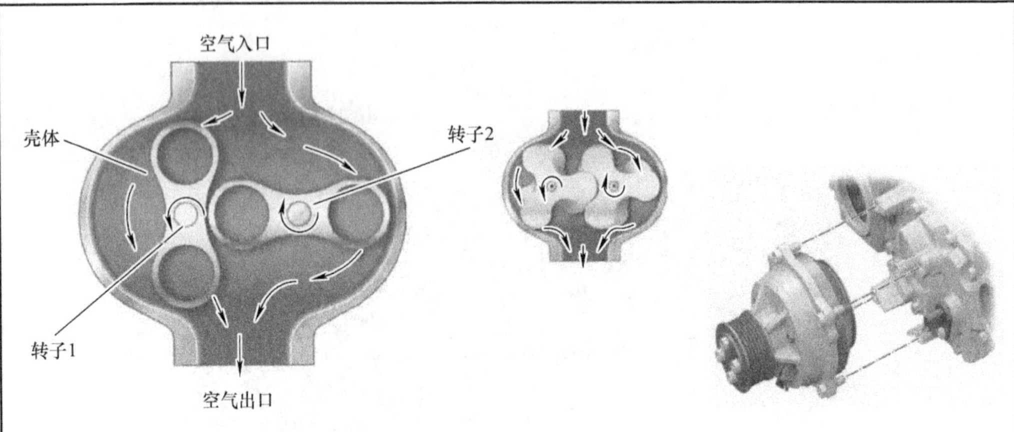

图 7-27　机械增压器工作原理　　图 7-28　增压器电磁离合器

3. 涡轮增压器的注意事项

（1）使用注意事项

1）涡轮增压发动机中的机油不仅用来润滑发动机，而且用来润滑和冷却涡轮增压器。机油受涡轮增压器热量的影响，其温度很快升高。

因此，机油和机油滤清器应当定期更换，否则会导致涡轮增压器损坏。

如果不使用推荐的机油，可能导致涡轮增压器轴承损坏。因此，一定要使用汽车厂家推荐的机油。

根据车辆类型和使用条件，参考驾驶人手册或维护项目表，确定机油和机油滤清器的更换间隔周期。

2）冷起动时，因为轴承得不到充分润滑，高速空转或突然加速会导致轴承损坏。

3）在发动机高负荷运转后（如高速行驶或长途行驶），关闭发动机之前，务必使发动机怠速运转几分钟。

车辆低速行驶时，由于机油和冷却液的冷却作用，涡轮增压器的温度不会上升太高。高速行驶后，发动机立即停止运转时，机油和冷却液的循环停止。涡轮增压器得不到冷却，将导致卡死等故障。因此，必须怠速运转，来冷却涡轮增压器。

（2）维护注意事项

1）当空气滤清器或空气滤清器壳体已被拆下时，禁止起动发动机，否则会因外部异物进入而导致涡轮增压器损坏，如图 7-29 所示。

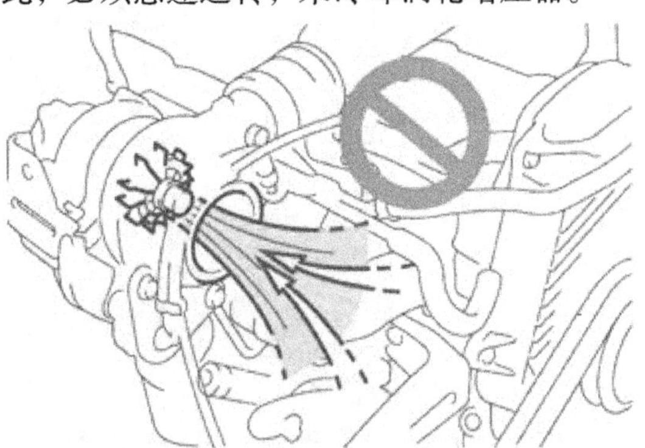

图 7-29　当空气滤清器或空气滤清器壳体已被拆下时禁止起动发动机

2）一旦涡轮增压器损坏而必须更换时，应先检查下列因素：

- 机油的品质和油量。
- 涡轮增压器的使用条件。
- 连接涡轮增压器的油管。

3）拆卸涡轮增压器时，要堵住进气口、排气口及机油进口，防止脏物和异物进入增压器。

4）拆装涡轮增压器时，不要跌落，不要碰击，不要抓容易变形的零件，例如连杆或执行器，如图 7-30 所示。

5）更换涡轮增压器时，先检查油管中的油泥或积炭，必要时清洗或更换，如图 7-31 所示。

6）更换涡轮增压器时，从进油口内加入机油，同时用手转动压气机叶轮，以润滑轴承，如图 7-32 所示。

图 7-30　不要抓容易变形的零件

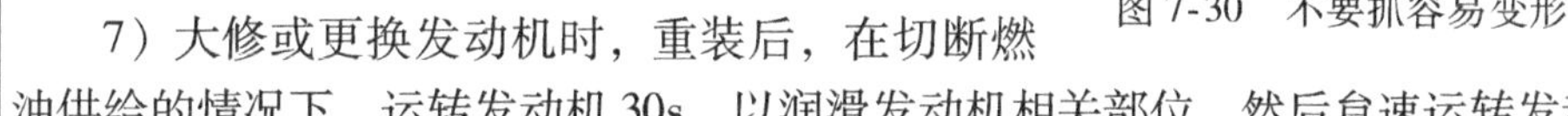

7）大修或更换发动机时，重装后，在切断燃油供给的情况下，运转发动机 30s，以润滑发动机相关部位。然后怠速运转发动机 60s。

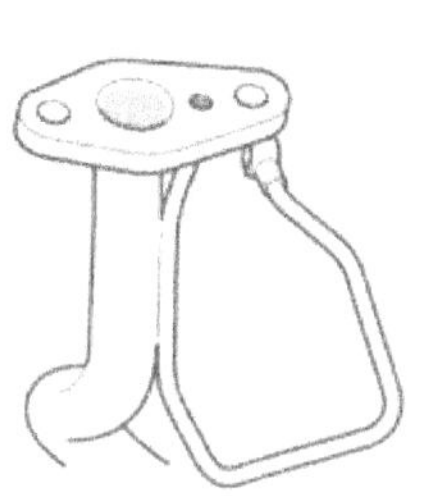

图 7-31　检查油管中的油泥或积炭

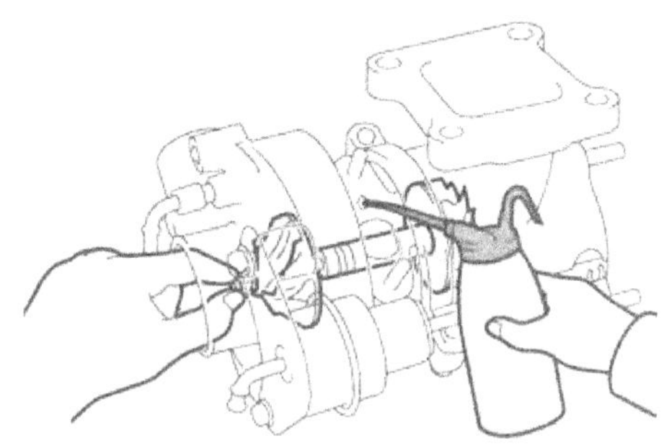

图 7-32　润滑轴承

任务三　排 气 系 统

排气系统的功用是将发动机燃烧后的废气排出气缸，同时通过净化装置减少废气中的污染物，并降低排气噪声，如图 7-33 所示。

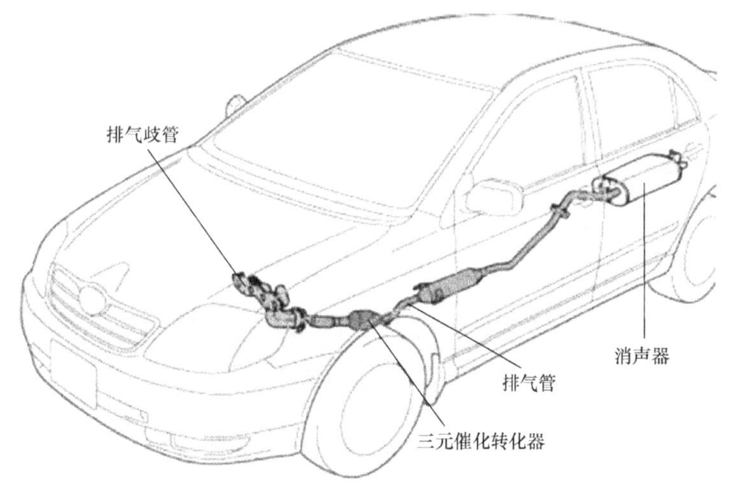

图 7-33　排气系统

（一）排气系统的整体构造

排气系统主要由排气管、三元催化转化器、消声器以及氧传感器等组成，如图 7-34所示。V 型发动机一般有两个排气歧管，采用双排气管。

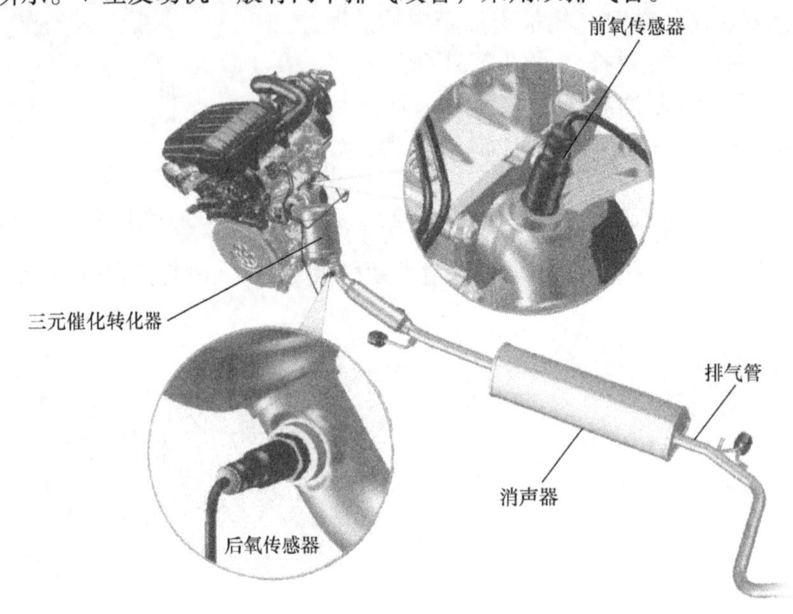

图 7-34　排气系统

（二）氧传感器

氧传感器是电子控制汽油喷射系统进行回馈控制的传感器，通常安装在排气管上，如图 7-35 所示。

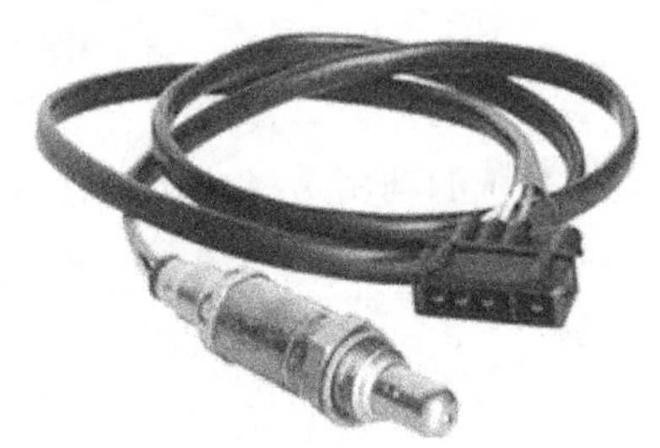

图 7-35　氧传感器

氧传感器构造如图 7-36 所示。其主体是由二氧化锆（ZrO_2）制成的陶体，并在陶体内、外镀上一层薄薄的铂（Pt），以利于产生催化作用。

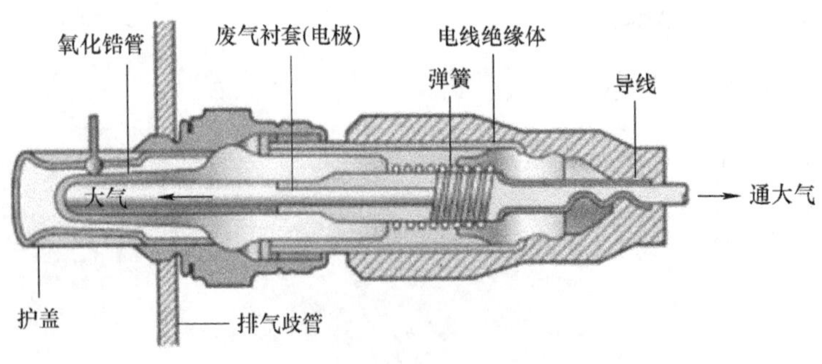

图 7-36　氧传感器构造

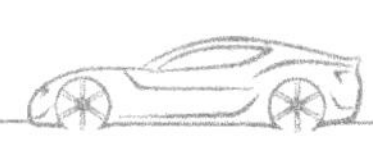

氧传感器动态监测排气中氧气的浓度，并将信息反馈给 ECU，实时调整喷油量，从而实现发动机的闭环控制，改善发动机的燃烧效率，减少有害气体的排放量。排气管上还安装有净化废气的三元催化转化器。常见的车用氧传感器有平板式氧传感器和宽带氧传感器两种，如图 7-37 所示。

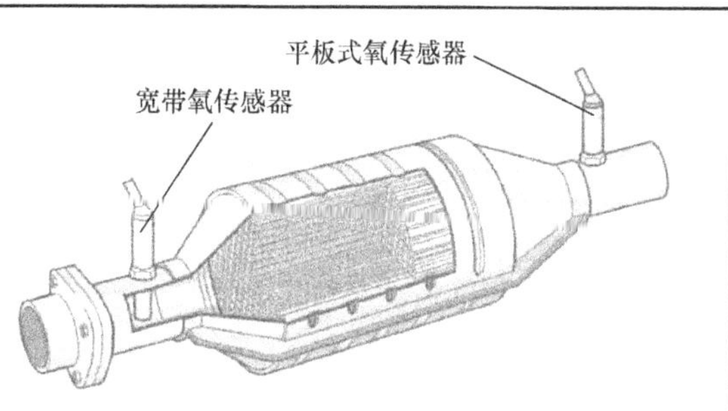

图 7-37　常见的车用氧传感器

1. 平板式氧传感器

当汽车排气管废气一侧的氧浓度低时，在氧传感器电极之间产生一个高电压（0.6～1V），这个电压信号被送到 ECU 放大处理，ECU 把高电压信号看作浓混合气。当排气管中的氧浓度高时，在氧传感器电极之间产生一个低电压（0.09～0.5V），这个电压信号被送到 ECU 放大处理，ECU 把低电压信号看作稀混合气。根据氧传感器的电压信号，ECU 按照尽可能接近 14.7∶1 的理论最佳空燃比来稀释或加浓混合气。因此，氧传感器是电子控制燃油计量的关键传感器。氧传感器只有在高温时（端部达到 300℃）特性才能充分体现，才能输出电压，如图 7-38 所示。

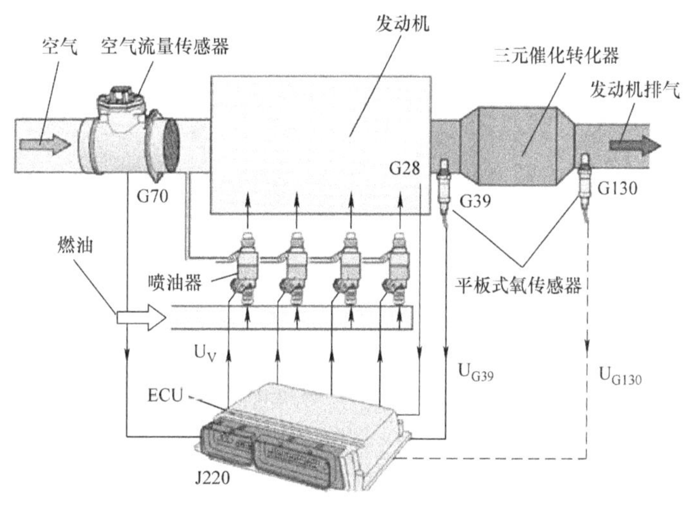

图 7-38　平板式氧传感器

2. 宽带氧传感器

当排气中的氧浓度低时，感应出 >450mV 的感应电动势。ECU 接到此信号，遂发出减少喷油量的指令，调整混合比浓度变稀。因混合比变稀，排气中的氧浓度提高，感应电动势下降，直到电动势为 450mV 为止，ECU 减少喷油量指令解除。

当排气中的氧浓度高时，感应出 <450mV 的感应电动势，ECU 便下达增加喷油量指令，使混合比变浓，直到电动势为 450mV 为止。发动机通过氧传感器及反馈控制电路，使发动机能保持在理论混合比或理论混合比附近工作，以达到环保、节省油耗目的，如图 7-39 所示。

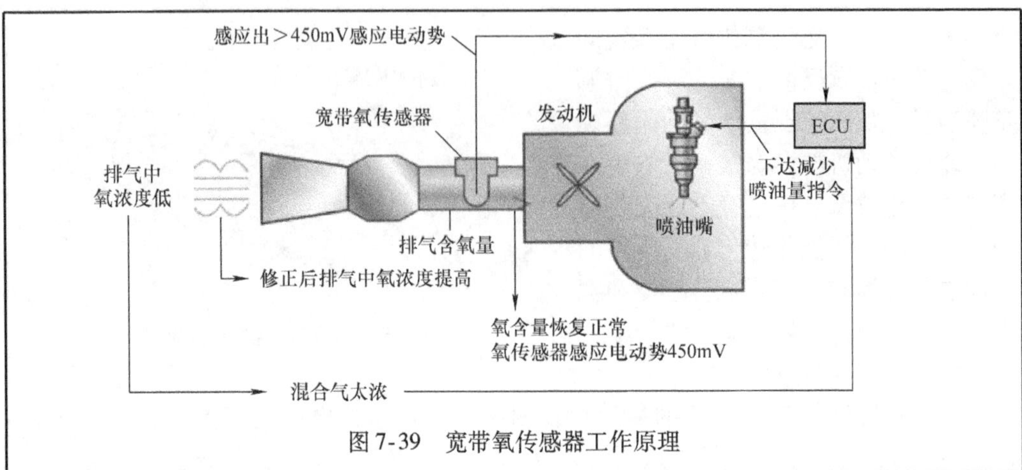

图 7-39　宽带氧传感器工作原理

3. 氧传感器检测

(1) 氧传感器的类型及作用

氧传感器按材料不同分为氧化锆（ZrO_2）式和氧化钛（TiO_2）式，如图 7-40 所示。

氧传感器按功能不同分为前氧传感器和后氧传感器。前氧传感器用于检测混合气空燃比，ECU 据此调节喷油量，实现空燃比的闭环控制。后氧传感器用于检测经过三元催化转化器转换后的排气成分，监测三元催化转化器的转化效率。

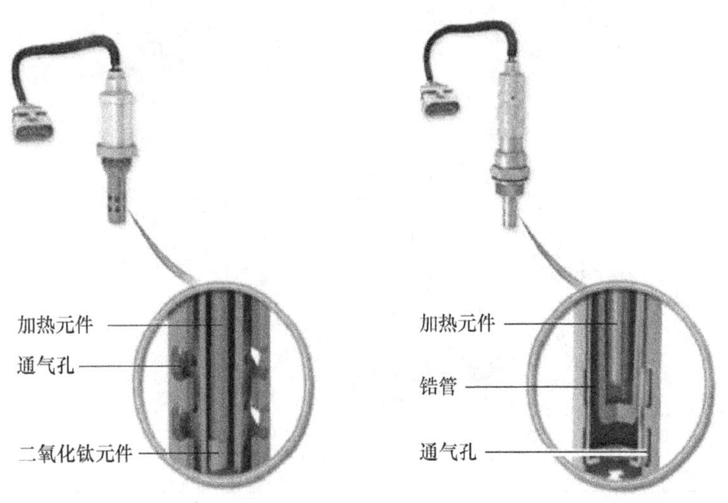

图 7-40　氧化锆（ZrO_2）式和氧化钛（TiO_2）式

迈腾 1.8T 氧传感器的安装位置如图 7-41 所示。

(2) 前氧传感器检测方法

加热器电源检测：

- 关闭点火开关，拔下前氧传感器插头，点火开关置于 ON 位。
- 用万用表检测前氧传感器插头 T6w/4 端子与搭铁之间的电压，电压应为 12V 左右。

前氧传感器

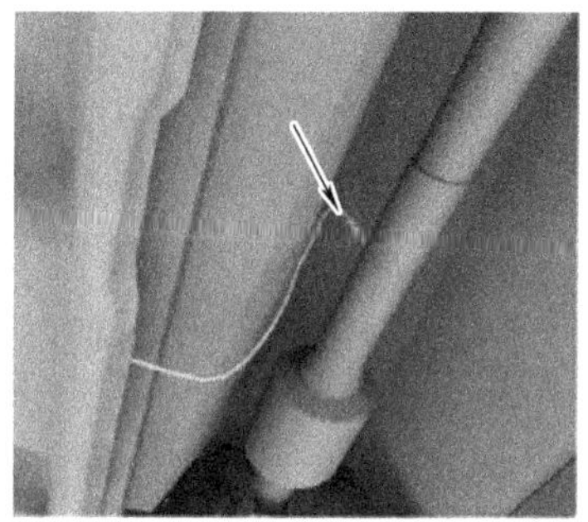

后氧传感器

图 7-41　迈腾 1.8T 氧传感器的安装位置

输出信号检测：

• 起动发动机并运转至工作温度。

• 用万用表检测前氧传感器信号端子 T6w/5 与搭铁之间的电压，怠速时信号电压应在 2.2～2.8V 变化。

线束电阻检测：

• 点火开关断开，断开氧传感器插接器。

• 用万用表检测氧传感器与发动机 ECU 对应端子线束之间的电阻，电阻应小于 1Ω。

加热器电阻检测：

• 关闭点火开关，拔下前氧传感器插头。

• 用万用表检测前氧传感器插头 T6w/3 与 T6w/4 端子之间的电阻，电阻应在 3.7Ω 左右。

（3）后氧传感器检测方法

加热器电源检测：

• 关闭点火开关，拔下后氧传感器插头，点火开关置于 ON 位。

• 用万用表检测前氧传感器插头 T4no/1 端子与搭铁之间的电压，电压应在 14～17V。

输出信号检测：

• 起动发动机并运转至工作温度。

• 用示波器检测后氧传感器信号端子 T4no/3 与 T4no/4 之间的电压及波形，后氧传感器信号在 0.45V 左右，T4no/3 与 T4no/4 之间的电阻应在 4～40Ω。

线束电阻检测：

• 关闭点火开关，断开后氧传感器插接器。

• 用万用表检测后氧传感器 T4no/2 端子与发动机 ECU 对应端子线束之间的电阻，电阻应小于 1Ω。

（三）三元催化转化器

汽油发动机废气中，对人类和环境危害最大的有害物质是 HC、NO_x和 CO。当废气中的 HC、NO_x和 CO 通过三元催化转化器内部蜂巢状的陶瓷载体时，温度较高的 CO 和 HC 在催化剂的作用下与氧发生反应，生成水和二氧化碳；NO_x 则在催化剂的作用下被还原为氧气和氮气。三元催化转化器安装在发动机排气管后方，在温度达到 260℃ 时才会工作，如图 7-42所示。

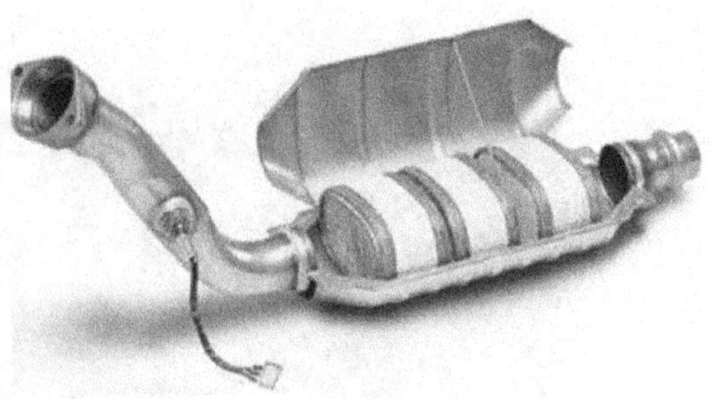
图 7-42　三元催化转化器

三元催化转化器主要由外壳、催化层（反应层）、支架、绝热层和空气层等组成，结构如图 7-43 所示。

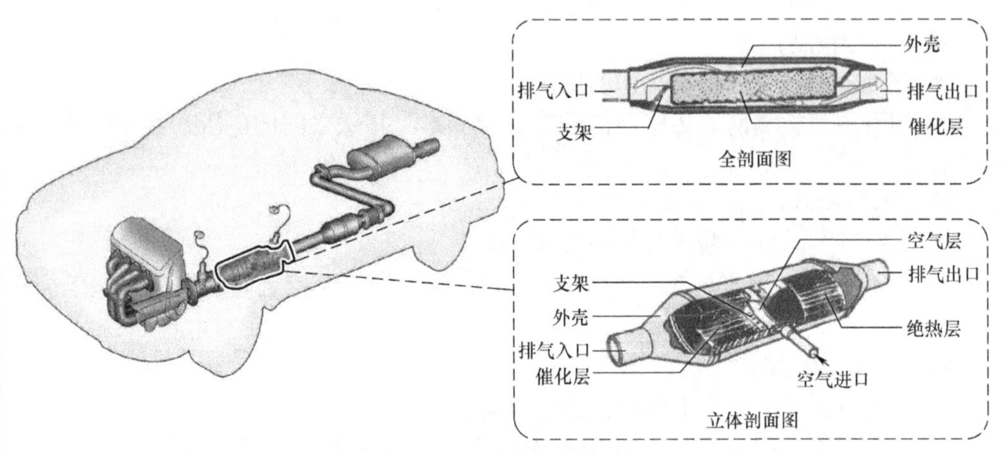

图 7-43　三元催化转化器的结构

三元催化转化器各组成部分的作用如下：

1）外壳：保护绝热层和反应层。

2）催化层：如图 7-44 所示，通过催化剂的催化反应将排气中的 CO、HC 和 NO 氧化或还原，达到净化的目的。催化剂由铂、铑、钯三种金属组成，被陶瓷材料包裹。

3）支架：固定催化转化器。

4）绝热层：排气管的温度会使催化转化器的温度上升，氧化需要热量，反应过程也会产生热量，为维持热量和防止催化转化器的外部变得更热，一般都安装绝热层。

5）空气层和空气进口：在含氧量较少的情况下，采用补充空气的方法，促使催化反应继续进行。

图 7-44　催化层

（四）消声器

消声器主要用于降低发动机工作时产生的噪声，其原理是汽车排气管由两个长度不同的管道组成，这两个管道先分开再交汇，由于这两个管道的长度差值等于汽

车所发出声波波长的一半，使得两列声波在叠加时发生干涉相互抵消而减弱声强，使传递过来的声音减小，从而起到消声的效果，如图 7-45 所示。

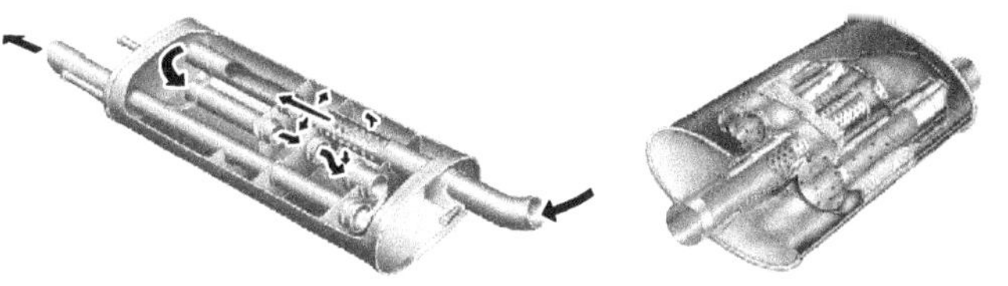

图 7-45　消声器

（五）颗粒过滤器系统

满足排放的现代发动机炭烟颗粒排放量很低，这得益于发动机的改进措施（例如燃烧室和空气导管的构造及喷射性能）和排气再循环系统。CO 和 HC 可通过氧化催化转化器燃烧掉。仅通过发动机内部措施无法在未来几年里继续满足越来越严格的排放限值要求。为了达到排放标准，需要使用颗粒过滤器系统，如图 7-46 所示。

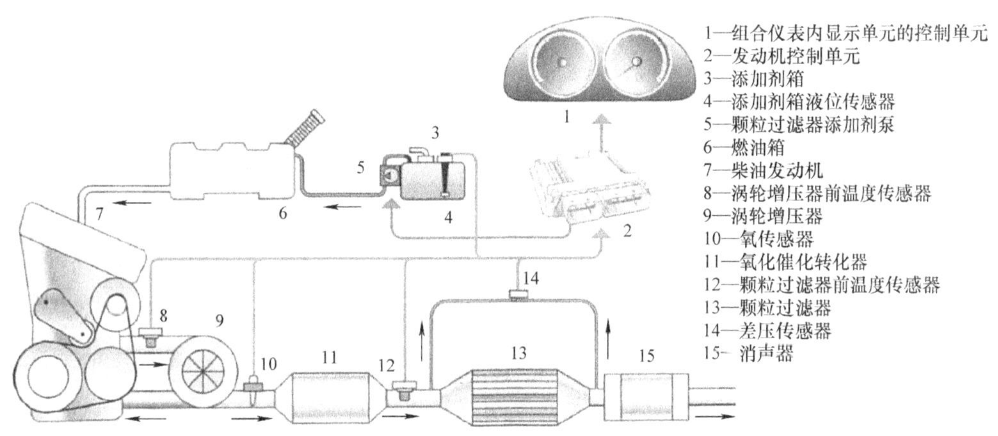

图 7-46　颗粒过滤器系统

颗粒过滤器由碳化硅组成并带有平行布置的多孔气道，这些气道通过陶瓷塞交叉封堵。排气流入一端敞开而另一端封堵的气道内，并通过多孔的陶瓷壁流入朝相反一侧敞开的气道，如图 7-47 所示。通过陶瓷塞时，炭烟颗粒析出，因此流动阻力增大。为了避免过滤器逐渐堵塞，必须通过燃烧炭烟对过滤器进行清洁。炭烟点火温度为 600 ~ 650℃。为使该温度降至约 500℃，燃油中可加入一种有机铁氧化物添加剂。该添加剂装在一个容器内，可使用 10 万 km。

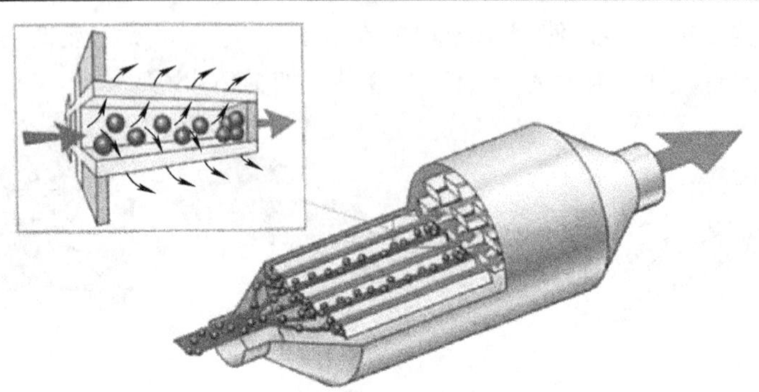

图 7-47　颗粒过滤器的多孔气道

控制单元通过测定过滤器进出口之间压力差即差压传感器识别出颗粒过滤器是否堵塞。如果活塞在做功行程中已远远超出上止点，则会根据过量空气系数值和排气温度在已经减少的主喷射基础上继续喷射燃油，同时停止排气再循环，提高增压压力并通过节气门调节新鲜空气供给。

该过程每行驶 500 ~ 700km 进行一次，持续约 5 ~ 10min。行驶约 12 万 km 后，必须清除颗粒过滤器的灰尘或更换颗粒过滤器。

1. 通过氧化催化转化器进行排气再处理

氧化催化转化器由一个带有铅涂层的蜂窝形陶瓷载体组成。催化转化器用于还原各种有害物质成分：

- 将 CO 化合为 CO_2。
- 将 HC 还原为 $H_2O + CO_2$。

由于排放 HC 会促使形成炭烟颗粒，因此还原 HC 还间接减少了颗粒物排放。在此不使用氧传感器，因为驱动柴油发动机时燃油空气混合气中氧气过量，因此氧传感器在排气中无法工作。只有使用低含硫燃油才能确保功效。

2. 通过氧化催化转化器和颗粒过滤器进行废气再处理

陶瓷过滤器采用由陶瓷塞交叉封堵的多孔蜂窝结构。排气流入一端敞开而另一端封堵的气道并通过多孔的陶瓷壁流入朝对面敞开的气道中，并通过陶瓷壁时将炭烟颗粒分离出来。多孔的陶瓷过滤器能滤除约 90% 的炭烟成分。由于柴油发动机以空气过量方式工作，因此废气中含有的大量剩余氧气可在废气温度超过 550℃时将积聚在过滤器中的炭烟烧掉，从而对过滤器进行清洁，如图 7-48 所示。

3. 通过颗粒过滤器和 NO_x 储存器催化转化器进行废气再处理

废气只有通过 NO_x 储存器催化转化器才能达到欧 IV 标准。它储存来自发动机的 NO_x。由于其吸收能力有限，因此必须按特定时间间隔用浓混合气进行清洁。为此，应对柴油发动机的进气进行节流并喷射燃油。该过程每行驶 5 ~ 10km 重复一次，但驾驶人丝毫不会察觉。

由于柴油的硫污染比汽油严重得多，因此 NO_x 储存器催化转化器在相对较短时间内就会中毒。储存器催化转化器的使用取决于无硫柴油的可使用性。

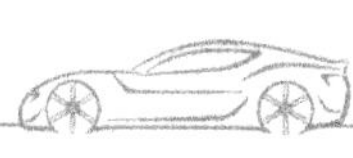

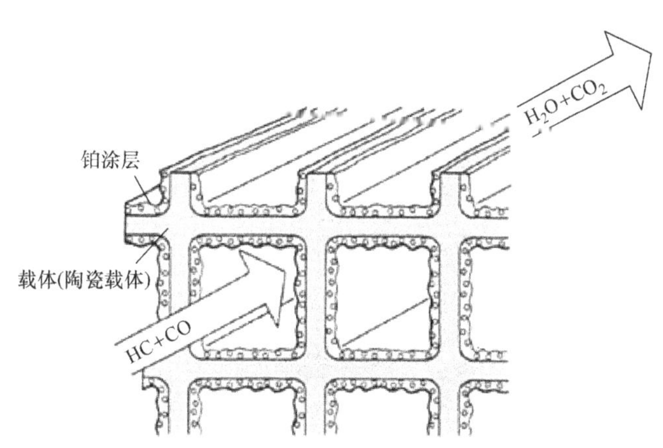

图 7-48　陶瓷过滤器采用由陶瓷塞交叉封堵的多孔蜂窝结构

4. 通过颗粒过滤器和尿素催化转化器进行废气再处理

为了进一步降低废气尤其是 NO_x 的排放，开发了用于货车的尿素催化转化器。尿素将排气中的 NO_x 还原为 N_2 和 H_2O。

六、任务实施

对技术员要求：

- 接收/检查修理单。
- 接收用于修理的订购零件。
- 在允许的时间内进行工作。
- 向技师领队确认工作完成。

技师领队：

- 对技术难度高的工作向技术员提供指导和帮助。

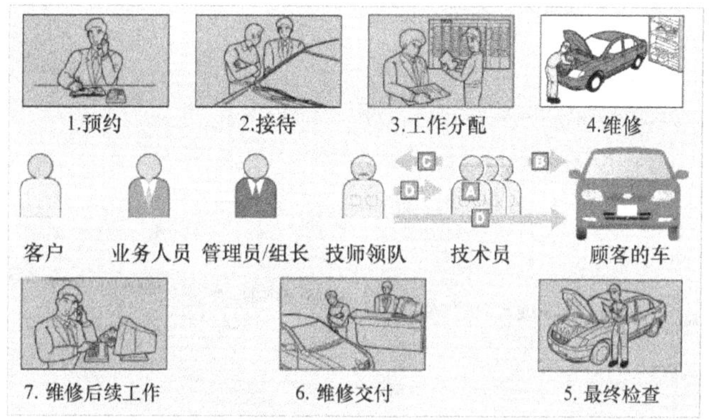

（一）拆装三元催化转化器

1. 拆卸部位描述

1）打开车辆发动机舱盖，可以看到发动机排气管及其衬垫、三元催化转化器、加热型氧传感器（图 7-49）。

2）在其下方可看到挠性排气管，三元催化转化器与挠性排气管之间的螺母、衬垫和三元催化转化器（图 7-50）。

图 7-49 发动机排气管及其衬垫、三元催化转化器、加热型氧传感器

图 7-50 三元催化转化器与挠性排气管之间的螺母、衬垫及三元催化转化器

2. 拆卸三元催化转化器步骤

1）拆卸三元催化转化器与挠性排气管之间的螺母（图 7-51）。

2）拆卸挠性排气管（图 7-52）。

图 7-51 拆卸三元催化转化器与挠性排气管之间的螺母

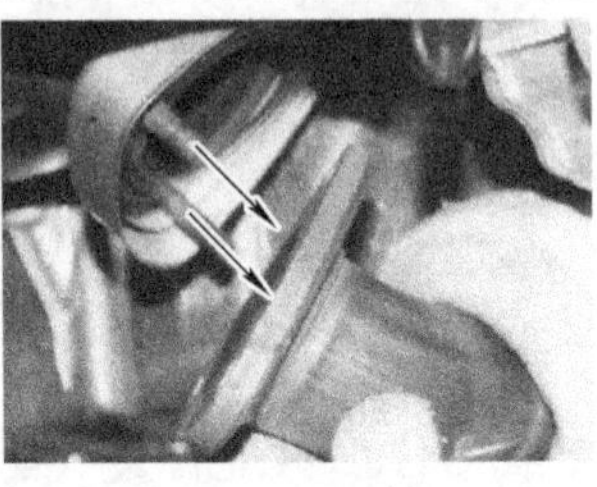

图 7-52 拆卸挠性排气管

3）拆卸三元催化转化器和挠性排气管之间的衬垫（图 7-53）。

4）拆卸三元催化转化器支架螺栓（图 7-54）和支架（图 7-55）。

5）使用专用工具 CH－6179 拆卸加热型氧传感器（图 7-56）。

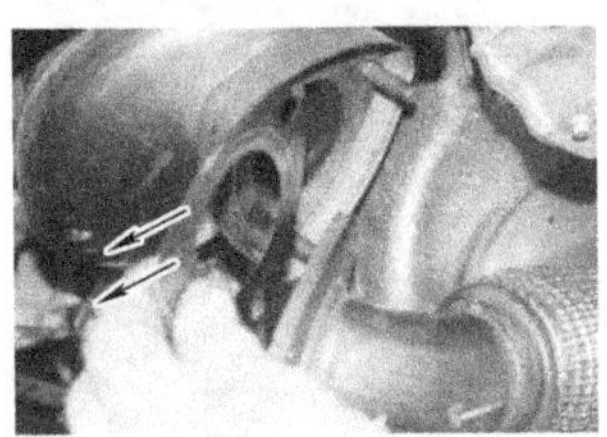

图 7-53 拆卸三元催化转化器与挠性排气管之间的衬垫

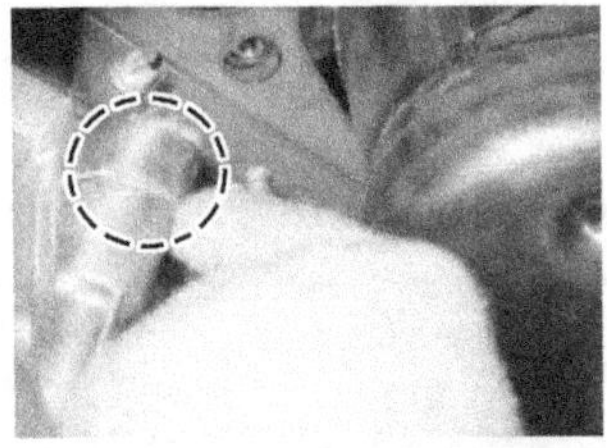

图 7-54 拆卸三元催化转化器支架螺栓

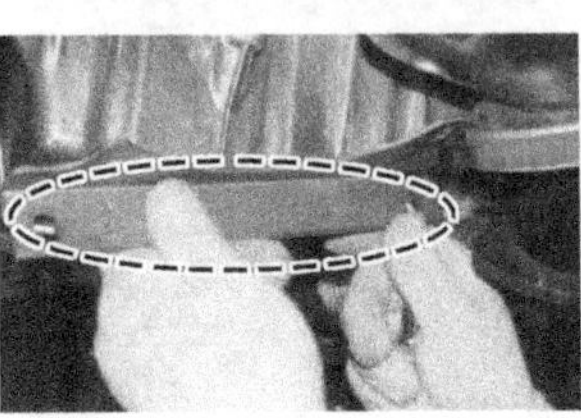

图 7-55 拆卸三元催化转化器支架

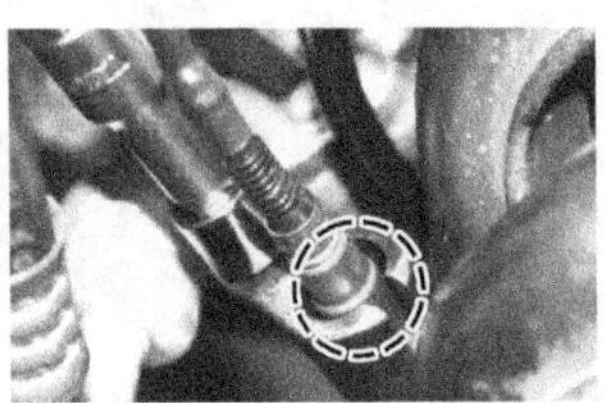

图 7-56 拆卸加热型氧传感器

6）拆卸发动机排气歧管螺母（图 7-57）。

7）拆卸发动机排气歧管和三元催化转化器（图 7-58）。

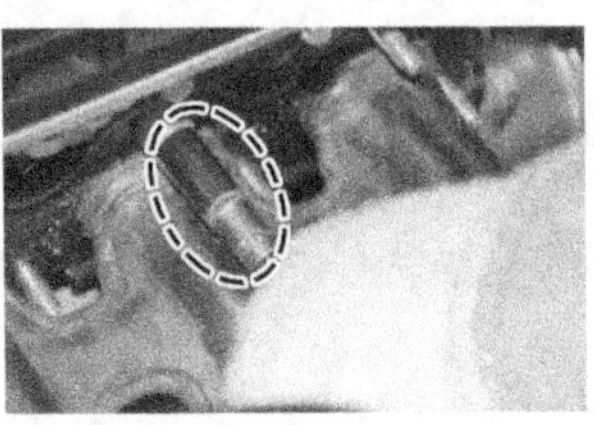

图 7-57 拆卸发动机排气歧管螺母

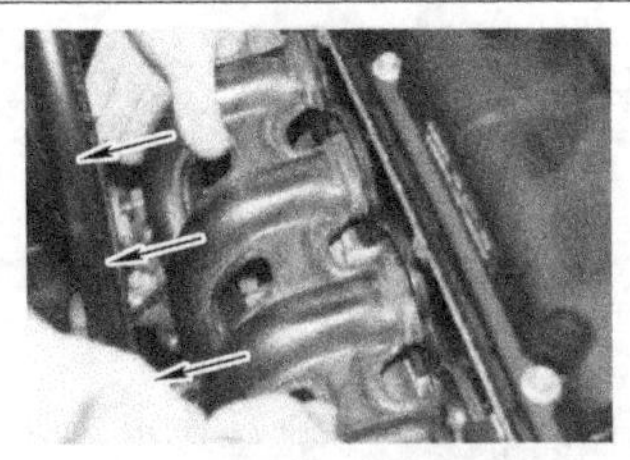

图 7-58 拆卸发动机排气歧管和三元催化转化器

3. 安装三元催化转化器步骤

1）安装发动机排气歧管和三元催化转化器。

2）拧紧发动机排气歧管螺母，拧紧至20N·m。

3）使用专用工具 CH－6179 安装加热型氧传感器，拧紧至20N·m。

4）安装三元催化转化器支架和螺栓，拧紧至20N·m。

5）安装三元催化转化器和挠性排气管之间的衬垫。

6）安装挠性排气管。

7）安装三元催化转化器和挠性排气管之间的螺母，拧紧至20N·m。

（二）拆装炭罐

1. 拆卸部位

拆卸部位在车辆底盘，后排乘客座位下方。先拆卸燃油箱，然后拆卸位于燃油箱右边的炭罐（图7-59）。

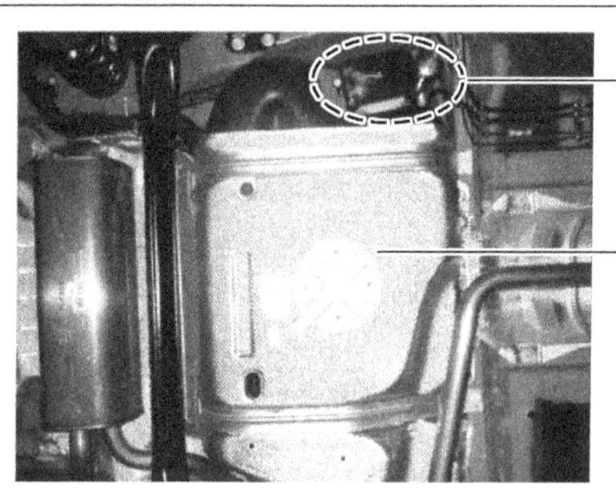

图7-59　炭罐位于燃油箱右边

2. 拆卸炭罐的步骤

1）拆下卡箍，将燃油箱加注软管从燃油箱加注管上拆下（图7-60）。

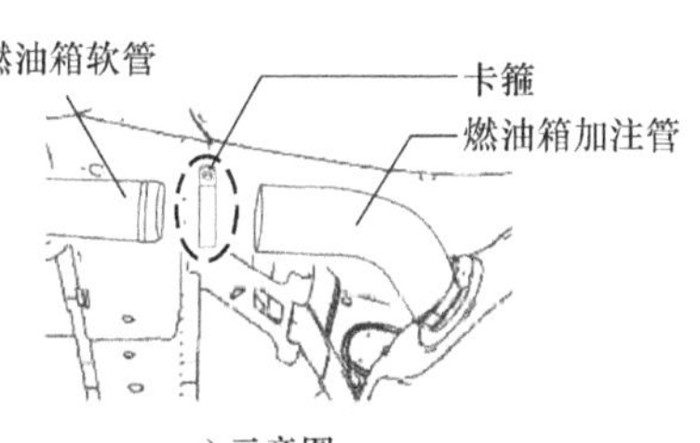

a) 示意图

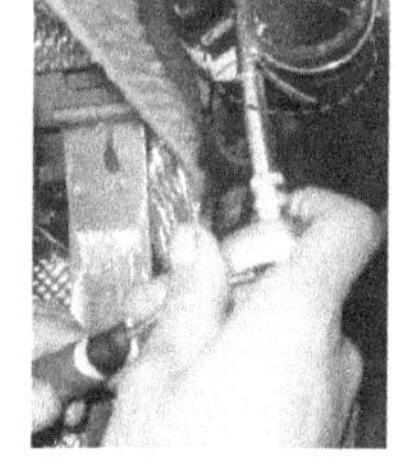

b) 实物图

图7-60　拆卸燃油箱加注管

2）将立式千斤顶置于燃油箱下。拆下2个燃油箱箍带螺栓和2个燃油箱箍带（图7-61），并将燃油箱降低至能方便地拆下炭罐的高度。

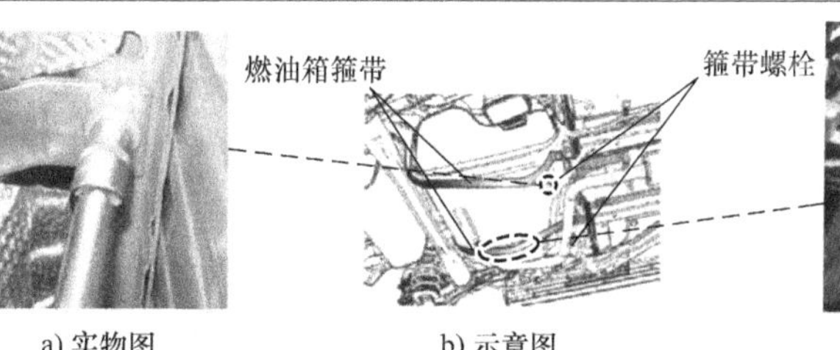

a) 实物图　b) 示意图

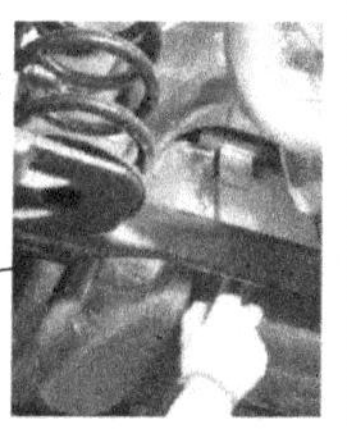

c) 实物图

图7-61　拆卸燃油箱箍带

3）炭罐各部分安装位置如图 7-62 所示。断开燃油箱通风管、炭罐线束和炭罐吹洗管，将炭罐从炭罐托架上拆下。

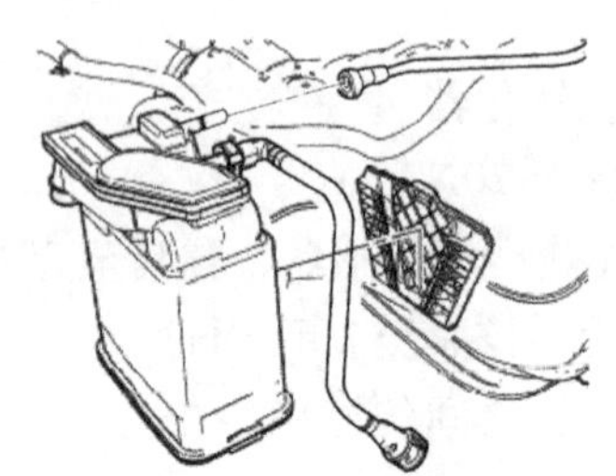
a) 炭罐各部分安装位置

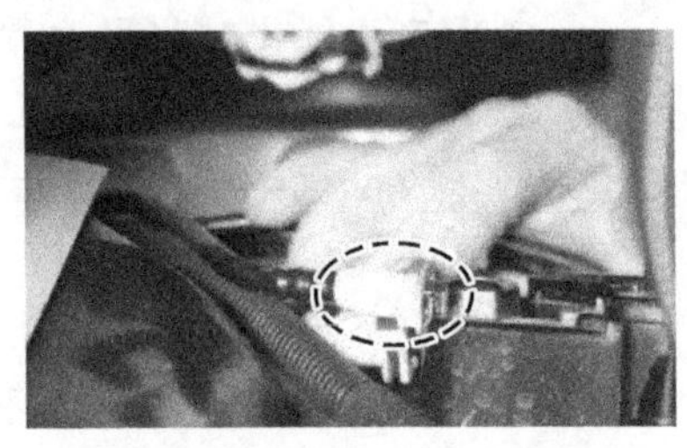
b) 断开燃油箱通风管

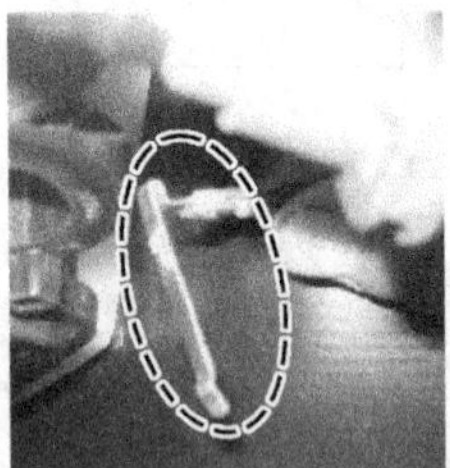
c) 断开炭罐线束

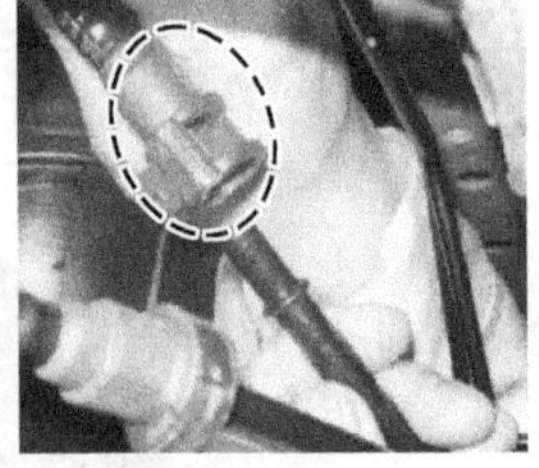
d) 断开炭罐吹洗管

e) 拆下炭罐

图 7-62　拆卸炭罐

3. 安装炭罐步骤

1）将炭罐安装到炭罐托架上，连接炭罐吹洗管、炭罐线束、燃油箱通风管。

2）将燃油箱举升至原来位置，安装 2 个燃油箱箍带和 2 个燃油箱箍带螺栓，并紧固至 23N · m。

3）移出千斤顶，将燃油箱加注软管安装至燃油箱加注管，安装卡箍并紧固至 3N · m。

七、拓展阅读

匠心追梦，技能报国

新时代弘扬工匠精神，助力实现制造强国战略目标。制造业是立国之本、强国之基，发展高端制造业是国家的重大战略需求。面向未来，中国坚定不移继续深入实施制造强国战略。大力弘扬工匠精神，有助于巩固我国制造业中的“长板”、补足“短板”，完善我国制造业体系。有助于深入推进质量提升行动，促进以精工细作提升中国品质、以制造实力打造中国品牌，实现中国速度向中国质量转变、中国产品向中国品牌转变、中国制造向中国创造转变，并最终达成制造强国的目标。

新时代弘扬工匠精神，助力实施创新驱动发展战略。科技兴则民族兴，科技强则国家强。党的十八大以来，我国把科技创新摆在国家发展全局的核心位置，深入实施创新驱动发展战略，抢抓世界新科技革命和产业变革的机遇。大力弘扬工匠精神，有助于极大调动科技工作者的创新创造精神，集合人民群众的智慧和创造力，着力攻克核心关键技术，解决我国基础和关键领域的“卡脖子”难题；有助于坚定中国特色自

主创新道路，推动我国掌握全球科技竞争先机，促进我国整体科技水平从跟跑向并行、领跑的战略性转变，并最终建成科技强国。

八、维修车辆交付

1. 业务人员

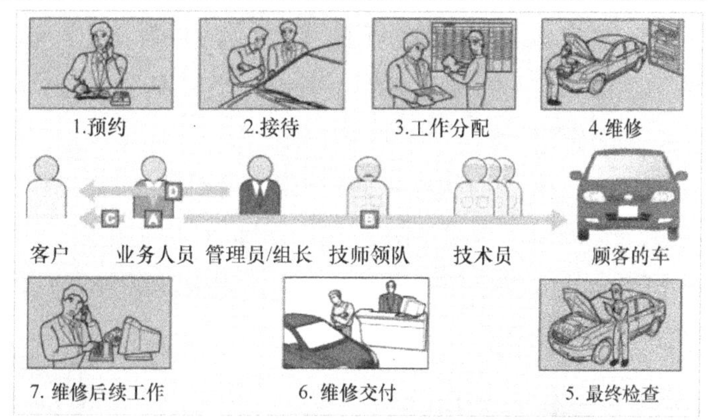

- 准备将更换的零部件给客户查看。
- 准备为所有的费用开出发票。
- 检查车辆是否清洁，进行维修质量检查，检查是否已经取下了座椅垫、地板垫、转向盘罩、翼子板布等。
- 电话通知客户，以便确认车辆准备交付。
- 向客户说明工作。

■ 确认工作已经顺利地完成。

■ 将更换的零部件展示给客户看。

■ 说明完成的工作以及益处。

■ 提供详细的发票说明：零部件、人工和润滑剂的费用。

2. 管理员/组长

- 业务人员/客户要求时，要提供技术说明或建议。

步骤一　资料准备

1）书面确认是否每项维护保养工作已经完成。

2）检查工单上客户提出的所有项目是否已达到客户的要求。

3）核对维修费用，原始估价与实际是否相符。

步骤二　车辆清洗

1）洗车。

2）清洁车内饰物。

步骤三　内部交车

告知服务顾问车辆停放处，将车辆和钥匙交给服务顾问。

步骤四　交车

若客户不在休息区等候，服务顾问接到车辆后要立即与客户取得联系，约定交车的时间、方式及结账事宜等。如果联系不到客户，服务顾问需发短信通知，并在随后的半小时或一小时内再次尝试联系客户，告知客户具体情况。

若客户在休息区等候，服务顾问需将打印出的结算单放在书写夹板上，找到在客户休息室的客户，通知客户在其方便的时间进行交车，并确认付款方式。

服务顾问需引导客户前往交车区，拆除车罩与防护套，以便客户验车。与客户一同验车，确认满意。

步骤五　结算和费用说明

1. 结算准备

在客户验车完毕并表示对作业质量满意后，服务顾问需打印费用结算清单，将所发生的材料费和工时费逐项列出，如图所示。

2. 费用说明

1）服务顾问需向客户说明每项费用，并回答客户提出的问题，消除客户的疑问。

2）如果客户对费用不满或有不理解的内容，服务顾问可以及时请服务经理协助向客户解释。

3）确认没有问题后，请客户在“车辆维修结算单”上签字确认。

步骤六　完成结账

1）完成结账手续。

2）当面回访客户满意度。

步骤七　交车与送别

1. 交车

需向客户说明有关下次保养里程及今后车辆使用方面的建议。

2. 送别客户

服务顾问送客户到汽车旁，引导客户驶出停车位，目送客户车辆驶出店面。

九、任务评价

（一）填空题

1. 汽车对环境的污染源有燃油箱、________、曲轴箱。

2. 发动机排放的有害气体有 CO、________、HC。

3. 三元催化转化器氧化反应是将________、碳氢化合物和氧结合，形成无害的水和________。

4. 电子控制（计算机控制）的排气再循环阀（EGR 阀）由电磁阀（线圈）、________、位置传感器、________等组成。

（二）判断题

1. 发动机的排放控制主要采用机外控制。（　　）

2. 发动机机内排放控制是采用精确控制空燃比。（　　）

3. EGR 阀控制发动机排气产生的 CO。（　　）

4. 炭罐控制发动机油箱的蒸发气体。（　　）

5. 在发动机工作时，储存的 HC 蒸气在进气管真空的作用下吸入进气管，进入气缸燃烧。（　　）

6. 当进气管发生回火时，进气管的压力就变得很高，PCV 阀在这种情况下打开。（　　）

7. 三元催化转化器的催化剂由铂、铑、钯三种金属组成。（　　）

8. 拆卸三元催化转化器要戴手套。（　　）

9. 拆卸油箱之前先要检查油量多少。（　　）

10. 要使用开口扳手拆卸氧传感器。（　　）

（三）看图识物

1. 根据图片，填写进入发动机气缸的混合气有哪些？发动机排出的废气有哪些？

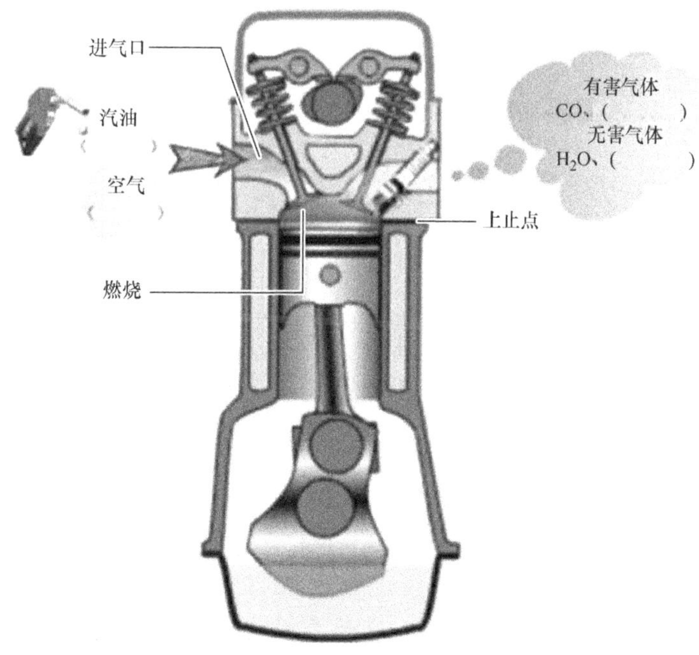

2. 根据图片，填写汽车对环境产生污染的来源以及它的主要成分。

3. 根据图片，填写三元催化转化器反应前、后的气体。

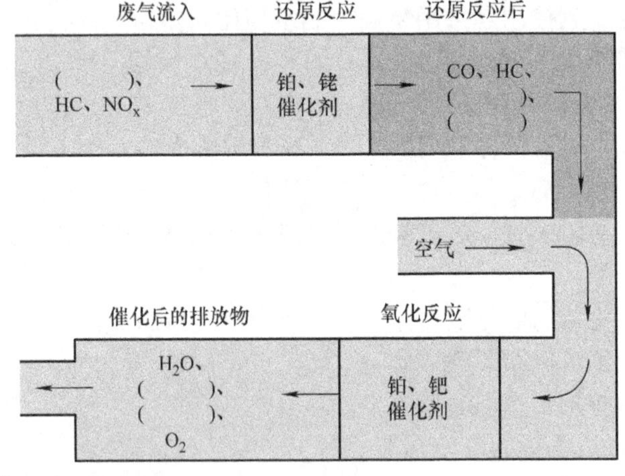

（四）排序题

正确排列三元催化转化器的安装顺序：

（　　）安装发动机排气歧管和三元催化转化器。

（　　）拧紧发动机排气歧管螺母，拧紧至 20N · m。

（　　）安装三元催化转化器和挠性排气管之间的螺母，拧紧至 20N · m。

（　　）安装三元催化转化器支架和螺栓，拧紧至 20N · m。

（　　）安装三元催化转化器和挠性排气管之间的衬垫。

（　　）使用专用工具 CH－6179 安装加热型氧传感器，拧紧至 20N · m。

（　　）安装挠性排气管。